후쿠자와 유키치 자서전

가와무라 기요오(川村淸雄)가 그린 「후쿠자와 유키치 초상」

후쿠자와 유기치 자서전

허호 옮김

이산

후쿠자와 유키치 자서전

2006년 3월 13일 초판 1쇄 발행
2020년 10월 25일 초판 4쇄 발행
지은이 후쿠자와 유키치
옮긴이 허호
펴낸이 강인황
도서출판 이산
서울특별시 중구 필동로8가길 10
Tel: 334-2847/Fax: 334-2849
E-mail: yeesan@yeesan.co.kr
등록 1996년 8월 8일 제2015-000001호

편집 문현숙
인쇄 한영문화사/제본 한영제책
ISBN 978-89-87608-53-2 03990
KDC 991.3

가격은 뒤표지에 있습니다.

ⓒ 2006 by Hur Ho & Yeesan Publishing Co.

이 책의 저작권은 허호와 도서출판「이산」에 있습니다.
저작권법에 의해 한국 내에서 보호를 받는 저작물이므로 무단전재와 무단복제를 금합니다.

www.yeesan.co.kr

1860년 미국에 파견된 사절단의 수행원들과 함께 샌프란시스코에서 촬영한 사진. 오른쪽부터 후쿠자와 유키치, 오카다 세이조(岡田井藏), 히다 하마고로(肥田浜五郞), 고나가이 고하치로(小永井五八郞), 하마구치 오키에몬(浜口興右衛門), 네즈 긴지로(根津欽次郞).

후쿠자와 유키치, 1860년 미국 샌프란시스코에서.

후쿠자와 유키치의 주요 저서 『서양사정』과 『문명론의 개략』.

젊은날의 후쿠자와 유키치. 1860년 미국 샌프란시스코의 한 사진관에서 그 주인의 딸과 함께 기념 삼아 촬영한 사진. 본문 145~46쪽 참조.

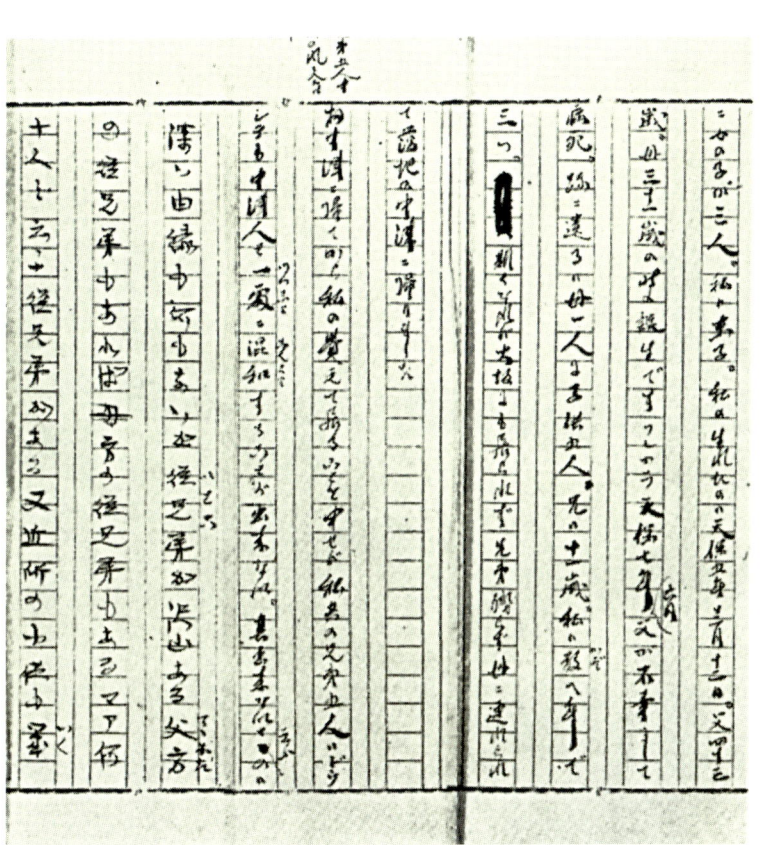

이 책 『후쿠자와 유키치 자서전』의 원고. 오른쪽에서 7행까지가 후쿠자와의 자필이고 왼쪽 끝의 3행은 속기사의 필적이다.

1862년 파리에서.

1862년 베를린에서.

1862년 러시아 상트페테르부르크에서.

1862년 네덜란드에서.

왼쪽: 후쿠자와 유키치, 1870년. 오른쪽: 후쿠자와 유키치, 연대 불명(메이지 유신 전후의 것으로 추정됨).

1867년 미국 워싱턴 D.C.에서 도쿠가와 막부의 군함인수위원 일행과 함께 촬영한 사진(오른쪽 끝이 후쿠자와).

후쿠자와 유키치, 1874년.

1874년 승마 그룹 회원들과 함께. 왼쪽부터 아사부키 에이지(朝吹英二), 후쿠자와 유키치, 나카가미가와 히코지로(中上川彦次郎), 오바타 도쿠지로(小幡篤次郎), 쇼다 헤이고로(莊田平五郎), 소고 세이시로(草鄕淸四郎).

후쿠자와 유키치, 1876년.

후쿠자와 유키치, 1882년.

후쿠자와 유키치, 1887년.

후쿠자와 유키치, 1890~1891년경.

1897년 12월. 위에서 첫째 줄 오른쪽부터: 가와라 하루오(川原春雄), 아구이 도요지로(英比豊次郎), 미야지마 이와오(宮島巖), 둘째 줄 오른쪽부터: 오쿠무라 신타로(奧村信太郎), 사카타 조헤이(坂田丈平), 무카이 군지(向軍治), 다나카 가즈사다(田中一貞), 셋째 줄 오른쪽부터: 모리 오가이(森鷗外), 가도노 이쿠노신(門野幾之進), 오바타 도쿠지로(小幡篤次郎), 후쿠자와 유키치, 로이드, 라이드, 이에나가 도요키치(家永豊吉)

1900년경, 왼쪽은 숙생 사와라 요시오(佐原義雄), 오른쪽은 후쿠자와 집안의 경비담당.

후쿠자와 유키치, 1900년 5월.

현재 일본에서 통용되고 있는 만엔짜리 지폐에 나오는 후쿠자와 유키치.

후쿠자와 유키치 부부, 1900년.

후쿠자와 유키치 자서전

차례

초판 서문 21

어린 시절 23

나가사키 유학 43

오사카 수업 61

오가타주쿠의 기풍 81

오사카를 떠나 에도로 가다 117

처음으로 미국에 가다 129

유럽 각국에 가다 149

양이론 165

다시 미국으로 191

왕정유신 203

암살 걱정 251

잡기 265

일신일가(一身一家) 경제의 유래 287

품행과 가풍 317

노후의 생활 335

옮긴이의 해설 365

후쿠자와 유키치 연보 373

일러두기

1. 일본어를 비롯한 모든 외래어는 외래어 표기법에 따라 표기했으며, 필요할 경우 한자나 원어를 ( ) 안에 병기했다. 단, 일본어의 한자는 우리의 한자음대로 읽는 관용(慣用)을 고려하여 인명이나 지명이 아닌 경우에는 그 관용을 많이 따랐다.

2. 옮긴이의 설명은 짧은 경우 해당 용어 옆에, 긴 경우 *† 등을 표시하여 해당 페이지 하단에 각주로 처리했다.

3. 권두에 실은 후쿠자와 유키치의 사진자료들은 대부분 慶應義塾 編纂, 『福澤諭吉全集』全22冊(東京: 岩波書店, 1946~1958)에서 가려뽑은 것이다.

초판 서문

서양의 학자들은 자기 전기를 직접 쓰는 경우가 많기에, 게이오기주쿠(慶應義塾)* 안에서도 예전부터 후쿠자와 선생이 자서전을 쓰길 바라며 간곡히 권하는 사람들이 있었다. 그러나 선생이 평소 몹시 다망한 관계로 집필할 짬이 나질 않았다. 그러다가 재작년 가을 어느 외국인의 요청으로 유신 전후의 경험담을 들려주던 중 문득 생각이 미쳐, 유년기부터 노후에 이르기까지의 경력을 요약 구술하면서 속기사에게 필기를 시켰다. 이것을 선생 스스로 교정한 뒤 '복옹자전'(福翁自傳)이라는 제목을 붙여 지난해 7월부터 올해 2월까지 『지지신보』(時事新報)에 연재했다. 원래 이 글은 단순히 기억하고 있는 일들을 생각나는 대로 구술한 것이기 때문에 마치 담화와 같은 것으로 애당초 그 내용이 상세하거나 정확할 수가 없다. 그렇기에 선생의 생각은 신문연재가 끝난 뒤 다시금 직접 붓을 잡고 부족한 부분을 보충하여 후세에 참고가 될 수 있도록 하는 것이었다. 당시 막부에서 직접 보고 들은 사실에 의거, 일본 개국에 얽힌 사정과 막말(幕末) 외교의 내막을 기술하고 별도의 편으로 만들어 자서전 뒤에 덧붙일 계획이었다. 그리하여 이미 그

---

* 오늘날 게이오기주쿠 대학의 전신. 기주쿠란 주로 기부금을 받아 공익을 위해 운영하는 교육기관으로, 영리를 목적으로 하는 주쿠(塾)와는 구별된다.

복안도 다 갈무리되었는데, 작년 9월 큰 병환이 드시는 바람에 결국 그 뜻을 이루지 못했다. 참으로 유감스럽지만, 금후 선생의 병환이 완쾌되면 평소의 생각을 글로 옮겨 세상에 내놓아 지금의 유감을 갚을 수 있을 것이다.

메이지 32년(1899) 6월
지지신보사 이시카와 미키아키(石川幹明)

어린 시절

나 후쿠자와 유키치(福澤諭吉)의 아버지는 부젠 나카쓰(豊前中津, 현재 오이타(大分) 현 북부의 지명) 오쿠다이라 번(奧平藩, 오쿠다이라는 성씨. 번은 제후의 영지)의 사족(士族, 무사계급의 가문) 후쿠자와 햐쿠스케(福澤百助)이며, 어머니는 같은 번의 사족 하시모토 하마에몬(橋本浜右衛門)의 장녀로 이름은 오준(於順)이라 한다. 외할아버지는 겨우 번주(藩主)에게 정식으로 알현할 수 있는 정도였다고 하니까 아시가루(足輕)*보다는 다소 높지만 사족 중의 하급, 오늘날로 말하자면 한닌칸(半任官, 군대의 하사관에 해당하는 옛 직급)의 집안이라 할 수 있겠다.

번 내에서 아버지의 직위는 모토지메 역(元締役, 번의 회계담당)으로, 오사카(大阪)에 있는 나카쓰(中津) 번의 구라야시키(藏屋敷)†에서 오랫동안 근무했다. 그 때문에 일가가 모두 오사카로 이주하여 우리 형제들은 모두 오사카에서 태어났다. 형제는 5남매로, 맏형 다음에 누나가 셋 있고, 나는 막내이다. 내가 태어난 것은 덴포(天保) 5년(1834) 12월 12일(양력으로는 이듬해 1월 10일), 아버지 마흔세 살, 어머니 서른한 살 때였다. 그러다 덴포 7년(1836) 6월 아버지가 불행하게도 병

---

* 평소에는 성내의 야경이나 잡역을 담당하다가 전쟁 때만 무사 역할을 하던 최하급 무사.
† 지방에서 생산된 쌀 및 각종 산물을 팔기 위해 대도시에 설치한 창고 겸 저택.

사(병명은 뇌출혈)하여 어머니와 다섯 자식만 남게 되었다. 형은 열한 살, 나는 세는 나이로 세 살 때였다. 그래서 오사카에도 있을 수 없게 되어, 다섯 형제는 모두 어머니를 따라 번의 영지인 나카쓰로 돌아왔다.

나카쓰의 풍습에 어울리지 못한 다섯 형제

나카쓰로 돌아온 이후로 기억나는 것들을 떠올려보면, 우리 다섯 형제는 아무래도 나카쓰 사람들과 잘 어울릴 수가 없었다. 어울리지 못하는 데는 그럴 만한 연유가 없지 않았다. 사촌은 많이 있었다. 친가쪽 사촌도 있고 외가쪽 사촌도 있었다. 아마 수십 명은 되었을 것이다. 또 동네 아이들도 많이 있었다. 그렇지만 그들과 마음껏 어울릴 수가 없었다. 우선 말투가 달랐다. '그렇습니다'라고 할 때 나카쓰 사람들은 '소자치코'라고 하는데, 우리 형제는 모두 오사카 말투라서 '소데오마스'라고 하니까 서로 어색해서 일단 대화가 적었다. 게다가 어머니는 원래 나카쓰 태생인데도 오랫동안 오사카에서 산 탓에 오사카 풍습에 익어서, 아이들의 머리모양이나 복장이 전부 오사카 식이었다. 집에 있던 옷을 입히기 때문에 아무래도 나카쓰의 유행과는 달랐다. 복장이 다르고 말투가 다른 것 외에는 그럴 만한 별다른 이유도 없었지만, 어린 나이에 어쩐지 남들과 어울리는 것이 수줍어서 자연히 집안에 틀어박혀 형제들끼리만 놀게 되었다.

유교주의 교육

또 한 가지 덧붙이자면 우리 아버지는 학자였다. 흔히 있는 한학자(漢學者)로서 오사카의 번저(藩邸)에서 하던 일은 오사카의 갑부 가지마야(加島屋)나 고노이케(鴻ノ池)* 같은 사람들과 교제하면서 번의 채무

* 가지마야와 고노이케는 모두 오사카의 호상(豪商)으로 다이묘(大名, 번의 영주)를 상대로 금융업을 했다.

를 해결하는 것이었다. 그런데 원래 아버지는 이런 일에 불만이 많았다. 금전을 다루기보다는 독서에만 열중하는 학자가 되려 했지만, 뜻한 바와 다르게 주판을 들고 돈을 계산한다든지 부채상환 연기를 상담하는 따위의 일을 해야만 했다. 오늘날의 양학자(洋學者)와 달리 옛날 학자들은 돈을 보기만 해도 불결하다고 말할 정도로 순수한 학자였다. 그럼에도 불구하고 순전히 속사(俗事)에 종사하고 있으니 불평을 하는 것도 당연했다. 그런 까닭에 자식들도 완전히 유교주의로 키웠다.

이를테면 이런 일이 있었다. 물론 나는 어린 탓에 함께 하지 않았지만, 이미 열 살이 된 형과 일여덟 살인 누나들은 습자교육을 받았다. 구라야시키 안에 습자 선생님이 계셔서 조닌(町人) 집안의 아이들도 와서 배웠다. 그런데 그곳에서는 이로와니오에도(イロハニホエヘト)*를 가르치는 것은 물론, 오사카여서 그랬는지 구구단도 가르쳤다. 이이는 사, 이삼은 육. 당연한 일인데도 아버지가 그 사실을 알고는 "괘씸한 걸 가르치는군. 어린아이들에게 계산법을 가르치다니 말도 안되지. 이런 곳에 아이들을 보낼 순 없어. 앞으로 또 뭘 가르칠지 모르겠군. 어서 데려와야지" 하며 형제들을 데려왔다고 한다. 훗날 어머니한테서 들은 이야기다. 어쨌든 상당히 까다로운 인물이었음을 추측할 수 있다. 아버지가 남긴 글을 보면 정말로 순수한 한유(漢儒)였다. 특히 호리카와(堀河, 교토의 지명)의 이토 도가이(伊藤東涯)†를 대단히 존경하여 성심성의를 다해 평소의 행실을 조심했기에, 자연히 그 유풍이 우리 집안에 남아 있었다. 어머니와 다섯 남매뿐인 가족으로 외부와의 교제도 별로 없이 자나깨나 어머니의 말씀만 들으니, 아버지가 돌아가셨어도 살아 계신 거나 다름없었다.

---

* 우리말의 '가나다라마바사'와 마찬가지로 글자를 배울 때의 초보단계의 학습.
† 에도 시대 중기의 고의학파(古義學派) 유학자로 교토 호리카와 출신. 아버지 이토 진사이(伊藤仁齋)가 유학 분야에 새로운 학파를 개척했고, 도가이는 그것을 이어받아 발전시켰다.

그러니 나카쓰에 있으면서도 말이 다르고 복장이 다른 탓으로 자연히 하나의 그룹을 이룬 우리 남매들은 무언중에 고상한 척하며 나카쓰 사람들을 속물로 간주했고, 내심 혈연관계인 사촌들조차 은근히 업신여겼다. 그들이 무슨 짓을 하건 전혀 나무라지도 않았다. 그 많은 사람들을 훈계해봤자 소용없으니까 포기하는 척하면서도, 마음속으로는 완전히 무시하고 거들떠보지도 않았던 것이다. 지금 기억하기로 소년시절의 나는 집안에 있을 때면 심하게 떠들며 뛰어다니는 등 상당히 활발한 편이었으면서도 나무타기가 서툴고 헤엄도 전혀 칠 줄 몰랐는데, 이것도 아마 같은 번의 아이들과 어울려 놀지 못하고 고립되어 지낸 탓일 것이다.

엄하지는 않지만 바른 가풍

방금 말한 것처럼 우리 남매는 어렸을 때 나카쓰 사람들과 언어풍속이 달라서 남몰래 상당한 외로움을 겪으면서도, 그런 가운데 가풍만큼은 제대로 지켰다. 엄한 아버지가 계신 것도 아니었지만, 어머니를 모시고 화목하게 지내며 남매지간에 싸우는 일은 한 번도 없었다. 뿐만 아니라 저속하고 비루한 것은 조금이라도 알면 안된다고 생각하며 자랐다. 특별히 가르쳐주는 사람도 없었고 어머니가 잔소리가 심하거나 까다롭지도 않았는데 자연히 그렇게 된 것은 역시 아버지의 유풍과 어머니의 감화력 때문이었을 것이다.

이와 관련된 이야기를 하자면, 악기의 경우 샤미센(三味線) 같은 것은 듣고 싶어 하지도 않았거니와 흥미도 없었다. 그런 것은 내가 들을 만한 게 못되며 만지고 놀 것도 아니라는 생각을 갖고 있었기 때문에 이제까지 연극공연 따위는 염두에 둔 적도 없었다. 예컨대 여름이 되면 나카쓰에서 연극을 한다. 축제 때는 이레씩이나 연극을 공연했는데, 배우가 무대에서 기예를 보여줄 때면 번으로부터 고시(告示)가 내려왔다. "연극은 수일간 계속되지만 번사(藩士, 번에 소속된 무사)는 절대로 가까이 가지 말 것. 스미요시(住吉) 신사의 돌담 밖으로 나가지 말 것." 그 고시의 문면은 꽤 엄중한 느낌이지만, 그저 종이 한 장의 경고문에 불과했으므로 번사들은 와키자시(脇差, 호신용의 작은 칼)를 차고서 안면 몰수한 채 당당하게 울타리를 부수고 들어갔다. 만약 그것을 질책하면 오히려 화를 냈으므로 겁이 나서 아무도 나무라지 못했다. 서민들은 돈을 내고 들어가는데 무사들은 사복차림으로 오히려 거들먹거리며 들어가는 것이다. 어쨌든 하급 무사가 대부분인 동네에서 그 연극을 보러 가지 않은 집은 아마도 우리 집뿐이었을 것이다. 절대로 가지 않았다. 이곳에서 벗어나면 안된다고 하면 무슨 일이 있어도 한발짝도 벗어나지 않았다. 어머니는 여자이면서도 연극에 관해서는 단 한마디도 자식들에게 하지 않았다. 형 역시 가자는 말을 하지 않았고, 집안에서도 모두들 전혀 이야기가 없었다. 한창 더운 여름철이니만큼 피서는 갔다. 그러나 그 부근에서 연극을 한다 해도 보려고 하지 않았다. 어떤 연극을 하는지 소문조차 이야기하지 않고 지내는 가풍이었다.

크면 중이 되게 하겠다

앞에서 말한 대로 돌아가신 아버지는 속리(俗吏)로서 일하는 것을 못마땅해 하셨던 것 같다. 그렇다면 나카쓰를 떠나 다른 곳으로 가면 될 텐데, 그럴 생각은 전혀 없었던 모양이다. 무슨 일이건 꾹 참고 박봉에 만족했던 것은 때가 때이니만큼 자유롭게 행동할 수 없었기 때문일 것이다. 지금 생각해도 몹시 안타깝다. 예를 들면 아버지 생전에 이런 일이 있었다. 지금 생각해보면 아버지는 마음속으로 후쿠자와 집안을 맏아들에게 상속시키려 했던 듯하다. 그런데 다섯 번째 아이로 내가 태어났다. 막 태어났을 때는 여윈 편이었지만 체구가 크고 뼈대가 굵은

지라, 산파로부터 이 아이는 젖만 잘 먹이면 틀림없이 훌륭하게 자랄 것이라는 말을 들었다고 한다. 아버지는 무척 기뻐하며, "대단한 녀석이야. 이놈이 무럭무럭 자라 열 살이나 열한 살이 되면 출가시켜 중으로 만들 테야" 하고 평소부터 어머니에게 말했다고 한다. 이 이야기는 어머니가 나에게 들려준 것이다. "그때 아버지가 어째서 너를 중으로 만들겠다고 하셨는지는 알 수 없지만, 지금 살아 계신다면 너를 출가시켰을 텐데" 하고 무슨 이야기 끝에 어머니가 말했다. 하지만 내가 어른이 되어 아버지의 말씀을 추측해보면 이런 생각이 든다. 나카쓰는 봉건제도를 유지하면서 마치 물건을 상자 속에 가지런히 넣어둔 것처럼 질서가 잡혀 있어 몇 백 년이 지나도 전혀 변함이 없는 상태였다. 가로(家老, 가신의 우두머리)의 집안에서 태어난 자는 가로가 되고, 아시가루의 집안에서 태어난 자는 아시가루가 되고, 그 중간에 위치한 자들도 마찬가지다. 몇 년이 지나도 변화라곤 없다. 따라서 아버지의 입장이 되어 생각해보면, 아무리 발버둥쳐봤자 도저히 출세할 수는 없지만 그래도 한 가지 승려가 되는 길은 있었다. 하찮은 생선가게 아이가 대종사가 되었다는 이야기는 얼마든지 있다. 아버지가 나를 출가시키겠다고 한 것은 틀림없이 그런 의미였으리라고 추측된다.

문벌제도는 부모님의 원수
이런 생각을 하니 아버지가 45년 평생을 봉건제도에 속박되어 아무것도 하지 못한 채 불만을 참고 살다가 헛되이 세상을 떠난 것이 유감스럽다. 또한 젖먹이의 장래를 걱정하여 중 노릇을 시키는 한이 있더라도 세상에 이름을 남기도록 하겠다고 결심한 그 괴로운 속마음, 그 깊은 애정. 나는 그것만 생각하면 봉건적 문벌제도에 분노하는 동시에 돌아가신 아버지의 심정을 헤아리게 되어 혼자서 울곤 한다.

나는 중이 되지 않았다. 중이 되지 않고 집에 있으니 학문을 해야만 했다. 그러나 아무도 나를 돌봐줄 사람이 없었다. 형도 나보다 나이가 불과 열한 살 많았을 뿐이고, 그 외에는 모두 누나들이었다. 어머니도 하인이나 하녀를 둘 처지가 못되니, 혼자서 밥을 짓고 반찬을 장만하여 다섯 자식을 먹여 살리느라 좀처럼 내 교육에 신경을 쓸 틈이 없었다. 결국 아무도 없었던 셈이다.

열네다섯 살에 비로소 독서를 시작하다
번(藩)에서는 어려서부터 『논어』나 『대학』 등을 읽는 풍조가 있었기에 그 정도는 나도 읽기는 했지만 적극적으로 책을 권하는 사람은 아무도 없었다. 더구나 이 세상에 책 읽기 좋아하는 아이는 없으리라. 나 하나만이 책을 싫어한 것은 아닐 것이다. 이 세상 아이들 모두가 싫어할 것이다. 나는 정말로 책 읽기를 싫어해서 놀기만 할 뿐 전혀 공부를 하지 않았다. 습자도 하지 않았고 책도 읽지 않았다. 이렇게 아무것도 하지 않다가 열넷인가 열다섯 살이 되고 보니, 주변사람들은 모두 책을 읽는데 나 혼자 읽지 않는 것이 남들 보기에도 좋지 않고 부끄럽기도 했다. 그때부터 본격적으로 책을 읽고 싶다는 생각이 들어 시골서당에 다니기 시작했다. 열네다섯 살이 되어 처음으로 배우기 시작했으니 아무래도 무척 거북했다. 다른 사람들은 『시경』이며 『서경』을 자유로이 읽는데 나는 『맹자』를 더듬더듬 읽는 정도였다. 그런데 신기하게도 서당에서 『몽구』(蒙求)니 『맹자』니 『논어』 등을 회독(會讀)하고 강의하면 나는 타고난 학문적 재능이 있었는지 그 의미를 잘 이해했다. 아침에 읽기를 가르쳐준 선생과 낮에 함께 『몽구』를 회독해보면 항상 내가 그 선생을 이겼다. 그 선생은 문자를 읽을 뿐 의미는 잘 이해하지 못하는 서생이었기에 그를 상대로 회독에서 승패를 가리는 것은 쉬운 일이었다.

『좌전』(左傳) 통독 열한 번

그러던 중 서당도 두세 차례 바꾸었지만, 한서(漢書)는 시라이시(白石)*라는 선생에게서 가장 많이 배웠다. 그분 밑에서 4~5년가량 한서를 배우자 의미를 이해하는 데는 아무 어려움이 없었으며 의외로 빨리 한문에 숙달되었다. 시라이시주쿠에서는 『서경』을 중심으로 『논어』 『맹자』는 물론, 모든 경의(經義)의 연구에 열심이었다. 특히 시라이시 선생은 『시경』과 『서경』을 좋아했는지 그 두 책을 열심히 강의했고 자주 읽었다. 또 『몽구』 『세설신어』(世設新語) 『좌전』 『전국책』 『노자』 『장자』 등에 관해서도 자주 강의를 들었으며, 그 뒤로는 나 혼자서 공부했다. 역사서로는 『사기』를 비롯하여 『한서』 『후한서』 『진서』 『오대사』 『원명사략』 등을 읽었는데, 특히 『좌전』에 자신이 있었다. 대부분의 서생들은 『좌전』 열다섯 권 중 서너 권째에서 포기했지만 나는 전부 다 읽었다. 아마도 열한 번은 읽었을 것이다. 재미있는 부분은 암기도 했다. 그리하여 일단 한학자의 초보 수준은 되었다. 그런데 당시 대부분의 학파가 가메이 풍(龜井風)†이었고 내 스승 역시 가메이 풍의 신봉자였기에, 시 짓는 법을 가르쳐주기는커녕 오히려 냉소하는 편이었다. 히로세 단소(廣瀨淡窓)#에 대해 "그 녀석은 홋쿠사(發句師)·하이카이사(俳諧師)로서 시 제목조차 제대로 짓지 못하는데다 한문도 전혀 쓸 줄 모르지. 형편없는 녀석이라니까" 하며 비난했다. 이상하게도 스승이 그렇게 말하면 제자들도 같은 느낌을 갖게 된다. 단소만이 아니다. 라이 산요(賴山陽)☆ 역시 전혀 인정하지 않고, 마치 손아랫사람 취급을 했다. "뭐야, 형편없는 문장이잖아. 산요가 쓴 글이 문장이라면, 문

---

* 시라이시 쓰네토(白石常人). 1815~1883. 나카쓰의 유학자.
† 구로다(黑田) 번의 유학자 가메이 난메이(南冥)·쇼요(昭陽) 부자의 학풍으로 당시의 관학이었던 주자학파와 대립하는 입장이었다.
# 1782~1856. 에도 시대 후기의 유학자.
☆ 1780~1832. 에도 시대의 대표적인 유학자로 저서 『일본외사』(日本外史)가 유명하다.

장을 쓰지 못할 사람이 없겠군. 마치 혀가 짧고 말을 더듬어도 뜻은 통하는 거나 마찬가지지" 하며 대단한 기세로 제자들을 가르쳤기에, 우리도 『산요 외사』(山陽外史, 산요의 『일본외사』를 말함)를 가볍게 여겼다. 시라이시 선생만이 아니라 우리 아버지 역시 마찬가지라서, 아버지가 오사카에 계실 때 산요 선생은 교토에 계셨기에 반드시 교제를 해야 할 상황이었는데도 전혀 만나지 않았다. 아버지의 친구 중에 노다 데키호(野田笛浦)*라는 사람이 있었는데, 어떤 분인지 모르지만 아버지가 산요를 멀리하고 데키호를 가까이한 걸 보면, 데키호 선생은 정통파 학자라는 의미였는지 모르겠다. 지쿠젠(筑前, 규슈〔九州〕 북부의 옛 지명)의 가메이(龜井) 선생도 주자학을 멀리하고 경의(經義)에 열중했다고 하니, 그 맥락을 이어받은 사람들은 산요 같은 부류를 탐탁찮게 여겼던 모양이다.

비상한 손재주

이상은 학문에 관한 이야기였는데, 그 외에도 나는 옛 사족의 자제들에 비해 다방면으로 재주가 있어 무엇인가 고안해내는 능력이 있었다. 예를 들면 우물에 뭔가 빠뜨렸을 때 그것을 건져 올릴 방도를 생각해내기도 했고, 옷장의 자물쇠가 열리지 않으면 못을 이리저리 구부려서 결국은 옷장을 여는 방법을 알아내고는 기뻐했다. 또 장지 바르는 솜씨가 뛰어나서, 우리 집 장지는 물론이고 친척의 부탁을 받고 바르러 가는 일도 있었다. 하여튼 무엇을 하건 솜씨가 뛰어나고 성실했기에 스스로도 재미있어 했던 모양이다. 원래 가난한 사족인지라 점차 나이를 먹어가면서는 스스로 이리저리 궁리하여 게다의 끈을 달기도 하고 셋타(雪駄)†의 벗겨진 부분을 수선하는 일을 도맡아 하면서, 내 것뿐

---

* 1799~1859. 단고(丹後) 다나베(田邊) 출신의 유학자.
† 짚신 바닥에 가죽을 대고 발뒤꿈치에는 쇠붙이를 댄 신발. 눈이 올 때 신는다.

아니라 어머니 것도 형이나 누나들 것도 고쳐주었다. 혹은 다다미용 바늘을 사다가 다다미를 수선하고, 대나무를 잘라 물통의 테두리 묶는 일에서부터 문짝 부서진 것, 물이 새는 지붕을 고치는 일 등을 당연히 전부 내가 도맡아 했다. 또 자진해서 본격적으로 부업을 시작하여 게다를 만든 적도 있고 칼의 장식을 만든 적도 있다. 칼 가는 법은 몰라도 칼집에 칠을 하고 손잡이에 끈을 감거나 기타 금속제품을 다루는 일은 시골이지만 그럭저럭 흉내낼 수 있었다. 지금도 내가 칠한 칼집이 하나 집에 있는데 몹시 어설픈 솜씨다. 이런 것은 모두 이웃에 살던 부업하는 사족한테 배운 것이었다.

줄칼에 놀라다

금속공예를 할 때는 줄이 가장 중요한 도구인데, 이것도 손으로 만들었다. 처음에는 상당히 애를 먹었는데, 세월이 흘러 훗날 에도(江戶)*에 왔다가 몹시 놀란 적이 있다. 보통 줄은 어렵지 않게 만들 수 있지만, 줄칼만큼은 그렇지 않다. 그런데 에도에 오니, 지금도 시바(芝)의 다마치(田町)로 장소를 기억하는데, 에도로 들어오는 큰길 오른쪽 집에서 어린 소년이 줄칼의 눈을 두드리고 있었다. 줄 밑에 가죽을 깔고 정으로 파니까 순식간에 눈이 만들어졌다. 나는 멈춰 서서 이것을 보고는 마음속으로 생각했다. '역시 대도시는 다르구나. 굉장한 걸 만드는구나. 나는 줄칼 만드는 일은 생각조차 못했는데, 어린애가 저렇게 만들다니, 정말로 공예기술이 발달한 곳이로구나.' 에도에 처음 온 날 이렇게 감탄한 적이 있다. 어렸을 때부터 독서 외에는 속된 짓만 하고 속된 일만 생각해온 터라, 나이가 들어도 손으로 뭔가 만드는 걸 좋아

---

*지금의 도쿄. 메이지 유신 이전까지 도쿄를 에도라 불렀다. 또한 도쿠가와 이에야스(德川家康)가 1603년에 에도에 막부를 개설하여 정치의 중심지로 삼은 이후부터 메이지 유신 직전인 1867년까지를 '에도 시대'라 한다.

해서 툭하면 대패나 끌 따위를 사다가 뭔가 만들어봐야지, 고쳐봐야지 하고 생각하면서도, 모두가 속된 것이었을 뿐 이른바 예술적 감각은 조금도 없었다. 항상 모든 면에서 지극히 무미건조하고 의복이나 주거에 무관심했기에, 어떤 집에 살고 어떤 옷을 입건 전혀 신경을 쓰지 않았다. 윗도리인지 아랫도리인지조차 구분하지 않았다. 하물며 유행하는 줄무늬 따위는 생각해본 적도 없을 정도로 풍류를 몰랐지만, 칼에 관한 것이나 소도구의 무늬 및 모양새에 관해서는 일가견이 있었다. 비록 시골에서 자랐지만 손끝으로 배운 기술에서 자연스럽게 터득한 것이다.

백주대낮의 술

내가 세상사에 무관심한 것은 타고난 성격으로 어려서부터 갖고 있던 것이었으므로 주변 사정에는 둔감했다. 번의 말단 사족은 술·기름·간장 등을 사러 갈 때 본인이 직접 시내까지 가야 했다. 그런데 그 무렵의 사족들은 얼굴을 가리고 밤에 갔다. 나는 얼굴을 가리는 것이 몹시 싫었다. 태어나서 한 번도 가린 적이 없다. 물건을 사는 게 어떻다는 거냐, 돈을 주고 사는 일에 전혀 개의치 않는다는 생각에서 얼굴을 드러냈다. 그리고 사족이니까 당연히 다이쇼(大小)*를 찬 채 술병을 들고, 밤이 아닌 대낮에 공공연히 시내의 가게로 갔다. '이 돈은 내 돈이지 훔친 돈이 아니다'라며 당당하게 갔다. 오히려 같은 번의 무사들이 체면을 지키느라 얼굴을 가리는 행동을 우습게 생각했다. 소년의 혈기에서 나 혼자만 우쭐해 있었던 모양이다. 그리고 집에 손님을 초대하여 무나 우엉을 졸여 대접할 때면, 종종 어머니를 도와 부엌일을 했다. 그런데 나는 손님들이 밤늦도록 죽치고 앉아 술을 퍼마시는 것이 정말 싫었다. 속물들이라고 생각했다. 마시려면 빨리 마시고 돌아가면 좋을

---

* 무사들은 평소에 큰 칼과 작은 칼을 함께 차고 다녔는데, 무사 신분의 상징이기도 하다.

텐데, 좀처럼 돌아가지를 않는 것이었다. 집이 비좁아 앉을 곳도 없었다. 어쩔 수 없이 손님이 술을 마시는 동안 나는 벽장 속에 들어가 누워 있었다. 언제나 손님대접을 할 때면 손님이 올 때까지 일을 하다가, 저녁때가 되면 나도 술을 좋아하니까 서둘러 술을 마시고 벽장 속에 들어갔다. 그리고 손님이 돌아가면 벽장에서 나와 평소의 잠자리에 가서 다시 눕는 것이 상례였다.

형은 나이가 많으니 친구도 많았다. 시국에 대해 이야기하는 것을 들은 적이 있는데, 나는 그런 대화에 끼어들 처지가 못되었기에 그저 심부름만 했다. 그 당시 나카쓰에서 인기가 높은 학자는 한결같이 미토(水戶)의 고인쿄사마(御隱居樣)*, 즉 레쓰코(烈公, 미토 번주 도쿠가와 나리아키[德川齊昭])와 에치젠(越前)의 슌가쿠(春嶽, 후쿠이[福井] 번주 마쓰다이라 요시나가[松平慶永])에 관한 이야기를 많이 했다. 학자는 미토의 노공(老公)이라 하는데, 속칭 미토의 고인쿄사마라고 부른다. 더구나 이들은 고산케(御三家)†였으므로 후다이다이묘(譜代大名)#의 부하들은 이들을 무척 숭배하여 절대로 인쿄라며 함부로 부르지 않았다. 미토의 고인쿄사마, 미토의 노공이라 칭송하며 천하제일의 인물인 것처럼 말하기에 나도 그렇게 생각하고 있었다. 또한 에가와 다로자에몬(江川太郎左衛門)☆도 막부의 하타모토(旗本, 쇼군 직속의 무사로서 봉록 500석 이상 1만 석 이하의 자)였으므로 본인이 없는 자리에서도 반드시 '사마(樣)'를 붙여 부를 정도로 평판이 높았다. 언젠가 형이 말하기를 에가와 다로자에몬이라는 인물은 근세의 영웅으로, 아무리 추워도 홑옷 하나만 입는다는 것이었다. 옆에서 엿듣고 있던 나는 그까짓

* 현역에서 은퇴한 노인을 뜻하는 '인쿄(隱居)'에 존경의 뜻을 나타내는 접두어 '고'와 접미어 '사마'를 붙여 최대한 높여 부르는 호칭.
† 도쿠가와 쇼군가의 일족인 비슈(尾州), 기슈(紀州), 미토(水戶)의 세 집안.
# 도쿠가와 이에야스가 정권을 장악하는 계기가 되었던 세키가하라(關ヶ原) 전투 이전부터 도쿠가와 집안의 신하였던 자.
☆이즈(伊豆) 니라야마(韮山)의 다이칸(代官) 에가와 히데타쓰(江川英龍).

것 누구나 할 수 있겠다는 생각에서, 아무에게도 말하지 않고 매일 밤 가이마키(搔卷, 면으로 만든 얇은 잠옷) 하나만 입고 요도 깔지 않은 채 다다미 위에서 자기 시작했다. 그러자 어머니가 보고는 "무슨 짓이냐? 그러다간 감기 들겠다" 하며 수차례 만류했지만, 끝내 그 말을 듣지 않고 한해 겨울을 지낸 적이 있다. 이것도 열대여섯 살 무렵 단지 남에게 지기 싫어서 한 짓으로, 아마 몸도 건강했던 모양이다.

형제문답

당시의 세태이기도 하지만 학문이라고 하면 오직 한학뿐이었다. 형도 물론 한학만 공부하는 사람으로, 단지 여느 학자와 다른 점은 분고(豊後, 현재의 오이타(大分) 현) 출신의 호아시 반리(帆足萬里)* 선생의 계통을 이어받아 수학을 배웠다는 점이다. 호아시 선생은 대단한 유학자이면서도 수학을 즐겨서, 선생의 설에 따르면 총과 주판은 무사가 중시해야 하는 것으로, 총을 말단 관리에게 맡기고 주판을 아시가루에게 맡기는 것은 큰 잘못이라는 것이었다. 이런 설이 나카쓰에 널리 퍼져, 무사계급 중에서도 뜻있는 자 중에는 수학에 관심을 두는 사람이 많았다. 형 역시 선배들의 뒤를 좇아 주판 실력이 상당한 수준이었던 것 같다. 이런 점은 여타 유학자들과 다소 다른 듯하지만, 그 외에는 소위 효제충신(孝悌忠信)을 중시하는 순수한 한학자임에 틀림없었다. 언젠가 형이 나에게 "너는 앞으로 무엇이 될 작정이냐?" 하고 묻기에, "글쎄, 우선 일본 최고의 갑부가 되어 마음껏 돈을 써볼 생각이야"라고 대답했더니, 형은 못마땅한 표정을 지으며 나무랐다. 그래서 내가 "형은 어떻게 할 건데?" 하고 반문하자, 정색을 하며 "죽을 때까지 효제충신"이라고 단 한마디로 대답했다. 나는 "에이!" 하고 무시했지만, 일단 형은

---

* 1778~1852. 히지(日出) 번의 유학자.

그런 인물로서 또 특이한 면도 있었다. 언젠가는 나에게 이런 말을 했다. "나는 장남으로서 우리 집안의 가독(家督)을 맡고 있지만, 한번쯤 엄격한 집안의 양자로 가고 싶어. 굉장히 완고하고 정말로 까다로운 양부모를 모시고 싶은 거야. 절대로 풍파가 일지 않도록 할 수 있어." 아마도 일반적으로 양부모와 양자의 관계가 매끄럽지 못한 이유는 양자가 양부모를 잘못 모시는 탓이라고 확신하고 있었기 때문인 듯하다. 그러나 나는 정반대라서 "양자가 되는 건 싫어, 정말 싫어. 부모도 아닌 사람을 누가 부모라며 섬기겠어?" 하며, 이따금 그랬듯 형과는 다른 의견을 보였다. 아마도 내가 열일곱 아니면 열여덟 살 때의 일이었던 듯하다.

어머니도 기묘한 취향이 있어 보통사람들과는 약간 달랐던 것 같다. 하층사회의 사람들과 어울리기를 좋아했는데, 집에 드나드는 농민이나 조년은 물론이고 거지조차도 일일이 응대하며, 경멸하거나 싫어하지도 않았고 말투도 지극히 정중했다. 또 종교에 관해서는 이웃할머니들처럼 평범한 신앙심은 갖고 있지 않았던 듯하다. 예를 들면 우리 집은 진종(眞宗)*을 믿었지만 설법도 듣지 않았고, "나는 절에 가서 아미타님 앞에 고개 숙이는 짓만큼은 이상하고 어색해서 못하겠더구나" 하고 늘 우리에게 말했다. 그러면서도 매달 자루에 쌀을 담아 절에 가지고 갔으며 성묘만큼은 잊지 않고 했다.(그 자루는 지금도 소중히 간직하고 있다.) 아미타불을 믿지는 않았지만 가까이 지내는 스님은 많았다. 단나데라(旦那寺, 조상 대대로 위패를 모시는 절)의 스님은 말할 것도 없고 내가 다니는 한학 서당에 있던 갖가지 종파의 서생 스님들이 우리 집에 놀러오기만 하면 어머니는 반갑게 맞으며 맛있는 음식을 대접하곤 했다. 그런 것을 보면 그다지 불법(佛法)을 싫어하셨던 것도 아닌 듯하

---

* 정토진종(淨土眞宗)의 약칭. 신란(親鸞)을 개조(開祖)로 하는 일본 불교의 일파.

다. 어쨌든 어머니에게는 분명히 자선을 베풀고자 하는 마음이 있었다.

거지의 이를 잡아주다

아주 지저분한 기담을 하나 이야기해보겠다. 나카쓰에 한 여자거지가 있었는데 바보 같기도 하고 미친 것 같기도 한 괴짜였다. 이 여자는 자기 본명인지 남이 붙여준 이름인지 '지에, 지에!' 하며 매일 시내에서 구걸을 하고 다녔다. 어찌나 더럽고 냄새가 나는지, 옷은 너덜너덜, 머리는 푸석푸석, 머리에는 이가 들끓는 게 보였다. 그런데 어머니는 날씨가 좋을 때면 매번 "지에야, 이리 들어오렴" 하고 정원으로 불러들여 토방의 풀 위에 앉히고는, 당신의 머리에 수건을 두르고 이 잡기를 시작했다. 거기에는 나도 불려 갔다. 엄청나게 잡히는 이를 일일이 손톱으로 뭉개 죽일 수도 없었기에 정원석 위에 놓으면 내가 곁에서 돌멩이로 내리치라는 것이었다. 나는 적당한 크기의 돌멩이를 들고 대기했다. 어머니가 한 마리 잡아서 정원석 위에 놓으면 내가 쿵 하고 내리쳤다. 50마리건 100마리건 일단 잡히는 만큼 잡고 나서는 어머니도 나도 옷을 털고 쌀겨로 손을 씻은 뒤, 거지에게는 이를 잡게 해준 보답으로 식사를 대접하곤 했다. 이것은 어머니의 취미였겠지만, 나로서는 너무나 더러워 견디기 힘들었다. 지금 생각해도 속이 메스껍다.

휴지를 밟고 부적을 밟다

또 내가 열두세 살 때의 일로 생각된다. 형이 뭔가 휴지 같은 것을 모아 놓았는데, 내가 마구 밟으며 지나갔다. 그러자 형이 큰 소리로 "야, 이 놈아!" 하고 야단을 치는 것이었다. "넌 눈도 없냐? 이걸 봐, 뭐라고 적혀 있나. 오쿠다이라 다이젠노타유(奧平大膳大夫)*라고 적혀 있잖아!"

---

* 나카쓰 번주를 말한다. 다이젠노타유는 관직의 일종.

하며 대단히 험악한 기세로 나무랐다. "어, 그래? 난 몰랐어" 하고 대답하자, "몰라도 눈은 있을 거 아냐? 존함을 발로 밟다니, 무례하게. 군신의 길이란 말이지" 하며 뭔가 어려운 이야기를 늘어놓으며 엄하게 꾸짖기에 잘못을 빌지 않을 수 없었다. "내가 정말 잘못했으니 용서해줘" 하고 머리 숙여 사과했지만 마음속으로는 전혀 미안하지 않았다. '뭐야, 도노사마(殿樣, 높은 사람에 대한 존칭)의 머리를 밟은 것도 아니고 이름이 적힌 종이를 밟은 건데 무슨 상관이람?' 하며 몹시도 불만스러운 심사가 들어, 어린 마음에 혼자 이런저런 생각을 했다. 형의 말대로 도노사마의 이름이 적힌 휴지를 밟는 것이 나쁜 짓이라면, 신의 이름이 적힌 부적을 밟으면 어떻게 될까 하는 생각에 남들이 보지 않는 곳에서 밟아봤지만 아무 일도 일어나지 않았다. '음, 아무 일도 없군. 이거 재미있는데. 요번에는 이걸 변소에 가지고 가봐야지' 하고, 한 단계 더 나아가 변소에서 시험을 해봤다. 그때는 혹시나 무슨 일을 당하지 않을까 싶어 조금 두렵기도 했지만 역시 아무 일도 없었다. '그것봐, 형이 공연히 그런 소릴 하지 않아도 되는데' 하며 혼자서 신기한 사실을 밝혀낸 기분이 들었다. 하지만 이 사실만큼은 어머니에게도 누나들에게도 말하지 않았다. 말을 했다간 분명 야단을 맞을 게 뻔했으므로 시치미 떼고 잠자코 있었다.

이나리(稻荷) 님의 신체(神體)를 보다
그러다 한두 살 나이를 더 먹으니 저절로 담력도 커진 듯, 노인들이 말하는 신벌명벌(神罰冥罰)이란 순전히 거짓말이라는 생각에서, 요번에는 어디 이나리(稻荷, 곡식의 신)를 한번 보자고 결심을 했다. 내가 양자로 들어간 숙부댁*의 이나리를 모신 신당 속에는 무엇이 들어 있을

---
* 유키치는 어렸을 때 호적상 숙부 나카무라 줏페이(中村術平)의 양자가 되었으면서도 생활은 가족과 함께 했다.

까 궁금해서 열어보니 돌이 들어 있기에, 그 돌은 내다버리고 대신 다른 돌을 주워다 넣어놓았다. 또 이웃의 시모무라(下村)씨 집의 이나리 신당을 열어보니, 신체(神體)*라는 무슨 목패가 들어 있었다. 이 역시 집어서 바깥에 내버리고 태연한 표정으로 있었는데, 이윽고 하쓰우마(初午)†가 되자 깃발을 세우고 북을 치고 제주(祭酒)를 올리는 등 야단법석이었다. 나로서는 우스꽝스러운 노릇이었다. '바보들, 내가 넣어둔 돌에 술을 올리고 절을 하다니 웃기는군' 하며 혼자 좋아했다. 그러니 어려서부터 하느님이 무섭다거나 부처님이 고맙다거나 하는 생각은 전혀 없었다. 점이나 주술은 일절 믿지 않았고, 여우나 너구리에게 홀린다는 이야기도 전혀 믿지 않았다. 어린 나이에도 불구하고 정신은 그야말로 대범했다.

언젠가 오사카에서 기묘한 여자가 온 적이 있다. 우리 가족이 오사카에 있을 때 집에 드나들던 우와니가시라(上荷頭)# 덴포지야 마쓰에몬(傳法寺屋松右衛門)이라는 자의 딸로 나이는 서른쯤이었던 것으로 기억한다. 그 여자가 나카쓰에 와서 이나리 님을 부릴 줄 안다며 허풍을 떨었다. 우리 집에 와서는 아무에게나 돈을 쥐어주고 뭔가 기도를 하면 그 사람에게 이나리 님이 붙는다며 떠벌리는 것이었다. 아마도 내가 열대여섯 살 무렵이었던 것이다. "그거 재미있겠군. 내가 해볼게. 내가 그 돈을 쥐고 있을게. 쥐고 있는 돈이 움직인다니 재미있겠군. 이리 줘" 하고 말하자, 그 여자가 나를 뚫어지게 바라보더니 "도련님은 안됩니다" 하는 것이었다. 나는 고집을 부렸다. "방금 아무나 된다고 그랬잖아. 자, 어서" 하며 그 여자를 몹시 난처하게 만들고는 희희낙락했다.

---

* 예배의 대상물로 신령이 머문다고 믿어지는 사물. 영체.
† 2월의 첫 오일(午日)로 이나리 신사의 제삿날.
# 부두와 본선 사이를 오가며 짐을 나르는 거룻배 인부들의 우두머리.

문벌에 대한 불만

나카쓰에 있으면서 어려서부터 내가 늘 심한 불만을 느꼈던 것은 당연한 일이다. 나카쓰 번의 기풍이라는 것 때문이었는데, 사족 사이의 문벌제도가 매우 엄격히 정해져 있었다. 어느 정도냐 하면, 단순히 번의 공적인 문제와 관련된 사항만이 아니라 어른들의 교제에서 아이들의 놀이에 이르기까지 상하귀천의 구별이 있어, 상급사족의 자제와 나 같은 하급사족이 서로에게 사용하는 말투가 달랐다. 내가 상급사족에게 "당신이 이러니저러니" 하고 말하면, 상대방은 "네가 이러저러하게 처리해" 하고 대답하는 식이었다. 아이들의 단순한 장난에 이르기까지 항상 문벌이 따라다니니, 아무래도 불평을 하지 않을 수 없었다. 그러나 "네가 이러저러하게 처리해" 하고 말하는 상급사족의 자제와 학교에 가서 독서 회독을 하면 언제나 내가 이겼다. 학문만이 아니라 완력에서도 지지 않았다. 그런데 단순히 친구들끼리 어울리는 아이들 놀이에서도 항상 문벌이라는 것을 가지고 말도 못하게 으스댔으니, 어린 마음에도 화가 나서 견딜 수가 없었다.

가시쓰지(下執事)라는 글자 때문에 야단맞다

하물며 어른들끼리, 번의 임무를 수행하는 사람들에게 귀천의 구별은 몹시 까다로웠다. 내가 기억하기로 언젠가 형이 가로(家老)에게 편지를 보내면서 다소 학자풍으로 봉투에 아무개 님 가시쓰지(下執事)*라고 적어 보냈다가 크게 야단을 맞은 일이 있다. 그쪽에서는 "가시쓰지라니 무슨 소린가! 오토리쓰기슈(御取次衆)†라고 써 와" 하며 편지를 돌려보냈다. 나는 옆에서 이것을 보고 혼자 화가 나서 울었다. 그리고

---

* 귀인에 대한 경칭의 일종. 원래는 귀인을 모시며 곁에서 일하는 자를 가리키는 말로, 귀인을 직접 지칭하기를 꺼려 이렇게 적는다.
† 외부 알현자의 안내나 진상품의 피로(披露) 혹은 예의식전을 담당하는 직명이지만, 역시 귀인을 직접 지칭하기를 꺼려 경칭으로 사용했다.

'기가 막히는군. 이런 곳에 더 이상 있을 수 있나. 무슨 수를 써서라도 이곳을 떠나는 수밖에 없어' 하며 늘 마음속으로 생각하게 되었다. 그 후로 나도 점차 성장하여 아직은 어리지만 세상일을 조금씩 알게 되었고, 사촌 중에도 그럴싸한 학자가 한두 명 있었다. 글을 잘 읽는 사내가 있었는데, 원래 피차가 하급사족이니까 형과 이야기를 하면서 번의 기풍이 좋지 않다는 둥 여러 가지 불평을 늘어놓았다. 그때마다 나는 그것을 말렸다. "그만둬, 소용없으니까. 이 나카쓰에 있는 한 그런 헛소리를 해봤자 소용없어. 불만이 있으면 이곳을 떠나는 수밖에 없어. 떠나지 않을 거면 불평도 하지 말아야지." 아마도 나의 타고난 성격이었던 듯하다.

희노(喜怒)를 드러내지 않는다

언젠가는 어떤 한서를 읽다가, '희노(喜怒)를 드러내지 않는다'는 구절을 읽고 크게 감동을 받아 마음의 안정을 되찾은 적이 있다. '이거야말로 금언이구나' 하는 생각에, 늘 잊지 않도록 하며 혼자 이 가르침을 지켰다. 누가 무슨 말로 칭찬을 해주건 그냥 건성으로 적당히 받아들일 뿐 마음속으로는 전혀 기뻐하지 않았다. 또한 아무리 경멸을 당하더라도 결코 화를 내지 않았다. 무슨 일이 있어도 화를 낸 적이 없다. 하물며 동료나 친구들과 싸운 적은 한 번도 없다. 남들과 멱살을 잡고 주먹질을 한 적이 없다. 소년시절뿐만이 아니다. 소년시절부터 노인이 된 오늘에 이르기까지, 분노로 인해 남의 몸에 손을 댄 적이 없다. 그런데 20여 년 전, 주쿠(塾)의 서생 중에 구제불능일 정도로 방탕한 자가 있었다. 내가 여러 해 동안 의식을 제공하며 뒷바라지를 해주었음에도 불구하고 거듭해서 못된 짓을 했다. 어느 날 그 서생이 어디서 무슨 짓을 했는지 심야에 술에 취해 거드름을 피우며 돌아왔기에, "너는 오늘 밤 잠을 자면 안돼. 일어나서 똑바로 무릎 꿇고 앉아 있어!" 하고 지시했다. 하지만 잠시 후 가서 보니 쿨쿨 코를 골며 자고 있는 것이었다. "이런 괘씸한 놈!" 하며 그 서생의 어깨를 잡고 일으켜, 이미 잠이 깼는데도 마구 흔들어댄 적이 있다. 그 후에 혼자 곰곰이 생각했다. '이거 실수를 했구나. 나는 평생 남에게 완력을 휘두른 적이 없는데, 오늘밤은 정말로 미안한 짓을 했구나.' 그렇게 마치 승려가 계율을 어기기라도 한 기분이 들어 아직도 잊을 수가 없다. 그러나 나는 소년시절부터 남들보다 훨씬 말도 많이 하는 편이고, 무슨 일이건 부지런히 해서 결코 남에게 지는 일이 없었지만 서생류의 논쟁만큼은 하지 않았다. 설령 논쟁을 벌인다 해도 얼굴이 시뻘게져 반드시 이겨야겠다는 식의 논쟁은 한 적이 없다. 뭔가 논쟁을 하다가도 상대방이 몹시 흥분하면 이쪽에서는 깨끗이 포기했다. '저 머저리가 또 무슨 바보 같은 소릴 하는 거야' 하면서, 깊이 관여하는 짓은 결코 하지 않았다. 그리고 늘 기도했다. 어디서 어떤 고생을 하더라도 마다하지 않겠으니, 그저 이곳 나카쓰가 아니라 제발 다른 곳으로 떠나고 싶다고. 그렇게 혼자서 기도하던 중 드디어 나가사키(長崎)로 가게 되었다.

나가사키 유학

그리하여 나가사키로 떠났다. 안세이(安政) 원년(1854) 2월, 내 나이 스무한 살[만 19세 3개월] 때였다. 그 당시에는 나카쓰 내에 서양문자를 읽을 수 있기는커녕 구경해본 사람조차 없었다. 도회지에는 양학이라는 것이 100년 전부터 있었지만, 시골인 나카쓰에서는 원서는 고사하고 서양문자조차 구경할 수 없었다. 그런데 당시는 바로 페리*가 왔던 때로, 미 군함이 에도에 왔다는 사실은 시골에서도 모두 알고 있었기 때문에 어디를 가나 모두들 포술(砲術) 이야기로 떠들썩했다. 또 포술을 배우는 자는 하나같이 네덜란드 방식에 관해 공부를 했다. 그래서 당시 형은 "네덜란드 포술을 공부하기 위해서는 아무래도 원서를 읽어야겠어" 하고 말했지만, 나는 그 말을 이해하지 못했다. "원서가 뭔데?" 하고 묻자 형이 설명해주었다. "원서란 네덜란드에서 출판된, 서양문자로 쓴 책이야. 지금 일본에 번역서라는 게 있어서 서양에 관한 내용을 옮겨놓긴 했지만, 본격적으로 공부를 하려면 그 근본인 네덜란드어 책을 읽어야 돼. 어때? 너는 그 원서를 읽어볼 생각이 없

---

* Matthew Calbraith Perry. 1794~1858. 미 해군 제독. 1853년 6월 동인도함대 장관으로서 함대를 이끌고 우라가(浦賀)에 내항했다. 미국 대통령의 친서를 막부에 전하고 개국을 요구하여, 이듬해 미일 간에 화친조약이 맺어졌다.

니?" 그런데 나는 원래 한서를 배울 때 또래 친구들 중 가장 실력이 뛰어나 독서강의에서 별다른 고생을 하지 않은 까닭에 스스로의 능력을 믿었던 듯하다. "남들이 읽는 거라면 서양문자건 뭐건 읽어볼게" 하고 대답하여, 형제지간에 협의가 이루어졌다. 그때 마침 형이 나가사키에 갈 일이 있어서 나도 동행했다. 나가사키에 거처를 정하고, 처음으로 서양글자인 abc라는 것을 배웠다. 지금은 일본 어디를 가든 하다 못해 술병의 상표에서도 서양문자를 얼마든지 볼 수 있으니까 눈에 익어 아무렇지도 않지만, 처음 접했을 때는 몹시 난해했다. 스물여섯 글자를 배우고 익히는 데 사흘이나 걸렸다. 하지만 점차 익숙해짐에 따라 그다지 어렵지 않게 느껴졌다. 그런데 애당초 내가 나가사키에 간 것은 난학(蘭學, 네덜란드와 관련된 학문의 총칭) 수업과는 무관하게, 단지 시골인 나카쓰의 따분함이 견딜 수 없었기 때문이었다. 문학이건 무예건 무엇이건 나카쓰에서 빠져나갈 수만 있다면 고맙겠다는 생각에서 간 것이라, 고향을 떠나면서 미련은 조금도 없었다. '누가 이런 곳에 있겠어? 일단 떠나면 나 몰라라 하고 절대로 돌아오지 않을 테야. 오늘이야말로 기분이 최고로구나' 하고 혼자서 마음속으로 기뻐하며, 뒤돌아서 침을 뱉고는 바삐 달려갔던 일이 지금도 기억난다.

그리고 나가사키로 가서 오케야초(桶屋町)의 고에이지(光永寺)라는 절을 찾아갔다. 당시 같은 번에 근무하는 가로의 아들인 오쿠다이라 이키(奧平壹岐)라는 사람이 그 절과 인척관계가 있어 그곳에 머물고 있었기 때문이다. 덕분에 나도 그 절에서 더부살이를 하며 지냈다. 그러다가 오이데초(小出町)의 야마모토 모노지로(山本物次郎)라는 나가사키 료구미(長崎兩組, 나가사키 부교(奉行)* 휘하의 관리)의 지야쿠닌(地役人, 나가사키 토착민 가운데 관리로 고용된 자)이자 포술가에게 오

---

* 행정·재판 사무를 담당하는 관직.

쿠다이라가 포술을 배우고 있던 인연으로 야마모토 집안의 식객으로 들어앉게 되었다. 이렇게 해서 난생 처음으로 일을 시작하게 되었다.

활동시작

나는 무슨 일이건 항상 최선을 다했으며, 게으름을 피운 적이 없다. 선생님은 시력이 나빠 책을 읽을 수 없었기에 내가 갖가지 정세론 등과 한자로 쓰인 대가들의 책을 읽어드렸다. 또 그 집에 열여덟 열아홉 살 가량의 아들이 있었는데, 외아들로서 그다지 똑똑하지는 않았다. 하지만 공부를 하자면 책을 읽어야만 했기에, 그 아들에게 한서를 가르쳐 주는 것이 내 임무 중 하나였다. 그 집안은 비록 가난하지만 살림의 규모는 컸다. 당연히 빚이 있어서, 만기일 연장을 부탁하거나 새로 돈을 빌리러 가는 일, 돈에 관한 편지를 대필하는 일도 했다. 또 그 집에는 머슴과 하녀가 한 명씩 있었는데 툭하면 머슴이 병으로 드러누워 버렸기 때문에 내가 대신해서 물을 긷기도 했다. 아침저녁 청소는 물론이요, 선생님이 목욕을 할 때면 등을 밀어주기도 하고 더운물을 길어다 주기도 했다. 또한 사모님이 고양이나 강아지 따위의 동물을 무척 좋아해 집안의 동물들도 돌봐야 했다. 위아래 모든 사람들의 뒷바라지를 혼자 도맡아 했으니 나는 아주 소중한 존재였다. 혈기왕성한 소년이면서도 행실이 아주 올바르고 부지런히 일을 했기에, 야마모토 집안의 신뢰를 얻어 심지어는 선생님께서 양자가 되지 않겠냐고 물어오기도 했다. 나는 이미 언급한 것처럼 나카쓰의 사족으로, 기억은 나지 않지만 어렸을 때부터 숙부의 양자가 되어 있었다. 그런 사실을 말씀드리자, 선생님께서는 "그렇다면 더더욱 우리 집의 양자가 되어라. 내가 잘 보살펴줄 테니까" 하고 틈만 나면 말씀하시곤 했다.

당시의 포술가들은 사본(寫本)인 장서를 비전(秘傳)하며 그 책을 빌려줄 때 상당한 대가를 받았다. 베끼려는 사람들로부터 받는 대가가

야마모토 집안의 임시수입이었는데, 선생님은 시력이 좋지 않았기에 그 모든 포술서를 빌려주건 베끼건 모두 내 손을 거쳤다. 덕분에 나는 포술가의 모토지메가 되어 모든 것을 도맡아 하게 되었다. 그 당시 제번(諸藩)의 서양가(西洋家), 예컨대 우와지마(宇和島) 번, 고토(五島) 번, 사가(佐賀) 번, 미토(水戸) 번 등의 사람들이 와서 데지마(出島)의 네덜란드 야시키(オランダ屋敷)*에 가보고 싶다고 하거나 대포를 주조하려 하니 도면을 보여달라고 하면 거기에 응하는 것이 야마모토 집안의 일이었는데, 실제로는 모두 내가 맡아서 했다. 나는 원래 문외한이라서 총 쏘는 광경을 본 적도 없지만 그림으로 그리는 것은 간단했다. 능숙하게 선을 긋고 설명을 적기도 하면서, 제번(諸藩) 사람들이 오면 항상 혼자 나서서 마치 10년은 포술을 공부한 훌륭한 포술가처럼 보일 정도로 응대를 하고 도와주는 식이었다. 그런데 나를 야마모토 집안의 식객으로 소개시켜준 오쿠다이라 이키와의 관계에서 우스꽝스럽게도 주객이 전도되어, 내가 주인처럼 되어버렸다. 이키는 원래 한학자 출신으로 도량이 좁았다. 작은 번이지만 부잣집 아들이라서 고집이 셌다. 또 하나, 내 목적은 원서를 읽기 위해 난학의(蘭學醫)나 네덜란드어 통역사의 집에 드나들기도 하면서 오로지 원서를 열심히 공부하는 것이었다. 그때 원서라는 것을 처음 봤는데, 시간이 흐름에 따라 점차 그 뜻을 이해하게 되었다. 그런데 오쿠다이라 이키는 부잣집 도련님이자 귀공자니까 복잡한 원서를 제대로 읽을 리가 없었다. 그러던 중 이쪽이 크게 출세한 것이 불화의 계기가 되었다. 사실 오쿠다이라는 사람은 결코 깊은 흉계를 품을 악인은 아니었다. 단지 주인집의 철없는 아들로 지혜도 없고 도량도 없었다. 그 당시 나를 잘 설득해서 데리고 있었더라면 대대로 거느리는 하인처럼 부릴 수도 있었는데, 오히려

---

* 에도 시대에 포르투갈인을 거주시키려고 나가사키에 만든 부채꼴 모양의 섬. 훗날 네덜란드인이 거주했기 때문에 '네덜란드'라는 이름이 붙었다. 야시키는 저택이라는 뜻.

원망을 사다니 어이가 없었다. 나이는 나보다 열 살이나 많지만 무엇보다 성격이 어린애 같았던 그는 나를 나카쓰로 돌려보낼 계획을 세웠고, 나로서는 그것을 막기가 힘들었다.

나가사키에 머물기 어려워지다

그 내막을 말하면 다음과 같다. 오쿠다이라 이키에게는 요헤에(與兵衛)라는 늙은 생부가 있는데, 우리는 그를 고인쿄사마라며 받들어 모셨다. 그런데 우리 집은 아버지가 20년 전에 돌아가시고, 형이 성장한 후에 아버지가 하시던 일을 떠맡아 오사카로 가서 근무했기에 나카쓰에는 어머니 혼자뿐 아무도 없었다. 누나들은 모두 시집을 가고, 친척 중에 젊은 사람이라곤 단 한 사람 사촌인 후지모토 겐타이(藤本元岱, 아버지 여동생의 아들)라는 의사가 있었는데, 머리가 좋고 책도 잘 읽는 학자였다. 그런데 나카쓰의 고인쿄사마가 어이없는 짓을 했다. 아마도 나가사키에 있는 아들 이키 쪽에서 언질을 주었던 듯, 사촌 후지모토를 불러서는 "유키치를 이곳으로 다시 불러들여. 그 녀석이 있으면 내 아들 이키한테 방해가 되니까 어서 불러들여. 어머니가 병환이 들었다고 말하면 될 거야" 하고 직접 명령을 내렸다. 도저히 거역할 수 없었던 사촌은 그냥 "알겠습니다" 하고 대답했다. 그리고 어머니에게 사정을 설명한 뒤, 나에게 편지를 보내 어머니가 편찮으시니 빨리 귀성하라는 형식적인 편지와 함께, 사실은 고인쿄사마로부터 이러저러한 말을 듣고 어쩔 수 없이 편지를 보내지만 절대로 어머니 걱정은 하지 말라는 상세한 사정을 별지에 적어 보냈다. 나는 편지를 보고 정말로 화가 났다. 뭐야, 비열한 계략을 꾸며서 어머니가 병환 중이라는 거짓편지를 보내게 하다니, 어떻게 그럴 수가 있나? 더 이상 참을 수가 없다, 한바탕 난리를 쳐볼까 하는 생각도 들었다. 하지만 한편으로, 아니 아니, 지금 그 노인과 싸워봤자 도저히 당할 수 없지, 싸워보지 않아도 승패는 뻔하니까, 절대로 싸우면 안돼. 그런 놈과 싸우는 것보다 내 행실을 제대로 하는 게 중요하다는 생각이 들었다. 그래서 시치미를 떼고 주눅이 든 척하며 오쿠다이라에게 가서 말했다. "나카쓰에서 연락이 왔는데, 어머니가 갑자기 병환이 드셨답니다. 평소 아주 건강하신 편이라서 정말로 뜻밖입니다. 지금은 용태가 어떤지, 멀리 떨어져 있으니 마음에 걸리는군요." 근심스러운 얼굴로 이렇게 이야기하자, 오쿠다이라도 크게 놀란 표정을 지으며 "그래? 그거 참으로 유감이로군. 걱정이 크겠어. 빨리 고향에 가보는 게 좋겠는데. 하지만 어머님의 병환이 완쾌되면 다시 이곳에 올 수 있도록 손을 써주지" 하고 위로하듯이 말했다. 하지만 내심으로는 연극이 제대로 먹혀들어 갔다고 기뻐했을 것이다. 나는 이어서 "분부하신 대로 즉각 귀향하겠습니다만, 고인쿄사마께 전해드릴 말씀은 없습니까? 돌아가면 어차피 찾아뵈어야 하니까요. 짐이 있으면 무엇이건 들고 가겠습니다" 하고 말하고는 일단은 헤어졌다. 이튿날 아침에 다시 찾아가니, 그는 편지를 꺼내 주며 "이걸 전해드리게. 아버님께 이러이러한 말씀을 전해줘" 했다. 또 내 어머니의 사촌인 오하시 로쿠스케(大橋六助)라는 사내에게 보내는 편지를 주면서, "이걸 로쿠스케에게 갖고 가. 그러면 자네가 다시 이곳으로 복귀할 때 도움이 될 거야" 하며 편지를 봉하지도 않고 꺼내보라는 듯이 주는 것이었다. 모든 걸 눈치 챈 나는 정중히 작별인사를 한 뒤, 숙소로 돌아와 봉인되지 않은 편지를 펼쳐보았다. 그랬더니 "유키치는 어머님의 병환으로 인해 부득이 귀향하겠다고 하니 본인의 의향에 따라 내려 보내지만, 학업 도중의 몸이니 다시 올라올 수 있도록 그쪽에서 편의를 봐달라"는 내용이었다. 나는 더욱더 부아가 치밀었다. "이런 빌어먹을, 멍청한 녀석!" 하고 혼자 속으로 욕을 했다. 그리고 아무래도 야마모토 댁에는 사실을 밝히지 않는 게 좋겠다. 만약 사실이 밝혀지면 오쿠다이라 집안의 수치거니와, 화(禍)가 나에게 전가되어 무슨 변을 당할지 모르겠다는 생각이 들었다. 그런 두려움 때문에 단지 어머니가 병환 중이라고만 말하고 작별인사를 했다.

에도 행을 작정하다

마침 그때 나카쓰에서 구로가네야 소베에(鐵屋惣兵衛)라는 상인이 나가사키에 와 있었다. 그 사내가 나카쓰로 돌아간다고 하기에 일단은 그 사람과 동행하기로 약속했지만, 애당초 나는 나카쓰로 돌아갈 생각이 없었다. 결국 사람으로 태어나서 갈 곳이라곤 에도뿐이다, 이참에 곧바로 에도로 가야겠다 하고 결심을 했다. 하지만 이 문제에 관해 누군가와 상의할 필요가 있었다. 마침 에도에서 온 오카베 도초쿠(岡部同直)*라는 난학 서생이 있었다. 그는 의사의 아들이었는데 아주 재미있고 성실한 인물이라고 생각되어 그에게 모든 사실을 숨김없이 털어놓고 말했다. "이러이러한 사정으로 난 나가사키에 머물러 있을 수가 없어. 너무 분통이 터져서 이대로 에도로 떠날 생각인데, 사실은 에도에 아는 사람도 없고 지리도 잘 몰라. 자네 집은 에도잖아? 아버님은 개업의라는 말을 들었는데, 자네 집에 신세 좀 질 수 없을까? 난 의사는 아니지만 환약을 만드는 정도는 할 수 있을 테니 부디 도와주게." 그러자 오카베도 내 입장을 안타깝게 여겼는지 내 편이 되어 분개하며 즉각 내 부탁을 들어주었다. "그 정도는 해줄 수 있지. 일단 에도로 가게. 우리 아버지는 니혼바시(日本橋)의 히모노초(檜物町)에서 개업하고 계시니까 편지를 써줄게" 하고는 아버님 앞으로 편지를 써주었다. 나는 기꺼이 그것을 받아들고 말했다. "그리고 이 사실이 알려지면 큰 일이야. 나카쓰로 쫓겨 가게 될 테니까. 이 사실은 오쿠다이라에게도 야마모토에게도 절대로 말하면 안돼. 너 혼자만 알고 잠자코 있어야

---

* 훗날 에도로 돌아가 관의가 되어 후쿠자와와 오랫동안 친분을 맺었다.

해. 난 이제부터 시모노세키(下關)로 가서 배를 타고 일단 오사카로 갈 거야. 대충 열흘에서 보름이면 당도하겠지. 그때쯤 적당한 기회를 봐서 나카무라[유키치는 당시에 나카무라라는 성을 사용하고 있었다]는 처음부터 나카쓰로 돌아갈 생각이 없었다. 에도로 가겠다며 나가사키를 떠났노라고 오쿠다이라 댁에 알려주게. 그러면 그런 대로 화풀이가 되겠지." 그리고는 둘이 함께 웃었다. 일단 친구와 비밀리에 약속은 성사된 셈이었다.

이사하야(諫早)에서 구로가네야와 헤어지다

그리하여 오쿠다이라의 전언이며 이런저런 것들을 빠짐없이 편지로 적어 고인쿄사마께 전해야만 했다. "저는 나가사키를 출발하여 나카쓰로 돌아갈 작정으로 이사하야까지 왔습니다만, 도중에 에도로 가고 싶어져 이제부터 에도로 가겠습니다. 그런데 이키 님으로부터 이러이러한 전언이 있었기에 그 편지는 동봉해서 보내드립니다"라고 정중히 적어 봉인하지 않은 채 전달했다. 즉 오쿠다이라가 오하시 로쿠스케에게 보낸 편지를 전하기 위해 내가 다시 첨언을 한 것이다. "이렇게 봉인을 하지 않는 것은 우스꽝스럽고 무척이나 어리석은 짓이지만 이대로 보냅니다. 애당초 자기 쪽에서 나를 불러들이도록 계획을 짜놓고, 겉으로는 그렇지 않은 척 남을 속이다니 비열한 놈입니다. 나는 이제 나카쓰로 돌아가지 않고 에도로 갈 테니까 이 편지를 봐주십시오"라는 식으로 말이다. 그렇게 해서 모든 준비가 끝나자, 구로가네야 소베에와 함께 나가사키를 출발하여 이사하야까지—약 7리*의 거리다—왔다. 저녁 무렵에 도착했는데 아직 3월† 중순이라 달 밝은 밤이었다. "구로가네야씨,

---

* 에도 시대의 1리(里)는 약 3.8km.
† 후쿠자와는 이해 3월 9일에 오사카의 오가타 고안(緖方洪庵)의 데키주쿠(適塾, 난학을 가르치는 주쿠)에 입문했으므로 여기서의 '3월'은 2월의 잘못일 것이다.

나는 나가사키를 떠날 때 나카쓰로 돌아갈 작정이었지만, 이제 나카쓰로 가기가 싫어졌소. 당신 짐과 함께 내 옷 고리짝도 가져가 주시오. 나는 갈아입을 옷 한두 벌만 있으면 충분하니까. 이제부터 시모노세키로 가서 오사카를 거쳐 에도로 갈 작정이오." 내가 이렇게 말하자, 소베에는 깜짝 놀라며 "그건 말도 안됩니다. 당신같이 젊은 나이의 세상물정 모르는 도련님이 혼자서 가다니요?" 하는 것이었다. "무슨 소리, 입만 있으면 어딘들 못 가겠소? 나가사키에서 혼자 에도로 간다고 무슨 일이 있겠소?" "하지만 저는 나카쓰로 돌아가 어머님께 뭐라고 말씀드려야 합니까?" "무슨 상관이오? 내가 죽을 리는 없으니, 어머님께는 잘 말씀드리시오. 그냥 에도로 갔다고 하면 알아들으실 겁니다." 구로가네야는 더 이상 대꾸를 하지 못했다. "그런데 구로가네야씨, 나는 이제부터 시모노세키로 갈 작정이지만, 사실은 시모노세키에 대해 전혀 모릅니다. 당신은 전국 각지를 돌아다녔으니 시모노세키에 아는 숙소는 없나요?" 하고 묻자 "내가 잘 아는 곳으로 센바야(船場屋, 숙박과 선편 등 뱃길 여행의 편의를 제공하는 업소) 스구에몬(壽久右衛門)이라는 여인숙이 있습니다. 그곳에 가면 될 겁니다" 하고 알려주었다. 이런 질문을 구로가네야에게 하지 않을 수 없었던 것은 사실 그 당시 내 호주머니에 돈이 없었기 때문이다. 집에서 보내준 돈이 1부(分) 있었고, 네덜란드어 사전인 『역건』(譯鍵, 야쿠켄)을 팔았지만 2부 2~3슈(朱, 에도 시대의 화폐단위. 한 냥의 16분의 1) 정도에 불과했다. 오사카까지 가기에는 도저히 뱃삯이 부족할 것 같기에 일단 여인숙의 이름을 물어본 것이다. 구로가네야와 헤어진 뒤, 마루키부네(丸木船)라는 배가 아마쿠사노우미(天草の海)*를 건너는데 580몬(文)을 내고 그 배를 타면 내일 아침 사가(佐賀)에 도착할 수 있다고 하기에 그렇게 했다. 순조롭게 아

---

* '아마쿠사노우미'란 '아리아케노우미'(有明の海)의 잘못일 것이다. 그렇지 않으면 지리적으로 방향이 맞지 않는다.

침에 사가에 도착하여 걷기 시작했다. 안내해주는 사람도 없고 그야말로 혈혈단신, 도중에 나오는 마을이름도 모르고 어디에서 묵어야 할지도 몰랐다. 오로지 동쪽을 향해 걸으며, 고구라(小倉)에는 어떻게 가느냐고 길을 물어서, 지쿠젠(筑前)을 지나 아마도 다자이후(大宰府) 부근을 지난 것으로 생각된다. 고구라에 도착한 것은 사흘 만이었다.

가짜 편지를 작성하다

그동안의 나그넷길은 참으로 힘들었다. 혼자만의 여행, 특히 어디 사는 누구인지도 모르는 가난해 보이는 젊은 사무라이였으니, 만약 병으로 쓰러지거나 행패라도 부리면 여인숙에서는 낭패를 볼 것이므로 좀처럼 묵게 해주지 않았다. 이미 여인숙의 질을 따질 여유도 없었기에 그저 묵게 해주기만 하면 감지덕지였다. 무작정 걸어 2박 3일 만에 간신히 고구라에 도착했다. 그 도중에 나는 편지를 썼다. 구로가네야 소베에의 이름으로 가짜 편지를 써서, "이 분은 나카쓰의 관리 나카무라 아무개의 아들로, 나는 평소 그 집에 자주 드나들어 이 분의 신분이 확실하다는 것을 알고 있으니 잘 부탁드린다"는 식의 그럴싸한 문구를 적었다. 그렇게 시모노세키의 센바야 스구에몬 앞으로 편지를 써서 봉인하고, 내일 시모노세키에 도착하면 써먹어야지 하고 생각했다. 그러다 고구라에 도착해보니 막막했다. 여기저기 두리번거리며 고구라의 숙소를 다 찾아다녔지만 아무 데서도 받아주지 않았다. 간신히 받아주는 꾀죄죄한 여인숙이 있어 들어가니, 독방이 아니라 이미 누군가가 자고 있었다. 밤이 되자 머리맡에서 소변을 보는 소리가 들렸다. 무슨 일인가 하고 보니 중풍쟁이 노인이 요강에 소변을 보고 있었다. 사실은 손님이 아니라 그 여인숙의 가족인 듯했다. 그 환자와 함께 자려니 더러워서 정말 견디기 힘들었던 게 지금도 생생히 기억난다.

이후 시모노세키 선착장을 건너 센바야를 찾아내고 미리 준비해둔 가짜편지를 보여주니, 과연 구로가네야와는 절친한 사이인 듯했다. 편지를 펼쳐보더니 즉시 알았다며 안으로 안내해 편의를 봐주었다. 오사카까지의 뱃삯 1부 2슈, 식비는 하루에 얼마 등으로 계산하여 지불하고 나니 200~300몬밖에 남지 않았다. 그러나 오사카에 가면 나카쓰의 구라야시키에서 식비를 지불하도록 하겠다고 했더니 이것도 기꺼이 승낙해줬다. 미안하지만 모든 것이 가짜 편지 덕분이었다.

바칸(馬關)*으로의 항해

고구라에서 배를 타고 시모노세키로 올 때 끔찍한 일이 있었다. 뱃길 도중에 다소 바람이 거칠게 불더니 파도가 일기 시작했다. 그러자 밧줄을 당겨달라는 등 그쪽을 어떻게 해달라는 등, 선장이 난리를 치며 승객인 나에게 부탁을 해댔다. 나는 즉시 밧줄을 당기기도 하고 돛대를 세우기도 하며 약간은 흥이 나서 갖가지 일을 도와주었고, 일단은 무사히 시모노세키의 숙소에 도착했다. 오늘의 배편은 어땠냐고 묻기에, "이러이러한 바람과 파도로 저러저러한 일이 있었다, 바닷물을 뒤집어쓰는 바람에 옷이 젖었다"라고 대답했다. 그러자 숙소의 주인아주머니가 말했다. "그거 참 큰일 날 뻔했군요. 그 사람은 선장이 아니라 사실은 농부예요. 요즘 한가하니까 부업으로 그런 일을 해요. 농부가 농한기에 어설픈 짓을 하니까 풍파가 조금이라도 일면 매번 큰일을 당하죠." 섬뜩했다. 그러고 보니 그들이 필사적으로 내게 도움을 청한 것은 어쩔 수 없는 일이었다는 생각이 들었다.

바칸에서 배에 오르다

센바야 스구에몬에서 탄 배는, 마침 3월†이라 승객 모두가 가미가타(上

---

* 시모노세키의 별칭. 아카마가세키(赤馬關)라는 별명에서 나온 약칭.
† 이 역시 2월의 잘못일 것이다.

方, 옛 수도인 교토 부근) 관광객들이었다. 그야말로 갖가지 사람들이 타고 있었다. 어리숙한 부잣집 도련님도 있었고, 머리가 벗어진 노인하며 가미가타 자야(茶屋, 일종의 요정)의 게이샤며 시모노세키의 싸구려 매춘부도 있었다. 승려며 농민에다 온갖 동물까지 어울린 가운데 비좁은 배 안에서 술을 마시고 노름을 한다. 사소한 일에도 큰소리를 지르고 묻지도 않은 이야기를 떠벌리며 즐거워들 하는 가운데 나 혼자만 묵묵히 주위를 무시하고 있었다. 배는 아키(安芸, 히로시마 현 서부에 해당하는 옛 지명)의 미야지마(宮島)에 도착했다. 나는 미야지마에는 용무가 없었다. 단지 도착했으니까 섬을 구경하고자 하선했다. 다른 사람들은 절친한 사이끼리 어울려서 술을 마셨다. 나도 몹시 마시고 싶었지만 돈이 없으니 그냥 미야지마를 구경하고 배로 돌아와 배의 식사를 마구 먹어댔다. 선장도 이런 손님은 싫었던 모양인지, 떨떠름한 표정으로 나를 노려보던 모습을 지금도 기억하고 있다. 그전에 이와쿠니(岩國)의 긴타이바시(錦帶橋)도 어쩔 수 없이 구경했다. 그 다음 미야지마를 떠나 닿을 곳은 사누키(讚岐, 현재의 가가와〔香川〕현)의 곤피라(金毘羅)였다. 다도쓰(多度津)에 배가 도착하자, 곤피라까지 3리(약 11.4km) 거리라고 한다. 가기 싫은 건 아니지만 돈이 없으니 갈 수가 없었다. 다른 사람들은 모두 하선하고, 나 혼자서 배를 지켰다. 하룻밤 지나자 모두들 술에 만취해 신이 나서 돌아왔다. 기분이 몹시 언짢았지만 어쩔 수 없는 일이었다.

아카시(明石)에 당도하다

이렇게 불쾌한 배 안에서 지낸 지 그럭저럭 15일째 되는 날 반슈 아카시(播州明石)에 도착했다. 그런데 아침 다섯 점, 오늘날 시각으로 여덟 시쯤, 내일 순풍이라면 배가 출항한다는 것이다. 하지만 이런 사람들과 함께는 더 이상 견딜 수가 없었다. 이제부터 오사카까지 몇 리냐고 물으니 15리(약 57km)라고 한다. "좋소, 그렇다면 난 지금부터 오사카까지 걸어서 갈 테요. 지금까지의 요금은 오사카에 도착하면 나카쓰의 구라야시키로 받으러 오시오. 이 짐을 맡기고 갈 테니까" 하고 말하자, 선장은 좀처럼 승낙하지 않았다. "그렇게 쉽사리 봐줄 순 없소. 한꺼번에 계산하고 가시오" 하는 것이었다. 하지만 그럴 만한 돈이 수중에 없었다. 그 당시 내 보따리에는 사라사(更紗) 기모노와 견주(絹紬) 기모노가 한 벌씩 있었다. 그래서 "여기 기모노가 두 벌 있으니 이거면 식비로 충분하겠지. 그 외에 책도 있지만 그건 돈이 되지 않소. 이 옷을 팔면 그 정도의 돈은 될 거요. 다이쇼 칼을 맡길 수 있으면 좋겠지만, 이건 차고 가야만 하오. 언제라도 좋소. 배가 오사카에 도착하는 즉시 나카쓰 저택에서 지불해줄 테니 받으러 오시오" 하고 말해도 선장은 좀처럼 승낙하지 않는다. "나카쓰 저택은 알고 있지만 당신은 모르는 사람이오. 일단 배를 타고 가시오. 식비는 오시카에서 받기로 했으니까 그건 문제가 없소. 며칠이 걸리더라도 상관없소. 도중에 내리는 건 안되오"라고 말한다. 이쪽이 제발 부탁한다며 작은 소리로 통사정을 하는데도, 선장은 무조건 안된다고 고집을 부리며 차츰 언성을 높였다. 싸움을 할 수도 없고 정말로 난처했다. 그때 배 안에서 시모노세키의 상인처럼 보이는 사내가 나서더니 일단 자기가 책임을 지겠다며 선장에게 말했다. "여봐, 당신도 그렇게 심하게 구는 게 아냐. 식비는 저당으로 잡힌 기모노가 있잖아. 이분은 사무라이야, 당신을 속일 생각은 없는 듯이 보이는데. 설령 속인다 해도 내가 지불하지. 자, 떠나시오." 선장도 그 말에 안심했는지 더 이상 고집을 부리지 않았다. 덕분에 나는 시모노세키의 사내에게 정중히 인사를 하고 배에서 내렸다. 그 사내가 지옥에서 만난 부처님처럼 보였다.

아카시에서 오사카까지 15리(57km) 길을 걸으며, 나는 아무 데도 묵을 수 없었다. 지갑 속에는 이미 60~70몬, 불과 100몬도 되지 않는 돈밖에 없어 도저히 하룻밤을 묵을 처지가 못되니 무작정 걸어야 했다. 어딘지는 모르지만 도중에 좌측의 술집에 들어가 한 홉에 14몬짜리 술을 두 홉 마시고, 커다란 죽순 삶은 것 한 접시와 밥 너덧 그릇을 먹었다. 고베(神戶)를 이미 지났는지 아직 안 지났는지, 어디를 지나고 있는지도 모르는 채 마냥 걸었다. 그리하여 오사카가 가까워지자 지금은 철도가 놓인 것으로 생각되는 강을 몇 곳이나 건넜다. 다행히 사무라이라서 뱃삯은 공짜였다. 하지만 날이 저물어 칠흑같이 어두운 밤, 사람을 만나지 못하면 길을 물을 수도 없고, 또 심야의 한적한 곳에서 수상한 자라도 만나면 오히려 무섭기만 할 뿐이었다. 당시 내가 차고 있던 작은 칼(와키자시)은 스케사다(祐定)*가 만든 튼튼한 제품이었지만, 큰 칼은 갸름하게 만든 것이라서 아무래도 도움이 될 것 같지 않아 불안했다. 사실 오사카 부근에 살인자가 무턱대고 출몰할 리는 없었다. 그다지 무서워할 필요는 없었지만, 혼자 하는 여행의 밤길, 캄캄하기도 하고 겁이 많은 편이라 결국 허리에 찬 물건에 의지하게 되었다. 훗날 생각해보니 오히려 위험한 짓이라는 생각이 들었다. 어쨌든 어려서부터 나카쓰의 구라야시키는 오사카의 도지마(堂島) 다마에바시(玉江橋)에 있다는 말을 들어 알고 있었기에, 무작정 오사카의 다마에바시는 어떻게 가느냐고 물으면서 갔다. 그렇게 해서 간신히, 아마도 밤 10시경이었을 것이다, 나카쓰 저택에 도착해 형을 만났다. 다리가 몹시 아팠다.

오사카 도착

오사카에 도착해서 오랜만에 만난 것은 형뿐만이 아니었다. 저택 안팎으로 어려서부터 나를 아는 사람들이 많이 있었다. 세 살 때 고향으로

---

* 비젠(備前) 오사후네(長船)의 유명한 도공(刀工).

돌아갔다가 스물두 살 때 다시 오사카로 간 것이니, 어렸을 때 알던 사람들이 많이 있었다. 내 얼굴이 어려서와 비슷하다고 말하는 사람들 중에는 나에게 젖을 먹여줬던 나카시(仲仕, 배에 짐 싣는 일을 주로 하는 인부) 아주머니도 있었다. 또 이번에 형을 수행해서 나카쓰에서 온 부하치(武八)라는 아주 질박한 시골사내는 예전에도 오사카의 우리 집에서 일하며 나를 돌봐주던 자였다. 내가 오사카에 도착한 이튿날, 이 사내를 데리고 도지마 3번가인지 4번가인지를 지나는데, 그가 말했다. "당신이 태어날 때 나는 이 골목 안에 있는 저 집에 산파를 데리러 갔었어요. 그 산파 할머니는 지금도 정정하답니다. 그리고 당신이 좀 더 성장하자 당신을 안고 매일같이 미나토노헤야(湊の部屋)*에 스모 연습을 구경하러 갔지요. 산파의 집은 저기입니다. 미나토의 연습장은 이쪽이고." 그러면서 손가락으로 가리키니, 옛날이 떠올라 벅찬 가슴에 그만 눈물을 흘렸다.

  모든 것이 이런 식이니 나는 오사카에 온 것이 여행이 아니라 진정한 고향에 돌아온 것처럼 느껴져 정말로 기뻤다. 형이 그런 나에게 "어째서 너는 불쑥 여기에 온 거냐?" 하고 물었다. 형이니까 숨김없이 이러저러한 사정으로 왔다고 대답하자, 형은 이렇게 말했다. "내가 없다면 모를까, 도리를 말하자면 너는 나가사키에서 올 때 나카쓰에 먼저 들렀어야 했어. 나카쓰 부근을 지나면서, 어머님이 계신 곳을 피해서 온 거잖아? 그것도 내가 여기에 없다면 모르겠지만, 여기서 너를 보면서 네게 또 에도로 가라고 한다면 형제가 공모한 셈이 되는 거야. 그건 정말 못할 짓이잖아? 어머님은 나쁘게 생각하지 않겠지만 나는 납득할 수 없어. 오사카에도 좋은 선생님이 있을 테니까 차라리 오사카에서 난학을 배우는 게 좋을 거야." 그래서 형 곁에 있으며 선생님을 물색하니,

* 사찰이나 신사의 건립 혹은 보수를 위해 모금하는 것을 간진(勸進)이라고 하는데, 그런 모금을 위한 스모의 흥행을 담당한 도장의 하나.

오가타 고안(緒方洪庵)*이라는 선생이 있다는 사실을 알게 되었다.

나가사키 유학 시절의 일화

나는 유달리 비사다능(鄙事多能, 갖가지 방면으로 손재주가 뛰어남)했던 탓에, 나가사키에 있는 동안에는 야마모토 선생님 댁의 식객으로 지내면서 열심히 공부하여 난학이 무엇인지 간신히 깨달은 한편으로 선생님 댁의 모든 일을 도맡아 하며 아무리 궂은일도 마다한 적이 없었다. 마침 가미가타 주변에 큰 지진이 발생했을 때, 이런 일이 있었다. 나는 선생님 아들에게 한서를 읽어준 뒤, 바깥의 우물에서 물을 긷고 있었다. 커다란 지게에 짊어지고 한 걸음 내딛는 순간, 물통이 흔들거리는 바람에 발이 미끄러졌다. 아주 위험한 순간이었다.

지금은 이미 고인이 되었다고 하는데, 히가시혼간지(東本願寺)의 말사(末寺)로 고에이지(光永寺)라는 큰 절의 스님이 있었다. 그 절은 밑으로 세 곳의 시타데라(下寺, 계급이 낮은 절)를 거느린, 나가사키에서는 유명한 곳이었다. 교토에서 출세하고 돌아온 그 스님이 나가사키 부교쇼(奉行所)에 회근(廻勤, 인사하러 돌아다님)을 할 때 내가 와카토(若黨, 젊은 수행원)로 고용되어 수행을 했다. 그런데 이 스님은 아주 긴 옷인지 장식인지 기묘한 차림을 하고 있었다. 그래서 부교쇼의 문 앞에 도착해 가마에서 내리면, 내가 뒤에서 그 옷자락을 잡고 조용히 따라갔다. 웃음이 터질 정도로 우스꽝스러운 광경이었다. 또 정월이 되면 그 스님이 다이단나(大旦那)†의 집에 신년인사를 가는 길도 수행을 했다. 그때 스님이 안에서 술이라도 마시면 밖에서 대기하는 수행원에게도 상을 차려 조니(雜煮, 일종의 떡국)를 주었다. 그건 감사하게 먹었다.

* 1810~1863. 당시 오사카에서 개업하여 난방의(蘭方醫)로서 명성이 높았고, 훗날 막부에 발탁되어 쇼군의 주치의가 되었다. 오사카의 주쿠를 데키테키사이주쿠(適適齊塾, 줄여서 데키주쿠라 했다)라고도 하는데 문하생이 1천 명을 넘었다고 한다.
† 절에 시주를 많이 하는 단가(檀家, 절에 시주하는 사람의 집).

또한 세쓰분(節分)*에 동냥을 한 적도 있다. 나가사키 식으로 소라고둥 피리를 불고 경문 따위를 읽으며 돌아다닌다. 도쿄 식으로 말하면 액을 쫓는 행위로, 액을 쫓으며 남의 집 문전에 서면 돈을 주기도 하고 쌀을 주기도 한다. 그런데 내가 살던 야마모토 댁 옆집에 스기야마 마쓰사부로(杉山松三郎)†라는 재미있는 젊은 사내가 있었다. 그가 "어때, 오늘 밤에 가지 않겠어?" 하고 권하기에 두말할 것도 없이 동의했다. 그러곤 어디선가 소라고둥 피리를 빌려다가, 얼굴을 감추고 둘이 나갔다. 스기야마가 고둥을 불고, 나는 경문을 외웠다. 어렸을 때 외웠던 『몽구』의 표제와 천자문을 섞어, '왕융간요천지현황'(王戎簡要天地玄黃) 하며 엉터리로 외쳐댔다. 그런데 뜻밖에도 일이 잘 풀려, 돈이며 쌀이며 잔뜩 얻어다가 떡과 오리를 사서 조니를 만들어 배불리 먹었던 일이 있다.

사제지간이 뒤바뀌다

내가 처음으로 나가사키에서 서양문자를 배우던 당시에 삿슈(薩州)#의 의학생으로 마쓰자키 데이호(松崎鼎甫)라는 사람이 있었다. 그 당시 사쓰마 번주인 사쓰마노카미(薩摩守)는 유명한 서구식 인물로, 번 내의 의사들에게 난학을 권장했다. 그 덕분에 마쓰자키도 난학 수업을 명받고 나가사키에 와서 하숙집에 머물고 있었다. 나는 마쓰자키에게 물어보는 게 좋겠다는 생각에서 찾아갔다가, 그가 abc를 쓰고 가나(假名)로 발음을 달아주는 것을 보고 놀라지 않을 수 없었다. 그것이 문자라니 납득이 가지 않았던 것이다. 스물 몇 자를 외우는 데도 상당히 애를 먹기는 했지만, 배우면 늘기 마련인지라 차츰차츰 네덜란드어의 문

---

* 입춘 전날. 콩을 뿌려 액을 쫓고 복을 부르는 행사를 한다.
† 기계공학 기술자로 메이지 초년에 도쿄 조선소에서 근무하기도 하고 규슈에서 탄광을 경영하기도 했던 스기야마 도쿠사부로(杉山德三郎)의 친부.
# 사쓰마노쿠니(薩摩國, 현재 가고시마 현의 서부)의 별칭.

법도 알게 되었다. 그런데 마쓰자키라는 선생은 그 인상과 가르치는 솜씨를 보아하니 결코 탁월한 수재는 아니었다. 그래서 나는 마음속으로 은근히 이렇게 생각했다. '이 사람은 실력이 빤하다. 지금이라도 한서를 읽어본다면 내가 월등히 뛰어난 선생일 게다. 한문만큼 네덜란드어를 읽고 해석할 수 있게 된다면 이 선생을 그다지 두려워할 필요는 없겠다. 거꾸로 내가 이 사내에게 난서(蘭書)를 가르쳐주고 싶을 정도다.' 생판 초급자 주제에 이렇게 엉뚱한 야심을 품었던 것은 소년의 혈기였다고 할 수 있겠다.

그 후에 오사카로 간 나는 그때까지 나가사키에서 1년이나 공부를 한 덕에 오가타주쿠에서도 진도가 아주 빨라 2~3년 만에 80~90명의 동창생들 사이에서 단연 두각을 나타내게 되었다. 그런데 인간사는 참으로 묘한 것이어서, 그 마쓰자키라는 사내가 규슈에서 올라와 오가타주쿠에 입문을 했다. 그때 나는 이미 훨씬 상급*에 있었는데, 후배들을 가르치는 자리에 마쓰자키도 출석을 하니 3~4년 사이에 옛날의 사제지간이 뒤바뀌게 되었다. 나의 억지 야심은 현실이 되었으나, 애당초 남에게 이야기할 성질의 일도 아니고 또 그래서도 안되는 일이라서 잠자코 있었다. 하지만 그때의 유쾌함이란 각별했다. 혼자서 술을 마시며 득의만면해 있었다. 그러고 보면 군인의 공명수훈, 정치가의 입신출세, 부자의 재산축적 등 그네들이 열중하는 것도 언뜻 보면 속된 짓인 듯싶고 또 한편으로는 어리석은 짓 같지만 결코 비웃을 일이 아니다. 그런 것을 비판하고 따지는 학자도 역시 남들처럼 속되고 어리석은 야심을 지니고 있으니 말이다.

---

* 오가타주쿠의 명부를 보면 마쓰자키가 1년 반가량 앞서는 선배인 것으로 되어 있다. 아마도 마쓰자키가 잠시 주쿠를 떠나 쉬고 있을 때 유키치가 입문을 했고, 그 뒤에 마쓰자키가 되돌아 와서 유키치의 후배가 된 듯하다. 마쓰자키는 요절했다.

오사카 수업

형의 말을 거역할 수 없어 오사카에 머물며 오가타 선생의 주쿠에 입문한 것이 안세이 2년(1855) 토끼해 3월이었다. 그전에 나가사키에 있을 때도 물론 난학을 공부했다. 그 장소는 나라바야시(楢林)라는 네덜란드 쓰우지(通詞)*의 집, 역시 나라바야시라는 이름의 의사 집, 그리고 이시카와 오쇼(石川櫻所)†라는 난방(蘭方) 의사의 집이었는데, 이 난방 의사는 나가사키에서 큰 병원을 개업하고 있는 대가인 까닭에 좀처럼 입문하기가 어려웠다. 그래서 그 집 현관에 가서 조제소 사람 등에게서 배웠다. 이런 식으로 여기저기 조금이라도 가르쳐줄 사람이 있으면 그곳에 찾아갔다. 어느 곳 아무개에 의지해 누군가의 문하생으로서 제대로 난서를 읽은 적이 없었기에, 오사카에 와서 오가타주쿠에 입문한 것이 본격적인 난학 수업의 시작이었다. 처음으로 책을 들고 정규적인 교육을 받은 것이다. 그때도 나는 학업의 진도가 무척 빨라, 주쿠의 다른 여러 서생들 중에서도 뛰어난 편이었던 것으로 기억된다.

---

* 나가사키 데지마에 거주하는 네덜란드인과 교섭하는 업무를 담당하는 직책으로, 통역이나 무역 관련 업무를 했다.
† 1822~1880. 훗날 쇼군의 주치의, 유신 후에는 군의감이 되었다.

형제 모두 병이 들다

안세이 2년도 저물고 3년(1856) 봄이 되자 신춘부터 이곳에 큰 우환이 발생했다. 오사카의 구라야시키에 근무하는 형이 류머티즘에 걸렸는데 증세가 가볍지 않았다. 결국 손발이 자유롭지 못한 상태에서 그럭저럭 지내던 중 오른손을 사용하지 못하게 되어 왼손으로 붓을 들고 글을 쓰는 신세가 되었다. 그와 동시에 그해 2월경, 오가타주쿠의 동창이자 나의 선배로 예전에 신세를 졌던 가슈(加州)*의 기시 나오스케(岸直輔)라는 사람이 장티푸스에 걸려 몹시 고생을 하고 있었다. 평소의 은인이니 나로서는 이런 때 간병을 하지 않을 수 없었다. 역시 가슈 출신의 서생인 스즈키 기로쿠(鈴木儀六)라는 사람도 기시와 동향이라는 인연으로, 나와 함께 밤낮으로 그를 간병했다. 하지만 거의 3주일이나 정성을 다했음에도 워낙 악성이라 기시는 결국 숨을 거두고 말았다. 원래 그는 가가 번 출신으로 종교가 진종이었으므로 화장을 해서 그 유골을 부모 곁으로 보내자고 둘이서 합의를 보았다. 그래서 유해를 오사카의 센니치(千日) 화장터로 이송하여 태우고, 뼈를 고향으로 보내고 나니 모든 것이 일단락지어진 듯했다. 그런데 센니치에서 돌아와 사나흘 지난 뒤 나는 그만 병석에 눕고 말았다. 상태가 심상치 않았다. 열이 나고 기분이 몹시 좋지 않았다. 내 동창생들 모두가 의사였으므로 그 중 누군가에게 진찰을 받아보니, 이 병은 장티푸스로 기시의 병이 전염된 듯하다는 것이었다. 이 사실을 알게 된 선생님이 도지마 구라야시키의 나가야에 누워 있는 내게 문병을 왔고, 결국 장티푸스라는 판정을 내렸다. 제대로 치료하지 않으면 큰일이 날 수 있는 병이라는 것이었다.

---

* 가가노쿠니(加賀國)의 별칭. 현재 이시카와(石川) 현 남부. 여기서는 가가(加賀) 번을 말한다.

오가타 선생님의 친절

지금도 잊을 수 없는 것은 그 무렵 오가타 선생님이 베풀어준 친절이다. "내가 자네의 병을 잘 진찰해주지. 하지만 진찰은 해줘도 처방은 할 수 없어. 자꾸 망설이게 돼서 이 약 저 약 망설이다가 나중에야 잘못되었다는 걸 깨닫고 또다시 처방을 잘못하게 되지. 그건 인정에 이끌리다 보면 어쩔 수 없는 일이야. 진찰은 하겠지만 조제는 다른 의사에게 부탁할 테니 그렇게 알고 있게." 그러더니 선생님은 절친한 사이인 가지키초(梶木町)의 나이토 가즈마(內藤數馬)라는 의사에게 조제를 맡겨, 나는 그의 집에서 약을 받았다. 선생님은 그저 매일 와서 상태를 살피고 병중의 몸조리 방법을 지시할 뿐이었다. 오늘날의 학교나 주쿠는 인원이 많아 아무래도 선생이 제자를 제대로 돌봐줄 수 없으므로 사제지간은 당연히 공적인 관계가 된다. 하지만 옛날 주쿠의 사제지간은 그야말로 부자지간과 다름없었다. 따라서 오가타 선생님이 내 병을 진찰하고 약의 조제를 망설이는 것은 자기 자식을 치료하기 어려운 것과 마찬가지로, 그런 면에서는 제자나 친아들이나 전혀 다를 바가 없었다. 훗날 점차 세상이 개화되어가면 이런 사제관계도 사라질 것이다. 오가타주쿠에 있었을 때 나의 심정도 지금 일본 전국의 생도들과는 전혀 달랐다. 나는 스스로를 정말로 오가타 집안의 식구처럼 생각했고, 또 그렇게 생각하지 않을 수 없었다. 이렇게 친아버지나 다름없는 오가타 선생님의 진찰과 나이토 가즈마 선생님의 조제로 최대한의 치료를 받았지만, 내 병 역시 그렇게 가벼운 것은 아니었다. 병석에 누운 지 4~5일째부터 인사불성, 거의 1주일가량은 아무것도 기억나지 않을 정도로 상태가 좋지 않았다. 그래도 다행히 완쾌되어, 몸은 다소 쇠약해졌어도 나이가 젊고 평소에 몸이 건강했던 덕분인지 회복은 아주 빨랐다. 4월에 접어들면서 바깥출입도 하게 되었다. 그러나 당시 형이 류머티즘을 앓고 있는 것을 알면서도 나로서는 큰 병을 앓은 후여서 어쩔 도리가 없었다.

형제, 나카쓰로 귀향하다
그러던 중 마침 형의 임기가 끝났다. 원래 2년간 근무하고 고향으로 돌아간다는 계약이었는데, 그해 여름이 2년째였다. 나 역시 병후의 몸이라 계속 오사카에 있으면서 공부를 할 수도 없었기에 일단 귀향하는 편이 좋겠다고 생각했다. 이에 형과 함께 배를 타고 나카쓰로 돌아간 것이 그해 5~6월 무렵이었다. 그런데 병후라고는 해도 나는 나날이 회복되었고, 형의 류머티즘도 완쾌되지는 않았지만 별달리 위험한 증세는 없었다. 그래서 나는 다시 오사카로 가겠다며 그해, 즉 안세이 3년(1856) 8월에 집을 떠났다. 이미 그때는 병후라고 할 수 없을 정도로 원기가 왕성했다. 오사카에 도착한 나는 나카쓰 저택의 빈방을 빌려서 혼자 자취를 시작했다. 질냄비에 밥을 지어 먹으면서 매일 아침부터 저녁까지 오가타주쿠에 통학했다.

형의 불상사로 유학이 어려워지다
그런데 9월 10일경 또다시 불행한 소식이 들이닥쳤다. 고향에서 편지가 왔는데, "9월 3일에 형이 병사했으니 즉각 돌아오라"는 급보였다. 너무나 갑작스런 일이라 몹시 당황했지만 어쩔 수가 없었다. 제대로 짐도 꾸리지 못한 채 서둘러 배를 탔는데, 이번에는 아주 순풍이라 신속하게 나카쓰의 항구에 도착했다. 집에 가보니 장례식은 물론 모든 것이 끝난 뒤였다. 당시 나는 숙부의 양자였는데 나의 본가, 즉 생가는 호주가 사망하고, 딸이 하나 있지만 여자라서 가독 상속은 불가능한 형편이었다. 그렇다면 동생이 상속하는 것이 당연한 순서라 하여, 친척들이 상담한 결과 나도 모르는 사이에 후쿠자와 집안의 어엿한 주인이 되어 있었다. 당사자가 귀향하기를 기다렸다가 상담하는 것이 아니

라, 네가 후쿠자와 집안의 주인이라고 알려만 줄 뿐이었다. 어쨌든 가독을 이어받은 이상, 형이라 해도 아버지나 다름없는 보호자였으므로 50일간의 기복(忌服)을 해야만 했다. 또한 가독 상속을 하려면 그에 상응하는 직책이 있어야만 했으므로 번의 소사족(小士族)에 걸맞은 직책을 분부받았다. 하지만 내 마음은 천외만리(天外萬里), 마음이 들떠 안정이 되지 않았다. 무슨 수를 쓰더라도 나카쓰를 떠나고 싶은데, 번의 규율에 의하면 맡은 일을 제대로 해야만 했기에 그 명령을 거역할 수 없었다. 그저 언행을 조심하고 무슨 말을 듣건 '네, 네' 하며 근무했다. 아무래도 마음속으로는 또다시 유학을 해야겠다고 결심하고 있었지만, 주위 사정은 도저히 그런 말을 꺼낼 만한 상황이 아니었다. 번 내부의 전반적인 분위기는 고사하고 가까운 친척들조차 서양을 몹시 싫어하여, 어떤 말도 꺼낼 수가 없었다. 한번은 숙부를 찾아가 무슨 이야기를 하던 중 내친김에 은근히 유학에 관해 이야기를 꺼냈더니, 몹시 험악한 기세로 대뜸 야단을 치는 것이었다. "괘씸한 소리를 하는구나. 형의 뒤를 이어 네가 가독 상속을 한 이상 최선을 다해 봉공해야지. 더구나 네덜란드 학문이라니 무슨 엉뚱한 소리냐? 기가 막혀서 말이 나오지 않는구나." 그러고는 또 한편으로 나를 비웃으며 "너와 같은 녀석을 일러, 큰소리치면서 스모 자세도 취할 줄 모른다고 하는 거야" 하며 못마땅한 듯이 노려보았다. 분수도 모른다는 의미였을 것이다. 도저히 숙부의 동의를 얻을 수 없었지만, 마음속으로 품고 있는 생각은 저절로 입 밖으로 나오기 마련이다. 일단 입 밖으로 나오면, 좁은 곳이므로 순식간에 모두들 알게 된다. 그리고 이웃 어디에선가 소문이 나도는 것이다. 평소 우리 집에 자주 드나들던 사람 중에 우리 어머니보다 약간 나이가 많은 오야에상(お八重さん)이라는 할머니가 있었다. 지금도 그 얼굴이 기억난다. 바로 건너편에 사는 할머니였는데 언젠가 우리 집에 와서는 이렇게 말하는 것이었다. "언뜻 듣자 하니 유키치가 다시 오사카로 간다는 이야기가 있던데, 설마 오준상(於順さん)〔우리 어머니〕이 그렇게 하라고 하지는 않겠지? 다시 보낸다면 제정신이라 할 수 없지." 주위의 평판 역시 대체로 이런 식이었다. 당시의 내 입장은 노랫가사처럼 '물가에 버려진 작은 배'나 마찬가지였다.

어머니와의 담판

나는 혼자 생각했다. '아무래도 안되겠다. 부탁할 사람이라곤 어머니뿐이다. 어머니만 승낙해주신다면, 누가 뭐래도 두려워할 필요가 없다.' 그리하여 나는 어머니와 차분히 이야기했다. "어머니, 지금 제가 공부하고 있는 건 이러이러한 것입니다. 그래서 나가사키에서 오사카로 가서 공부하고 있습니다. 제가 생각하기로는 공부를 하면 어떻게든 성공할 수 있습니다. 그러나 이 번(藩)에는 있어봤자 대단한 출세를 기대할 수 없습니다. 아까운 재능을 썩힐 뿐입니다. 무슨 일이 있어도 나카쓰에서 썩고 싶지는 않습니다. 어머니는 외로우시겠지만 부디 저를 보내주세요. 제가 태어났을 때 아버지는 저를 출가시켜 중이 되게 하겠다고 하셨다는데, 제가 지금부터 절의 도제가 된 셈 치시고 포기해주십시오." 그때 내가 떠나면 뒤에 남는 건 어머니와, 죽은 형의 딸뿐이었다. 태어난 지 3년이 되는 계집애와 쉰이 넘은 노모 단 둘뿐이니 외롭고 허전하겠지만, 충분히 설명하고 "부디 두 사람이 집을 지켜주세요. 저는 오사카로 갈 테니까" 하고 말하자, 어머니도 원래 결단력이 있는 성품인지라 "음, 좋다" 하며 기꺼이 승낙해주었다. "어머니만 그렇게 생각해주신다면, 누가 뭐래도 두려울 건 없습니다." "물론이지. 네 형은 죽었지만, 죽은 사람은 어쩔 수 없다. 너도 역시 타향에서 죽을지 모르지만, 죽고 사는 건 우리가 언급할 바가 아니다. 어디든 가거라." 그리하여 모자지간에 충분한 양해가 이루어져, 드디어 나는 출발하게 되었다.

40냥 빚에 가재도구를 팔다

출발을 하려면 돈 문제를 해결해야만 했다. 형의 병환과 근번(勤番)*
동안에 들어간 여러 비용 등으로 약 40냥의 빚이 있었던 것이다. 40냥
이란 당시 우리 집 형편으로는 상상도 못할 어마어마한 금액이었다.
그 빚을 그대로 방치해뒀다간 큰일이 날 테니 어떻게든 해결을 해야만
했다. 어쩌면 좋을까? 다른 방도가 없었다. 무엇이건 팔아야 했다. 몽
땅 팔아치우는 수밖에 없다는 생각에서 다소나마 값이 나가는 물건들
을 추려보았다. 특히 아버지는 학자였기 때문에 번 내에서는 상당히
많은 장서를 소유하고 있는 편이었다. 권수로 말하면 1,500권이나 되
는데, 그 중에는 아주 희귀한 것도 있었다. 예를 들어 덴포 4년(1834)
12월 12일 내가 태어난 그날, 아버지는 수년간 소망했던 『명률』(明律)
의 『상유조례』(上諭條例)†라는 총 60~70권짜리 중국서적을 구입하여
무척이나 기뻐했는데, 그러던 차에 그날 밤 사내아이가 태어나니 겹경
사라며 상유의 '유'(諭)자를 따서 내 이름을 지었다고 한다. 이 이야기
는 어머니한테서 들은 것으로, 그만큼 아주 진귀한 한서도 있었다. 그
러나 어머니와 상의한 끝에 장서를 비롯하여 모든 물건을 매각하기로
결정하고, 우선 손쉬운 물건부터 팔 수 있는 데까지 팔게 되었다. 두루
마리 족자류로부터 시작하여 값이 나갈 만한 물건을 말하자면, 라이
산요의 반절짜리 족자가 금2부, 다이가도(大雅堂)#의 유하인물(柳下

---

* 원래의 뜻은 에도 시대에 각 영주들의 부하가 교대로 에도에 있는 영주의 저택에서 근무하는 것. 여기서는 에도가 아니라 오사카에 의무적으로 근무하는 것을 말한다.
† 『명률』과 『상유조례』는 각각 다른 책으로, '명률의 상유조례'라고 말한 것은 이 두 책이 모두 법령의 기록이기에 혼동한 것으로 생각된다. 『명률』은 명나라의 법령를 기록한 것으로 전30권, 『상유조례』는 청나라 건륭제(乾隆帝) 치세의 법령을 편년체로 기록한 것으로 건륭제가 즉위한 옹정(雍正) 13년에서 건륭 15년까지 전64권이다. 후쿠자와가의 장서 중에서 이 책은 오랫동안 소재불명이었다가 1954년 10월, 나카쓰 옛 번사의 집에서 후쿠자와가의 장서인이 찍힌 것이 발견되어, 지금은 게이오 대학에 소장되어 있다. 단, 현재의 것은 한 권 부족하여 모두 63권이다.
\# 이케노 다이가(池大雅). 1732~1772. 교토 출신의 화가로, 잠시 나카쓰에 머문 적이 있어 지금도 그곳의 지쇼지(自性寺)에 유묵 47점, 서화 10점이 보관되어 있다. 그것을 보관하고 있는 서원을 다이가도(大雅堂)라고 하는데, 1960년에 오이타(大分) 현의 문화재로 지정되었다.

人物)이 2냥 2부에 팔렸고, 소라이(徂徠)*의 글과 도가이의 글도 있었지만 전혀 값어치가 없어 도움이 되지 않았다. 그 밖에는 잡다한 잡동사니로, 기억나는 것은 다이가도와 산요뿐이다. 칼은 특별히 주문 제작한 2척 5치(약 76cm)의 명품 덴쇼 스케사다(天正祐定)가 4냥에 팔렸다. 그 다음에는 장서였는데, 나카쓰 사람 중에는 구입할 자가 없었다. 아무래도 몇 십 냥이라는 돈을 내놓을 사람이 있을 리 없었다. 그런데 그때 마침 시라이시라는 나의 한학 선생님이 번에서 무슨 일인가 논쟁을 벌이고는 나카쓰를 쫓겨나 분고(豊後) 우스키(臼杵) 번에 유학자로 계셨다. 그 선생님에게 부탁하면 팔 수 있겠다는 생각에서 우스키까지 일부러 찾아가 선생님에게 이야기를 했다. 그리고 선생님의 주선으로 우스키 번에 장서가 팔려 단숨에 거금 15냥이 손에 들어오게 되었다. 그 외에 접시며 밥그릇이며 국그릇이며 술잔이며 남김없이 몽땅 팔아 간신히 40냥이란 돈을 마련하여 그것으로 빚을 깨끗이 청산했다. 그때 장서 중에는 『역경집주』(易經集注)† 13책에 이토 도가이 선생이 자필로 상세하게 보충을 한 귀한 책이 있었다. 이것은 선친이 생전에 오사카에서 구입하여 특별히 소중히 여겼던 것 같았다. 장서목록에 아버지의 친필로 "도가이 선생이 보충한 역경 13책은 천하진품의 서(書)이니 후손들은 소중하게 후쿠자와가에 보존할 것"이라고, 마치 유언과도 같은 글이 적혀 있었다. 나도 이것을 보고는 도저히 팔 수가 없었다. 이것만은 안되겠다 싶어 남겨둔 13책이 지금도 우리 집에 있다. 이것과 더불어 아직도 남아 있는 것으로 당대의 그릇 두 점이 있다. 잡동사니를 팔아치울 때 골동품상이 여기에 3부(分)#라는 값을 매겼는

---

* 오규 소라이(荻生徂徠). 1666~1728. 에도의 유학자. 유학에 일가견이 있어 흔히들 고문사학파(古文辭學派)의 시조라 한다.
† 중국 정이(程頤)의 『주역정전』(周易程傳)과 주희(朱熹)의 『주역본의』(周易本義)를 합친 『주역전의』(周易傳義)에 일본의 마쓰나가 쇼이(松永昌易)가 주석을 달아 간분(寬文) 연간(1661~1673)에 간행한 책. 후쿠자와가의 장서는 교호(享保, 1716~1736)판으로 13책 23권이다.
# 은 무게를 재는 단위인 냥의 1/10. 여기선 정은(正銀)이 아니라 나카쓰 번의 은3부 지폐를 말한다.

데, 3부라면 나카쓰의 화폐(藩札)로 18몬이다. 말도 안되는 가격이다. 18몬이라면 있어도 그만 없어도 그만이라는 생각에서 팔지 않았는데, 그 후 40년간 무사해서 지금은 붓 씻는 그릇으로 쓰고 있으니 재미있는 일이다.

축성서(築城書)를 몰래 베끼다

그건 그렇고 불상사로 나카쓰에 돌아와 있는 동안 나는 한 가지 일을 저질렀다. 당시 오쿠다이라 이키가 나가사키에서 돌아와 있어서 문안을 드리러 가지 않을 수 없었던 나는 어느 날 오쿠다이라의 저택을 불쑥 방문하여 오랜만에 그와 재회했다. 이런 저런 잡담을 나누던 중 주인이 원서 한 권을 내놓으며 "이 책은 내가 나가사키에서 가져온 네덜란드의 신판(新版) 축성서*일세" 하고 말했다. 물론 나도 오사카에 있었지만, 오가타주쿠는 의학이 전문이라 의학에 관련된 서적 일색이었으므로 그곳에서 네덜란드어 축성서를 본 적은 전혀 없었다. 그러니 그 책을 보고는 무척 진귀한 책이라고 감탄하지 않을 수 없었다. 당시는 마침 페리 제독이 왔던 무렵이라 일본 전국이 해군의 전력 문제로 한창 떠들썩했기 때문에 그 축성서를 보자 정말로 진귀하게 여겨졌고, 읽고 싶어 견딜 수가 없었다. 하지만 빌려달라고 해봤자 빌려줄 것 같지도 않았다. 이런저런 이야기를 나누던 중, 주인이 "이 원서는 싸게 샀지. 23냥에 샀으니까" 하는 말을 듣고, 가난한 서생인 나로서는 놀라 자빠지지 않을 수 없었다. 도저히 나로서는 살 능력도 없고, 그렇다고 선선히 빌려줄 기색도 없기에 그저 원서를 바라보며 마음속으로 혼자 가난을 탄식했다. 그러다 문득 머리에 떠오르는 계획이 있어 한번 시도

---

* 저자는 C. M. H. Pel. 원제는 *Handleiding tot de Kennis der Versterkingskunst*, 1852, Hertogenbosch. 하급사관을 위해 만들어진 축성학 교과서로, 야전축성과 영구축성의 2편으로 구성되어 있다.

해봤다. "정말로 이건 대단한 원서입니다. 이걸 전부 읽으려면 상당한 시간이 걸리겠지요. 그림과 목차만이라도 한번 보고 싶습니다만, 4~5일 정도 빌릴 수는 없을까요?" 하고 넌지시 부탁해봤더니, 의외로 "좋아, 빌려주지" 하는 것이었다. 그야말로 천재일우의 기회였다. 나는 그 책을 집으로 갖고 와, 즉시 깃펜(거위깃을 비스듬히 날카롭게 잘라 잉크를 묻혀 쓰는 필기구)과 먹과 종이를 준비해 처음부터 베끼기 시작했다. 대충 200쪽 정도 되었던 듯하다. 하지만 내가 그 책을 베긴다는 이야기를 누구한테라도 하면 안되는 것은 물론이요, 베끼는 모습이 들통나도 큰일이었다. 집 안에 틀어박혀 모든 방문객을 사절하고 불철주야 정성을 다해서 베꼈다. 그 당시 나는 번의 명령으로 성문보초 임무를 맡고 있어 2~3일 간격으로 하루씩 당번을 해야 했다. 그래서 그때는 작업을 중단했다가, 밤이 되면 작업도구들을 살짝 가져다 아침에 성문이 열릴 때까지 베끼곤 했다. 꼬박 밤을 새는 일은 당연지사였고, 또한 이렇게 조심을 하더라도 낮말은 새가 듣고 밤말은 쥐가 듣는 법, 이미 남들이 알아차리고 당장이라도 원서를 돌려달라며 찾아오지나 않을까, 만약 발각되면 원서를 돌려주는 것만으로는 해결되지 않을 텐데, 가로님이 노발대발하시면 상황이 무척 곤란해질 텐데 하고 생각하니 견딜 수가 없었다. 태어나서 이제까지 도둑질을 해본 적은 없지만, 도둑의 근심이란 대체로 이런 게 아닐까 하고 짐작할 수 있었다. 그렇게 해서 결국 내용을 전부 베끼고 두 장의 그림까지 모사하니 드디어 책이 완성되었다. 그런데 베끼는 작업은 끝났지만 원본과 대조할 일이 난감했다. 원본과 대조해서 확인하지 못하면 큰일이라고 생각하던 참에, 나카쓰에 네덜란드 글자를 읽을 수 있는 사람이 딱 한 명 있다는 사실을 알게 되었다. 그는 후지노 게이잔(藤野啓山)이라는 의사로, 나와는 상당한 인연이 있었다. 나의 부친이 오사카에 있을 당시 후지노는 의사의 서생으로서 우리 집에 기숙했고, 어머니가 그 뒷바라지를 해주었던 것이다. 그러한 인연에서 분명 믿을 수 있는 사람이라고 판단한 나는 후지노를 찾아가 부탁했다. "큰 비밀을 자네에게 밝히겠는데, 사실은 이러이러한 일로 오쿠다이라의 원서를 베꼈어. 그런데 난처한 건 원본과 대조하는 작업이거든. 자네가 원서를 봐주겠나, 내가 베낀 것을 읽을 테니까. 사실은 낮에 하고 싶지만 낮에는 곤란해. 저쪽에서 눈치 채면 큰일이니까. 밤에 내가 올 테니, 어렵겠지만 봐주게나." 그러자 후지노는 기꺼이 승낙했다. 그리하여 나는 사나흘 밤을 그 집에 가서, 원본과 복사본을 대조하여 완벽하게 작업을 끝냈다. 이제 보물단지를 손에 넣은 것이나 다름없었다. 원서는 소중히 다루었으니 눈치 채지 못할 것이다. 시치미를 떼고 오쿠다이라 이키의 집에 가서 책을 돌려주며 말했다. "정말 감사합니다. 덕분에 처음으로 이런 병서(兵書)를 보았습니다. 새로 수입된 이런 원서가 번역된다면 아마도 해상방위에 관심 있는 사람들에게 도움이 될 겁니다. 하지만 이런 좋은 책은 가난한 서생이 구입할 수가 없지요. 감사합니다. 잘 읽고 돌려드립니다." 이렇게 무사히 마무리하고 나니 기뻤다. 그 책을 베끼는 데 며칠이 걸렸는지 확실히 기억나진 않지만, 아마도 20~30일 사이에 끝냈던 것 같다. 그러니 원서의 주인은 전혀 의심하는 기색이 없었다. 그런 보물의 내용을 훔쳐서 감쪽같이 내 것으로 만든 이 일은 악한이 보물창고에 잠입한 것이나 다름없었다.

의가(醫家)에서 포술 수업을 받겠다고 하다

그때 어머니는 "도대체 뭘 하는 거냐? 그렇게 매일 밤샘을 하고 제대로 잠도 자지 않잖아. 무슨 일이야? 감기라도 걸리면 어쩌려고. 공부도 정도껏 해야지" 하고 잔소리를 하셨다. 나는 "아니요, 어머니. 괜찮습니다. 책을 베끼고 있는 중이거든요. 이 정도로 제 몸이 어떻게 되지는 않습니다. 안심하세요. 결코 병이 들지는 않을 테니까요" 하고 대답했다. 그러다 드디어 오사카로 떠나려는데, 기묘한 일에 직면하게 되었다. 이번에 떠나려면 번에 탄원서를 제출해야 한다는 것이다. 정말로 웃기는 일도 다 있었다. 이제까지 나는 가독을 상속받지 못한 신분이었으므로 외부로 나갈 때 신고서도 탄원서도 제출할 필요 없이 마음껏 출입할 수 있었다. 그런데 이번에는 어쨌든 일가의 주인이니까 탄원서를 내야만 했다. 그래도 이미 어머니와의 상의를 끝냈기 때문에 숙부나 숙모와 상의할 필요는 없었다. 불쑥 난학 수업을 하러 가겠다는 탄원서를 제출하니까, 평소에 잘 알고 지내던 사람 하나가 "그건 곤란해. 난학 수업이란 대대로 선례가 없는 일이야" 하고 은밀하게 알려주었다. "그럼 어떻게 해야 좋지?" 하고 묻자, "글쎄, 포술 수업이라고 쓰면 되겠지" 하는 것이었다. "하지만 오가타는 오사카에 있는 개업의인데, 의사에게 포술을 배우러 간다는 건 전례가 없는 일이거든. 그거야말로 오히려 불리한 사유가 아닐까?" "아니, 전혀 전례가 없어도 어쩔 수 없지. 사실과 다르더라도 좋으니까 포술 수업이라고 하지 않으면 힘들어." 그래서 "그럼 좋아, 아무려면 어때" 하고는, 오사카의 오가타 고안 선생 문하에 포술 수업을 가고 싶다는 내용의 탄원서를 제출했다. 그것이 허락되어 오사카로 떠나게 되었으니, 당시의 세태를 대충 짐작할 수 있을 것이다. 반드시 나카쓰 번만이 아니라 일본 전국이 한학에만 매달리고 있었으므로 서양식이란 전혀 먹혀들지 않았다. 흔히 말하는 찬밥 신세였는데, 그래도 페리의 내항이 인심을 동요시켜 포술만큼은 서양식으로 해야 한다고들 생각했다. 말하자면 그 덕에 한 가닥 숨통이 트여, 결국 포술 수업 탄원서로 무난하게 마무리가 된 것이다.

어머니의 병환

모든 것이 해결되어 드디어 배를 타고 떠나려 하는데, 난처하게도 어머니께서 병환이 드셨다. 나는 부지런히 여기저기 의사들에게 부탁하고 상의하는 등 갖가지로 손을 쓴 결과, 회충 때문이라는 사실을 알아냈다. 회충에는 어떤 약이 가장 잘 듣느냐고 의사에게 물으니, 당시에는 아직 산토닌*이 없던 시절이라 세멘시나†가 묘약이라는 것이다. 그 약은 아주 고가품으로 시골약국에서는 좀처럼 구할 수가 없었다. 나카쓰에서는 단 한 곳에서만 팔았지만, 어머니 병환에 약값이 싸니 비싸니 따지고 있을 수는 없었다. 빚을 청산하고 난 뒤라서 수중에 돈이 거의 없었지만, 그래도 2슈 내지 1부를 내고 그 세멘시나를 사서 어머니에게 드렸다. 그 약이 과연 효과가 있었는지는 확인할 도리가 없다. 시골 의사의 말도 애당초 믿을 게 못된다. 나는 그저 하늘에 운을 맡기고 밤낮 없이 지극정성으로 간병했다. 다행히 난치병은 아니었는지 약 2주일 만에 완쾌가 되어, 드디어 오사카로 떠날 날을 정했다. 내가 출발할 때 이별을 아쉬워하며 무사하기를 빌어준 사람은 어머니와 누나뿐이다. 친지며 친구며 배웅은 고사하고 거들떠보는 자도 없으니 도망치듯이 배를 탔다. 하지만 형이 죽은 지 얼마 되지도 않고, 가재도구는 남김없이 팔아서 빈털터리 무일푼의 적빈여세(赤貧如洗, 물로 씻은 듯이 몹시 가난함), 아무도 찾아오는 사람 없이 적적요요(寂寂寥寥), 낡은 절간과도 같은 집에 노모와 어린 질녀 단 둘만 남기고 떠나는 길이니, 내가 아무리 낙천적인 서생이라 하더라도 이번만큼은 의기소침할 수밖에 없었다.

선생님의 큰 은혜, 오가타의 식객이 되다

배를 타고 무사히 오사카에 도착한 것은 좋았지만, 그저 살아서 몸만 도착했을 뿐 정작 학업을 닦을 수 있는 돈은 전혀 없었다. 어쩌면 좋을까 생각해봤자 방도가 없다. 선생님께 가서 사정을 말씀드릴 작정으로

---

* santonin. 예로부터 사용되어오는 회충구제 특효약.
† semen cina. 시나 꽃봉오리를 건조시킨 것으로, 산토닌을 함유하고 있어 구충제로 사용한다.

오사카에 도착한 그해 11월경, 도착 즉시 오가타로 갔다. "형님의 불행과 이러저러한 일을 겪고 다시 돌아왔습니다"라고 우선 말씀을 드린 뒤, 이어서 빚을 청산하려고 재산을 팔아치운 일부터 시작해 모든 사정을 말씀드렸다. 선생님은 내게 실제 부모님과 다를 바 없으니 아무것도 숨길 필요가 없다는 생각이었다. 또 원서를 베껴 쓴 일까지 털어놓고 "사실은 이러한 축성서를 몰래 베껴서 이렇게 갖고 왔습니다" 했더니, 선생님은 웃으며 "그래? 그거 참, 나쁜 짓을 한 건지 좋은 일을 한 건지 모르겠네. 하여간에 자네는 몰라볼 정도로 건강해졌군" 하고 말씀하셨다. "그렇습니다. 아직 완전히 회복된 건 아니지만, 지난 봄 큰 폐를 끼쳐드렸던 때에 비하면 아주 좋아졌습니다." "그거 다행이야. 그런데 자초지종을 들어보니, 학비가 전혀 없다는 사정은 충분히 알겠네. 내가 도와주고 싶지만 다른 서생들에게 자네 하나만 편애하는 듯이 보이면 곤란하지. 잠깐만, 이 원서는 재미있어 보이는군. 그렇다면 내가 자네에게 이 원서를 번역하라고 시킨 것으로 해두지." 그리하여 나는 오가타주쿠의 식객 서생이 되었다. 의사의 집인지라 식객이라곤 조제소에서 일하는 사람들뿐이었는데, 나는 의사가 아니라 단지 번역이라는 명목으로 식객이 되었으니, 순전히 선생님과 사모님의 호의 덕분이라 하겠다. 실제로 번역은 해도 그만 안 해도 그만이었다. 하지만 농담이 진담 된다고, 나는 결국 그 원서를 번역해냈다.*

서생 생활 동안의 나쁜 술버릇

오가카 주쿠에 들어가지 않고 집에서 다니던 나는 안세이 3년(1856) 11월경부터 주쿠에 들어가 내숙생(內塾生)이 되었다. 이것이 사실상

* 후쿠자와가 번역한 축성서는 출판되지 않았지만, 그 책은 막말 병학가들 사이에서 널리 읽혔으며, 훗날 오시마 게이스케(大島圭介) 번역의 『축성전형』(築城典刑)과 히로세 모토야스(廣瀨元恭) 번역의 『축성신법』(築城新法)이 간행되었다. 하코다테(函館)의 고료카쿠(五稜郭)는 이 책에 의해 축성되었다고 전해진다.

나에게는 서생으로서의 생활과 활동의 시작이었다. 원래 오가타주쿠는 그야말로 일진월보하는 주쿠로, 그 안에 있던 서생들은 모두 활기차고 유능한 한편으로 또 하나같이 혈기왕성하고 난폭해 좀처럼 다루기 힘든 인물들이었다. 그런 소굴에 내가 뛰어들어 함께 난폭한 행동을 일삼은 것이다. 하지만 다른 사람들과는 다소 다른 면도 있었다는 사실을 이야기해 두어야겠다. 먼저 나쁜 점을 말하자면, 나는 본디 술을 좋아하는 것이 최대의 결점이다. 성장한 후에는 스스로 그것이 나쁘다는 걸 깨달았지만, 나쁜 버릇이 이미 몸에 배어 자제할 수 없었다는 것도 굳이 숨기지 않고 모두 고백하겠다. 자신의 나쁜 점을 공개하는 것이 그다지 즐거운 일은 아니지만 내용을 밝히지 않으면 사실담이 안되기에, 우선 어렸을 적부터 이어온 음주경력을 대충 이야기하겠다.

애당초 나는 차츰 나이가 들어감에 따라 술맛을 알게 되고 익숙해진 것이 아니라, 태어나서 철이 들 때부터 저절로 좋아하게 되었다. 지금 기억나는 것을 말하자면, 어려서 사카야키(月代, 남자가 이마 언저리부터 머리털을 반달형으로 깎는 것)를 깎을 때 머리의 움푹한 곳은 아파서 깎기 싫어했다. 그러면 머리를 깎아주는 어머니가 "술을 마시게 해줄 테니까 잠자코 있어라" 하셨다. 그 술이 마시고 싶어서 아픈 것을 참고 울지 않았던 것이 어렴풋이 기억난다. 타고난 악습, 정말로 부끄러운 일이다. 그 후 점차 나이가 들어 약관(弱冠, 스무 살)이 될 때까지 엉뚱한 짓은 하지 않았고 품행도 방정한 편이었지만, 술이라면 정신을 못 차리는 소년이라서 술을 보면 파렴치해질 정도로 자제력이 없었다.

그 후로 나가사키에 갔는데, 스물한 살이라고 해도 만으로는 열아홉, 아직 정년(丁年, 만 20세)도 안된 몸이었지만 어엿한 술꾼이었던지라 마냥 술이 마시고 싶어서 참을 수가 없었다. 그런데 평소의 숙원이던 학문수업을 하게 되었으니, 양심상 도저히 술을 마실 수가 없어 유학 1년 동안은 필사적으로 금주를 했다. 야마모토 선생님 댁에 식객으로 있던 때에도 커다란 잔치라도 벌어지면 술을 훔쳐서 마실 수 있었다. 또 돈만 있으면 시내로 나가서 한잔 들이키는 것은 간단했다. 하지만 그랬다가는 언젠가 들통이 날 거라는 생각에서 꾹 참고 1년간 정체를 드러내지 않다가, 이듬해 봄 나가사키를 떠나 이사하야로 갔을 때 비로소 마음껏 마신 적이 있다. 그 후 얼마 지나 분큐(文久) 원년 (1861) 겨울, 서양으로 가는 도중 나가사키에 기항해서 이틀간 머무르는 동안, 야마모토 댁을 방문하여 과거의 은혜에 감사하고 이번의 서양행 이유를 설명하면서 처음으로 술에 관해 털어놓았다. 술은 입에 대지도 못한다고 거짓말을 했지만 사실은 술고래라고 고백하고는 엄청나게 마셔서 선생님 내외를 놀라게 한 일이 기억난다.

피와 어울려도 붉어지지 않다

이런 식으로 어렸을 때부터 술을 좋아하여 술 때문에 갖가지 나쁜 짓도 하고 건강을 해치기도 했지만, 그런 반면에 내 성질은 품행이 단정한 편이었다. 소년시절 난폭한 서생들과 어울렸고 또 가정을 이룬 뒤엔 세상사람들과 숱한 교제를 했어도, 이것만큼은 당당하게 주장할 수 있다. 거센 흙탕물과도 같은 사회 안에서 다소 괴짜같이 따분한 인간처럼 행동하기는 했지만, 그래도 화류계의 내막 정도는 상세히 알고 있었다. 남들이 열심히 떠들어대는 음담패설이라도 귀담아 들으니 무엇이건 모르는 게 없었다. 한 예로 나는 원래 바둑을 전혀 모른다. 하지만 주쿠 내의 서생들 사이에 바둑이 시작되면, 곁에서 나서 제법 알고 있다는 듯이 훈수를 두었다. 흑의 그 수는 잘못이라는 둥, 그러니까 당하지 않았냐는 둥, 방심하면 이쪽이 위험하다는 둥, 멍청한 놈 그것도 모르냐는 둥 그럴싸한 소리를 지껄였다. 어차피 서생들의 어설픈 실력인지라 훈수는 입에서 나오는 대로 떠들어댈 뿐이었다. 어느 쪽이 이기고 지는지는 쌍방의 안색만 보면 알 수 있었으므로 이기는 쪽을 칭찬하고 지는 쪽을 야단치면 틀림없었다. 그러니 제법 바둑이 센 것처럼 보여서, "후쿠자와, 한판 둘까?" 하는 소릴 들었다. 그러면 나는 "헛소리하지 마. 너희를 상대하는 건 시간낭비야. 그럴 틈이 어디 있냐?" 하고 잘난 척 하며 거드름을 피웠다. 덕분에 정말 고수처럼 보여서 그럭저럭 1년가량은 속일 수 있었지만, 결국에는 들통이 나 잔뜩 핀잔을 먹은 적이 있다. 그런 식으로 화류계에 관해서도 남들의 이야기를 듣고 짐작을 해서 대충은 알고 있었다. 그러면서도 나 혼자만은 철석같이 움직이지 않았다. "피와 어울려도 붉어지지 않는다"는 속담은 나 같은 경우를 두고 하는 말일 것이다. 나 스스로도 신기할 정도인데, 아마도 이것은 우리 집안의 가풍이리라고 생각된다. 어려서부터 오로지 어머니의 손에서 자란 다섯 형제는 차츰 성장을 해도 집안에서 불순한 이야기는 결코 들은 적도 없고 입 밖에 꺼낸 적도 없었다. 청렴결백 그 자체였기에 같은 번의 보통 가정과는 분위기가 달랐으며, 집을 떠나서 남들과 어울리더라도 그 가풍을 지키려고 각별히 자제하는 것이 아니라 당연한 일이라고 여겼다. 그렇기에 오가타주쿠에 있을 당시에도 작부집에 드나드는 일은 전혀 없었다. 그러면서도 앞에서도 말했듯이, 성격이 비뚤어져 그런 것을 싫어하고 두려워하여 도망치다가 뒷전에서 불만스러운 표정을 짓거나 하는 일도 전혀 없었다. 동창생들과 함께 유곽이나 작부집 이야기를 하면서, "너희들 정말로 한심하다. 술집에 가서 바람을 맞는 놈이 어디 있냐? 나는 등루(登樓, 기생집에 놀러 감)는 하지 않아. 그렇지만 일단 그곳에 가면 너희들보다 백배는 인기가 있을 거야. 그렇게 한심하게 놀 거면 집어치워. 너희가 무슨 등루를 한다고 난리냐? 촌놈들이 도회지에 나와 기생놀이의 abc를 배우겠다니, 그렇게 멍청해서야 평생 무슨 일인들 제대로 하겠어?" 하고 놀리며 큰소리쳤다. 하지만 정작 큰소리치는 본인은 결코 바람을 피운 적이 없었다. 그래서 남들도 나를 업신여기지는 못했다. 이 세상에는 덕행군자라 불리는 학자가 생각은 간절하면서도 꾹 참으며, 마음속으로 남들이 하는 짓을 나쁘다 여기고 불만을 품는 경우가 있다. 하지만 나는 남들의 언행을 보고 불평도 하지 않고 걱정도 하지 않았다. 함께 어울리면서 시치미를 떼고 있으니까 오히려 재미있었다.

서생을 혼내주다

술에 관한 일화는 얼마든지 있다. 안세이 2년(1855) 봄, 처음으로 나가사키를 떠나 오가타주쿠에 입문하던 날, 같은 주쿠의 한 서생이 나에게 말을 걸어왔다. "넌 어디서 왔니?" "나가사키에서 왔어." 이렇게 대화가 시작되어, 그 서생이 "그래? 앞으로 잘 지내자꾸나. 기왕이면 술이라도 한잔 할까?" 하길래 내가 대답했다. "처음 만난 사람에게 내 자랑을 하는 것 같지만, 나는 원래 술꾼이야. 그것도 술고래라고. 한잔 하자니 고맙구나. 꼭 마시러 가자, 당장이라도 가자꾸나. 그런데 미리 말해두겠지만 나는 돈이 없어. 사실은 나가사키에서 방금 왔기 때문에 주쿠에서 수업받을 학비조차 간당간당해. 있으나마나한 정도야. 그러니까 술 마실 돈은 한 푼도 없어. 그 점만큼은 미리 양해를 구하겠지만, 술을 마시러 가자니 정말로 고마워. 꼭 가자꾸나." 그러자 그 서생은 "그런 엉뚱한 소리가 어디 있어? 술을 마시러 가려면 돈이 필요한 건 당연하잖아. 그 정도의 돈도 없단 말이야?" 하는 것이었다. "네가 뭐라고 하든 없는 건 없는 거지만, 모처럼 마시러 가자고 권하니까 꼭 가고 싶은데" 하고 그날은 헤어졌다. 이튿날도 저택에서 주쿠로 가 그 서생을 만났다. "어제 이야기는 흐지부지 되었는데, 어때? 난 오늘도 술이 마시고 싶어. 데려가 주지 않을래? 정말 가고 싶어" 하고 이쪽에서 독촉을 하자 "멍청한 소리 하지 마" 하는 대답뿐, 또 그대로 헤어지고 말았다.

그날로부터 한 달이 지나고 두 달 석 달이 지나 이쪽도 주쿠의 사정에 익숙해지자 사람들의 이름도 알게 되고 얼굴도 알게 되어 당연히 공부에 힘썼다. 그러던 어느 날, 다시 그 사내를 붙잡았다. 그리고 이렇게 따졌다. "너 기억하지? 내가 나가사키를 떠나 이곳에 와서 처음 입문하던 그날, 뭐라고 했니? 술을 마시러 가자고 했잖아? 신입생들은 얼마간 돈이 있으니까 꼬셔내어 술을 마시려던 속셈이었지? 말하지 않아도 다 알고 있어. 그때 내가 뭐라고 했냐? 나는 술을 마시고 싶어서 견딜 수 없지만 돈이 없으니까 마실 수 없다고 거절했지. 그 이튿날 다시 이쪽에서 독촉을 했을 때 너는 일언반구도 없었잖아? 잘 생각해봐. 실례를 무릅쓰고 유키치이니까 그 정도로 강하게 나온 거야. 나는 그때 문득 결심했지. 네가 우물쭈물 하면 당장에 두들겨 패서 선생님에게 끌고 갈까 생각했지. 그 결심이 얼굴에 나타나 무섭게 보였는지 모르지만 너는 아무 대꾸도 하지 않고 물러나 버렸지. 아무래도 안되겠다. 미꾸라지 한 마리가 우물을 더럽히듯이, 이런 녀석을 그냥 두면 주쿠를 위해 좋지 않겠다고 생각한 거야. 앞으로 신입생을 보고 또다시 그런 소릴 하면 그냥 두지 않을 테야. 당장 붙잡아서 곧바로 선생님 앞으로 데려가 처벌을 받도록 할 테니까, 명심해!" 그러면서 호되게 혼을 내준 적이 있다.

숙장(塾長)이 되다

그 후 나의 학문에도 조금씩 진보가 있고, 선배들이 고향으로 돌아가 주쿠에 사람도 부족하던 터라 결국 내가 숙장이 되었다.* 그렇지만 주쿠의 규칙에 따라 숙장이 되어도 무슨 권력이 있는 것은 아니었다. 그저 주쿠 안에서 가장 어려운 원서를 회독할 때 그 회두(會頭, 유학·국학·난학 등의 회독을 책임지는 사람)의 역할을 맡는 정도로, 그 밖의 지

---

* 숙장이 된 것은 안세이 4년(1857)의 일이다.

위는 일반 숙생들과 다를 바가 없었다. 숙장이 되어도 평소처럼 독서와 공부를 했고, 쉬는 시간에는 별로 하는 일도 없었다. 오히려 소란을 피우며 즐거워하는 편이었으니, 그런 난폭한 서생이 덕성으로 남을 감화시키겠다는 뻔뻔스러운 생각은 할 리가 없었다. 또 주쿠의 기풍을 바로잡는 게 선생님의 은혜에 보답하는 길이라는 식의 갸륵한 마음이 있을 리도 없었다. 단지 나는 원래 약한 자를 괴롭히지 않았고, 절대로 남의 물건을 탐하거나 남의 돈을 빌리지 않았다. 단돈 100몬도 빌린 적이 없었다. 품행도 청렴결백하여 부앙천지(俯仰天地) 부끄럼이 없었기에, 자연히 일반 숙생들과는 다른 면이 있었다. 하지만 그것은 함께 어울려 소란을 피우면서도 한마디로 말해 동창생 모두 나만큼만 되어라, 또는 나처럼 만들어주겠다는 혈기왕성한 자만심에서였을 뿐, 지금 생각해도 결코 도덕이나 의리 혹은 은혜를 입은 선생님에 대한 충의 같은 고상한 이유는 전혀 없었다. 그렇게 무작정 거드름을 피우며 설쳐댄 것이 주쿠를 위해 해가 되었을 수도 있고 은연중에 도움이 되었을 수도 있을 것이다. 만약 도움이 되었다면 그것은 우연일 뿐 결코 나의 공은 아니다.

오가타주쿠의 기풍

그러고 보면 어쩐지 내가 오가타주쿠의 숙장(塾長)으로서 평소에 거만하게 행동하며 스스로 주쿠의 기풍을 바로잡은 것처럼 들리지만, 한편으로는 음주로 인해 기풍을 어지럽힌 일도 없지 않았다. 숙장이 되어서도 가난한 서생이기는 예전이나 마찬가지였다. 당시의 내 신상에 관해 말하자면, 고향에 있는 어머니와 질녀는 번에서 지급하는 소액의 가록(家祿)으로 생활하고 있었고, 나는 숙장이 된 후로 선생님 댁의 생활을 도맡아 했다. 더욱이 새로운 서생이 입문하면 속수(束脩)*를 바침과 동시에 숙장에게도 2슈의 수입이 생겼는데, 다섯 명이면 1부 2슈나 되니 용돈으로는 충분했다. 그 돈은 대체로 술값으로 나갔다. 옷은 고향의 어머니가 손수 지은 무명옷을 보내주어 걱정이 없었으므로 조금이라도 주머니에 돈이 있으면 즉시 술 생각이 났다. 그 때문에 동창생들 중에는 내 권유로 마지못해 마신 사람들도 많을 것이다. 그런데 술도 풍류를 즐기며 여유 있게 마시는 게 아니라, 돈이 부족할 때는 술집에서 세 홉 내지 다섯 홉을 사다가 주쿠 안에서 혼자 마셨다. 호주머니 사정이 다소 좋을 때는 1~2슈를 갖고 료리자야(料理茶屋, 객실을 갖추

---

* 원래의 뜻은 말려서 포개어 묶은 포육. 옛날 중국에서 처음으로 스승을 찾아갈 때 선물로 지참했던 것이, 훗날 서생이 입문할 때 지참하는 예물이나 돈으로 바뀌었다.

고 손님의 요구에 응해 요리를 내는 가게)로 찾아간다. 그러나 그건 최고로 사치를 부릴 경우일 뿐이고 항상 료리자야에 드나들 수는 없으니까, 우선 자주 가는 곳이 도리야(鷄肉屋, 닭고기요리 전문점), 그보다 편리한 곳은 니쿠야(牛肉屋, 쇠고기요리 전문점)였다. 당시 오사카에서 규나베(牛鍋, 일종의 쇠고기전골)를 파는 가게는 단 두 곳뿐이었다. 한 곳은 나니와바시(難波橋)의 남단, 또 한 곳은 신마치(新町)의 유곽 옆에 위치한 가장 싸구려 집으로, 일단은 제대로 된 복장으로 드나드는 사람이 결코 없었다. 문신투성이의 불량배들과 오가타의 서생들이 주된 단골이었다. 어디서 들여온 고기인지, 도살한 소인지 병사한 소인지 따위는 개의치 않고 1인분에 150몬(文)만 내면 쇠고기와 술과 밥을 마음껏 먹을 수 있었는데, 고기는 몹시 질기고 냄새가 났다.

당시는 무사들의 세상이라서 모두들 칼을 차고 있었다. 하지만 생도 50~60명 가운데, 원래 소지품을 전당포에 맡긴 적이 없어 두 자루 모두 갖고 있던 나 외에 칼을 지니고 있는 사람은 두 세 명뿐이었다. 나머지는 모두 전당포에 칼이 잡혀 있었기에, 생도 중 아직 소유하고 있는 사람의 칼이 마치 공유물처럼 되었다. 그래도 별다른 지장이 없었던 것은 각자 구라야시키(藏屋敷)로 돌아갈 경우에만 두 자루를 모두 찰 뿐 평상시에는 와키자시(脇差) 한 자루로 간신히 체면을 유지했기 때문이다.

알몸의 서생들

오사카는 따뜻한 곳이라서 겨울에는 별 어려움이 없지만 여름에는 훈도시도 주반(襦袢, 기모노 속에 입는 내의)도 걸치지 않고 그야말로 알몸으로 지낸다. 물론 식사나 회독(會讀)을 할 때는 피차 거북하니까 무언가 하나쯤 걸친다. 그 중에서도 로(絽, 올을 성기게 짠 하복용 견직물)로 만든 하오리(羽織, 기모노의 겉옷)를 알몸 위에 걸치는 사람이 많았다. 아주 우스꽝스런 차림이라 지금 사람들이 보면 아마도 웃음을 터뜨릴 것이다. 식사 때는 도저히 앉아서 먹을 수 있는 상황이 아니었다. 발도 제대로 디딜 수 없을 정도로 비좁은 장소에서 모두들 조리(草履, 일종의 짚신)를 신은 채 서서 먹었다. 한때는 순번을 정해서 먹은 적도 있지만 오래가지는 못했다. 밥통을 가운데 놓고 각자 알아서 퍼 먹는다. 그러니 음식값도 물론 싸다. 반찬은 1일과 6일에는 파와 고구마로 만든 나니와니(難波煮, 오사카식 요리), 5일과 10일은 두붓국, 3일과 8일은 조갯국 등으로 정해져 있어서 오늘의 반찬은 뭐가 나올지 미리 알고 있었다.

알몸의 기담실책(奇談失策)

알몸과 관련해서 기담이 있다. 어느 여름날 저녁, 우리 친구들 대여섯 명에게 마실 술이 생겼다. 그러자 한 명이 불쑥 이 술을 모노호시(物干)*에서 마시고 싶다고 했다. 모두들 찬성을 했고, 결국은 지붕 위로 술병을 갖고 올라갔는데, 마침 하녀 서너 명이 그곳에서 더위를 피해 쉬고 있었다. '난처하게 되었군. 지금 저기서 술을 마시면 저들 중 누군가가 안채로 들어가 고자질을 할 텐데 어쩌나' 하고 망설이던 중, 조슈(長州, 현재 야마구치(山口) 현 서부) 출신의 마쓰오카 유키(松岡勇記)† 라는 사내가 나섰다. 아주 원기왕성하고 활발하던 그는 "내가 저 여자들을 모노호시에서 단숨에 쫓아버리지" 하고는 알몸으로 혼자 성큼성큼 모노호시로 다가갔다. 그리고 "오마쓰씨, 오타케씨, 덥지 않아?" 하고 말을 걸더니 그대로 큰 대자로 드러눕는 것이었다. 그 꼴을 보자, 아무리 하녀라도 차마 그 자리에 있을 수가 없어서 모두들 얼굴을 찡그리며 내려가 버렸다. 그러자 마쓰오카가 모노호시 위에서 네덜란드어

---

* 빨래 말리는 곳. 주로 해가 잘 드는 2층이나 지붕 위에 설치했다.
† 조슈 하기(萩) 출신. 훗날 이바라키(茨城) 현 병원장이 되었다.

로 "멋지게 성공했어. 빨리 올라와" 하고 신호를 보냈다. 그래서 방안의 술을 꺼내 시원한 곳에서 즐겁게 마신 일이 있다.

또 한 번은 내가 큰 실수를 범한 적이 있다. 어느 날 밤, 2층에서 자고 있노라니까 아래층에서 "후쿠자와씨, 후쿠자와씨!" 하고 부르는 여자 목소리가 들렸다. 나는 저녁 때 술을 마시고 방금 잠이 들었던 터였다. '시끄러운 하녀로군, 이 시간에 무슨 용건이람' 하고 생각했지만, 일단 부르고 있으니 일어나지 않을 수 없었다. 알몸으로 벌떡 일어나 계단을 내려가며 "무슨 일이야?" 하고 위엄을 부리려 했는데, 뜻밖에도 하녀가 아니라 사모님이었다. 이럴 수도 저럴 수도 없는 상황이었다. 도망을 칠 수도 없고 알몸으로 앉아서 절을 할 수도 없고, 진퇴양난으로 몸 둘 바를 모를 상황이었다. 사모님도 입장이 난처했는지 아무 말 없이 안으로 들어가 버렸다. 이튿날 찾아가서 "어젯밤에는 참으로 실례했습니다" 하고 사과할 수도 없었기에 결국은 끝까지 아무 말도 못하고 넘어가 버린 일이 있었다. 이 사건만큼은 평생 잊을 수가 없다. 작년에도 오사카에 갔다가 오가타 댁을 방문해서는 이 계단 아래였구나 하고, 40년 전의 일이 떠올라 혼자서 얼굴을 붉혔다.

불결한 것은 개의치 않다

주쿠의 기풍은 불규칙하달까 난잡하달까, 몹시 거칠고 난폭하며 모든 면에서 무신경했다. 세상에서 말하는 청결이나 불결 따위에는 전혀 개의치 않았다. 예를 들면 일반적으로 주쿠라는 곳에는 애당초 물통이며 사발이며 접시 따위가 있을 리 없지만, 오가타의 생도들은 그곳에서 생활을 하므로 풀무도 있고 냄비도 있어서 평소에 자주 음식을 만들어 먹는다. 책상 주변이 마치 자취생의 부엌과도 같은 느낌이다. 그렇다고 주방기구가 풍부할 리는 없다. 그러니 세면기건 양푼이건 모든 게 음식을 조리하는 도구가 된다. 한여름에 어디선가 소면을 얻어오면,

일단 그것을 주인집 부엌에 부탁해서 삶는다. 그 다음 매일 아침 얼굴을 씻는 세면기를 가져다가 그 소면을 식혀 냉(冷)소면을 만든다. 쓰유(소면용 간장)를 만들 때 부엌에서 설탕이라도 훔쳐내면 다행인 편이다. 그 외에 반찬을 만들 때나 야채를 씻을 때도 세면대야는 유일한 도구로, 그런 것을 조금도 더럽다고는 생각하지 않았다.

정말 큰 골칫거리도 있었다. 이(蝨), 그것은 주쿠 내에 상주하는 생물로 누구도 피할 수 없었다. 잠깐만 옷을 벗으면 다섯 내지 열 마리는 간단히 잡을 수 있었다. 봄이 되어 날이 따뜻해지면 하오리의 옷깃으로 이가 기어 나오기도 했다. 이를 놓고 어느 서생은 "어때, 우리의 이는 오사카의 군고구마와 비슷하지? 겨울에 한창이다가 봄이 되고 여름이 되면 차츰 쇠퇴해, 한여름에는 두세 달가량 벼룩과 교대해 자취를 감추고, 9월경에 새 고구마가 시내에 등장할 즈음이면 우리의 이 역시 모습을 보이니 신기하잖아" 하고 말했었다. 그런데 이를 죽일 때 끓는 물을 붓는 것은 빨래하는 할머니들의 낡은 수법이라서 별 재미가 없었다. 나는 단숨에 없애버리겠다며, 엄동설한에 주반을 모노호시에 널어서 이는 물론이고 알까지 한꺼번에 죽인 적이 있다. 이 방법은 내가 새롭게 발명해낸 것이 아니라 예전에 누군가에게 들은 적이 있어 해본 것이었다.

돼지를 죽이다

그러니 주쿠 내의 서생 중에 제대로 옷을 차려입은 사람은 별로 없었다. 그 주제에 시내에서 젯날 행사가 있으면 밤마다 꼭 외출을 했다. 거리로 나가면 군중들, 특히 젊은 아가씨들이 "저기 서생이 오네" 하며 옆으로 비켜서는 모습은 마치 비천한 인간을 보고 피하는 듯한 느낌을 주었다. 하지만 어쩔 수 없는 일이다. 행인들 눈에는 이상한 자들로 비쳤을 것이다. 한번은 우리가 단골로 다니는 나니와바시 규나베야의 주인아저씨가 돼지를 샀는데, 쇠고기 장사를 하지만 마음이 약해서 자기는 죽일 수가 없다며, 오가타 서생에게 부탁을 해왔다. 결국 주인아저씨를 만나서 "죽여줄 테니 그 대가로 뭘 주겠소?" 하고 물었다. "글쎄." "머리를 주겠소?" "머리라면 드리죠." 그리하여 돼지를 도살하러 갔다. 이쪽은 과연 생리학자답게, 동물을 죽이려면 질식시키는 방법이 가장 간단하다는 사실을 알고 있었다. 다행히도 그 가게는 강가에 위치하고 있었기에, 그곳으로 돼지를 끌고 가 네 다리를 묶고 물속에 처박아 즉사시켰다. 그리고 그 대가로 돼지머리를 받아서는, 작살을 빌려다 우선 해부를 해서 뇌며 눈이며 자세히 관찰하느라 이리저리 만져본 뒤에 삶아 먹었다. 아마도 음식점 주인의 눈에는 우리가 상스런 인간으로 보였을 것이다.

곰 해부

또 한 번은 이런 일이 있었다. 도쇼마치(道修町)*의 약재상에 단바(丹波)인지 단고(丹後)인지 하는 곳으로부터 곰이 왔다는 소문이 들렸다. 그러더니 어느 의사의 소개로, 후학들을 위해 해부를 해보고 싶으니, 누군가 와서 곰을 해부해주지 않겠느냐는 문의가 주쿠에 들어왔다. "그거 재미있겠군." 당시 오가타의 서생들은 해부라는 것에 상당한 관심이 있었기에 서둘러 그곳으로 갔다. 나는 의사가 아니니까 가지 않았지만 생도 중 7~8명은 갔다. 그곳에서 해부를 해 이것이 심장이고 이것이 폐, 이것이 간이라며 설명을 해주자, "참으로 고맙소" 하는 말을 남기고는 약재상도 의사도 훌쩍 떠나버렸다. 사실 그들은 오가타의 서생에게 해부를 부탁하면 아무런 흠집 없이 웅담을 잘라낼 수 있으리라는 사실을 알고 있었다. 그래서 해부를 구실로 삼았다가 웅담이 나

---

* 오사카 주오 구(中央區) 센바(船場)에 위치한 약재 도매상 거리.

오자 그것을 받아들고 떠나버린 것이다. 그런 사정을 훤히 알게 된 서생들은 이 일을 용납하지 않았다. 한번 혼을 내줘야겠다고 주쿠의 모두가 만장일치로 의견을 모은 뒤 각자 역할을 분담했다. 주쿠에서 입심이 좋고 고집이 세며 끈덕진 성격의 다나카 하쓰타로(田中發太郎, 지금은 신고(新吾)라고 개명하여 가나자와(金澤)에 살고 있다]라는 자가 접대담당, 그리고 내가 교섭편지의 원안을 맡고, 신슈(信州) 이야마(飯山)에서 온 서생으로 료코(菱湖)*의 필체를 잘 흉내 내는 누마타 운페이(沼田芸平)가 원안을 정서했다. 그리고 상대방에게 전달하는 역할은 누구, 협박하는 건 누구라는 식으로 역할분담을 했는데, 하나같이 덤벙대는 놈들뿐이라 자칫하면 일거에 계획을 망쳐버릴 것 같은 녀석도 있었다. 저쪽에서 찾아오면 혼내줄 사람도 대기하고 있었다. 일단은 일고여덟 명이 합심하여 작전을 짰으니 모든 면에서 빈틈이 없었다. 접대담당은 평소의 알몸과는 달리 하오리 하카마의 정장차림에 와키자시를 차고 완급강유(緩急剛柔), 의학의 위신 운운하는 이야기를 방패삼아 몰아붙이니, 상대방 의사도 어쩔 줄 몰라 하며 손발이 닳도록 빌었다고 한다. 그냥 사과하는 것만으로 충분한데, 술 다섯 되에 닭과 생선 등을 갖고 왔기에 그것으로 타협하고, 숙생들 모두 실컷 먹고 마셨다.

연극 관람의 실수

이와는 반대로 이쪽에서 당한 일도 있었다. 도톤보리(道頓堀)의 연극 공연에 요리키(與力)†와 도신(同心)# 같은 역인(役人)이 시찰을 오면 곧바로 일등석으로 안내되어 연극 관계자들로부터 차와 과자를 대접

---

* 1767~1833. 에도 시대 중기의 서예가.
† 에도 막부의 직명으로, 부교에 종속되어 그 사무를 돕는 사람.
# 요리키와 같은 임무를 담당하지만, 그 아래의 직급.

받는 등, 거드름을 피우며 공짜로 연극을 본다. 그런 내막을 일찍이 알고 있던 오가타의 서생 하나가 불쾌한 이야기지만, 다이쇼를 차고 소주로(宗十郞) 두건*을 쓰고는 역인을 가장하여 이따금 찾아가 무사히 연극구경을 했다. 그런데 꼬리가 길면 잡힌다고, 어느 날 진짜가 나타났다. 그러니 공무원을 가장하여 사기를 친 이쪽에서는 변명의 여지가 없었다. 그때는 혼이 난 정도가 아니라 큰 소동이 벌어졌다. 그래도 다마쓰쿠리(玉造)† 담당 요리키와 약간의 연줄이 있었던 덕분에, 그에게 울며불며 매달려 고발당하지 않고 당사자끼리 화해하는 선에서 무사히 마무리되었다. 그때 술과 안주를 갖다 줬는데, 돈으로 계산하면 3부 정도는 날린 셈이다. 이 사기사건의 주모자는 단고 미야즈(宮津)의 다카하시 준에키(高橋順益)#였다. 나는 원래 연극을 좋아하지 않지만 염려가 돼서, "그건 별로 좋은 짓이 아냐. 발각되면 큰일 날 걸" 하며 충고했는데도 그는 듣지 않았다. "까짓 거 걱정 마. 대책이 있으니까" 하며 뻔뻔스럽게 감행하더니 결국 붙잡혔다. 나로서도 웃음이 나오기는커녕 크게 걱정이 되는 일이었다.

패싸움 흉내

때로는 이런 일도 있었다. 서생들의 난폭함은 지금 사람들은 상상도 못할 정도였다. 당시에는 경찰이란 것이 없었기에 무사했다고 하겠다. 원래 오사카의 조닌은 아주 소심하다. 에도에서 싸움을 하면 구경꾼이 몰려들어 엉망이 되지만, 오사카에서는 여간해서 구경꾼이 모이지 않는다. 여름철에 있었던 일이다. 저녁식사를 끝내고 슬슬 산보를 나섰

---

* 에도 시대에 유행한 두건. 검은 지리멘(縮緬, 바탕이 오글쪼글한 비단)을 겹쳐서 만든 것으로, 이마와 뺨, 턱 등을 가린다. 가부키 배우인 사와무라 소주로(澤村宗十郞)가 사용하기 시작하여 이런 이름이 붙었다.
† 오사카의 주오(中央) 구에서 덴노지(天王寺) 구에 걸친 지역.
\# 1832~1865. 후쿠자와의 절친한 친구로, 1861년 후쿠자와가 결혼할 때 중매를 선 것으로 알려져 있다. 또한 2년 후 다카하시가 결혼할 때 후쿠자와는 친척 자격으로 참석했다.

다가 서로 짜고 시내에서 대판 싸우는 흉내를 냈다. 서로 아프지 않게끔 조심해서, 하지만 몹시 험악한 기세로 고함을 지르며 치고 박는다. 그러면 그 근처의 가게들은 서둘러 정리하고 문을 닫아버려 주위가 고요해진다. 싸움이라고는 하지만 그 정도일 뿐 다른 의도는 없었다. 그 방법은 패거리를 두세 명씩 나누어 가장 번화하고 붐비는 곳에서 서로 마주치게 하는 것으로, 당시에 붐비는 곳이라면 우선 유곽 근처 신마치(新町) 구켄(九軒) 부근을 들 수 있는데, 그곳에서 상습적으로 그 짓을 했다. 그렇다고 너무 한 군데에서만 하다가는 들통 날 우려가 있으므로 오늘밤에는 도톤보리에서 하자, 내일 밤에는 준케이마치(順慶町)에서 하자는 식으로 약속을 하고 난동을 부렸다. 특히 신슈 출신의 누마타 운페이는 싸움솜씨가 뛰어났다.

벤텐코조

또 한번은 이런 일이 있었다. 나는 선배 동창생인 구루메(久留米) 출신의 마쓰시타 겐보(松下元芳)라는 의사와 함께 둘이서 미야치(宮地)의 고료(御靈)라는 곳에 가서 야시장의 꽃가게를 구경했다. 그런데 가게 주인이 우리에게 "형씨들, 나쁜 짓 하면 안됩니다" 하는 것이었다. 아마도 우리의 차림새를 보고 도둑질을 한다고 생각했던 것 같다. 그러니 우리로서는 참을 수가 없었다. 마치 벤텐코조(辯天小僧)*처럼 부아가 치밀었다. "당장 이 녀석을 죽여버려! 두말할 거 없이 죽여버려!" 하고 내가 소리쳤다. 마쓰시타는 "죽일 필요는 없잖아" 하며 나를 어르는 척했다. "소용없어, 단칼에 베어버릴 테니 말리지 마!" 이런 식으로 실랑이를 벌이는 동안 길거리에 사람들이 구름처럼 모여들어 큰 혼잡이 일어나자, 이쪽은 신이 나서 한층 고압적인 자세로 나갔다. 그러자 고

---

* 가부키 대본 저자인 가와타케 모쿠아미(河竹默阿彌)의 「아오토조시하나노니시키에」(靑砥稿花紅彩畵)에 등장하는 다섯 도적 중의 하나.

료의 단팥죽 가게에서 떡을 치고 있던 스모 선수가 중재에 나서 "용서해주게나" 했다. 그래서 "좋아, 당신이 말리니 용서해주지. 하지만 내일 밤 여기에 다시 가게를 차리면 죽여버릴 테야. 모처럼 들어왔으니까 오늘밤은 용서해주는 거야" 하고, 이튿날 가보았더니 정말로 꽃가게가 있던 곳만 자리가 비어 있었다. 오늘날 같은 경찰이 없었기 때문에 마음껏 난폭한 행동을 할 수 있었지만, 생각보다 나쁜 짓은 하지 않았다. 고작 꽃가게에 대해 한 짓 정도일 뿐, 아주 나쁜 짓은 결코 하지 않았다.

소매치기로 몰리다
내가 한번 크게 겁을 먹은 것은 역시 고료 부근에서 있었던 사건 때였다. 가미가타에서 거행하는 스나모치(砂持)라는 제례와 비슷한 행사가 열리는데, 수백 명의 동네 젊은이들이 머리에 등롱을 달고 '와아, 와아' 소리치며 줄을 지어 거리를 지나간다. 서생 서너 명이 함께 이것을 구경하던 중 나는 무슨 생각이 들었는지, 지팡이로 어떤 머리의 등롱을 부셔버렸다. 아마도 술기운 탓이었을 게다. 그러자 그 일행 중 하나가 소매치기다, 소매치기다 하고 외쳤다. 오사카에서 소매치기라면 이유를 불문하고 때려 죽여서 강물에 던져버리는 것이 관례였기에 정말로 무서웠다. 일단 도망치는 게 상책이라는 생각에서 맨발로 도지마 쪽으로 도망쳤다. 그때 나는 와키자시를 하나 차고 있었으므로, 만약 따라붙는 자가 있으면 뒤돌아서 먼저 베어버리는 수밖에 없었다. 그러나 사람을 죽일 생각은 전혀 없었기에 그냥 마구 달렸다. 도지마 5번가에 있는 오쿠다이라의 구라야시키로 뛰어들어서야 간신히 안도의 한숨을 내쉬었다.

무신무불(無神無佛)
오사카 동북쪽에 아시야바시(葭屋橋)라는 다리가 있는데, 바로 그 다리 앞에 쓰키지(築地)라 하여, 옛날에는 아주 야릇한 집들이 늘어서 있었다. 그곳은 사실 남녀가 은밀하게 즐기는 사창굴과도 같은 지저분한 동네였는데, 그 쓰키지 입구의 모퉁이에 지장보살인지 금비라(金比羅)인지 하는 신을 모신 작은 사당이 있었다. 제법 많은 사람들이 찾는 곳으로, 걸려 있는 액자도 다양했다. 남녀가 기도하는 모습이 그려져 있기도 하고, 봉서를 액자에 붙여놓기도 하고, 또는 상투를 잘라서 매달아놓기도 했다. 그것을 낮 동안에 봐뒀다가 밤에 그 액자를 떼어 주쿠로 가져와 개봉해보면, 갖가지 소원이 적혀 있어 재미있었다. "아, 이건 도박꾼이 도박을 그만두겠다는 거로구나. 이건 금주다. 이건 난파선에서 구조된 데 대한 감사표시. 이쪽은 계집질에 질린 녀석이다. 그쪽은 묘령의 아가씨가 기묘한 염원을 하고 있군." 그냥 이런 것을 읽어보는 게 재미있어 자주 실례를 했는데, 어찌되었든 남들이 정성을 다해 기원한 것을 망쳐놓는 짓은 큰 죄악이다. 그러나 신앙심이라곤 전혀 없는 무신무불의 난학생들이니 어쩔 수가 없었다.

유녀의 가짜 편지

주쿠 내의 괴담을 하나 소개하겠다. 그 당시의 생도들은 대체로 의사의 자제들이므로 까까머리나 총발(總髮)* 모습으로 고향을 떠나오지만, 오사카라는 도회지에 있는 동안에는 반발(半髮)†을 하여, 대부분의 무가에서 흔히 하는 식을 따르고 싶어 한다. 오늘날 진종 승려가 머리털을 약간 길러서 일반인들의 짧은 머리를 흉내 내는 것과 마찬가지로, 사실은 의사의 자식인 주제에 반발에 칼을 차고 뽐내며 좋아했다. 그 무렵 에도에서 온 데쓰카(手塚)라는 서생이 있었는데, 이 사내는 도쿠가와가(德川家, 에도 시대의 최고 권력자인 쇼군의 집안)에 고용된 번

---

* 이마 위의 머리를 깎지 않고 머리 전체를 길러서 묶은 것. 의사, 수도승, 노인 등의 머리모양.
† 메이지 유신 이전에 일반적으로 행해졌던 남자의 머리모양으로, 이마 위의 머리털을 깎은 스타일.

의(藩醫)의 아들로, 아버지가 쇼군가에서 받은 접시꽃 무늬(도쿠가와가의 상징)가 새겨진 옷을 입고, 머리는 당시 주쿠 내에서 유행하던 반발에 큰 칼을 차고 있었다. 겉으로는 번지르르해 보였지만, 행실만큼은 별로 좋지 않았다. 그래서 어느 날 내가 데쓰카에게 "자네가 정말로 공부를 한다면 내가 매일 해석을 도와줄 테니 일단 유곽 출입을 자제하게나" 하고 말했다. 그러자 당사자도 그때는 무언가 후회되는 게 있었는지, "응, 유곽 말이지, 생각하기도 싫어. 절대로 가지 않을게" 하고 대답했다. "그렇다면 자네의 공부를 도와주겠지만 아직은 미덥지 않아. 가지 않겠다는 서약서를 써." "좋아, 뭐든지 쓰지." 그리하여 앞으로는 열심히 공부하겠다, 만약 위반하면 까까머리로 삭발해도 좋다는 내용의 서약서를 쓰게 해서 내가 보관하고, 약속대로 매일 특별히 공부를 가르쳐줬다. 그런데 그때부터 데쓰카가 정말로 열심히 공부를 하니 상황이 재미없게 되어버렸다. 물론 그렇게 생각하는 내가 나쁘다. 남이 공부하는 것을 재미없다고 하니 괘씸한 일이지만, 아무래도 따분하기에 친구 몇 명과 상의를 했다. "저 녀석이 가까이 지내는 유녀(遊女)의 이름이 뭐였더라?" "그건 금방 알 수 있어. 아무개라는 계집일 거야." "좋아, 그렇다면 한번 편지를 써보자." 그리하여 내가 유녀를 흉내 내어 편지를 썼다. 어설픈 문장도 섞어가며 그네들이 사용할 법한 문구를 늘어놓았다. 또 틀림없이 금품을 요구했을 것이고, 특히 사향(麝香)*을 달라고 조른 적이 있을 거라 추측하고는, "예전에 약속하신 사향은 어떻게 되었나요?"라고 그럴싸한 내용도 삽입했다. 그리고 데쓰카(鐵川)† 님께, 아무개로부터라고 이름을 적어 편지를 완성했다. 하지만 나의 필체로는 곤란했으므로 조슈 출신의 마쓰오카 유키(松岡勇

---

* 사향노루 수컷의 하복부에 있는 달걀 크기의 향낭을 말린 것으로, 향수의 원료 및 의약품으로 사용됐다.
† 올바른 표기는 '手塚'이지만, 학식이 부족한 유녀의 편지이기 때문에 일부러 한자를 틀리게 썼다.

記)라는 사내가 여자 글씨로 보이게끔 오이에류(御家流)*로 다시 썼다. 그러고는 현관에서 안내를 담당하는 서생에게 언질을 주어, "이걸 유곽에서 보내왔다며 전해줘. 만약 고자질하면 혼날 줄 알아, 알겠지?" 하고 윽박질러서 데쓰카에게 그 편지를 건네주도록 했다. 편지 위조의 공모자들이 그 부근에 숨어 상황을 살피는 동안, 본인인 데쓰카는 혼자서 열심히 그 편지를 읽고 있었다. 사향을 사달라고 조른 일이 과연 있었는지는 모르지만, 오사카 사투리가 섞인 '데쓰카'라는 발음을 '데쓰카와'(鐵川)라고 쓴 다카하시 준에키의 발상은 정말 그럴싸했다. 그리하여 드디어는 본인에게 바람을 넣었으니 지나친 장난이었다고 하겠다. 2~3일은 아무 일 없이 지내던 데쓰카가 결국 외박을 한 것을 보고, 성공이다 하며 공모자들은 기다렸다. 이튿날 아침 그가 돌아와 시치미를 떼기에, 이쪽도 시치미를 떼고 있었다. 그러다 내가 가위를 들고 가서 느닷없이 붙잡자, 데쓰카가 놀라서 "어쩔 건데?" 하고 묻는다. "어쩌고 나발이고 없지. 까까머리를 만들어 줄 테니까. 까까머리가 다시 지금처럼 멋지게 자라려면 2년은 걸리겠지. 단념해!" 하며 상투를 붙잡고 가위를 철컥거리자, 그는 진지하게 합장을 한다. 그러자 공모자 중에서 중재인이 나타나 "후쿠자와, 너무하는 거 아냐?" 하고 제지했다. "너무할 거 없지. 까까머리가 되기로 약속했으니까" 하며 실랑이를 벌이다가 능숙한 중재인에게 일임하여 결국에는 까까머리 대신에 술과 닭고기를 사 오도록 시켜서 함께 마셨다. 술을 마시면서 모두들 "어이, 부디 다시 한번 가지 않겠니? 그럼 또 술을 마실 수 있을 테니까" 하고 놀려댔는데, 그건 좀 지나치기는 했지만 그 나름대로 본인에게는 좋은 충고가 되었을 것이다.

---

* 일본식 서체의 하나로, 에도 시대의 공문서에 널리 사용되었다.

미신가를 놀리다

동창생 중에는 별의별 사람이 다 있었다. 히고(肥後)에서 온 야마다 겐스케(山田謙輔)라는 서생은 무슨 일이건 미신과 관련시켜, '시'*라는 발음을 하지 않았다. 그 당시 이치카와 단주로(市川團十郎)의 아버지 에비조(海老藏)가 도톤보리의 연극에 출연하고 있었는데, 야마다는 연극이야기를 하면서 에비조의 요바이†를 본다고 말할 정도로 지나치게 미신을 믿었다. 성격은 아주 좋은 사람이었지만, 아무래도 난학 서생들의 마음에 들 리가 없었다. 무슨 이야기를 하던 중에 그런 점을 놀리자 야마다가 물었다. "어이, 후쿠자와. 너는 그렇게 심한 소리만 하는데, 잘 생각해봐. 정월 초하루 아침에 외출할 때, 장례행렬과 마주치는 것과 학(鶴, 1천년을 산다 하여 길조로 여김)을 짊어진 사람을 보는 것 중에 어느 쪽이 좋아?" 나는 "그야 당연히 죽은 사람은 먹을 수 없으니 학이 좋지. 하지만 학을 먹게 해주지 않는다면 죽은 사람이나 마찬가지야"라고 대답했다. 언제나 그런 식으로 놀리며 재미있어 하던 중, 어느 날 나가요 센사이(長與專齋)#와 논의해서 그 녀석을 한번 크게 골탕 먹이자고 계획을 짰다. 당사자가 없을 때 그의 벼루를 종이에 싸서 위패를 만들고, 글씨를 잘 쓰는 나가요가 ××부군(府君)이라고 야마다의 법명을 써서 책상 위에 놓았다. 그러고는 그가 밥을 먹는 그릇에 재를 넣고 선향을 세워 위패 앞에 두었다. 그런데 돌아와서 그것을 본 야마다가 새파랗게 질려서 너무나 화를 내는 바람에 우리는 몹시 겁을 먹었다. 만약 성질이 급한 사람이었다면 칼부림이 났을지도 모른다.

---

* 한국어의 '사'에 해당하는 발음으로 '死'를 연상시키기에 기피한 것이다.
† 일본어로 '연극'을 '시바이'라고 하는데, '시'라는 발음을 피해 '요'를 사용한 것이다. 일본어로 숫자를 셀 때 '시'와 '요'는 똑같이 '四'를 의미한다. 그러나 '시바이'를 '요바이'라고 발음하면, 심야에 남자가 몰래 여자의 침실에 숨어드는 행동을 의미하게 된다.
# 1838~1902. 오무라(大村) 번 출신의 난방의. 후쿠자와의 뒤를 이어 오가타주쿠의 숙장이 되었으며, 훗날 내무성 위생국장에 19년간 재직하며 일본 위생보건제도의 기초를 마련했다.

남을 속여 복어를 먹이다

또 일단 사건을 저지른 뒤에 겁을 먹었던 적이 있다. 남을 속여서 복어를 먹인 일이다. 나는 오사카에 있을 때 일찌감치 복어도 먹어봤고 복어 간도 먹어봤다. 어느 날, 게이슈(芸州)* 니가타(仁方)에서 온 서생 미토 겐칸(三刀元寬)에게 "된장에 절인 돔을 얻어왔는데 먹어보겠니?" 하고 권하자, "고마워, 정말 맛이 좋구나" 하고 기뻐하며 먹었다. 2시간가량 지나고 나서 내가 말했다. "미안하지만 아까 먹은 건 돔이 아니라 나카쓰 저택에서 얻어온 복어의 된장절임이야. 음식이 소화되는 시간은 대충 알고 있겠지? 이제 와서 토제(吐劑)를 먹어봤자 이미 늦은 거야. 복어 독을 토해낼 수 있으면 토해봐." 그러자 미토 역시 의사라서 잘 알고 있었으므로 안색이 변하면서 나를 잡아먹기라도 할 듯이 화를 냈다. 나도 뒤늦게 장난이 지나쳤던 것을 깨닫고 걱정이 되었다. 자칫하면 큰일이 벌어질 수도 있었다.

요릿집 물건을 훔치다

앞에서도 고료의 꽃가게에서 소매치기로 의심받았던 이야기를 했지만, 사실 그런 의심을 받는 것은 당연한 일이었다. 왜냐하면 오가타의 서생들은 실제로 물건을 훔쳤기 때문이다. 훔친다고 해봤자, 주단가게에서 값비싼 옷감을 훔치는 따위의 전문적인 것은 아니다. 요릿집에서 술을 마시고 돌아올 때 술잔이며 종기며 갖가지 슬쩍하기 쉬운 물건을 가져오는 정도이다. 동창생들은 서로 그것을 자랑했으므로 송별회 같은 큰 모임 때는 수확도 많았다. 개중에는 간밤의 모임에서 커다란 부채를 등에 넣고 오는 자도 있고, 크고 넓적한 접시를 품안에, 국그릇을 소매 안에 넣고 오는 자도 있다. 또 어떤 자는 "너희들이 건져 오는 잡

---

* 아키노쿠니(安芸國)의 별칭. 현재의 히로시마(廣島) 현.

동사니는 아무 소용이 없어. 내 수확을 보라구" 하며 수건에 싸서 가지고 온 작은 접시 10개를 보여주었다. 지금 생각하면 요릿집에서도 그런 행위를 잘 알고 있으면서 묵인해주었고, 사실은 도난품에 대한 변상도 계산에 포함되어 있었을 것이다. 빈번하게 계속 발생하는 사건이었으니까.

나니와바시에서 접시를 던지다
그 작은 접시와 관련된 사건이 어느 여름날 발생했다. 밤 10시가 지나 술이 마시고 싶어서 누군가 "아, 한잔 하고 싶다" 하자, "나도 그래" 하고 대꾸하는 자가 너덧 명 있었다. 그런데 몬겐(門限, 밤에 문을 닫고 출입을 금지하는 시간) 이후라서 나갈 수가 없었으므로 문단속 당직자를 윽박질러 억지로 열게 했다. 그리고 나베지마노하마(鍋島の浜)라는 시원하게 갈대발을 친 싸구려 술집에서 맛은 없지만 이모다코지루(芋蛸汁, 고구마와 문어를 넣어 만든 찌개)를 안주로 싸구려 술을 마시고는, 돌아오는 길에 평소와 다름없이 작은 접시 대여섯 장을 슬쩍해 왔다. 밤 12시가 지나서였는지, 나니와바시(難波橋) 위에 오니까 하류 쪽에서 자부네(茶船, 강에서 뱃놀이를 하는 작은 배)를 타고 흥겹게 샤미센을 울리며 떠드는 자들이 있었다. "저렇게 신선놀이를 하는 녀석들이 있군. 우리는 고작 150 정도의 돈을 모아서 간신히 한잔 마시고 돌아가는 길인데. 기분 나쁘다. 저런 녀석들이 있으니까 우리가 가난한 거야" 하며 내가 갖고 있던 접시를 두세 장 집어던졌다. 그러자 마지막에 던진 접시 때문인지 샤미센 소리가 뚝 멈췄다. 그때는 서둘러 도망치느라 누군가가 부상을 당했는지도 몰랐는데, 기묘하게도 1개월이나 지나서 알게 되었다. 주쿠의 서생 하나가 북쪽 신치에 갔다가 어떤 자리에서 게이샤를 만났는데, 그 게이샤가 이렇게 말했다고 한다. "이 세상에는 못된 사람도 있어요. 한 달 전쯤 밤중에 제가 손님과 배를 타고 나니와바시 아래에서 더위를 식히고 있으려니까, 다리 위에서 접시가 날아오는 게 아니겠어요? 하필이면 제 샤미센에 맞아서 곁에 구멍이 났는데, 하마터면 큰일 날 뻔했어요. 다치지 않은 게 다행이죠. 어디 사는 누구인지 너덧 명이 그 접시를 던지고 남쪽으로 마구 도망쳤어요. 정말로 못된 녀석들이죠." 그 이야기를 들은 우리는 물론 잘 기억은 하고 있지만, 사실대로 털어놓았다간 일이 복잡해질 것이므로 그 동창생 서생에게도 비밀로 해두었다.

금주 대신 흡연

나는 술 때문에 평생 큰 손해를 봤고, 그 손해는 오늘날까지 나를 괴롭히고 있다. 오가타주쿠에서 학문을 닦을 때도 술을 마셔서 좋은 것은 하나도 없었다. 이래서는 안되겠다 싶어 굳은 각오로 술을 끊었다. 그러자 주쿠 내에서 좋은 소리를 듣기는커녕 큰 비웃음거리가 되었다. "와, 후쿠자와가 어제부터 술을 끊었대. 그거 재미있군, 웃기는데. 언제까지 계속될까? 절대 열흘은 못 갈 거야. 사흘 금주하고, 그 다음 날은 틀림없이 마시겠지" 하며 놀리는 자들뿐이었다. 하지만 굳은 각오로 참아서 열흘이 지나고 보름이 지나도록 마시지 않았다. 그러자 절친한 사이인 다카하시 준에키가 "너는 참을성이 대단해. 잘도 참는구나. 존경스럽다. 그런데 인간의 습관이란 설령 나쁜 것이라도 갑자기 금하는 건 좋지 않아. 도저히 불가능하니까 말이야. 네가 정말로 금주를 결심했다면, 술 대신 담배를 피워봐. 뭔가 한 가지 즐거움이 있어야지" 하고 친절하게 말했다. 그런데 나는 담배를 몹시 싫어하여, 그때까지 주쿠 내의 동창생들이 담배 피우는 것을 마구 비난해왔다. "이런 무익하고 건강에 해로운 걸 피우는 녀석들의 심정을 알 수가 없어. 무엇보다도 냄새나고 더러워서 참을 수가 없다니까. 내 옆에서는 절대로 피우지 마." 이렇게 정나미가 떨어질 정도로 악담을 퍼부었던지라, 이제 와서 내가 담배를 시작하는 것은 아무래도 쑥스러웠다. 하지만 다카하시의 의견을 들어보니 못할 것도 없겠다는 생각이 들었다. "그렇다면 한번 피워볼까" 하고 일단 시도를 해보자, 주쿠 사람들이 담배를 그냥 주기도 하고 담뱃대를 빌려주기도 했다. 개중에는 이건 아주 순한 담배라며 일부러 사다주는 자도 있을 정도로 난리였다. 그런데 그건 진심에서 나온 친절이 아니었다. 사실은 평소에 내가 담배 피우는 것을 나쁘게 말했기 때문에, 이참에 저 녀석을 애연가로 만들어보겠다는 속셈에서 모두들 달려들어 나를 우롱한 것이었다. 나는 그런 사실을 알고 있었지만, 필사적으로 금주를 하는 중이었으므로 싫어하는 연기를 무리하게 피웠다. 그렇게 열흘이 지나고 보름이 지나 몸에 익숙해지자, 냄새나고 괴롭던 것은 자연히 없어지고 점차 풍미가 좋아지게 되었다. 약 1개월이 지나자 나는 애연가가 되었다. 그런데 아무래도 술을 잊을 수가 없었다. 비겁한 짓이라는 걸 알면서도 몰래 한잔 마시니 너무나 좋았다. 또 한 잔, 이걸로 끝이라고 다짐해도 술병을 흔들어서 소리가 나면 참을 수가 없었다. 결국 세 홉들이 술을 다 마셔버리고, 그 이튿날은 다섯 홉들이를 마셨다. 그래서 결국 술은 다시 원래대로 마시게 되었는데, 정작 담배는 피우지 않던 옛날로 돌아가려 해도 불가능하니, 뒤죽박죽 영문을 알 수 없는 노릇이었다. 도저히 실행하지 못하는 금주 때문에 1개월이나 어리석은 짓을 하고, 결국에는 술과 담배를 모두 하게 된 것이다. 예순이 넘은 오늘날까지 술은 자연히 금하게 되었어도 담배는 도저히 끊을 수 없으니, 건강을 해친 스스로의 잘못에 대해서는 한마디 변명도 할 수 없는 입장이다.

모모야마에서 돌아와 화재현장에서 일하다

주쿠 내에는 가난한 서생들이 대부분이었으므로 요릿집에 가서 맛있는 생선을 먹기는 어려웠다. 밤이 되면 덴진바시(天神橋)나 덴마바시

(天滿橋) 다릿목에 생선장이 서는데, 말하자면 찌꺼기 같은 생선들이라서 값이 싸다. 그래서 평소에는 그걸 사다가 세숫대야에 담아 씻은 다음, 부서진 책상으로 도마를 대신하여 고즈카(小柄, 와키자시의 칼집 바깥쪽에 끼우는 작은 칼)로 요리를 했다. 나는 옛날부터 손재주가 있었기에 언제나 생선 씻는 역할을 맡았다. 때는 춘삼월 복사꽃이 필 무렵으로, 오사카 성 동쪽 모모야마라는 곳에서 꽃구경이 한창이니 놀러가자는 이야기가 나왔다. 그러나 아무래도 그곳의 요릿집에서 먹고 마실 수 있는 형편은 아니었으므로 평소처럼 전날 밤에 싸구려 생선을 사오고 얼린 두부와 야채도 준비했다. 아침 일찍 일어나 서둘러 음식을 만든 다음 바구니에 담고 술을 사서, 열다섯 명쯤 되는 일행이 번갈아 짐을 들며 모모야마로 갔다. 잔뜩 먹고 마시며 즐기던 중, 문득 서쪽을 보니 오사카 남쪽에 큰 화재가 발생한 것이다. 해는 상당히 기울어, 옛날 시각으로 일곱 점이 지나 있었다. 아, 큰일이다. 마침 그날은 나가요 센사이(長與專齋)가 도톤보리에 연극을 보러 간 날이었다. 꽃놀이를 온 우리는 오사카의 화재와 아무런 관계도 없으니 불에 타건 말건 상관이 없지만, 나가요가 그곳에 있었다. 혹시 나가요가 타 죽지나 않았을까? 일단 나가요를 구출해야겠다는 생각에서, 모모야마(桃山)에서 오사카까지 2~3리(약 8~11km) 길을 달려 도톤보리로 서둘러 가보니 이미 다 불에 타버린 뒤였다. 극장이 세 개 있었는데 세 개 모두 타버리고 불길은 점차 북쪽으로 번지고 있었다. 나가요는 어찌되었을까 하고 걱정이 되었지만 도저히 찾아낼 수가 없었다. 이윽고 해가 지고 밤이 되었다. 밤이 되었으니 나가요는 포기하는 수밖에 없었다. 그래서 "불구경이나 하자" 하며 화재현장 안으로 들어갔다. 그런데 그곳은 짐을 정리하기 위해 난리법석이었다. 짐 옮기는 것을 도와주느라 이불 보따리며 보자기에 싼 꾸러미며 장롱 등을 짊어지고 한바탕 일을 했다. 또 당시 오사카에서는 불이 난 집의 기둥에 밧줄을 묶어 끌어당겨서 집을 쓰러

뜨렸는데 그 줄을 당겨달라는 부탁을 받았다. "어디, 해보자" 하며 밧줄을 당겨준 덕분에 주먹밥과 술을 대접받았다. 뜻하지 않은 재미였다. 마음껏 술을 마시고 주먹밥을 먹은 뒤, 일행이 주쿠로 돌아온 게 여덟 시경이었을 것이다. 그런데 화재는 아직도 계속 되고 있었다. 우리는 "다시 한번 가자" 하며 주쿠를 나섰다. 그 당시 오사카의 화재는 정말 재미있었다. 불이 난 주변은 무척 시끄럽지만 불 속으로 들어가면 아주 조용하고 사람도 전혀 없다. 아무렇지도 않다. 다만 그 주위에 사람들이 와글와글 모여 있을 뿐이다. 그러니 크게 소리치며 일단 불 속으로 뛰어들기만 하면 아주 편안하다. 그 안에는 소방 전문가들과 오가타의 서생들뿐이라서 마음껏 활약할 수 있었고, 실제로 우리는 기량을 마음껏 발휘했다.

대체로 생도들의 난폭한 행동은 지금까지 이야기한 바와 같지만, 생도들 간의 사이는 무척 좋은 편이어서 서로 싸우거나 하지는 않았다. 물론 논쟁은 벌인다. 이런저런 일에 관해 서로 논쟁을 벌이는 일은 있어도 결코 싸움은 하지 않았다. 더욱이 나는 성격상 친구들과 본격적으로 다투는 짓은 하지 않았다. 가령 논쟁을 벌인다면 아주 재미있는 논쟁만 벌였다. 한 예로 아코 의사(赤穗義士)*에 관한 이야기가 나와서, 과연 그들은 의사(義士)인가 아닌가 하는 문제로 논쟁이 시작되었다. 그러면 나는 어느 쪽이든 상관없다는 입장이어서, 의사냐 아니냐 하는 결론은 자유자재로 바꿀 수 있었다. "네가 의사라고 주장한다면 나는 아니라는 편을 들지. 네가 아니라고 주장하면 나는 의사라는 입장을 취할게. 자, 시작해봐. 아무리 덤벼도 겁나지 않아." 이렇게 적이 되기도 하고 아군이 되기도 하며 마음껏 논쟁을 벌여 이기기도 하고

* 겐로쿠(元祿) 15년(1702) 12월 14일, 에도 혼조(本所)의 기라 요시나카(吉良義央)를 습격하여, 주군(主君) 아사노 나가노리(淺野長矩)의 원수를 갚은 옛 아코 번사 47명. 이듬해 2월, 전원 할복을 명받았다.

지기도 했다. 그것이 재미있어서 일신에 해롭지 않은 논쟁은 매일같이 큰소리로 벌였지만, 정말로 안색이 변해서 결판을 내자는 식의 본격적인 논쟁은 결코 벌인 적이 없었다.

숙생의 공부

대체로 이런 식이라, 밖에 나가건 집안에 있건 난폭한 짓을 하기도 하고 논쟁을 벌이기도 했다. 그래서 언뜻 보기에는 지금까지의 이야기만 들어보더라도 학문과는 거리가 멀고 단지 소란만 피운 게 아닌가 생각하는 사람도 있을 것이다. 하지만 결코 그렇지 않다. 학업에 관한 한 당시 오가타 숙생들을 능가할 자는 없었을 것이다. 일례를 들면, 내가 안세이 3년(1856) 3월에 열병을 앓다가 다행히 완치된 일이 있었다. 병중에는 방석을 베갯속으로 사용한 구쿠리마쿠라(括り枕)*를 베고 누워 지냈는데, 그럭저럭 몸이 회복되자 보통 베개를 베고 싶어졌다. 당시 나는 나카쓰의 구라야시키에서 형과 함께 생활하고 있었으므로, 형의 부하에게 "보통 베개를 베고 싶으니 갖고 오너라" 하고 시켰더니 "베개가 없습니다. 아무리 찾아도 없습니다" 하는 것이었다. 그때 문득 깨달았다. 그때까지 구라야시키에 1년가량 있었지만 단 한번도 베개를 베고 잔 적이 없었던 것이다. 시간이 몇 시건 거의 밤낮 구별 없이, 날이 저물어도 잠잘 생각을 하지 않고 열심히 책을 읽었다. 그러다 지쳐서 잠이 오면 책상 위에 엎드려 자든가, 도코노마(床の間)†의 턱진 곳을 베고 자든가 했을 뿐, 본격적으로 잠자리에서 이불을 덮고 베개를 베고 잔 적은 단 한 번도 없었다. 그때 처음으로 그 사실을 깨닫고는 "그렇군, 베개는 없을 거야. 이제까지 베개를 베고 잔 적이 없으니까"

---

* 원통형의 기다란 천에 베갯속을 넣고 양쪽을 동여맨 베개.
† 일본식 방의 상좌에 바닥을 한층 높게 만들어, 벽에는 족자를 걸고 바닥에는 꽃이나 장식물을 꾸며놓는 곳.

하고 납득을 했다. 이 사실만으로도 대충 이해가 될 것이다. 나 혼자만 특별히 공부벌레였던 게 아니라 동창생들은 대체로 모두 그런 식이어서, 공부에 관한 한 더 이상 열심히 할 수 없을 정도로 최선을 다했다.

오가타주쿠에 들어간 후에도 나는 그런 경험을 했다. 저녁식사 때 만약 술이 있으면 마시고 초저녁에 잔다. 한숨 자고 눈을 뜨는 것이 지금 시각으로 열 시나 열한 시경, 그때부터 힘차게 일어나 책을 읽는다. 새벽까지 책을 읽다가 부엌에서 하녀가 덜그럭덜그럭 밥 지을 준비를 하는 소리가 들리면 그것을 신호로 다시 잔다. 잠을 자다가 식사준비가 되었을 무렵에 일어나서는 그대로 목욕탕에 가서 아침목욕을 하고, 주쿠로 돌아와 아침식사를 한 다음 다시 책을 읽는다. 이것이 대체로 오가타주쿠에서의 정해진 일과였다. 물론 건강 따위는 전혀 개의치 않았다. 의학 주쿠이니만큼 건강에 관해 얘기가 많이 나올 법도 하지만, 아무도 깨닫지 못했는지 아니면 생각이 나지 않았는지, 그 점에 관해서는 전혀 개의치 않았다. 그래도 아무 일이 없었던 것은 아마도 몸이 튼튼했기 때문이거나, 아니면 건강에 관해 지나치게 까다롭게 구는 것이 오히려 몸을 약하게 만든다고 여겼기 때문이 아닐까 생각된다.

원서 사본 회독법

주쿠의 수업은 이런 식으로 진행되었다. 우선 처음 주쿠에 입문한 자는 아무것도 모른다. 아무것도 모르는 자에게 어떤 식으로 가르치나? 당시 에도에서 번각된 네덜란드 서적은 『그라마티카』*와 『신타키스』†두 권이었는데, 초급자에게는 우선 『그라마티카』를 교재로 읽는 법을 가르치고 해석도 들려준다. 이것을 다 읽으면 『신타키스』 역시 그런 식

---

* *Grammatica of Nederduitsche Spraakkunst*. 1842년에 『네덜란드 문전 전편』(和蘭文典前編)이라는 제목으로 번각되었다.
† *Syntaxis of Nederduitsche Woordvoeging*. 역시 1842년에 『네덜란드 문전 후편 성구론』(和蘭文典後編成句論)이라는 제목으로 번각되었다.

으로 가르친다. 그럭저럭 두 권의 원서를 이해하게 될 무렵에 회독을 시킨다. 회독은 열 명이면 열 명, 열다섯 명이면 열다섯 명의 생도에 회두(會頭)가 한 사람씩 있어서 회독하는 것을 듣고 그 됨됨이에 따라 흰 점이나 검은 점을 찍는 방식으로 진행된다. 그리하여 원서 두 권에 대한 읽기와 해석이 끝나고 회독도 가능해지면, 그 후로는 오로지 스스로의 능력에 맡겼다. 모르는 부분이 있어도 단 한 글자라도 남에게 질문하는 것은 용납되지 않았고, 또 질문을 시도하는 비겁한 사람도 없었다. 오가타의 장서라고는 물리서와 의학서 그리고 앞의 두 원서뿐이었다. 모두 합해 불과 열 권 정도였다. 원래 네덜란드에서 수입한 원서인데, 한 종류에 단 한 권뿐이므로 문법을 마친 생도라면 어쩔 수 없이 그 원서를 베껴야 했다. 각자 베껴서 그 사본을 갖고 매월 6회가량 회독을 하는데, 여럿이서 한꺼번에 베낄 수는 없는 노릇이므로 누가 먼저 베낄 것인지는 제비뽑기로 결정했다. 당시에는 물론 서양식 종이는 없고 전부 일본종이라서, 이 종이를 잘 문지른 다음 신가키(眞書, 속기하기 편하도록 끝을 가늘게 만든 붓)로 베낀다. 그래도 잘 써지지 않을 경우에는 그 종이에 반수(礬水, 백반 녹인 물에 아교를 섞은 것)를 칠하여 깃펜으로 쓰는 것이 가장 일반적이었다. 당시 오사카의 약재상 중에 학의 것인지 기러기의 것인지는 모르지만 세 치 정도로 자른 새의 깃털을 파는 곳이 많이 있었다. 가다랑어 낚시에 사용하는 것이라고 들었다. 값은 아주 쌌으므로 그것을 사다가 뾰족하게 간 다음 날카로운 칼로 그 축을 펜처럼 깎아서 깃펜으로 사용했다. 그런데 먹물도 잉크도 있을 리가 없었다. 일본의 먹통은 갈아놓은 먹물을 솜이나 모전(毛氈) 조각에 적셔서 사용하지만, 우리는 원서를 베낄 때 단지 먹을 갈아서 먹통 속에 넣고 오늘날의 잉크처럼 사용했다. 주쿠에서는 누구 할 것 없이 반드시 원서를 베껴야만 했으므로 차츰 솜씨도 늘어 능숙해진다. 한 사람이 원서를 읽고 그 옆에서 받아쓰는 경우에도 철자를 틀리는 일이 없다. 이런 식으로 읽기와 쓰기를 둘이서 분담하기도 하고 또 혼자서 원서를 보고 베끼기도 하여, 사본이 완성되면 원서를 다음 사람에게 넘긴다. 그 사람이 다 베끼면 또 그 다음 사람이 베끼는 식이었다. 하루에 회독하는 분량은 반지(半紙)* 석 장 혹은 너덧 장 정도였다.

혼자 힘으로 하는 공부

그런데 그렇게 복사한 물리·의학서를 회독하는 데 있어서도 해석을 해주거나 소리 내어 읽어줄 사람은 없었다. 몰래 가르치는 것도 묻는 것도 서생 사이에서는 수치로 여겼기에 절대로 이것을 어긴 자는 없었다. 오로지 자기 혼자서 독파해야만 했다. 그러려면 문법을 토대로 사전에 의지하는 길밖에 없다. 그 사전이라는 것도 주쿠에는 『두프』라는 복사본 사전이 한 권 있을 뿐이었다. 이것은 상당히 두꺼운 책으로, 분량이 일본 종이로 대략 3천 장은 된다. 사본을 한 부 만드는 것도 어마어마한 작업이라서 좀처럼 하기 힘들었다. 이 책은 예전에 나가사키 데지마(出島)에 거주하던 네덜란드의 닥터 두프†라는 사람이 『할마』라는 독일어·네덜란드어 대역 원서사전#을 번역한 것으로, 난학계 유일의 보서(寶書)라 불렸다. 그것을 일본인이 전사(傳寫, 서로 돌려가며 베끼어 씀)하여, 오가타주쿠에도 단 한 권뿐이었으므로 서너 명씩 그 사전 주위에 모여서 보곤 했다. 그 단계를 하나 넘어서면, 『웨일란드』☆라는 네덜란드 원서사전이 하나 있는데, 이 책은 여섯 권짜리로 네덜란드어 주석이 달려 있었다. 『두프』로 알 수 없으면 『웨일란드』를 찾아본

---

* 주로 붓글씨를 연습하는 일본종이. 본래는 가로로 긴 종이를 좌우로 이등분한 종이를 뜻한다.
† Hendrik Doeff. 1777~1835. 나가사키 데지마의 네덜란드 상관 서기. 훗날 상관장이 되었다.
# 정확하게는 네덜란드어·불어 대역사전으로, 원서명은 *Francois Halma: Woordenboek der Nederduitsche en Franche taalen; Dictionnaire flamand et francois*라 하며, 이 사전을 두프가 번역한 것을 『두프 할마』(나가사키 할마)라고 부른다. 또 이와는 별도로 에도에서 이나무라 산파쿠(稻村三伯) 등이 번역한 것도 있는데, 그것을 『에도 할마』라 한다.
☆ *Nederduitsch Taalkundig Woordenboek door P. Weiland*.

다. 그런데 초보자는 『웨일란드』를 봐도 이해할 수 없었다. 따라서 의지할 것이라곤 『두프』뿐이었다. 회독은 16이나 38(끝자리가 1이나 6, 혹은 3이나 8인 날)이라는 식으로 대체로 날이 정해져 있었기 때문에 회독 전날 밤이 되면 아무리 게으른 서생이라도 잠을 자는 일이 없다. 『두프』가 비치되어 있던 일명 '두프방'에서 여러 명이 무리를 지어 아무 말 없이 사전을 뒤지며 공부를 한다. 그리고 이튿날 회독을 한다. 회독을 할 때도 제비를 뽑아서, 여기부터 여기까지는 누가 한다는 식으로 정했다. 회두는 물론 원서를 갖고 있기에, 다섯 명이면 다섯 명, 열 명이면 열 명이 각자 자기에게 할당된 부분을 순서대로 해석한다. 만약 그 사람이 못하면 다음 사람에게로 넘어가고, 또 그 사람도 못하면 그 다음 사람에게 넘긴다. 그 중에서 완전히 이해한 사람은 흰 점, 미숙한 사람은 검은 점, 그리고 자신이 읽을 부분을 막힘 없이 줄줄 읽은 사람은 흰 삼각형을 표시한다. 이 표시는 그냥 둥근 점보다 3배쯤 우수하다는 뜻이다. 주쿠 내의 등급은 대략 7~8종류로 나뉘어 있었는데, 각 급의 1등 상석을 석 달간 차지하면 규칙에 따라 승급을 하게 된다. 회독 이외의 책은 상급생이 하급생에게 해석을 해주기도 하고 질문을 받으면 친절하게 동기간처럼 가르쳐주지만, 회독에 한해서만큼은 완전히 본인의 자력에만 맡겼으므로, 숙생들은 매달 여섯 차례씩 시험을 치르는 셈이었다. 이렇게 해서 차츰 승급을 하면 주쿠 내의 원서를 모두 읽게 되고, 결국에는 할 일이 없어진다. 그럴 때면 뭔가 어려운 건 없을까 하며, 실용성도 없는 원서의 머리말이나 서문 등을 모아서 최상급의 숙생들만 모여 회독을 하거나 또는 선생님께 강의를 부탁드리기도 했다. 나는 바로 그런 강의를 들었던 사람 중 하나로, 그 강의를 통해 선생님의 갖가지 말씀을 듣고는 그 치밀함과 호탕함에 놀라, 실로 난학계의 1인자, 명실 공히 대적할 자 없는 거물이라며 감탄한 게 한두 번이 아니다. 강의가 끝나고 주쿠로 돌아오면 친구들끼리 "오늘 선생님의 탁설(卓說)을 어떻게 생각해? 어쩐지 우리가 아주 불학무식한 인간처럼 느껴지더라" 하고 이야기하던 것이 지금도 기억난다.

시중에 나가서 술을 잔뜩 마시거나 난동을 부리는 것은 대체로 회독이 끝난 날이나 그 이튿날 밤으로, 다음 번 회독까지 아직 4~5일의 여유가 있을 경우에나 멋대로 뛰쳐나갔다. 회독 날이 가까워지면 한 달에 여섯 번 있는 시험이나 마찬가지였으므로 열심히 공부했다. 책을 잘 읽느냐 못 읽느냐 하는 것은 각자의 재능에 달려 있기도 했다. 어쨌든 주위를 속이면서 적당히 몇 년 지내고 나면 승급이 된다거나 졸업을 하게 되는 일은 절대로 없었다. 진정한 실력을 기르는 수업을 했으므로 대부분의 숙생들은 원서를 잘 읽을 수 있는 수준에 도달했다.

사본 생활

『두프』와 관련해 한 가지 덧붙일 이야기가 있다. 당시에 이따금 이곳저곳 번의 다이묘로부터 『두프』를 하나 베껴주지 않겠냐는 주문이 들어오곤 했다. 그래서 그 사본을 제작하는 게 서생들의 생활을 지탱해주는 일부가 되었다. 당시의 필사료는 반지 1매 10행 20자에 얼마라는 식으로 매겼다. 그런데 『두프』 1장은 서양글자가 30행가량으로, 그것을 베끼면 1매에 16몬이고, 일본글자가 포함된 주석을 베끼면 8몬이었으므로 일반 책의 필사본에 비해 수입이 짭짤했다. 1매에 16몬이니까 10매를 베끼면 164몬*이 된다. 주석 부분은 그 반액인 80몬이다. 주석을 베끼는 자도 있고 서양문자를 베끼는 자도 있었다. 이런 것을 3천 장이나 베끼는 작업이니까 합계하면 금액이 상당해 당연히 서생들의 생활에 도움이 되었다. 지금 생각해보면 대수롭지 않은 돈이지만, 그 당시에는 결코 적은 금액이 아니었다. 이를테면, 백미 1석이 3부 2슈,

---

* 1매 16몬의 필사료가 10매에 164몬이라고 한 것은, 당시 실제 계산으로는 960몬을 1칸(貫)이라고 했기 때문에 그 비율로 96몬을 100몬으로 계산한 듯하다.

술 1되가 164~200몬이고, 서생의 재숙비(在塾費)는 1개월에 1부 2
슈에서 1부 3슈면 충분했다. 1부 2슈는 그 당시 기준으로 2칸 400몬이
니까* 하루에 100몬이 되지 않는다. 그런데 『두프』를 하루에 10매만
베끼면 164몬이 되니까 재숙비로는 충분한 셈이다. 아마도 보통 책의
필사본을 만들어 그 대금으로 재숙비를 낸다는 것은 어디에도 없는 일
일 것이다. 이것은 난학 서생들에만 한정된 특별한 장사였다. 그와 관
련해서 일례를 들면 이런 일도 있었다. 에도는 역시 다이묘들이 많은
곳으로, 비단 『두프』만이 아니라 난학 서생을 위한 사본 주문이 많이
있었기에 당연히 그 값이 비쌌다. 오사카와 비교해도 상당히 비쌌다.
가가(加賀, 현재 이시카와(石川) 현 남부) 가나자와(金澤) 출신의 스즈키
기로쿠(鈴木儀六)라는 사내는 에도에서 오사카로 내려와 수업을 했는
데, 원래 빈털터리로 에도에 있으면서 고생 끝에 필사본으로 상당한
돈을 모았다고 한다. 한두 해 정도 고생하여 20냥이나 되는 돈을 장만
한 그는 오사카로 와서 결국 그 돈으로 오가타주쿠에서 학문을 닦고
가나자와로 돌아갔다. 이런 경우는 정말로 난학 사본의 덕분이다. 스
즈키의 생각으로는 필사작업으로 돈을 벌기는 에도가 좋지만 수업을
하기에는 아무래도 오사카가 아니면 진정한 학문을 배울 수 없겠기에
결심을 하고 그 돈을 갖고 온 것이라 한다.

공업기술에 열을 내다

한편으로 당시에는 오늘날처럼 모든 면에서 공업기술의 기반이라 할
수 있는 것이 없었다. 증기기관은 일본 전국을 뒤져도 보이지 않았으
며, 화학도구 역시 제대로 갖추어져 있는 곳이 없었다. 제대로 갖추어
진 것은 고사하고 일부조차 없었다. 하지만 그런 상황에서도 기계나

---

* '부'나 '슈'는 금화의 단위이고, '칸'과 '몬'은 동전을 세는 단위. 1몬 동전 1천 개가 1칸이지만, 그
당시의 실제 계산은 앞에서도 언급했듯이 960개를 1칸이라 했다.

화학의 원리는 대부분 알고 있었으므로 어떻게든 실제로 실험을 하고 싶다는 생각에, 원서에서 그림을 베껴 유사한 물건을 만드느라 상당히 애를 먹었다. 나는 나가사키에 있을 때, 염산아연이 있으면 철에 주석을 붙일 수 있다는 사실을 들어서 알고 있었다. 그때까지 일본에서는 송진만 사용했는데, 송진으로는 구리에 주석을 부어서 도금할 수 있다. 이것은 청동 냄비를 희게 도색하는 작업으로 땜장이나 하는 일이었지만, 염산아연이 있으면 철에도 주석을 붙일 수 있으므로 동료들과 상의해서 그 염산아연을 만들어보려 했다. 하지만 약국에 가도 염산을 구할 수 없었다. 직접 만들어야만 했다. 염산을 만드는 법은 책을 보면 알 수 있다. 책에 적혀 있는 방법에 따라 간신히 염산을 만들고, 여기에 아연을 녹여서 철에 주석을 도금해보았다. 그 결과 땜장이는 꿈도 꾸지 못할 멋진 성과를 이루어내 너무나 재미있었다. 또 한번은 요오드를 만들어보겠다고 여러 가지 서적을 조사한 끝에, 덴마(天滿)의 야채 시장에 가서 다시마, 대황 같은 해초류를 사 왔다. 그것을 질냄비에 넣고 볶은 뒤, 이러저러하게 하면 된다고 하기에 그을음을 잔뜩 뒤집어쓰며 시도해보았지만 결국 실패했다. 그러고는 또 노사(磠砂)*를 만들겠다는 야심을 품었다. 가장 먼저 필요한 것은 염산암모니아였는데, 이것도 물론 약국에는 없었다. 그래서 암모니아를 만들기로 했다. 뼈, 아니 뼈보다도 훨씬 간단히 구할 수 있는 것으로 대모갑(玳瑁甲)† 가게에 가면 말발굽#을 깎고 남은 찌꺼기를 얼마든지 공짜로 얻을 수 있었다. 비료로 사용하는지 어쩐지는 잘 모르겠지만, 가서 달라고 하면 공짜로 주었다. 그것을 잔뜩 얻어다가 술병에 넣고, 술병 겉에 흙을 바른 다음, 커다란 옹기를 사다가 풍로 삼아 불을 잔뜩 피우고는 그 옹기 속

* 염화암모늄(NH₄Cl)으로, 화학실험의 시약 등에 사용되며, 그 포화용액은 건전지를 만들 때 사용된다. 등축정계(等軸晶系)로 드물게 결정을 이루지만, 대부분은 피곡상(皮穀狀) 혹은 섬유상이다.
† 바다거북의 일종인 대모의 껍데기. 담뱃갑이나 안경테 또는 장식품을 만드는 데 쓰인다.
# 값이 비싼 대모갑 대신 말발굽으로 공예품을 만들었다.

에 술병을 넣었다. 술병 주둥이에는 도자기로 만든 관을 연결해 옹기 밖으로 내놓는 등 여러 가지로 궁리를 했다. 여기에 점점 불을 세게 지피면 관 끝에서 액체가 방울방울 솟는다. 이것이 암모니아다. 그런데 이것을 만들어내는 데는 그럭저럭 성공했지만, 문제는 냄새였다. 그 냄새는 정말로 참을 수가 없었다. 말발굽 같은 것을 술병에 넣고 증류시키는 것이니 냄새가 참으로 고약했다. 그것도 오가타주쿠의 비좁은 마당에서 작업을 하니까, 안채에서 가만 있지를 않았다. 안채만이 아니라 아무리 비위 좋은 서생들이라도 그 냄새는 견딜 수가 없었다. 저녁 때 목욕탕에 가면 옷에서 나는 냄새 때문에 개가 다 짖는다. 벌거벗고 작업을 하더라도 몸에 냄새가 배어 남들이 싫어했다. 물론 제조하는 본인들이야 어떻게든 노사라는 걸 만들어보려고 열심이니까 냄새 따위는 개의치 않고 실험에 열중했지만, 아무래도 주위 사람들이 야단이었다. 하인과 하녀들조차 속이 메스꺼워 밥을 먹을 수 없다고 하소연했다. 그런 가운데 간신히 기묘한 것이 만들어지기는 했지만, 가루만 생길 뿐 결정을 이루지 못하는 까닭에 아무래도 완벽한 노사는 만들어낼 수 없었다. 게다가 주위에서 너무 시끄럽게 야단을 치는 바람에 일단 중지를 했다. 하지만 끈질긴 사람들은 여전히 그만두지 않았다. 나를 비롯하여 구루메(久留米) 출신의 마쓰시타 겐보(松下元芳), 쓰루타 센안(鶴田仙庵) 등은 포기했지만, 모처럼 시작한 일을 도중에 포기하는 것은 학자로서 수치라며 두세 명은 여전히 계속했다. 그들은 요도가와(淀川)의 가장 허름한 배를 빌리고 사공 한 명을 고용하여, 그 배에 옹기로 만든 풍로를 싣고 배 안에서 방금 말한 바와 같은 냄새나는 실험을 했다. 그런데 이번에도 역시 연기가 솟아 바람이 불면 그 연기가 언덕 쪽으로 날아가는 바람에 언덕 쪽에서 난리를 쳤다. 그러면 배를 움직여 강을 오르락내리락하며, 상류의 덴진바시에서 훨씬 아래의 다마에바시(玉江橋) 주변까지 위아래로 도망 다니면서 작업을 했다. 그 주인공은 나카무라 교안(中村恭安)이라고 하는 사누키(讚岐) 곤피라(金毘羅) 출신의 의사였다. 그 외에도 개나 고양이는 물론 사형수의 해부, 기타 제약실험 등은 늘상 하는 일이었다. 그러고 보면 당시의 난학 서생들은 무척이나 난폭해 보이기도 했지만, 남들이 모르는 곳에서 독서와 연구는 물론, 각종 실험에도 상당히 열심이었다.

제약에 관해서도 에피소드가 하나 있다. 언젠가 황산을 만들어보자는 이야기가 나와서 갖은 고생 끝에 불완전하나마 검은색 유황을 만들어냈다. 이것을 정제해서 투명하게 만들어보려는 생각에 그날은 일단 밥그릇에 넣어 선반에 올려뒀는데, 쓰루타 센안이 깜빡 잊고 실수로 그 그릇을 선반에서 떨어뜨려 머리에 유황을 뒤집어쓰고 말았다. 크게 다치지는 않았지만 마침 음력 4월이라 겹옷 한 벌을 망쳐버렸다.

제약실험에는 도쿠리(德利, 청주를 담아 따르는 작은 사기병)가 여러 모로 유용하게 사용된다. 마침 주쿠 근처 개천가에 고메토(米藤)라는 서생들의 단골 술집이 있어서, 그 술집에 술을 시켜 술은 마셔버리고 도쿠리는 쌓아두었다가 모두 제약용으로 사용하고 돌려주지 않았다. 술집에서도 좀 이상하게 여겼는지 몰래 하인에게 물어보았더니, 서생들은 요즘 술보다도 도쿠리를 더 필요로 한다는 대답이었다. 크게 놀란 술집주인이 그 후 무슨 일이 있어도 술 배달을 해주지 않아 난처했던 일이 있다.

구로다 공의 원서를 베끼다

지쿠젠(筑前)의 고쿠슈(國主) 구로다 미노노카미(黑田美濃守)*라는 다이묘는 지금의 화족(華族) 구로다의 할아버지로, 오가타 고안 선생님은 그 구로다 집안에 드나들면서도 지쿠젠이나 에도에 가지 않고 오

---

* 지쿠젠 후쿠오카(福岡) 번주 구로다 나가히로(黑田長溥)를 말한다. 군비를 강화하고 산업을 육성했으며, 난학과 의학을 장려하는 등의 업적을 남겼다.

직 오사카에 있으면서 구로다(黑田) 일가의 주치의를 맡았다. 그래서 구로다의 어르신이 에도로 출부(出府) 혹은 귀성할 때 오사카를 지날 무렵이면, 선생님은 반드시 나카노시마(中ノ島)의 지쿠젠 저택에 들러 문안을 하는 것이 상례였다. 어느 해, 안세이 3년 아니면 4년이었던 것으로 생각된다. 지쿠젠 번주께서 오사카에 들른다기에 평소처럼 나카노시마의 저택으로 갔던 선생님은 귀가하자마자 나를 부르셨다. 무슨 일인가 하고 가보니, 선생님이 한 권의 원서를 꺼내 보이시며 말씀하셨다. "오늘 지쿠젠 저택에 가니까 구로다 님이 이런 원서를 입수하셨다면서 보여주시기에 잠깐 빌려왔다." 그것은 『반더빌트』(Vanderbilt)[*]라는 원서인데, 최신 영어서적을 네덜란드어로 번역한 물리서로, 그야말로 최신의 내용만을 담고 있었다. 특히 전기에 관한 내용이 아주 상세한 듯했다. 우리가 오사카에서 전기에 대해 조금 공부했다고는 하지만, 그것은 겨우 네덜란드 교과서에 군데군데 언급되어 있는 정도에 불과했다. 그런데 새로 수입된 이 물리서는 영국의 대가 패러데이[†]의 학설을 토대로 하여 전지(電池) 구조법 등이 상세히 소개되어 있으니, 신기한 정도를 넘어 그저 놀라울 뿐, 첫눈에 넋을 잃고 말았다. 그래서 내가 선생님께 "이건 정말로 진귀한 원서인데요, 언제고 빌릴 수 있습니까?" 하고 묻자, "그럼, 어차피 구로다 님께서는 며칠 간 오사카에 계실 거라는군. 떠나실 때까지 별로 필요도 없겠지" 하고 대답하셨다. "그렇습니까, 주쿠의 사람들에게도 보여주고 싶습니다" 하고는 주쿠에 갖고 와서 "어때, 이 원서는?" 했더니, 그 책을 구경하려고 주쿠 내의 서생들이 구름처럼 몰려들었다. 나는 선배 몇 사람과 상의해서 무슨 수를 쓰더라도 이 책을 베껴야겠다고 결론을 내렸다. "이 책을 그냥 보

---

* 어떤 책인지 현재로서는 불명.
† Michael Faraday. 1791~1867. 영국의 물리학자. 전기에 관한 수많은 발명을 하여 전기학을 약진시켰다.

고만 있어서는 아무런 도움도 되지 않아. 보는 건 중단하고, 자 베끼자. 하지만 1천 쪽이나 되는 두꺼운 책을 모두 베끼는 건 도저히 불가능하니까, 뒷부분의 전기에 관한 부분만 베끼자. 모두들 붓과 종이와 먹을 준비하고 한꺼번에 달려들어 시작하자." 그러나 한 가지 곤란한 점은 구로다 님의 소중한 장서를 분해할 수 없다는 것이었다. 쪼개서 나누어 작업하면 인원이 수십 명이나 되니 순식간에 끝낼 수 있을 텐데 그럴 수가 없었다. 하지만 오가타의 서생들은 사본 제작의 요령을 터득하고 있었기에, 한 사람이 원서를 읽으면 다른 한 사람은 그것을 듣고 받아쓸 수 있었다. 그리하여 한 사람은 읽고 한 사람은 쓰기 시작했다. 쓰는 사람이 다소 지쳐 붓놀림이 둔해지면 즉시 다른 사람이 교대하고, 지친 사람은 아침이건 낮이건 즉시 잠을 자는 방식으로 밤낮 없이, 밥 먹는 시간도 담배 피우는 시간도 쉬지 않고 계속했다. 그 결과 대략 2박 3일에 걸쳐 전기에 관한 부분은 물론 그림도 베끼고 교정까지 보았다. 분량은 약 150~160매 정도였다. 가능하다면 다른 부분도 베끼고 싶었지만 시간이 부족했다. 일단 이것만이라도 베꼈으니 고맙게 생각했다. 구로다 님께서 이 책 한 권을 80냥에 구입하셨다는 선생님의 말씀에 가난한 우리 서생들은 그저 놀라움을 금치 못할 뿐이었다. 애당초 나는 책을 사겠다는 엄두조차 나지 않았다. 드디어 구로다 님께서 떠나시게 되자, 우리는 그 원서를 쓰다듬으며 마치 부모님께 작별 인사라도 하듯 아쉬워하며 돌려준 적이 있다. 그 후로 주쿠 내에서는 전기에 관한 새로운 학설이 등장하여, 당시 일본 전국에서 최고의 수준에 있었다고 자신할 수 있다. 우리들이 오늘날도 전기에 관한 이야기를 듣고 대충 이해할 수 있는 것은 모두 그 사본 덕분이다. 그 후에 혹시나 그 원서가 있지 않을까 하고 이따금 구로다 님 댁에 여쭤봤지만, 그쪽도 경황이 없었던지라 어디 있는지 보이지 않는다고 했다. 참으로 아쉬운 일이다.

오사카 서생의 특징

이상과 같이 오가타 서생들은 학문을 게을리 하는 일이 없었다. 당시의 상황을 설명하자면, 에도의 서생이 이따금 오사카에 와서 공부하는 경우는 있었지만 오사카에서 일부러 에도까지 공부하러 가는 사람은 없었다. 그렇다고 일본 전국에서 제일 뛰어난 서생들이 오사카에만 모여 있었다는 것은 아니다. 또 에도에는 일본 전국에서 가장 멍청한 서생들만 있는 것도 아니었다. 그런데 어째서 차이가 나는가 하는 점을 생각해볼 필요가 있다. 물론 당시에는 우리 오사카의 서생들이 훌륭하다며 자만하고 있었지만, 그것은 인물의 차이가 아니다. 에도와 오사카는 서로 사정이 다르다. 개국 초기라고는 해도 에도에는 막부를 비롯하여 제번(諸藩) 다이묘들의 저택이 아직 남아 있었고, 서양의 신기술을 받아들이는 것이 급선무로 여겨졌다. 따라서 조금이라도 양서를 이해할 수 있는 사람을 고용한다든가 혹은 번역을 시키고 그 답례로 돈을 주곤 했기에 서생들이 생계를 꾸려가기에는 유리했다. 운이 좋으면 다이묘에게 발탁되어, 어제까지 서생이던 자가 오늘은 봉록 수백 석(石)의 사무라이가 되었다는 소문도 가끔은 있었다. 그에 비해 오사카는 완전히 조닌의 세계로, 무가(武家)라는 것이 없었다. 따라서 포술을 배우려는 자도 없거니와 원서를 연구하려는 자도 없었다. 그러니 오가타 서생이 몇 년이나 공부해서 어엿한 학자가 되어도 실제의 일자리와는 인연이 없었다. 즉 의식주와 인연이 없는 것이다. 인연이 없으니 일부러 인연을 찾을 생각도 하지 않는다. 그렇다면 무엇 때문에 고학(苦學)을 하느냐고 물어도 대답할 말이 없다. 명예를 추구하지 않을 뿐 아니라, 난학 서생이라고 세상사람들의 손가락질을 당할 뿐인지라 이미 자포자기 상태가 되어 있었다. 오로지 밤낮으로 고생하며 어려운 원서를 읽고 좋아할 뿐 정말로 앞날을 알 수 없는 상황이었다. 그래도 당시 서생들의 마음속을 들여다보면 나름대로 즐거움이 있었다. 그 즐거움은 한마디로 말하면 이런 것이다. 서양의 새로운 문명이 기록된 책을 읽을 수 있는 것은 일본 전국에서 우리밖에 없다, 우리 동료들만 가능한 일이다 하면서, 가난하고 고생스럽게 조의조식(粗衣粗食), 언뜻 보기에는 볼품없이 초라한 서생이지만, 왕성한 지식과 고고한 사상만큼은 왕족귀인을 눈 아래로 내려다볼 정도였다. 그저 어려운 것은 즐거운 것이라며 고중유락(苦中有樂), 고즉락(苦卽樂)의 경지였던 듯하다. 말하자면 이 약이 어떤 병에 잘 듣는지는 모르지만 우리 외에 이렇게 쓴 약을 먹는 자는 없으리라는 생각에서, 어떤 병인지 묻지도 않고 그저 쓰기만 하면 무작정 먹겠다는 혈기였던 것이다.

한학자를 적대시하다

만일 고학의 목적이 무엇이냐고 묻는 자가 있다 하더라도 대답은 그저 막연한 논쟁뿐이었다. 의학 주쿠이니만큼 정치에 관한 이야기는 별로 인기가 없었으며, 개국이냐 쇄국이냐 하는 논쟁도 일단 쇄국을 지지하는 입장이긴 하지만 그 문제로 크게 논쟁을 벌이는 자는 없었다. 단지 당면한 적은 한방의로, 한의사가 미우니 유학자마저 미워해 중국과 관련된 것은 무작정 배척하려는 풍조가 다들 있었다. 유학자가 경사(經史)를 강의해도 들으려는 사람이 없었고, 한의학 서생을 보면 마냥 우스꽝스럽게 여겼다. 특히 한의학 서생에 대해서는 비웃기만 하는 것이 아니라 마구 욕설을 퍼부으며 결코 용납하지 않았다. 오가타주쿠 부근의 나카노시마(中ノ島)에 하나오카(花岡)*라는 한의학 대가가 있었는데, 그 주쿠의 서생들은 모두가 부유한 집안의 자제들인 듯 복장도 그럴싸한 것이 아무래도 우리 난학생들과는 비교가 되지 않았다. 길에서

---

* 올바른 표기는 '華岡'로, 하나오카 셋켄(華岡積軒, 1797~1865)과 하나오카 난요(華岡南洋)를 지칭하는 듯하다. 기슈(紀州) 출신의 명의 하나오카 세이슈(華岡青洲)의 의동생 료헤이(良平)가 1816년 오사카 오키노시마로 이주하여, 그 장남 고헤이(幸平)와 삼남 오쓰헤이(乙平)가 가업을 이어받았고, 세이슈의 양자 준페이(準平)가 그 후견인이었다.

매번 마주치면 서로 말도 없이 노려보며 지나친 뒤 이렇게 떠벌렸다. "저 꼬락서니가 뭐야? 옷만 잘 입어서 어쩌겠다는 거야? 말도 안되는 엉터리 강의를 듣고, 그 중에서 케케묵은 녀석이 숙장을 한다지. 저런 녀석들이 2천 년 동안 손때가 묻은 『상한론』(傷寒論)*을 선물이랍시고 손에 들고 귀국하여 사람을 죽이니 끔찍하지 않아? 두고 봐, 저 녀석들을 송두리째 없애버릴 테니까." 그렇지만 물론 별다른 계획이 있는 것도 아니었다. 단지 한방의들의 무학무술(無學無術)을 비난하고, 난학생으로서 기염을 토할 뿐이었다.

목적 없는 공부

어쨌든 당시 오가타 서생들은 십중팔구 목적도 없이 고학을 하는 사람들이었지만, 목적이 없는 덕분에 오히려 에도의 서생들보다 공부를 잘 할 수 있었던 듯하다. 그런 면에서 오늘날의 서생들 역시 학문을 공부하면서 동시에 지나치게 자신의 앞날을 걱정하면 오히려 학업에 지장이 있으리라는 생각이 든다. 그렇다고 해서 별 생각 없이 책만 보는 것은 가장 좋지 않다. 하지만 또한 방금 말했듯이 항상 자신의 앞날만 걱정하여, 어떻게 하면 입신출세할 수 있을까, 어떻게 하면 수중에 돈이 들어올까, 어떻게 하면 멋진 집에 살면서 호의호식할 수 있을까 하는 것만 염두에 두고 열심히 공부하는 것은 결코 진정한 공부가 아니라고 생각한다. 면학하는 중에는 그저 조용히 지내는 것이 최상일 것이라는 게 나의 결론이다.

---

* 고대 중국의 의서로 열병 치료법을 기록한 책. 후한시대 장중경(張仲景)의 저서로, 진(晉)의 왕숙화(王叔和)가 보충을 했다. 한방의에서 가장 중시하던 책이다.

오사카를 떠나 에도로 가다

내가 오사카에서 에도로 간 것은 안세이 5년(1858), 그러니까 스무다섯 살 때이다. 그해 에도의 오쿠다이라 저택에서 "용건이 있으니 오라"며 나를 부르러 사람을 보냈다. 에도의 저택에 오카미 히코소(岡見彦曹)*라는 난학 애호가가 있었는데, 높은 신분의 사족인 그는 에도의 저택에 난학 주쿠를 개설하는 것이 소원이었던지라, 동분서주한 끝에 결국 서생들을 모아 원서를 읽는 모임을 주관하게 되었다. 그리고 내가 오쿠다이라 집안에 채용되어 있는 동안 마쓰키 고안(松木弘安), 스기 고지(杉亨二)† 등의 학자들을 고용하고 있었다. 그런데 내가 오사카에 있다는 사실을 알고는, 다른 고장 출신을 고용할 필요가 없다, 번 내의 후쿠자와를 불러오는 게 좋겠다고 하여 나를 부르러 사람을 보낸 것이었다. 그때 에도즈메(江戸詰)#의 가로로는 오쿠다이라 이키가 와 있었다. 이키와의 관계에서 내 스스로 자만해도 좋으리라고 생각되는 부분

---

* 막말의 개국론자인 사쿠마 쇼잔(佐久間象山)에게 포술을 배웠으며 난학을 좋아하여 네덜란드 서적을 많이 소장했다. 또한 히코소는 '彦曹'가 아니라 '彦三'이라고 쓰는 것이 옳다고 한다.
† 1828~1917. 나가사키 출신으로 오가타 고안, 스기타 세이쿄 등으로부터 난학을 배워, 훗날 번서조소(蕃書調所), 개성소(開成所, 에도 막부의 양학교) 등에서 가르쳤다. 유신 후 국세조사 업무를 담당했으며, 일본 통계학의 개척자로 불린다.
# 참근교대(參勤交代) 제도에 의해 다이묘와 그 가신이 의무적으로 에도의 번저(藩邸)에 근무하기 위해 에도에 머무르는 것, 또는 에도에 머무르고 있는 다이묘나 가신을 일컫는다.

이 있다. 나는 그에게 악감정을 품어 마땅했고, 두 사람은 당연히 충돌을 했어야 했다. 하지만 나는 그와 결코 다투지 않았다. 그가 나를 적대시하고 우롱했다는 사실은 나가사키를 떠날 때의 경험으로 잘 알고 있었다. 나가사키를 떠날 때 "너는 나카쓰로 돌아가. 돌아가서 이 편지를 아무개에게 전해. 그리고 아무개에게 이 말을 전하고" 하며 명령하는 그에게 겉으로는 "네, 네" 하고 굽실거렸지만, 마음속으로는 혀를 내밀며 '웃기지 마. 나는 고향에는 돌아가지 않아, 에도로 갈 거야' 하고 비웃기라도 하듯이 자리를 박차고 나왔다. 그 사실은 나중에 상대방도 알게 되었다. 그러나 그 후에 나는 그를 만날 때마다 티끌만큼이라도 원한을 털어놓기는커녕 오히려 옛 은혜에 감사하는 듯한 태도를 보이면서, 그의 소중한 원서를 몰래 베껴 쓴 일도 있었다. 상대방도 나쁘지만 이쪽도 나쁘다. 나는 그저 그런 일을 누구에게도 말하지 않았고 내색도 하지 않았으며 가로님이라고 받들어 모셨다. 그러니 이른바 구니카로(國家老)*의 아들로서, 이번에 내가 에도로 불려오게 된 데 이의를 제기하지 않고 즉시 허락해준 것은 천만다행이었다. 솔직히 말하면 이키보다도 내 쪽에 죄가 많았다고 하겠다.

3인 동행

오사카를 떠나 에도로 오기 전 일단은 나카쓰로 돌아가 어머니를 한번 뵙고 작별인사를 드려야겠다는 생각에서 나카쓰로 돌아갔다. 그런데 그때는 콜레라가 한창 유행이라, 우리 집 근처에도 환자가 넘쳐나고 사망자가 속출했다. 유행병이 극성을 부리는 가운데, 배를 타고 오사카에 도착하여 잠시 머물다가 에도를 향해 출발했다. 그런데 번의 공용으로 근번(勤番)을 할 때, 나 정도의 신분이면 여행을 하거나 근무

* 주군(主君)이 참근교대로 에도에 가 있는 동안 번의 모든 일을 책임지는 가로(家老).

중에 부하를 하나 붙여주는 것이 관례였으므로 이번에도 나의 에도 근번에 대해 부하 한 명을 고용할 수 있는 돈을 주었다. 그러나 부하를 고용할 필요는 없었으므로 그만큼 여비에 여유가 생겼다. 그래서 주쿠로 가서 "누구 에도에 가고 싶은 사람 없어? 에도에 가고 싶다면 데려가 줄게. 사실은 이러이러한 이유로 돈이 생겼어" 하고 말했다. 그러자 즉석에서 "나를 데려가 줘" 하며 나선 것이 히로시마 출신의 오카모토 슈키치(岡本周吉), 즉 후루카와 세쓰조(古川節藏)*였다. "좋아, 데려가 주지. 그렇지만 네가 밥을 지어야 해, 괜찮겠어? 에도에 가면 쌀도 있고 나가야(長屋)†도 있어. 솥과 냄비도 빌릴 수 있지만, 부하를 포기했기 때문에 밥 지을 사람이 없거든. 부하 대신에 너를 데려가는 거니까, 괜찮아?" "밥 짓는 일 정도는 아무것도 아냐. 내가 할게." "그럼 따라와." 그리하여 내 짐은 같은 번의 사람에게 맡기고, 오카모토 그리고 빗추(備中, 현재의 오카야마(岡山) 현 서부) 출신의 하라다 라이조(原田磊藏)라는 역시 오가타 숙생이 함께 하는 세 사람의 여행이 되었다. 물론 도보였다. 10월 하순이라 날은 약간 쌀쌀하지만 고하루(小春, 봄처럼 온난한 초겨울 날씨)의 절기라 한 번도 가와도메(川止め)#의 재난을 당하지 않고 순조롭게 에도에 도착했다. 우선 고비키초(木挽町)의 시오도메(汐留)에 있는 오쿠다이라 저택으로 가니, 뎃포즈(鐵砲洲)☆에 나카야시키(中屋敷, 유사시에 대비하여 피난처로 만들어놓은 집)가 있어, 그곳의 나가야를 빌려주었다. 오카모토와 나는 그 나가야에 들어가,

---

* 후쿠자와 주쿠 최초의 문하생이자 최초의 숙장이었다. 오가타주쿠에서는 슈키치라는 이름을 사용했는데, 에도에서는 세쓰조라고 개명했다. 막부 하타모토 요시카와(吉川)가의 양자가 되어, 해군에 근무하여 함장이 되었고, 유신 때는 하코다테(函館) 고료카쿠(五稜郭)에 숨어 관군에 저항하기도 했다. 그 후 요시카와 마사오(正雄)로 개명했다. 메이지 정부의 해군과 공부성에 근무했으며, 교육에도 심혈을 기울였다. 저서와 역서가 상당수 있으며, 그 최초의 역저 『만국정표』(萬國政表)는 일본 통계학상의 진귀한 문헌으로 알려져 있다. 1877년 사망했다.
† 긴 모양의 건물을 여러 칸으로 나누어 각 칸마다 한 세대가 거주하도록 만든 하급 무사들의 주거.
# 강물이 불어나 건너기 곤란한 기간. 대체로 여름철이 이에 해당한다.
☆ 도쿄 미나토초(湊町)와 아카시초(明石町)의 옛 지명.

둘이서 자취생활을 시작했다. 동행했던 하라다는 시타야(下谷) 네리베이(練塀) 골목에 있는 오쓰키 슌사이(大槻俊齋)* 선생님 댁에 신세를 지게 되었다. 에도에는 아는 사람들과 친구들이 여럿 있었기에 생활은 점차 즐거워졌다.

에도에서 배우는 게 아니라 가르치다

그런데 에도에 와서 뎃포즈의 오쿠다이라 나카야시키에 살던 중, 번 내의 자제들이 서너 명씩 공부를 배우러 모여들고 다른 곳에서도 대여섯 명이나 오면서 내가 그 자제들을 가르치게 되었다. 앞에서도 언급했듯이, 오사카의 서생은 학업을 위해 에도로 가는 게 아니라 가르치러 가는 것이라는 자부심을 나도 모르게 갖고 있었다. 에도에 온 이상 도대체 에도의 난학 사회는 어떤지 알고 싶어 하던 나는 어느 날 시마무라 데이호(島村鼎甫)†의 집을 방문했다. 시마무라는 물론 오가타 문하의 의사로, 에도에 와서 난서(蘭書) 번역 등을 하고 있었다. 나와는 서로 잘 아는 사이라, 찾아가면 항상 학문 이야기뿐이었다. 그때 그는 한창 생리서를 번역하는 중이었는데 그 원서를 보여주며 어느 부분의 문장을 도저히 알 수 없다는 것이었다. 내가 읽어보니 정말로 이해하기 어려운 문장이었다. 그에게 "이걸 다른 친구들과도 상의해봤니?" 하고 묻자, 물론 이미 친구들 너덧 명과 상의해봤지만 도저히 알 수 없다는 것이었다. "좋아, 그렇다면 내가 해석해보지" 하고는 본격적으로 들여다봤지만 정말로 어려웠다. 그렇게 거의 30분가량 잠자코 생각하다가 결국은 알아냈다. 이것은 바로 이러이러한 의미인데 어떠냐, 하

---

* 1804~1862. 독일인 의학자 지볼트(Philipp Franz von Siebold, 1796~1866)에게 의술을 배운 난방의. 도쿄 대학 의학부의 전신인 오타마가이케(お玉ヶ池) 종두소(種痘所)가 막부 직영으로 바뀌었을 때, 그 초대 소장을 역임했다. 쇼군가의 의료진에 가담하기도 했다.
† 1828~1880. 비젠 출신. 오가타 고안 및 이토 겐보쿠(伊東玄朴)에게 의학을 배워, 훗날 막부의 의학소 교수가 되었다. 번역서 『생리발몽』(生理發蒙)으로 유명하다.

고는 만사는 알고 보면 대수롭지 않다며 두 사람이 함께 기뻐했다. 그 문장은 광선과 시력의 관계를 논한 것으로, 촛불 두 자루를 켜서 그 빛을 움직이면 그림자가 어떻게 변하는가 하는 내용의 까다로운 부분이었다. 시마무라가 번역한 『생리발몽』(生理發蒙)이라는 번역서에 있을 것이다. 그 경험을 통해 나는 은근히 안심하면서, 이 정도라면 에도의 학자들을 그다지 겁낼 필요는 없겠다고 생각한 적이 있다.

영학발심(英學發心)

또한 원서의 의심나는 부분을 선배들에게 질문해서 몰래 그 역량을 시험해보기도 했다. 오사카에 있는 동안 서생들이 매번 잘못 읽었던 부분이나 남들이 잘못 읽을 것 같은 부분을 골라서, 잘 이해하지 못하는 척하며 물으러 갔다. 그러면 학자니 선생이니 하는 사람들도 예외 없이 잘못 읽는 것을 보고, 이쪽은 오히려 만족스러웠다. 사실은 남을 속이고 시험하는 것이니 도덕적으로는 죄송스러운 짓이지만, 혈기왕성한 청년의 열성이라 스스로 자제할 수가 없었다. 내가 오사카에 있던 때는 동창생들과 더불어 에도의 학자들을 업신여기며 대수롭지 않다고 생각했으면서도 그저 아무 근거도 없이 그렇게 믿고 있다가는 큰 봉변을 당할 수 있겠기에, 일단은 에도 학자들의 역량을 시험해봐야겠다는 생각에서 나쁜 짓이라는 걸 알면서도 시험을 해본 것이리라. 그리하여 난학사회의 수준을 대충 알게 되자 안심할 수 있었지만, 또 하나 큰 걱정거리가 생겼다. 내가 에도로 온 이듬해인 안세이 6년(1859), 5개국조약*이라는 것이 발포되어 요코하마의 문호가 개방된 직후, 나는 그곳에 구경을 갔다. 당시 요코하마에서는 외국인이 드문드문 보일 뿐이었는데, 군데군데 세워져 있는 허름한 집에 외국인이 살면서 가게

---

* 에도 막부가 미국·네덜란드·러시아·영국·프랑스 5개국과 잇달아 맺은 수호통상조약의 총칭.

를 열고 있었다. 그곳에 가보니 전혀 말이 통하지 않았다. 이쪽이 하는 말도 통하지 않았지만, 상대방이 하는 말도 알아들을 수 없었다. 가게의 간판도 읽을 수 없거니와 벽에 붙은 쪽지도 읽을 수 없었다. 어디를 보아도 내가 읽을 수 있는 글자는 없었다. 영어인지 불어인지 전혀 알 수 없었다. 거류지를 여기저기 거닐던 중 독일인 크니퍼*라는 상인의 가게를 발견했다. 그 상인은 독일인이지만 네덜란드어를 할 수 있었다. 이쪽의 말을 이해하지 못할 경우에는 글로 쓰면 통하기에, 여러 가지 이야기를 나누고 약간의 물건도 산 다음 에도로 돌아왔다. 정말로 고생을 했는데, 그것도 저택에 몬겐이 있어서 전날 밤 12시에 떠나 이튿날 밤 12시에 돌아왔으니 꼬박 하루를 걸은 셈이다.

고이시카와에 다니다

요코하마에서 돌아온 나는 다리가 피곤한 것보다도 낙담이 컸다. 이래 가지고는 안되겠다. 이제까지 몇 년이나 필사적으로 네덜란드어 서적 읽기를 공부했는데, 그것이 지금은 아무런 쓸모가 없다. 가게의 간판을 보고도 읽을 수가 없다. 그러고 보니 정말로 쓸모없는 공부를 한 셈이로구나 하며 정말로 낙담하고 말았다. 그러나 결코 낙담만 하고 있을 때는 아니었다. 그곳에서 사용되는 말, 적혀 있는 문자는 영어나 프랑스어임에 틀림없었다. 그런데 지금 전세계에서 영어가 널리 쓰이고 있다는 사실은 이미 알고 있었다. 아마도 그것은 영어였을 것이다. 지금 일본은 조약을 맺고 개방을 시작하고 있다. 그렇다면 앞으로는 틀림없이 영어가 필요해질 것이다. 양학자로서 영어를 모른다면 아무 소용이 없다. 앞으로는 영어공부를 하는 수밖에 없다고 결심했다. 요코하마에서 돌아온 이튿날, 일시적인 낙담과 함께 새로운 뜻을 품고, 그

---

* Kniffer. 독일인 무역상으로 유신 이후에 요코하마와 고베에 점포를 차리고 장사를 했다.

후로는 무엇보다도 영어가 최우선이라고 각오를 다졌다. 그런데 영어를 배우려면 어떻게 해야 좋을지 막연했다. 에도의 어디에서 영어를 가르치는지 알 수가 없었다. 그러나 여기저기 수소문한 결과, 그 무렵 조약체결을 위해 나가사키의 통역사 모리야마 다키치로(森山多吉郎)* 라는 사람이 에도에 와서 막부의 일을 돕고 있었다. 그 사람이 영어를 할 줄 안다는 소문을 듣고는 그의 집에 가서 배워야겠다고 생각했다. 모리야마는 고이시카와(小石川)의 스이도초(水道町)에 살고 있었다. 즉시 그 집에 가서 영어를 배우고 싶다는 부탁을 하자, 모리야마는 "최근에 일이 많아 무척 바쁘다. 하지만 모처럼 배우겠다고 하니 가르쳐주겠다. 매일 출근하기 전에 아침 일찍 오라"고 대답했다. 당시 나는 뎃포즈에 살고 있었는데, 거기서 고이시카와까지 약 2리(약 7.6km) 되는 길을 매일 아침 일찍 일어나서 갔다. 그런데 막상 가보면 오늘은 곧바로 출근해야 하니 내일 와라 하고, 이튿날 아침 일찍 가면 손님이 와 있어서 곤란하다는 식이었다. 아무래도 가르쳐줄 틈이 없었다. 그것은 모리야마가 불친절한 탓이 아니라 조약을 맺으려는 때였던 탓에 몹시 바빠서 실제로 가르쳐 줄 틈이 없었던 것이다. 그러자 "이렇게 매일 아침 오는데 아무것도 가르쳐주지 못하면 미안하니까, 밤에 오지 않겠냐?"는 것이었다. "그렇다면 밤에 오겠습니다" 하고는, 이제 해가 질 무렵에 집을 나섰다. 내가 다니는 곳은 지금의 간다바시(神田橋) 히토쓰바시소토(一橋外)의 고등상업학교(히토쓰바시[一橋] 대학의 전신)가 있는 부근으로, 강도라도 나타날 듯한 곳이었다. 고이시카와에서 돌아오는 길 밤 11시나 12시경에 그곳을 지나면서 느꼈던 두려움은 아직도 기억이 생생하다. 그런데 오늘밤에는 손님이 있다는 둥, 갑자기 외국방(外國方, 지금의 외무성)으로부터 호출이 있어 나가봐야겠다는 둥 이

---

* 나가사키의 통역사로 원래 이름은 에이노스케(英之助)라 했다. 러시아, 미국 등의 사절이 내방하면 접대한 공으로 막부에서 중시되었으나, 유신 후에는 은둔생활을 하다가 도쿄에서 사망했다.

런저런 사정으로 밤공부 역시 전혀 진전이 없었다. 대략 2~3개월을 다녔지만 아무래도 틈이 나지 않았다. 그런 식이라면 아무것도 배울 수가 없었다. 더구나 모리야마라는 선생도 영어를 대단히 잘 아는 사람은 아니고 간신히 발음을 할 줄 아는 정도였다. 이래 가지고는 도저히 불가능하겠다 싶어 결국 포기하고 말았다.

번서조소에 입문

예전에 요코하마에 갔을 때 크니퍼의 가게에서 얇은 난영(蘭英) 회화서를 두 권 사 왔는데, 그것을 혼자 읽으려 해도 사전이 없었다. 영란 대역사전이 있다면 선생이 없어도 나 혼자서 터득할 수 있으니 사전만 있으면 좋겠다고 생각했지만, 요코하마에는 사전을 파는 곳이 없었다. 아무래도 방도가 없었다. 그런데 당시에 구단시타(九段下)의 번서조소(蕃書調所)*라는 막부의 양학교가 있었다. 그곳에는 갖가지 사전이 있다는 말을 듣고, 아무래도 그 사전을 빌려야겠다 싶었다. 책을 빌리려면 그곳에 입문을 해야 한다. 하지만 번사(藩士)가 불쑥 공의(公儀, 막부)의 조소(調所)에 입문하겠다고 해봤자 허락해줄 리가 없었다. 번사의 경우는 그 번의 루스이(留守居, 에도의 저택에서 각종 연락을 담당하던 직책)로부터 지원서에 날인을 받아야만 입문이 허락되었다. 그래서 번의 루스이에게 날인을 받은 뒤, 정장을 차려입고 번서조소에 가서 입문을 부탁했다. 그 당시는 미쓰쿠리 린쇼(箕作麟祥)†의 조부 미쓰쿠리 겐포(箕作阮甫)#라는 사람이 조소의 소장으로 있었는데 즉각 입문을 허락해주었다. 입문을 하고 나니 사전을 빌릴 수 있었다. 곧바로 대출을 부탁해 영란 대역사전을 손에 받아들고, 통학생들이 사용하는 방

---

* 에도 말기에 막부가 설치한 학교. 양학을 가르치고 양서 및 외교문서를 번역했다.
† 1846~1897. 메이지의 유명한 법학자. 일본의 성문법 초안에 진력하여 법학박사 남작을 수여받았다.
# 1799~1863. 쓰야마(津山)의 번의. 훗날 막부의 의관(醫官)이 되었으며 난학자로도 유명했다.

에서 잠시 보다가 품속의 보자기를 꺼내 그 사전을 싸갖고 오려 하자, 담당자가 막았다. "그건 안돼. 여기서 보는 건 상관없지만, 집에 가져 가는 건 안돼." 참으로 난처했다. 뎃포즈에서 구단시타까지 매일 사전 을 빌리러 다닌다는 것은 불가능한 일이었다. 결국 입문해서 단 하루 만 가고는 단념했다.

어쩌면 좋을까 고민하던 중, 요코하마에 자주 가는 상인이 있어 영 란 대역사전을 구할 수 있겠냐고 부탁해뒀더니, 『홀트롭』*이라는 두 권 짜리 영란대역 발음표기 사전을 구해 왔다. 아주 작은 사전이지만 가 격은 다섯 냥이나 했다. 그 책을 오쿠다이라 번에 탄원해서 구입하니, 이젠 되었다 싶었다. 이 사전만 있으면 선생은 필요 없다 하며, 독학의 각오를 새로이 하고 오로지 그 사전에 매달려 매일 밤낮 없이 공부했 다. 때로는 영문책을 네덜란드어로 번역해보기도 하면서, 오로지 영문 에 익숙해질 수 있도록 노력했다.

영학의 벗을 구하다

그런데 나 혼자서 그렇게 작정해봤자 아무래도 동료가 필요했다. 나 자신이 불편을 느끼는 것처럼 지금의 난학자들 모두가 불편을 느끼고 있을 것이다, 아무래도 이제까지 공부한 것은 도움이 되지 않는다, 일 단 친구들에게 상의해 봐야지 하고 생각했지만 그렇게 쉬운 일은 아니 었다. 그 당시 난학자들은 나를 비롯해 모두들 몇 년이나 각고의 노력 으로 공부한 난학이 아무런 도움도 되지 않는다고 생각했다. 이것을 완전히 포기하고 영학(英學)으로 바꾸려면 처음부터 새로 또 고생을 해야만 했다. 정말로 답답하고 괴로운 일이었다. 말하자면 몇 년 동안 수영을 배워 간신히 헤엄칠 수 있게 되자 수영을 포기하고 나무타기를

---

* John Holtrop: English and Dutch Dictionary, the first volume; Nederduitsch en Engelsch Woordenboek, Tweede Deel.

시작하라는 것이나 마찬가지였다. 이전의 공부가 완전히 헛것이 된다고 생각하니 아무래도 단념하기가 어려웠다. 그래서 학우인 간다 고헤이(神田孝平)*를 만나 "아무래도 영어를 해야겠어" 하고 상의를 했더니, 간다는 이렇게 대답했다. "아니, 나도 이미 옛날부터 생각하고 있어서 사실은 잠깐 시도해봤어. 하지만 도저히 불가능하더군. 어디서부터 시작해야 좋을지 알 수가 있어야지. 시간이 지나면 영어서적을 읽을 수 있는 계기를 마련할 수 있겠지만, 지금으로서는 도저히 어쩔 수가 없어. 그래도 너희들은 의욕이 왕성하니까 시작해봐. 대충 방향만 잡히면 나도 시작할게. 하지만 현재로서는 스스로 시작할 마음이 없어." 그래서 다음엔 반초(番町)의 무라타 조로쿠(村田藏六)†에게 가서 마찬가지로 권해봤지만, 간다와 달리 영어를 할 뜻이 없던 그는 전혀 다른 의견을 말했다. "쓸데없는 짓 하지 마. 난 그런 건 읽지 않을 테야. 부질없는 짓이야. 그렇게 어려운 영서를 고생하며 읽을 필요는 없잖아? 필요한 책은 모두 네덜란드인이 번역할 테니까, 그 번역서를 읽으면 충분해." 나는 다시 권유했다. "음, 그 말도 일리는 있지만, 네덜란드인이 무엇이건 전부 번역할 리는 없지. 난 요전에 요코하마에 갔다가 충격을 받았어. 이런 상황이라면 난학은 전혀 도움이 되지 않겠더라구. 반드시 영서를 읽어야만 할 거야." 하지만 무라타는 좀처럼 동의하지 않고, "아니, 읽지 않을 테야. 난 절대로 읽지 않을 테야. 공부할 작정이면 너희들이나 해. 난 필요하면 네덜란드인이 번역한 걸 읽을 테니까" 하며 고집을 부렸다. 도저히 어쩔 수가 없기에 이번에는 고이

---

* 1830~1898. 미노(美濃, 기후 현 남부) 출신. 번서조소 교수를 역임했으며, 유신 후에는 원로원 의관, 귀족원 의원 등을 거쳐 남작을 수여받았다.

† 훗날의 오무라 마스지로(大村益次郎). 1824~1869. 스오(周防) 출신. 우와지마(宇和島) 번의를 지냈다. 이 당시에는 에도에서 난학 주쿠를 개설하는 한편, 번서조소 교수의 조수를 하고 있었다. 비록 후쿠자와의 권유를 거절하긴 했지만, 얼마 후 자진해서 요코하마에서 헵번(James Curtis Hepburn, 1815~1911. 미국인 선교사)에게 영어를 배웠다. 그후 조슈로 돌아가 유신 때는 신정부군을 이끌고 큰 공을 세웠으나, 메이지 2년(1869) 교토에서 암살당했다.

시카와에 있는 하라다 게이사쿠(原田敬策)*에게 같은 이야기를 했다. 그러자 하라다는 아주 열성적으로 "일단 해보자. 누가 뭐래도 상관없어. 꼭 하자" 하고 대답하는 것이었다. "그래? 잘 되었다. 그렇다면 둘이서 시작하자. 무슨 일이 있더라도 끝까지 해보자." 이렇게 하라다와 의견이 맞아서 드디어 영서를 읽게 되었다. 마침 나가사키에서 온 소년이 있었는데, 그 소년이 영어를 안다고 하기에 불러다가 발음을 배우기도 했다. 또 표류자들 중에서 이따금 귀국하는 자가 있었는데, 오랫동안 외국에서 표류하며 지내다가 개국 덕분에 선편이 생겨 귀국한 사람이 있으면, 그의 숙소를 찾아가 물어보기도 했다. 그 당시 영학 중에서 가장 어려운 것은 발음이었다. 우리는 특별히 그 뜻을 배우려는 게 아니라 단지 그 스펠링을 배우려는 것이었기 때문에 어린아이건 표류자건 가리지 않고 찾아다니며 공부했다. 처음에는 일단 영문을 네덜란드 문자로 번역하는 일을 시도했다. 한 글자 한 글자, 사전을 찾아서 네덜란드어로 옮겨 적으면, 그럴싸한 네덜란드 문장이 되어 문장의 뜻을 이해하는 데는 어려움이 없었다. 단지 그 영문을 제대로 발음하느라 고심했지만, 이것도 조금씩 실마리를 풀어가자 그다지 어렵지는 않았다. 결국 우리가 처음에 난학을 포기하고 영학으로 옮겨가려 하면서, 완전히 난학을 버리고 몇 년씩 공부한 결과도 헛되게 다시 한 번 간난신고(艱難辛苦)를 각오했던 것은 큰 오산이었다. 실제로는 네덜란드어건 영어건 모두 알파벳이고, 그 문법도 대부분 비슷하여, 난서를 읽는 능력이 자연히 영서에도 통용되어 무익한 것이 아니었다. 물에서 헤엄치는 것과 나무에 오르는 것을 완전히 별개로 생각한 것은 일시적인 착각이었다는 사실을 깨달았다.

* 1830~1910. 오카야마 출신의 번사. 에도에서 서양식 병학을 공부하고 번서조소 교수의 조수가 되었다. 분큐 3년(1863) 이케다(池田) 지쿠고노카미(筑後守) 일행을 따라서 유럽으로 떠나, 일행이 귀국한 후에도 네덜란드에 남아 병학을 공부했다. 유신 후 이치도(一道)라는 이름으로 개명하고 주로 군무에 종사하여 육군 소장, 도쿄 포병공창장, 귀족원 의원, 남작이 되었다.

처음으로 미국에 가다

간린마루

내가 에도에 온 이듬해인 안세이 6년(1859) 겨울, 도쿠가와 정부는 미국에 군함을 파견하겠다는 일본 개벽 이래 미증유의 결단을 내렸다.*
그런데 그 배는 군함이라고는 해도 아주 작은 배로, 증기는 100마력짜리 보조 엔진을 장착하여 항구를 드나들 때만 증기 엔진을 가동하고, 항해 중에는 오로지 바람에 의지해서 운항했다. 2~3년 전 네덜란드에서 사들인 배로, 가격은 고반(小判)† 2만 5,000냥이며 이름은 간린마루(咸臨丸)였다. 이미 안세이 2년(1855) 무렵부터 막부 사람이 나가사키에 가서 네덜란드인으로부터 항해술을 전수받아 그 기술도 제법 진보했으니, 워싱턴에 사절을 파견하는 이번 기회에 일본의 군함도 샌프란시스코까지 항해를 시도해보자는 것이었다. 그리하여 막의(幕議)에서 즉시 결정이 내려졌다. 함장은 당시의 군칸부교(軍艦奉行) 기무라

---

* 미일수호통상조약의 비준 교환을 위해 막부는 니미(新見) 부젠노카미(豊前守)를 정사(正使)로 임명, 미국 군함 포우하탄(Powhatan)에 승선시켜 미국에 파견하기로 결정했다. 이 사절을 호위한다는 명목이었으나 사실은 원양항해 연습을 위해 군함 간린마루(咸臨丸)를 보내기로 했다. 이듬해인 만엔(萬延) 원년(1860) 1월 13일 시나가와(品川)를 출발하여 요코하마, 우라가(浦賀)에 기항한 후 19일에 일본을 떠나 2월 25일 샌프란시스코에 도착했으며, 돌아오는 길에는 하와이를 거쳐 5월 5일에 귀국했다.
† 에도 시대에 발행되어 '1냥'으로 통용되던 타원형 금화.

셋쓰노카미(木村攝津守),* 이에 따르는 지휘관은 가쓰 린타로(勝麟太郞),† 운용은 사사쿠라 기리타로(佐々倉桐太郞),# 하마구치 오키에몬(浜口興右衛門), 스즈후지 유지로(鈴藤勇次郞), 측량은 오노 유고로(小野友五郞), 반 데쓰타로(伴鐵太郞), 마쓰오카 반키치(松岡盤吉), 증기는 히다 하마고로(肥田浜五郞), 야마모토 긴지로(山本金次郞), 공무는 요시오카 유헤이(吉岡勇平),☆ 고나가이 고하치로(小永井五八郞), 통역은 나카하마 만지로(中浜万次郞)가 맡고, 소년사관에는 네즈 긴지로(根津欽次郞), 아카마쓰 다이사부로(赤松大三郞), 오카다 세이조(岡田井藏), 고스기 마사노신(小杉雅之進), 여기에 의사 2명, 수부(水夫, 하급 승무원)와 화부(火夫, 증기기관의 불을 때거나 조절하는 사람) 65명, 함장의 부하까지 합해서 총 96명으로, 배의 크기에 비해서는 승무원이 많았다. 이 항해와 관련해서 갖가지 일화가 있다.

이번 간린마루의 항해는 일본 개국 이래 처음 있는 대사업으로, 승선한 사관들은 애당초 일본인끼리 모든 일을 처리하겠다는 각오였다. 그런데 당시 미국의 캡틴이었던 브루크◊라는 사람이 태평양의 해저 측량을 위해 작은 범선 페니모어 쿠퍼호(Fenimore Cooper, 96톤급 스쿠너선)를 타고 항해하던 중 사쓰마의 오시마(大島) 앞바다에서 난파되

* 기무라 가이슈(木村芥舟, 1830~1901. 하타모토 집안 출신으로, 젊었을 때부터 갖가지 직책을 거쳐, 안세이 3년(1856) 해군전습생 감독이 되어 막부 해군 창설에 진력했다. 미국 파견 당시 셋쓰노카미에 임명되었다. 『30년사』 등의 저서가 있다.
† 1823~1899. 호는 가이슈(海舟), 훗날 백작 가쓰 야스요시(勝安芳). 미국 파견사절로서 간린마루를 타고 태평양을 횡단했다. 이후 가이군부교(海軍奉行)를 거쳐, 막말에 사이고 다카모리(西鄕隆盛)와 담판하여 에도의 무혈 개성(開城)에 성공했다. 메이지 시대에는 참의(參議) 겸 해군경, 추밀고문관 등을 역임했다. 정확히는 후쿠자와가 처음 미국에 갈 당시 가쓰 린타로가 함장이었고, 기무라 셋쓰노가미는 사령관이었다.
# 1830~1875. 우라가의 요리키. 나가사키에서 해군 전습, 훗날 쓰키지(築地)의 군함조련소 교수. 메이지 시대에는 사사쿠라 요시유키(佐々倉義行)라고 이름을 바꾸어 병학료(兵學寮)에 출사, 계속 진급하여 병학권두(兵學權頭)가 되었다.
☆ 1829~1870. 막부의 고케닌(御家人, 쇼군 직속의 하급 무사)으로, 유신 당시 부하의 행동에 대한 책임을 추궁당하여 신정부하에서 체포, 처형되었다.
◊ Captain John H. Brooke. 1826~1906. 미합중국 해군사관으로, 훗날 남북전쟁에서는 남부동맹 주 해군의 모든 연구실험의 주임으로 공헌했다. 전후에는 버지니아 육군대학의 교수가 되었다.

었다가* 다행히 구조되어 요코하마에 와서 도쿠가와 정부의 보호하에 사관 1명, 의사 1명, 수부 4~5명과 함께 장기간 체류하고 있었다. 그는 일본 군함이 샌프란시스코를 향해 항해한다는 이야기를 듣고 마침 잘 되었다며 그 배를 타고 귀국하려 했다. 그런데 그렇게 합의하려 하자 일본인 승무원들이 미국인과 함께 타기를 거부했다. 만약 그 사람들을 데리고 돌아간다면, 오히려 미국인이 일본인 승무원들을 데리고 간 것으로 간주되어 일본인의 명예가 실추될 것이라면서 태우지 않겠다고 고집을 부렸다. 이런저런 일로 정부도 입장이 몹시 난처했지만, 결국 억지로 강요하여 함께 승선시켰다. 아마도 정부의 장로(長老)도 내심으로는 일본인 사관들의 솜씨를 불안하게 여겨, 한 사람이라도 미국인 항해사를 승선시킨다면 유사시에 다소나마 도움이 되리라는 노파심에서 그랬던 것으로 생각된다.

기무라 셋쓰노카미

함장 기무라 셋쓰노카미는 군칸부교직을 맡은 해군의 최상관으로서 그 신분에 걸맞은 숫자의 수행원을 데리고 갈 것으로 예상되었다. 나는 그 배를 타고 미국에 가고 싶은 마음은 있지만 기무라라는 사람을 전혀 몰랐다. 불과 1년 전 오사카에서 올라온 내가 막부의 그런 고위 관료와 인연이 있을 리 없었다. 그런데 다행히 에도에는 가쓰라가와 (桂川)†라는 막부 난가(蘭家)의 시의(侍醫)가 있었다. 그의 집은 일본 전체에서 난의학의 총본산이라 해도 좋을 정도의 명문으로, 에도는 물론이고 전국의 난의학 분야 종사자치고 가쓰라가와라는 이름을 모르는 사람은 없었다. 그래서 나도 에도에 가면 다른 것은 제쳐두고라도

* 페니모어 쿠퍼호가 난파한 것은 안세이 6년(1865) 7월로, 요코하마 체류 중 브루크가 에도에 가 있는 동안 벌어진 일로 전해진다. 따라서 '오시마 앞바다'라고 한 것은 후쿠자와의 착각일 것이다.
† 가쓰라가와 호슈(桂川甫周), 1826~1881. 가쓰라가와가의 제7대. 막부의 시의. 안세이 5년(1858) 『두프 할마』를 『화란자휘』(和蘭字彙)라는 제목으로 출판했다.

가쓰라가와의 집은 방문했기에 여러 차례 그 집을 드나든 적이 있다. 그 가쓰라가와의 집과 기무라 셋쓰노카미의 집은 친척 그것도 아주 가까운 친척이다. 그래서 나는 가쓰라가와에게 제발 기무라 님을 수행하여 미국에 가고 싶은데 소개해줄 수 없겠느냐고 간곡히 부탁했다. 그리하여 가쓰라가와의 소개편지를 받아 들고 기무라의 집으로 가서 내 뜻을 전하자, 기무라 측에서는 "좋아, 데려가 주지" 하며 즉시 허락해주었다. 지금 와서 돌이켜 생각해보면, 그 당시의 상황으로 보아 외국 항해는 개벽 이래의 진기한 사건이랄까, 목숨을 내건 끔찍한 일이었다. 기무라는 물론 군칸부교이므로 부하가 있지만, 그 부하라는 자들도 별로 가고 싶어 하지 않는데 마침 자진해서 가겠다고 하니, 사실은 상대방도 별난 녀석이라 생각하며 다행으로 여겼을 것이다. 그렇게 즉시 허락을 받아 나는 결국 수행원으로 참가하게 되었다.

우라가에 상륙하여 술을 마시다

간린마루의 출항은 만엔(萬延) 원년(1860) 정월의 일로, 시나가와를 출발하여 우선 우라가(浦賀)로 갔다. 일본에서 미국으로 사절이 간다니까, 미국에서는 마중하는 배를 보내 왔다. 일행은 포우하탄(Powhatan)이라는 그 군함을 타고 떠나기로 되어 있었는데, 포우하탄의 출발이 늦어지는 바람에 간린마루가 먼저 출항하여 우선 우라가에 정박했다. 그곳에서 재미난 일이 있었다. 배에 타고 있는 사람들은 모두 젊은이였던지라, 이제 일본과 이별이니 우라가에 상륙해 술을 한 잔 하자고 제안하는 자가 있었다. 모두 찬동하여 육지로 올라가 자야(茶屋) 비슷한 곳에 가서 엄청 술을 마셨다. 그리고 배로 돌아가면서, 나는 나쁜 손버릇을 참지 못하고 그 자야 복도의 선반 위에 있던 양치질 그릇 하나를 배 안에서 도움이 될 거라는 생각에 슬쩍 훔쳐왔다. 그때는 겨울이라, 출항하자 연일 거센 비바람이 몰아치는 통에 좀처럼 밥그릇에 밥을 담아 제대로 식사를 할 수 있는 상황이 아니었다. 그런데 내가 훔쳐온 양치질 그릇이 쓸모가 있었다. 그 안에 밥을 가득 담고 그 위에 국이며 반찬을 전부 담아 선 채로 먹는 것이다. 정말 어처구니없는 이야기지만 어찌나 편하던지 미국에 갔다가 돌아오는 항해 중에도 매일 사용했고, 결국에는 일본까지 갖고 와 한동안 내 집에서 나뒹굴고 있었다. 얼마 후에 듣자니까, 우라가에 상륙해서 먹고 마시던 곳이 작부집이었다고 한다. 그런 사실을 당시에는 몰랐지만, 그러고 보면 그 커다란 그릇은 매춘부의 양치질 그릇이었던 모양이다. 더러운 물건이지만, 항해 중에는 정말로 소중하게 사용한 유일한 보물이었으니 생각할수록 웃음이 나온다.

은화 낭패

배는 출항하여 북쪽으로 꽤 나아갔다. 간린마루는 100마력의 배라서 항해 중에 계속 석탄을 땔 수는 없었다. 항구에 도착할 때와 출항할 때만 석탄을 땔 뿐, 먼 바다로 나가면 범선이나 마찬가지였다. 다시 말해 석탄을 많이 실을 수 없으니, 석탄이 없으면 돛으로 가야만 하는 것이다. 그런 범선을 타고 태평양을 건너는데, 더구나 매일 폭풍이 치는 바람에 비상용 거룻배 네 척 가운데 두 척을 풍랑으로 잃어버리고 말았다. 그 당시 나는 함장의 부하였으므로 함장을 위해 항상 그의 주변을 정돈해주고 있었다. 함장은 선미 쪽의 방에 묵었는데, 어느 날 아침 평소처럼 방 정리를 위해 선미의 방으로 갔더니, 몇 백 장인지 몇 천 장인지도 모를 달러가 여기저기 흩어져 있었다. 아마도 달러를 담아 벽장 속에 두었던 돈자루가, 전날의 큰 폭풍으로 배가 격렬하게 요동치는 바람에 자물쇠도 소용없이 벽장문을 부수고 밖으로 튀어 나와 흩어져 버린 모양이었다. 이거 큰일이구나 싶어, 즉시 뛰쳐나와 뱃머리 쪽에 있는 공무 담당 요시오카 유헤이에게 그 사실을 보고했다. 그도 크게 놀라 현장으로 달려가서는, 나까지 가세하여 흩어진 달러를 자루에 주워 담아 원래대로 벽장에 넣은 적이 있다. 애당초 배 안에서 이런 일이 발생한 이유는 당시 외국환에 대해 전혀 무지했기 때문이다. 여행을 하려면 돈이 필요하다, 돈이 필요하다면 갖고 간다는 극히 단순한 생각에서 몇 만 달러인지도 모를 외화를 자루에 담아 선장의 방에 넣어 두었고, 그것이 태풍으로 인해 쏟아져 나오는 사태가 벌어진 것이다. 이쯤 되면 40년 전의 사정을 이해할 수 있을 것이다. 지금이라면 지극히 간단하다. 외국환으로 보내면 굳이 현금을 배에 싣고 갈 필요가 없지만, 상거래에 대한 개념이 부족한 옛날의 무가(武家)는 대체로 이런 식이었다. 항해 중에는 매일 폭풍이라 끊임없이 파도가 배 위로 몰아쳤다. 지금도 기억이 나지만, 갑판 밑에서 보면 천장에 사각형 창문이 있는데, 배가 기울 때마다 그 창문으로 대양의 거센 파도가 잘 보였다. 그 파도가 어마어마해서, 선체가 37~38도가량 기우는 일이 자주 있었다. 45도 기울면 가라앉는다고 하는데, 다행히 커다란 재난은 없이 오로지 목적지를 향해 항해를 계속했다. 항해 도중 보이는 것이라곤 아무것도 없는 가운데 단 한 번 범선(미국 상선 플로라(Flora)호)을 만난 적이 있다. 미국 배였는데, 중국인을 태우고 간다는 그 배 외에는 아무것도 보지 못했다.

감옥에서 대지진을 만난 느낌

결국 37일 만에 샌프란시스코에 도착했다. 나는 몸이 튼튼해서인지 항해 도중 무섭다는 생각은 한 번도 들지 않았다. 동승한 사람에게 장난삼아 "대수롭게 생각할 건 없어. 태어나서 지금껏 경험한 적은 없지만, 감옥에 들어가 있는 동안 매일 밤낮 없이 대지진이 일어난 거라고 생각하면 되잖아" 하면서 웃었을 정도니, 배가 가라앉는다는 생각은 전혀 하지 않았다. 서양에 대한 나의 신념이 뼈에 사무쳐 있었기 때문에 조금도 무섭다고 생각한 적이 없었다. 그런데 한번은 도중에 물이 부족해지자 하와이에 들를 것인가 말 것인가 하는 문제가 제기되었다. 참고 가면 하와이에 들르지 않아도 괜찮겠지만, 그래도 만일에 대비하여 하와이에 들러 물을 받아 가는 게 좋지 않을까 하는 것이었는데, 결국 하와이에 들르지 않고 샌프란시스코로 직행하기로 결정하고 물을 절약했다. 어쨌든 식수 외에는 물을 써서는 안되었다. 그런데 그 당시 사람들을 크게 감동시킨 일이 있었다. 그 배에는 미국인 선원이 너덧 명 있었는데, 그 선원들이 툭하면 물을 쓰기에, 캡틴 브루크에게 "선원들이 물을 너무 써서 곤란하다"고 말했다. 그러자 캡틴이 대답하기를 "물을 쓰면 즉시 총으로 쏴 죽여라. 그런 사람은 공동의 적이니 설득할 필요도 없고 이유를 물어볼 필요도 없다. 즉각 총살하라" 하는 것이었다. 따지고 보면 옳은 말이었다. 그리하여 선원들을 불러 모아서는, 물을 쓰면 총으로 쏴 죽일 테니 그렇게 알고 있으라고 말하여 물을 절약하게 되었고, 결국 물이 떨어지는 일 없이 그럭저럭 96명 전원이 무사히 미국에 도착할 수 있었다. 배 안의 혼잡은 손쓸 방도가 없을 정도였는데, 선원들은 모두 통소매의 제복을 입고 있었지만 신발은 짚신이었다. 짚신을 수백 수천 켤레나 비축해두고 있었던 모양이다. 배 안에는 물이 흥건했고, 날씨가 맑았던 것은 37일 동안 겨우 4~5일 정도였다. 정말로 배 안은 대단히 혼잡했다.(샌프란시스코에 도착하자 함장이 선심을 써서 선원들에게 장화를 한 켤레씩 사주어서 모양새는 많이 좋아졌다.)

일본인의 대담성

그러나 이 항해와 관련해 일본이 크게 자랑할 만한 일이 있었다. 애당초 일본인이 처음으로 증기선이란 것을 본 건 가에이(嘉永) 6년[*]이고,

---

[*] 1853년 6월 미국의 페리 제독이 '구로후네'(黑船)를 이끌고 우라가에 도착했다. 일본인들은 그때 처음으로 증기선이란 것을 보았다.

항해를 배우기 시작한 건 안세이 2년(1855)이다. 안세이 2년 나가사키에서 처음으로 네덜란드인에게 항해술을 전수받았고,* 그것이 성과를 맺어 배를 타고 외국으로 나가보자는 결정이 내려진 건 안세이 6년(1859) 겨울이었다. 즉 증기선을 눈으로 본 뒤로 7년, 항해술을 전수받기 시작한 지 5년째 되는 해에 결정을 내려, 드디어 이듬해인 만엔 원년(1860) 정월에 출항하게 된 것이다. 조금도 남의 손을 빌리지 않고 출항을 결단한 그 용기와 기량, 이것만큼은 일본의 명예로 전세계에 자랑할 만하다고 생각한다. 앞서 언급한 바와 같이, 항해 중에는 외국인 캡틴 브루크의 도움을 빌리지 않겠다며 측량도 일본인 스스로 했다. 미국인 역시 자기들끼리 측량을 했으므로 서로 측량한 것을 나중에 비교해보는 정도였지, 미국인의 도움을 받겠다는 생각은 추호도 없었다. 그 점만큼은 크게 자랑해도 좋으리라고 생각한다. 지금의 조선인, 중국인, 혹은 동양 전체를 살펴보아도 불과 5년 동안 항해술을 배워서 태평양을 횡단하겠다는 계획과 용기를 보인 경우는 결코 없을 것이다. 먼 옛날에 러시아의 표트르 대제가 네덜란드에 가서 항해술을 배웠다고 하지만, 그조차도 이런 일은 불가능했을 것이다. 표트르 대제가 아무리 천부적인 인걸(人傑)이었다 해도 당시의 러시아에 일본인처럼 대담하고 또 학문사상이 치밀한 사람은 별로 없었으리라고 생각된다.

미국인의 환영 축포

바다 위에서는 아무 탈 없이 샌프란시스코에 도착했다. 도착하자마자 현지의 유명인사들이 배까지 나와 축하의 뜻을 표명하며 환영해주었고 육지에는 구경꾼들이 구름같이 몰려 있었다. 이어서 육지에서 축포

---

* 나가사키 해군 전수의 제1기생은 1857년에 졸업했다. 제2차 전수도 실시되었지만 1859년에 중지되었다.

를 쐈는데, 간린마루에서도 여기에 응포를 해야만 했다. 이에 관련한 일화가 하나 있다. 가쓰 린타로라는 사람은 기무라 함장의 바로 아래 지휘관이었는데, 배에는 아주 약한지라 항해 중에는 거의 환자나 다름이 없어서 자기 방 밖으로 나오지도 못했다. 하지만 항구에 도착한 뒤에는 지휘관으로서 모든 일을 지시했는데, 축포문제가 발생하자 "그건 도저히 안된다. 어설프게 응포하려다가 실수하기보다는, 이쪽은 쏘지 않는 게 좋겠다"는 의견을 냈다. 그러자 조타수인 사사쿠라 기리타로가 "아니, 쏘지 못할 것도 없지. 내가 쏴볼게" 하며 나섰다. "헛소리하지 마. 너희들이 한다면 내 목숨을 내놓지" 하고 조롱을 당하자, 사사쿠라는 더욱더 물러서지 않았다. 무슨 일이 있어도 응포를 쏘겠다며, 수부들에게 지시하여 대포를 청소하고 화약을 준비한 뒤 모래시계로 시간을 측정하여 멋지게 응포를 쐈다. 그러자 이번에는 사사쿠라가 큰소리를 쳤다. "무사히 성공했으니 가쓰의 목숨은 내 거야. 하지만 항해 중에 여러 모로 필요하니 그 목숨은 당분간 본인에게 맡겨두지" 하며 배 안의 사람들을 크게 웃긴 적이 있다. 하여간에 축포만큼은 훌륭하게 발사했다.

결국 무사히 항구에 도착하자, 그쪽 사람들의 환영은 정말로 극진해서 더 이상 바랄 것이 없을 정도였다. 미국인의 입장에서 보면, 미국인이 일본을 처음으로 개국시키고 그 일본인들이 페리의 일본 내항으로부터 8년째 되는 해에 자신들의 나라로 항해하여 온 것이었으므로, 마치 자기 학교를 졸업한 학생이 취직을 해서 자신과 같은 일을 하는 것처럼 자기들이 그 실마리를 제공했다는 기분이었을 것이다. 그런 까닭에 일본인을 마치 손바닥에 올려놓기라도 한 듯이, 절대 불편함을 겪지 않도록 조치했다. 샌프란시스코에 상륙하자마자 마차로 마중을 나와 일단은 시내의 호텔에서 휴식을 취하게 해주었는데, 그 호텔에는 신원은 정확히 모르겠지만 그 고장의 주요 인사들이 잔뜩 몰려와서 갖

가지 접대와 향응을 제공했다. 또 샌프란시스코 근방의 메어아일랜드*
라는 곳에 해군항이 있었는데, 그 해군항 부속 관사를 간린마루 일행
의 숙소로 빌려주고, 배가 항해 중에 많은 손상을 입었다며 선거(船渠,
dock)에 넣어 수리를 해주었다. 체류 중에는 물론 상대편에서 식사를
전부 책임졌지만, 수부를 비롯한 일본인들이 양식(洋食)에 익숙하지
못한 관계로 아무래도 일본의 쌀밥이 아니면 못 먹겠다고 하기에 직접
만들어 먹기로 했다. 그런데 미국인들은 예전부터 일본인이 어류를 좋
아한다는 사실을 잘 알고 있어서 매일 생선을 가져다주었으며, 또 일
본인은 목욕하기를 좋아한다 하여 매일 목욕물을 데워주곤 했다. 그리
고 메어아일랜드라는 곳은 번화한 곳이 아니니, 때로는 샌프란시스코
에 오라며 권하기도 했다. 그래서 배를 타고 가면 호텔로 안내하여 향
응을 제공해주는 일이 자주 있었다.

양탄자에 놀라다

그런데 이쪽은 모든 면에서 익숙치 못했던지라, 이를테면 마차를 보는
것도 처음이라서 놀랐다. 차가 있고 말이 매달려 있으니 사람이 타는 마
차라고 알 수 있을 텐데도 언뜻 보아서는 알아차리지 못했다. 일단 문을
열고 들어가 앉고 말이 달리기 시작하면, 아, 이건 말이 끄는 차로구나
하고 비로소 깨닫는다. 그때 일본인들은 모두 칼을 차고, 바닥에 마(麻)
를 댄 짚신을 신고 있었다. 그런데 호텔†에 안내되어 가보니 양탄자가
깔려 있었다. 그 양탄자를 일본식으로 설명해보면, 사치를 아주 좋아하
는 사람이 돈을 주고 사방 한 치 정도 되는 것을 사서 지갑이나 담뱃갑
을 만들 정도로 진귀한 물건이었다. 그런 물건을 8첩(疊)# 내지 10첩이

---

* Mare Island. 이곳에 미해군 조선소가 있어, 미국정부는 항해 중에 심하게 파손된 간린마루를 이
  곳에서 무상으로 수리해주었다.
† 일행이 안내된 호텔은 International Hotel이었다.
# 다다미 한 장의 크기. 가로 90cm, 세로 180cm의 크기로 반 평에 해당한다.

나 되는 넓은 방 전체에 깔아놓고 구둣발로 걸어 다니니, 너무나 황당해서 정말로 놀랐다. 그런데 미국인들은 길거리를 걷던 신발을 그대로 신고 양탄자 위에 올라가길래 이쪽도 짚신을 신은 채 올라갔다. 그러자 먼저 술이 나왔다. 술병 마개를 열자 엄청난 소리가 나기에, 별일이 다 있다고 생각했는데 그건 샴페인이었다. 샴페인을 따른 컵 속에 떠 있는 물체가 무엇인지도 몰랐다. 따뜻한 3~4월에 얼음이 있으리라고는 상상조차 하지 못했던 것이다. 각자 앞에 놓인 컵의 술을 마시는데 그 모습을 보면, 나란히 앉은 일본인들 중에는 우선 컵에 떠 있는 물체를 입안에 넣었다가 깜짝 놀라서 내뱉는 자도 있었고, 그대로 입안에서 바작바작 씹어 먹는 자도 있었다. 그리하여 결국 컵 안에 얼음이 들어 있다는 사실을 깨달았다. 또 담배를 한 대 피우려 하는데 담뱃서랍도 없고 재떨이도 없기에, 나는 난롯불로 담배를 피웠다. 아마 성냥도 놓여 있었겠지만, 당시에는 성냥이 뭔지도 모를 때였다. 그런데 난로에서 불을 붙이기는 했지만 재떨이가 없으니 꽁초를 버릴 곳이 없었다. 그래서 품안에서 종이를 꺼내 그것으로 꽁초를 싸서, 꼼꼼히 비벼 불씨가 남지 않도록 꼭꼭 누른 뒤 소매 안에 넣었다. 잠시 후 다시 담배를 한 대 피우려고 할 때, 소맷자락에서 연기가 솟았다. 이게 웬일인가. 확실히 껐다고 생각한 꽁초의 불이 종이에 옮겨 붙어서 연기가 솟는 바람에 혼비백산한 일이 있다.

활달한 서생도 새색시처럼

모든 것이 이런 식이니, 나는 물론 시집을 가본 적이 없지만, 생소한 집에 살게 된 새색시가 낯선 사람들에 둘러싸여 극진한 환영인사를 받으면서 겪는 괴로움이 이런 것이겠구나 하고 대충 짐작할 수 있었다. 웃는 자도 있고 농담을 거는 자도 있는 가운데 혼자서 조용히 얌전을 빼며, 남들의 웃음거리가 되지 않겠다는 생각에서 오히려 당황해 얼굴을 붉히게 되는 새색시 말이다. 일본을 떠날 때까지는 천하독보(天下獨步), 안하무인, 무서울 게 없다며 거드름을 피우던 활달한 서생들이 처음으로 미국에 와서 새색시처럼 기가 죽은 것은 내가 생각해도 우스웠다. 한편 그쪽에서는 댄싱이라며 신사숙녀들이 모여서 춤추는 모습을 여러 차례 보여주었다. 하지만 구경을 해봤자 뭐가 뭔지 전혀 알 수 없었고, 기묘한 차림의 남녀가 방안을 뛰어다니는 모습은 그저 몹시 우스꽝스러울 뿐이었다. 하지만 웃으면 실례가 될 것 같아 가능하면 웃지 않고 보려고 노력했는데, 이것도 처음에는 몹시 힘들었다.

여존남비의 풍속에 놀라다

사소한 일도 이러하니, 일상적인 관습이나 풍속은 전혀 알 수가 없었다. 한번은 메어아일랜드 부근에 벌레이오(Vallejo, 메어아일랜드의 동쪽 연안에 해당)라는 곳이 있는데, 그곳에 살고 있는 네덜란드인 의사의 초청을 받았다. 네덜란드인은 아무래도 일본인과 인연이 깊기 때문에, 그 의사가 함장인 기무라를 초청하고 싶은데 오지 않겠냐고 한 것이었다. 그 의사의 집에 가보니, 그 고장에서는 제법 성공한 사람인 듯 상당히 맛있는 음식이 풍성하게 나왔다. 그런데 참으로 이상한 것은 부인이 나와서 자리에 앉아 손님을 접대하고, 남편은 열심히 뛰어다니며 시중을 드는 것이었다. 참으로 이상한 광경이었다. 일본과는 정반대였던 것이다. 주인 남자가 손님을 접대하고 부인이 시중을 드는 것이 당연한데, 이건 정말로 이상했다. 그때 나온 음식이 무엇인가 하면, 새끼 돼지 통구이였다. 이것도 놀라웠다. 정말로 말문이 막혔다. 마치 아다치가하라(安達ヶ原)*에 온 듯한 생각이 들었다. 실컷 대접을 받고 돌아오려는데, 말을 타겠냐고 물어왔다. 그거 잘 되었다. 오랜만에 한번 타

---

* 후쿠시마(福島) 현에 위치하며, 그곳의 구로즈카(黒塚)라는 곳에는 귀신이 살고 있다고 전해진다.

보겠다 대답하고는 그 말을 빌려서 타고 왔다. 함장 기무라는 에도의 하타모토라서 말을 능숙하게 탄다. 에도에 있으면 매일 말을 타야만 했다. 그래서 말을 타고 마구 달리자 미국인들은 놀라며, 일본인이 말 타는 법을 알고 있다는 사실이 신기하다는 듯한 표정을 지었다. 결국 피차 서로의 사정을 전혀 몰랐던 것이다.

격화소양(隔靴搔癢)의 설명
그리고 미국인의 안내로 이곳저곳 공장을 구경했다. 당시는 샌프란시스코 지역에 아직 철도가 부설되지 않은 시절로, 공업과 관련해서는 각종 공장이 있어 그것을 보여주었다. 몹시 기묘하게 여겨진 것은 전기를 이용한 전등은 없어도 전신은 있었다는 점이다. 그리고 갈바니* 도금법이라는 것이 실제로 행해지고 있었다. 미국인들의 생각에는 일본인들이 꿈에도 생각하지 못할 것이다 싶어 보여줬겠지만, 사실은 이쪽도 잘 알고 있었다. 이것은 전신이다, 이것은 갈바니의 방식에 의해 이렇게 하고 있다는 등의 설명을 해주었다. 또 설탕공장에서는 커다란 솥을 진공상태로 만들어 빨리 끓게 하는 방법을 사용하고 있었다. 그런 것을 일일이 설명해주었는데, 진공상태에서 빨리 끓는다는 사실 정도는 이쪽도 이미 알고 있었다. 또한 그 설탕을 깨끗하게 만들기 위해서는 골탄으로 거르면 된다는 사실도 잘 알고 있었다. 상대방은 이쪽이 그런 것을 전혀 모르리라 생각하고 상세히 설명해주었겠지만, 이쪽은 일본에 있는 동안 수년간 그런 것만 연구해왔으므로 그런 게 전혀 놀랍지 않았다. 단지 놀란 것은 쓰레기장에 가보아도, 바닷가에 가보아도 철이 많다는 점이었다. 석유통이며 빈 통조림 깡통 등이 잔뜩 버려져 있었다. 그 점은 신기했다. 에도에서는 화재가 발생하면 불에 탄 자리에서

---

* Luigi Galvani. 1737~1798. 전류의 존재를 발견한 이탈리아의 물리학자.

못을 주우려는 사람들이 북새통을 이룬다. 그런데 미국에 가보니, 철이 마치 쓰레기처럼 버려져 있어 정말로 신기하다는 생각이 들었다.

또한 물가가 비싼 것에 놀랐다. 굴 한 병을 사니 반 달러, 몇 개가 들어 있나 하고 보니 20~30개 정도밖에 없다. 일본에서는 24~32몬 정도인 굴이 미국에서는 1부 2슈나 하는 셈이니, 정말로 물가가 비싼 곳이라는 생각이 들었다. 하지만 정치·경제·사회 등과 관련된 것은 전혀 이해할 수 없었다.

워싱턴의 자손들에 관해 묻다

한번은 문득 머리에 떠오르는 의문이 있어 누군가에게 물었다. 지금 워싱턴*의 자손들은 어떻게 지내고 있느냐는 것이었다. 그러자 워싱턴의 자손으로는 여자가 있을 것이다, 지금 어떻게 지내고 있는지는 모르지만 좋은 집안에 시집갔다는 소문이 있다 하고 냉담하게 대답할 뿐 대수롭지 않게 여기는 것이었다. 참으로 이상한 일이었다. 물론 나도 미국이 공화국이고 대통령은 4년마다 교체된다는 사실을 잘 알고 있었지만, 워싱턴의 자손이라면 대단한 사람일 것이라고 생각했다. 머릿속에 미나모토 요리토모(源賴朝)†나 도쿠가와 이에야스(德川家康)#가 떠올라 그에 상당하는 인물을 찾아내 물어본 것인데, 그런 반응을 보이니 정말로 이상하다고 생각했던 일이 지금도 기억난다. 과학문명에 관해서는 조금도 주눅이 들지 않았지만, 사회생활에 관해서는 전혀 감을 잡을 수 없었다.

언젠가는 메어아일랜드의 군항에 근무하는 캡틴 맥두걸이란 사람이 일본 화폐를 보고 싶다고 했다. 우리 함장은 미리 그런 요구에 대비해

* George Washington. 1732~1799. 미국의 초대 대통령.
† 1147~1199. 가마쿠라(鎌倉) 막부의 초대 쇼군.
# 1542~1616. 에도 막부의 초대 쇼군.

마련을 해두었는지 갖가지 금은화를 갖고 있었다. 그래서 게이초고반(慶長小判)*을 비롯해 만엔 연중까지 발행된 화폐를 모아 캡틴에게 보냈다. 그런데 신기하다는 소리만 연발할 뿐, 보물을 받았다는 기색은 조금도 얼굴에 나타내지 않았다. 이튿날 아침이 되자 부인이 "어제는 정말 감사했습니다" 하며 꽃을 갖고 왔다. 나는 그를 안내하며 혼자 은근히 감동했다. 사람이란 이렇게 행동해야 한다, 정말로 마음 됨됨이가 고상하다, 금은을 받았다고 해서 마구 기뻐하는 것은 천박한 행동이다, 바로 이렇게 행동해야 한다 하는 생각에 크게 감동했다.

군함 수리비를 요구하지 않다

앞에서도 말했듯이 미국인은 우리를 정말로 성의껏 대접해주었다. 군함을 도크에 넣고 수리해주었을 뿐 아니라, 승무원들이 긴요하게 사용할 수 있는 상자를 만들어주는 등 친절을 베풀었다. 드디어 모든 준비가 완료되어 출항하게 되었을 때, 군함 수리비 및 기타 비용을 지불하겠다고 하자 상대방은 그저 웃기만 했다. 수리비라니 무슨 소리냐는 식이라 어쩔 수가 없었다. 아무래도 수리비를 받을 생각이 없는 것 같았다.

처음으로 일본에 영어사전을 들여오다

그때 나의 통역을 담당한 나카하마 만지로(中浜万次郎)†라는 사람과 둘이서 『웹스터 사전』#을 한 권 사 왔다. 이것이 일본에 처음으로 들여

---

* 게이초 6년(1601)부터 에도 막부가 1부금과 동시에 발행한 장방형 금화. 한 냥으로 통용되었다.
† 1828~1898. 열네 살 때 폭풍을 만나 난파하여 무인도에 표착했다가, 반년 후 미국 포경선에 구출되어 미국으로 건너가 교육을 받았다. 가에이 4년(1851)에 귀국, 훗날 막부의 부름을 받고 번역과 통역 일을 담당하며 막말과 메이지 초기의 국사에 많은 공헌을 했다.
# 당시 두 사람이 사 온 『웹스터 사전』은 이와자키 가쓰미(岩崎克巳)의 연구에 의해 다음과 같은 축소판이라는 사실이 밝혀졌다. N. Webster: An explanatory and pronouncing dictionary of the English language. With synonyms. Abridged from the American dictionary of Noah Webster. By Wiliam G. Webster, assisted by Chauncey A. Goodrich. With numerous useful tables. New York, Mason Brothers, 1850. 8, 490pp.

온 웹스터라는 사전이다. 이 사전을 구입하고 나자 더 이상 볼일도 없기에 순조롭게 출항하여 돌아왔다.

의용병

두 번째로 미국에 갔을 때, 캡틴 브루크와 재회하여 8년 만에 들은 이야기가 있다. 일본의 간린마루가 처음 미국에 도착했을 때, 샌프란시스코에서는 여러 의견이 분분했다고 한다. 이번에 일본의 군함이 왔으니 성대하게 접대해야겠다는 생각에, 캡틴 브루크가 그곳의 육군 출장소로 가서 그 뜻을 전하자, 워싱턴에 물어봐야 한다는 것이었다. "그럴 여유가 없으니, 일단은 출장소 독단으로 결정하라"고 건의해도 좀처럼 결론이 내려지지 않자, 다소 화가 난 캡틴은 "정부측에서 못하겠다면, 이쪽에서 다른 수를 쓰겠다" 하고는, 방향을 바꾸어 샌프란시스코의 의용병*에게 문의했다. 어떠냐, 이런 일이 있는데 접대하지 않겠느냐고 하자, 의용병들은 크게 기뻐하며 즉시 준비를 시작했다. 그런데 이 의용병은 평소에는 군인이 아니라 대장은 의사, 소장은 염색업소 주인 등으로 구성되어 있었다. 하지만 제대로 군복도 갖추고 총을 비롯한 무기도 완비하여 일요일이나 한가할 때 혹은 달밤에 훈련을 한다. 갑자기 전쟁이 발발하면 출정할 뿐, 평화시에는 그저 젊은이들의 취미생활이니 모처럼 장만한 군복을 좀처럼 입을 일이 없었다. 그러던 차에 캡틴 브루크의 설명을 듣고는 천재일우의 호기다 싶어 멋지게 군복을 차려입고 간린마루를 환영해준 것이라는 이야기였다.

하와이 기항

축포와 함께 순조롭게 샌프란시스코를 출범하여 이번에는 하와이에

---

* 미국의 주방위군(militia)을 말하는 것 같다.

기항하기로 했다. 미국에서 수부를 두세 명 데려오기는 했지만 캡틴 브루크는 그들과 동행하지 않았다. 그래서 순수한 일본인만으로 어떻게든 하와이를 찾아내 그곳에 기항하고 4~5일간 체류했다. 체류 중 목격한 하와이 풍속에 관해서는 새삼스럽게 언급할 필요가 없을 것이다. 왜냐하면 30년 전의 하와이도 지금과 다를 바가 없었기 때문이다. 그곳 토인들의 풍속은 몹시 지저분해서 야만인이라고 할 수밖에 없었다. 국왕도 만났는데, 국왕폐하*라고 하면 대단한 것 같아도 직접 보니 대수로울 게 없었다. 부부동반으로 나온 모습을 보니, 국왕은 단지 나사(羅紗)로 만든 옷을 입고 있을 뿐이었고, 저택도 일본으로 치면 중산층 정도의 양옥이었다. 또 보물을 보여준다기에 뭔가 하고 보니 새털로 만든 깔개를 갖고 와서, 이것이 가장 소중한 보물이라고 하는 것이었다. 게다가 국왕의 동생이 장바구니를 들고 장을 보러 가는 정도였으니, 마치 어부들의 우두머리나 다름없었다.

소녀의 사진

하와이에서 석탄을 싣고 출항했다. 그 당시의 일화가 있다. 나는 앞서 언급한 것처럼 성격상 화류계에서 즐기는 짓은 절대 하지 않을 뿐 아니라 그런 불순한 이야기를 입에 담아본 적도 없다. 동행한 사람들은 그런 나를 묘한 녀석이라고 생각했을 것이다. 그런데 하와이를 떠나던 그날, 내가 승선한 사람들에게 사진†을 꺼내 보여주었다. "이 사진을 좀 봐." 그게 바로 이 사진이다.(그 사진이 여기 있다며 후쿠자와 선생이 필기자에게 내민 것을 보니, 40년 전의 후쿠자와 선생 곁에 서 있는 사람은 열대여섯 살가량의 소녀였다.) 그런데 이 소녀가 게이샤인지 매춘부인지 그냥 소

---

* 당시 하와이는 독립왕국으로서 카메하메하(Kamehameha) 4세의 치세였다.
† 유리에 인화하여 장식 상자에 넣은 사진으로, 사진관의 이름과 주소는 WM SHEW 113 MONTG. Y. ST. SAN FRANCISCO라고 되어 있다.

녀인지, 그 당시에 다른 사람들은 알 턱이 없었다. "너희는 샌프란시스코에 오랫동안 체류하고 있었지만, 부녀자와 나란히 다정하게 사진을 찍지는 못했지? 자, 어때? 하루종일 입으로만 쓸데없는 소리를 지껄이면서 실행을 못하면 아무 소용없잖아?" 하고 한바탕 약을 올려줬다. 그녀는 사진관 주인의 딸로 나이는 열다섯이라 했다. 그 사진관에는 이전에도 간 적이 있었다. 비가 내리는 날이었는데, 나 혼자 갔다가 마침 소녀가 있기에 "함께 사진 찍지 않겠니?" 하고 물었더니, 미국소녀답게 아무런 거리낌없이 "찍어요" 해서 함께 찍은 것이었다. 이 사진을 보이자 배 안의 젊은 사관들은 크게 놀라고 분해했지만 어쩔 수 없었다. 사실은 샌프란시스코에서 이런 이야기를 꺼내면 금방 따라하는 자가 있을 것 같아 잠자코 있다가, 마지막으로 하와이를 출항하여 미국영토를 완전히 벗어난 뒤에야 보여주고는 장난삼아 잠시 놀려준 것이었다.

부재중 발생한 사쿠라다 사변*

돌아올 때는 남쪽을 통과했던 듯하다. 갈 때와 달리 바다는 아주 잠잠했다. 그해에는 윤달이 있었는데, 윤달을 넣어서 5월 5일 오전에 우리는 우라가에 도착했다. 우라가에서는 반드시 닻을 내려야 했다. 항해하는 동안 수십 일간 목욕도 하지 못하고 간신히 양치질이나 할 수 있을 정도였으니, 몸은 더럽고 머리는 엉망이었으므로 다른 일은 제쳐두더라도 사카야키를 밀고 목욕을 해야 했다. 그래서 우라가에 도착하자마자 작은 배를 타고 육지로 올라가니, 기무라를 환영하는 무리가 수십일 전부터 우라가에 대기하고 있었다. 기무라의 부하 중에 시마 야스타로(島安太郎)라는 요닌(用人)†이 있었는데, 그가 해안까지 마중을

---

* 정식 명칭은 '사쿠라다몬가이의 변'(櫻田門外の變). 이해 3월 3일 백주에 미토의 로닌들이 사쿠라다몬가이에서 다이로(大老, 에도 막부 최고위직) 이이 나오스케(井伊直弼)를 살해한 사건.
† 에도 시대에 다이묘나 귀족의 집에서 금전출납 및 잡무를 관장하던 직책.

나왔기에 내가 가장 먼저 육지로 올라가 그를 만났다. 정월 초에 미국으로 출항해서 우라가에 도착할 때까지 아무런 연락도 없었다. 우편도 없거니와 선편도 없었다. 불과 6개월* 동안이었지만 고향소식을 전혀 듣지 못했으니 거의 6년간 만나지 못한 느낌이었다. 우라가의 해안에서 시마를 만나 "정말 오랜만이야. 그런데 일본에는 별일 없었나?" 하고 묻자, 시마 야스타로는 안색이 변하며 "있었지, 있었고 말고. 일본에 큰일이 있었지" 하였다. 그때 내가 "잠깐, 시마씨 기다려줘. 말하지 마. 내가 맞춰볼게. 큰일이라면 미토(水戶)의 로닌(浪人, 직업이 없는 떠돌이 무사)들이 가몬(掃部)†님의 저택에 쳐들어간 것과 비슷한 사건 아니야?" 하고 말하자, "어떻게 당신이 그걸 알고 있는 거야? 어디서 누구에게 들었어?" 하며 시마는 깜짝 놀란다. "그 정도는 남에게 듣지 않아도 알 수 있지. 내가 예상하기에 그런 일이 아닐까 싶네." "아니, 정말 놀라워. 저택에 쳐들어간 정도가 아냐. 사실은 이런 일이 있었거든" 하며 사쿠라다 사변을 들려줬다. 그해 3월 3일 사쿠라다에서 큰 소동이 있었으므로 그 이야기를 해준 것이다. 세상의 치안이란 빤한 것이라서, 내가 떠나기 전의 세상 분위기로 추측하건대 아무래도 소동이 있을 법하다는 생각이 들어 우연히 맞춘 것이었지만 정말로 신기했다.

그 전해부터 서서히 양이(攘夷, 막부 말기의 외국인 배척운동)설을 들먹이는 추세가 시작되고 있었다. 미국 체류 중에 함장이 장난감 삼아 사온 양산을 보고 진기한 것이라며 모두들 모여 이리저리 만져보면서, 이런 대화를 나눈 적이 있었다. "어때, 이걸 일본에 갖고 가서 쓰고 다닌다면?" "아니, 그야 뻔하지. 신센자(新錢座)의 함장님 저택에서 니혼바시까지 가는 도중에 로닌의 칼에 맞아 죽을 거야. 일단은 집 안에서

---

* 1월부터 5월까지 윤달까지 포함하여 6개월이다.

† 궁내성(宮內省)에 소속되어 청소 및 설영(設營) 업무를 담당하며, 의식이 거행될 때는 식장의 설비를 맡는 부서. 여기서는 그 부서의 장으로 아코 로닌들에게 살해당한 기라 요시나가(吉良義央)를 말한다.

가끔 펴보는 것 외에는 쓸모가 없는 물건이로군." 대충 이런 세태였는데, 귀국 후에는 나날이 양이론(攘夷論)이 거세졌다.

막부에 고용되다

미국에서 돌아온 후로 숙생들도 점차 늘어 예전처럼 강의를 했다. 미국에 간 것을 계기로 그곳에서 현지인들과 교제하며 영서(英書)만 공부했던 나는 귀국 후에도 가능하면 영서를 읽었으며, 생도들에게도 난서는 가르치지 않고 오로지 영서만 가르쳤다. 그런데 영서는 어려워서 아직 자유자재로 읽을 수가 없었다. 그러니 의지할 것이라곤 영난 대역사전뿐이었다. 강의라고는 하나 사실은 배우듯이 가르치며 사제가 함께 공부하던 중, 나는 막부의 외국방에 고용되었다. 임무는 외국의 공사·영사로부터 정부의 각료 또는 외교관 앞으로 오는 편지를 번역하는 일이었다. 당시 일본에는 영어나 불어 문장을 읽을 수 있는 사람도 쓸 수 있는 사람도 없었으므로, 세계 각국의 공사·영사들이 보내오는 공문서는 반드시 네덜란드어 역문을 첨부하는 것이 관례였다. 하지만 막부 사람들 중에 외국문자를 읽을 수 있는 사람이라곤 하나도 없으니, 어쩔 수 없이 우리 같은 배신(陪臣, 막부 직속이 아니라 다이묘의 부하) 중에서 난서를 읽을 수 있는 자를 고용하여 업무를 처리하도록 했다. 고용되고 보니 자연히 나에게도 이득이 있었다. 영국공사나 미국공사에게서 온 편지는 원문이 영문이라서, 네덜란드어 역문이 첨부되어 있었다. 어떻게든 그 번역문을 보지 않고 직접 영문을 번역해봐야지 하는 생각에서 시도를 해봤는데, 모르는 부분은 네덜란드어 역문을 보면 알 수 있으므로 제법 영어공부에 도움이 되었다. 또 막부의 외무성에는 당연히 서적이 있었는데, 그 중에 갖가지 영문원서도 있었다. 출근해서 읽는 것은 물론 빌려서 집으로 가져 올 수도 있었으니, 결국 막부에 고용된 것은 나에게 큰 도움이 되었다.

유럽 각국에 가다

내가 미국에서 돌아온 것은 만엔 원년(1860)으로, 그해에 『화영통어』(華英通語)*라는 책을 번역하여 출판한 적이 있다. 귀국 후 2~3년간은 남에게 영어를 가르치는 것보다 나 자신의 영어연구가 우선이었다. 그런데 분큐 원년(1861) 겨울, 일본에서 유럽 각국으로 사절을 파견†하게 되자, 나는 그 사절을 따라갈 수 있는 기회를 얻었다. 이전에 미국에 갈 때는 남몰래 기무라 셋쓰노카미에게 부탁해서 그 종복의 자격으로 따라갔지만, 이번에는 막부에 고용되어 유럽행을 명받았으니 당연히 어엿한 관리라는 느낌이 들었고, 돈도 400냥쯤 받았던 것으로 기억한다. 여행 중에는 모든 것이 관비로 충당하고, 수당으로 400냥까지 받았으니 아무 걱정이 없었다. 나는 원래 평소에 그다지 돈을 많이 쓰는 사람이 아니어서, 불필요한 곳에 돈을 쓰는 일은 결코 없었다. 400냥 중에서 100냥은 고향의 어머니에게 보내드렸다. 미국에서 돌아와 아직 고향에 어머니의 안부를 물으러 가지도 않았는데 또다시 유럽에 가

---

* 청나라 사람 자경(子卿)이 편집한 영어와 중국어의 대역 단어단문집으로, 이 책을 샌프란시스코에서 구입한 후쿠자와는 영어발음에 가나로 토를 달고 일본어역을 삽입하여 『증정화영통어』(增訂華英通語)라는 제목으로 만엔 원년에 출간했다. 이것이 후쿠자와 최초의 역저서이다. 이 책에서 후쿠자와는 영어발음을 일본어로 표기하기 위해 새로운 가타카나 문자를 발명하기도 했다.

† 막부는 개항 연기를 담판짓기 위해 다케우치(竹內) 시모쓰케노카미(下野守)를 정사로 임명하여 유럽 각국에 파견하기로 결정했다. 이 일행은 이듬해인 분큐 2년 말에 귀국했다.

게 되었으니, 어머니에게는 몹시 죄송스럽게 생각하고 있었다. 더욱이 내가 미국을 여행하던 중에 고향 나카쓰 사람들이 유키치가 미국에서 객사했다는 둥 갖가지 헛소문을 만들어냈다. 심지어 어떤 친척은 어머니에게, 정말로 유감스러운 일이지만 유키치가 결국 미국에서 죽어 그 시신을 소금에 절여 에도로 운반해 왔다는 둥, 겁을 주려는 건지 놀리려는 건지 모를 소리까지 해서 어머니를 조롱했다고 한다. 잠자코 있을 수밖에 없었지만, 어머니께는 몹시 죄송한 일이었다. 돈을 보냈다고 해서 보상이 될 일은 아니지만, 100냥이니 200냥이니 하는 돈은 태어나서 아직까지 본 적이 없는 금액이었으므로 그것이라도 보내드려야겠다는 생각에, 막부로부터 받은 돈의 일부를 보낸 것이었다.

유럽으로는 분큐(文久) 원년(1861) 12월에 출항했다. 이번에 타고 간 배는 일본사절을 위해 영국이 보내준 오딘(Odin)이라는 군함이었다. 그 군함을 타고 홍콩, 싱가포르 같은 인도양 항구들에 기항한 뒤, 홍해로 들어가 수에즈에 상륙해서는 기차를 타고 이집트 카이로에 도착해서 이틀 밤을 묵었다. 거기서 다시 지중해로 나와 배를 타고 프랑스의 마르세유로 향했다. 마르세유에서 기차로 리옹에 가서 1박을 하고, 파리에 도착해서는 약 20일간 머물렀다. 사절의 임무를 마치고 파리를 떠나 영국을 거쳐 네덜란드로, 네덜란드에서 프로이센의 수도 베를린으로 갔다가 베를린에서 러시아의 페테르부르크*로 갔다. 그곳에서 다시 파리로 돌아와, 프랑스에서 배를 타고 포르투갈로 갔다가 지중해로 들어가 원래의 항로를 따라 귀국했다. 그 동안 대략 1년이 걸려, 분큐 2년(1862)의 세밑이 가까워서 일본에 돌아왔다.

그런데 이번 여행에 관해 말하자면, 나도 이때는 이미 영서를 읽고 영어로 이야기할 능력을 그럭저럭 갖추고 있었고, 또 앞에서도 말했듯

* 오늘날의 상트페테르부르크.

이 돈도 약간 있었지만 그 돈을 쓸 곳이 없었다. 일본을 떠날 때 지극히 평범한 복장을 차려 입었을 뿐이었는데, 당시는 물가가 싸서 그렇게 많은 돈은 필요가 없었으므로 그 남은 돈을 모두 갖고 가서, 런던 체류 중에 다른 것은 제쳐놓고 오로지 영서만 사 갖고 왔다. 이것이 일본에 영서를 수입한 최초의 일로, 그로 인해 일본에서도 영서를 자유로이 사용하게 되었다.

그곳을 순회하면서 관찰·견문한 것도 수없이 많지만, 그 이야기는 뒤로 미루고 우선 사절 일행의 명단을 소개하면 다음과 같다.

다케우치 시모쓰케노카미(竹內下野守): 정사(正使)

마쓰다이라 이와미노카미(松平石見守): 부사(副使)

교고쿠 노토노카미(京極能登守): 오메쓰케(御目付, 주위의 소행을 감독하는 직책)

시바타 사다타로(柴田貞太郎): 구미가시라(組頭)

히다카 게이자부로(日高圭三郎): 오칸조(御勘定, 경리 담당)

후쿠다 사쿠타로(福田作太郎): 오카치메쓰케(御徒士目付, 경호 담당)

미즈시나 라쿠타로(水品樂太郎): 시라베야쿠(調役, 조서 담당)

오카자키 후지사에몬(岡崎藤左衛門): 시라베야쿠

다카시마 유케이(高島祐啓): 한방의

가와사키 도민(川崎道民): 고용의사

마시즈 슌타로(益頭駿太郎): 고후신야쿠(御普請役, 토목공사 담당)

우에다 유스케(上田友介): 조에키모토지메(定役元締, 노역을 총괄하는 직책)

모리 하치타로(森鉢太郎): 조에키(定役, 노역 담당)

후쿠치 겐이치로(福地源一郎): 통역

다치 고사쿠(立廣作): 통역

사이토 다이노신(齋藤大之進): 도신(同心, 잡무를 담당하는 하위직)

다카마쓰 히코사부로(高松彦三郎): 오코비토메쓰케(御小人目付, 비상시를 위해 대기하는 직책)

야마다 하치로(山田八郎): 오코비토메쓰케

마쓰키 히로야스(松木弘安): 번역 담당

미쓰쿠리 슈헤이(箕作秋坪), 후쿠자와 유키치: 번역 담당

여행 준비물과 실수 연발

그 외에도 세 명의 사절에 부하가 두세 명씩 수행했으며, 취사 담당도 6~7명 있었는데 그 중에는 제번(諸藩)의 은밀한 부탁으로 승선한 어엿한 무사도 있었다. 마쓰키, 미쓰쿠리, 후쿠자와 세 사람은 일단 역인이라 할 수 있었지만, 원래는 다이묘의 부하로서 소위 배신(陪臣)의 신분이므로 일행 중 가장 말단이었다. 총인원은 약 40명, 모두가 일본 전통의상에 칼을 차고 파리, 런던을 활보했으니 웃음이 절로 나온다. 일본을 출발하기 전, 외국에 가면 음식이 입에 맞지 않는다 하여, 흰쌀을 상자에 넣어 수백 상자의 식량을 준비했다. 또 여행 중의 야영에 대비한다며, 복도에 켜는 가로·세로 2자 크기의 사방등 수십 개를 철망으로 만들어 갔다. 그 외에도 제등(提燈), 촛대, 등롱, 양초에 이르기까지 모든 것을 장만하여 배에 실으니, 그 모습은 마치 다이묘가 도카이도(東海道)*를 지나며 숙역(宿驛)의 혼진(本陣)†에 머무르는 것과 비슷한 느낌이었다. 그리하여 드디어 파리에 도착하니, 상대측에서 접대원이 마중을 나왔다. 일단 인사를 끝낸 뒤, 우선 이쪽의 바람은 수행원도

---

* 각 지역을 잇는 가도. 가마쿠라 시대에는 교토와 가마쿠라를 잇는 가도로 급속히 발달했고, 에도 시대에는 5대 가도 중 하나로 교토와 에도를 연결, 53개의 역참이 있었다. 현재는 국도 1호선으로 이용되고 있다.

† 에도 시대의 역참에서 다이묘·구게(公家)·구교(公卿)·막부고관 등이 머무르는 공인(公認)의 대규모 여관. 혼진에 묵지 못하는 신하들이 묵는 곳은 게슈쿠(下宿)라 했다.

많고 짐도 많으니 가능하면 게슈쿠(下宿)는 혼진 가까이에 부탁한다고 했다. 다시 말하면 모든 면에서 낯설고 불안하니 일행들을 사절 가까이에 두고 싶다는 뜻이었을 것이다. 그러자 접대원은 다 승낙했다. 우선 인원수를 물어보기에 총 30여 명이라고 했더니, 그 정도의 인원이면 여관 한 곳에 열 팀이건 스무 팀이건 모실 수 있다고 하는 것이었다. 무슨 소리인지 도통 이해할 수 없었다. 그리하여 안내원을 따라서 간 여관은 파리 왕궁 가까이 있는 '호텔 드 루브르'(Hotel de Louvre)라는 광대한 곳이었다. 5층 건물에 객실 600개, 종업원이 500여 명으로, 손님을 1천 명 정도는 받을 수 있다는 것이었다. 너무나 넓어 일본사절은 어디에 묵고 있는지도 알 수 없을 정도였다. 여관 내부의 복도에서 길을 잃어버리지나 않을까, 우선은 그것이 걱정이었다. 각 방에는 따뜻한 공기가 흐르는데 난로도 증기도 없었고, 무수한 가스등이 실내와 복도를 비추어 해가 지는 것도 알 수 없었다. 식당에는 산해진미를 늘어놓아, 아무리 서양을 싫어하는 사람도 먹는 것에는 군소리 하지 않고 모두들 기뻐하며 음미했다. 그러니 처치 곤란한 것은 일본에서 짊어지고 온 준비물이었다. 호텔 복도에 사방등을 켤 수도 없고 호텔 식당에서 쌀밥을 지을 수도 없으니, 결국에는 쌀을 비롯한 각종 도구 일체를 접대 담당의 말단인 란베야라는 사내에게 줬는데, 생각해보면 주는 사람이 오히려 감사해 했다는 게 우습다.

　모든 게 이런 식이니 우리 일행의 실패담을 늘어놓자면 끝이 없다. 시가와 슈가를 구분하지 못해 담배를 사러 갔다가 설탕을 사 온 자도 있었고, 의사가 인삼으로 생각하고 사 온 것이 생강가루였던 적도 있다. 또한 세 사절 중 한 사람이 변소에 가면 부하가 촛대를 들고 동행하여 변소의 이중문을 활짝 열고, 어르신이 안쪽에서 일본식으로 용변을 보는 동안 부하는 하카마를 입은 채 어르신의 칼을 들고 변소 밖 복도에서 당당하게 지켰다. 그런데 그 복도는 여관 전체의 공용이므로 남녀의 왕래가 빈번할 뿐 아니라 변소 안팎으로 가스 불빛이 대낮보다 밝으니 그야말로 가관이었다. 마침 그곳을 지나던 나는 어이가 없어, 우선 밖에서 출입구를 가로막고 아무 말 없이 문을 닫은 뒤 그 부하들을 차분히 설득한 적이 있다.

유럽의 정치상황

정치적 문제에 관해서는 런던, 파리 등에 체류 중 여러 사람들과 만나 갖가지 이야기를 들어도 애당초 그 배경을 모르니 제대로 이해할 수 없었다. 당시는 프랑스의 나폴레옹 3세가 유럽 제일의 정치가로서 각광을 받으며 대단한 세력을 떨치고 있었지만, 인접국인 프로이센도 떠오르는 해와 같은 기세의 신흥국가로 방심할 수 없었다. 오스트리아와의 전쟁이나 알자스, 로렌 등에 관한 것도 국제문제로, 언젠가는 이러저러한 변란이 발생하리라는 게 정치문제에 밝은 사람들이 예측하는 바였으며, 내 일기와 메모에도 군데군데 그런 기록이 있다. 런던에 있을 때, 어느 교회의 사람이 교회이름으로 의원에게 건의했다면서 그 초고를 일본사절에게 보내왔다. 내용인즉슨 재일본 영국공사 올콕*이 신흥국가인 일본에서 극심한 횡포를 부린다, 마치 무력으로 정복한 국민을 대하듯 한다 운운하며 각종 증거를 들어 공사의 죄를 비난하고 있었다. 그 증거의 하나로 공사 올콕은 일본 국민이 신성한 장소로 숭배하는 시바(芝)의 산나이(山內)†에 말을 타고 진입하는 등, 형언할 수 없을 정도로 무례한 짓을 저질렀다고 비난하는 내용도 있었다. 나는 이 건의서를 보고 가슴이 아주 후련했다. 과연 이 세상은 악당들만 있는 게 아니다. 이제까지 외국 정부의 태도를 보면 일본의 약점을 파고

---

*Sir Rutherford Alcock. 1809~1897. 안세이 5년(1858) 일본 주재 영국 총영사가 되고, 이듬해에 공사가 되어 겐지(元治) 원년(1864)까지 재임했다.
† 도쿄 미나토(港) 구 시바 공원에 있는 조조지(增上寺) 경내를 말한다. 도쿠가와 일가의 사당이 있다.

들어 일본인의 불문살벌(不文殺伐, 미개하고 거칠게 행동함)을 틈타 갖가지 무리한 시비를 걸어오는 바람에 몹시 난처했다. 그런데 그 본국에 와보니 사람들이 무척 공명정대하고 온순하다는 생각이 들어, 내 평생의 소신인 개국일편(開國一遍)의 설을 견고히 한 적이 있다.

토지매매는 자유롭게
각국을 순회하며 받은 융숭한 대접은 네덜란드가 최고였다. 300년간 특별한 관계를 유지해온 사이이니 당연한 일이라 하겠다. 특히 나를 비롯하여 동행자들 중에서 서양문자를 읽는 사람들은 모두 네덜란드 문자를 알고 있었기에, 언어로 말하자면 유럽에서 제2의 고향에 온 셈이라 자연히 마음이 편안했다. 그런데 네덜란드 체류 중에 이런 일이 있었다. 어느 날 우리 사절이 암스테르담에 가서 그곳 유지들과 만나 잡담을 나누던 중에 "이 암스테르담의 토지는 마음대로 매매할 수 있는가?" 하는 질문이 나왔다. 그러자 상대방의 대답은 "원래 자유자재로 할 수 있다"는 것이었다. "외국인에게도 파는가?" "가격이 맞는다면 누구에게나 얼마든지 판다." "그렇다면 여기에 외국인이 큰 자본을 투자해 넓은 토지를 매입하고 거기에 성곽포대를 짓는다 해도 괜찮은가?" 그러자 상대방은 기묘한 표정을 지으며 "그런 건 이제까지 생각해본 적이 없다. 아무리 영국이나 프랑스 같은 나라에 부자가 많다고 하지만, 다른 나라의 토지를 사서 성을 짓는 어리석은 사람은 없을 것이다"라고 대답하는 것이었다. 결국 쌍방 모두 납득하지 못한 눈치였다. 그런 모습을 보니 정말 웃음이 나왔지만, 당시 일본의 외교정략은 대체로 그런 식으로 추진되었으니 기가 막힌다.

구경은 자유, 행동은 부자유
지난번 미국에 갔을 때는 캘리포니아 지방에 아직 철도가 없어 당연히 철도를 본 적이 없었다. 그런데 이번에는 수에즈 운하에 상륙하여 처음으로 기차를 탔고, 유럽 각국을 순회할 때도 계속 철도만 이용했다. 가는 곳마다 환영을 받아, 육해군 기지를 비롯하여 각종 공장, 은행과 회사, 사원, 학교, 클럽 등을 안내해주는 것은 물론, 병원에 가면 해부하는 장면이나 외과수술도 보여주었다. 혹은 유명인사의 집에서 만찬을 베풀고 무도회를 구경시켜주는 등 정말로 친절히 안내해주었다. 오히려 그런 초대에 응하느라 지칠 정도였다. 다만 한 가지, 일본은 당시 쇄국상태나 다름없어서, 외국에 있으면서도 무작정 외국인과 만나는 것을 막으려 하는 게 이상했다. 다케우치, 마쓰다이라, 교고쿠 세 사람의 사절 중에서 교고쿠는 감시역이었고, 더욱이 그의 밑에는 속관이 여러 명 붙어 있었다. 그 사람들이 함께 온 이들을 감시하고 있으니 좀처럼 외국인과 만날 수가 없었다. 동행자들 모두가 막부의 관료들인 가운데, 그 중에서도 일단 동지동감(同志同感), 서로 목적을 함께 한 것은 미쓰쿠리 슈헤이와 마쓰키 히로야스와 나 세 사람이었다. 이 세 사람은 오래된 학우로 평소 서로 왕래하고 있었으므로 외국에서도 자연히 뜻을 같이 했다. 무엇이건 무작정 많이 구경하려고 드니까 그것이 관료들의 눈에 거슬린 듯했다. 세 사람 모두 배신(陪臣)이고 더구나 양서를 읽을 수 있으니 좀처럼 경계를 늦추지 않았다. 어딘가 구경을 가려 하면 반드시 오메쓰케의 부하 감시원이 규정대로 늘 붙어 다녔다. 이쪽은 밀매행위를 하는 것도 아니고, 국가의 기밀을 누설하는 것도 아닌데, 기묘한 관리가 붙어 있으니 성가실 뿐이었다. 성가신 것은 그래도 괜찮았지만, 그 관리가 무슨 용무로 외출을 하지 못하게 되면 우리도 나갈 수가 없었다. 그 점은 아주 불편했다. 이에 대해 내가 "이건 말이야, 일본의 쇄국을 그대로 짊어지고 유럽 각국을 순회하는 셈이지" 하고 말해서 셋이 함께 웃은 적이 있다.

피를 무서워하다

그래도 우리는 보고 싶은 것을 보고 듣고 싶은 것을 들었다. 이야기가 나온 김에 이번의 견문과 관련해 부끄러운 점을 고백하겠다. 나는 어렸을 때부터 아주 원기가 왕성하여 무턱대고 호언장담을 한 적도 많지만, 본디 겁이 많은 성격이라 살생을 싫어하고 남의 피를 보는 것은 정말로 싫어했다. 한 예로 오가타주쿠에 있을 때 자각(刺胳)*이 유행하던 시절이라 동창생은 물론이고 나도 팔의 맥에 바늘을 꽂아 피를 뺀 적이 있었는데 나는 내 몸에서건 남의 몸에서건 피가 나오는 것을 보면 기분이 언짢아지므로 눈을 꼭 감고 보지 않았다. 종기가 생겨도 침을 맞는 것은 일단 사양했고, 사소한 부상으로 피가 나도 안색이 창백해졌다. 도회지에서 자주 발생하는 객사, 자살, 변사체 등은 차마 볼 수가 없었다. 보는 것은 고사하고, 죽은 사람에 관한 이야기만 들어도 도망치는 겁쟁이였다. 그런데 러시아 체류 중 어느 병원에서 외과수술이 있으니 보러 오라는 안내를 받아, 의사인 미쓰쿠리와 마쓰키는 즉시 갔다. 나도 함께 가자며 억지로 권하는 통에 외과실에 들어가 보니 석림(石淋)†을 제거하는 수술을 하고 있었다. 가빠를 입고 있는 집도의가 환자를 도마 같은 침상에 눕히고 클로로포름으로 마취시킨 뒤 번쩍이는 메스로 쿡 찌르자 엄청난 피가 솟아 의사의 가빠가 새빨갛게 물들었다. 이어서 절개부에 핀셋 같은 것을 넣어 방광 속의 돌을 꺼내는데, 그것을 보던 중 기분이 언짢아지고 정신이 아찔해졌다. 그러자 일행 중 야마다 하치로가 나를 부축해서 밖으로 데려나가 물을 먹여주어 간신히 제정신이 들었다. 그전에도 독일 베를린의 안과병원에서, 사팔뜨기 교정수술을 한다며 어린아이의 눈에 칼을 찔러 넣는 장면을 절반가량 보다가 서둘러 그곳을 빠져나

---

* 팔꿈치 관절의 정맥을 찔러 일정량의 피를 빼내어 병을 치료하는 방법.
† 신장 혹은 방광에 돌이 생기는 병으로, 여기서는 그 돌을 말한다.

온 덕분에 무사히 넘긴 적이 있다. 마쓰키와 미쓰쿠리는 나에게 용기가 없다고 웃으며 놀려댔지만, 타고난 성격은 어쩔 수가 없으니 죽을 때까지 고쳐지지 않을 것이다.

사정 탐색의 본심

그런데 유럽 순회 중에 늘 생각한 게 있다. 일단 책에서 찾아볼 수 있는 것이라면 일본에서도 원서를 읽고 모르는 곳은 사전을 뒤져서 알아낼 수 있겠지만, 외국인들에게는 너무 기초적인 지식이라 사전에도 실려 있지 않은 것이 나에게는 가장 어려웠다. 그래서 원서를 뒤져 알 수 없는 부분은 이곳 체류 중에 알아봐야겠다 생각했고, 그 방면의 대가라고 여겨지는 사람이 있으면 그에게 물어 알아내려고 노력했다. 물어볼 때마다 조금씩 이렇게(후쿠자와 선생은 얇고 긴 모양의 낡은 책자를 한 권 보여준다) 메모를 해뒀다가, 일본에 돌아온 뒤에 그것을 근거로 다시 갖가지 원서를 찾아보고 또 기억나는 것을 종합하여 『서양사정』(西洋事情)*이라는 책을 완성했다.

대체로 이화학(理化學)이나 기계학 혹은 전기, 증기, 인쇄, 공업제작 등에 관해서는 일일이 물어볼 필요가 없었다. 원래 나의 전공분야도 아닌지라 물어보았자 깊은 뜻을 이해하지도 못하면서 장광설만 한 차례 듣게 될 뿐더러, 웬만한 것은 직접 원서를 찾아보면 쉽게 알 수 있었다. 그런 것들은 일단 제쳐두고, 그 외에 알고 싶은 것이 많이 있었다. 예를 들어 여기에 병원이 있다. 그런데 그 유지비는 어떤 식으로 누가 내는가? 또 은행에서 돈의 출납은 어떤 식으로 관리하는가? 우편법이 시행되고 있는데 그 법은 어떤 취지에서 만들어진 것인가? 프랑스에서는 징병제를 시행하고 있는데 영국에는 징병제가 없다고 한다. 징병

---

* 후쿠자와의 대표적인 저서로 전10권. 앞의 3권은 게이오 2년(1866), 외편 3권은 메이지 원년(1868), 2편 4권은 메이지 3년(1870)에 간행되어 엄청난 판매부수를 기록했다.

제는 원래 어떤 취지에서 만들어진 것인가? 그런 문제들에 관해서는 전혀 몰랐다. 또 정치상의 선거법이란 것도 전혀 이해하지 못했다. 그래서 선거법은 어떤 법률이고 국회는 어떤 관공서인가 하고 물으면, 상대방은 그저 웃을 뿐이었다. 무슨 소릴 하느냐, 누구나 다 아는 게 아니냐는 뜻이다. 이쪽은 그런 것을 모르니 아무래도 어려움이 따른다. 또 당파에는 보수당이니 자유당이니 하는 도당(徒黨)이 있어, 서로가 앞서거니 뒤서거니 하며 불꽃 튀는 경쟁을 벌인다고 한다. 도대체 무슨 일인가? 태평천하의 세상에서 정치적인 싸움을 벌이고 있다니? 도저히 이해할 수가 없다. 저 사람과 이 사람은 적이라 하면서 같은 테이블에서 술을 마시고 밥을 먹는다. 전혀 알 수가 없다. 그런 것을 대충 이해하게 되기까지는 상당한 어려움이 따랐다. 그 내막을 조금씩 이해하게 되고, 복잡한 사정은 닷새고 열흘이고 걸려서 간신히 납득하게 되었으니, 그 점이 이번 순방의 수확이었다.

사할린 경계를 담판지으려 하다

체류 중에 무척 유감스러웠던 일은 우리 일행이 출발하기 전부터 일본 전국에서 양이론이 차츰 활발해지기 시작하여 외교가 점차 엉망이 되어간 점이다. 이번의 사절이 러시아에 갔을 때 이쪽에서 사할린 경계(境界) 논의를 꺼냈는데, 나도 출석했던 그 담판 자리에서 일본사절이 아무리 그 이야기를 들먹여도 상대방은 전혀 응답이 없었다. 심지어 지도를 꺼내 지도상의 색은 이렇지 않느냐, 당연히 여기가 경계다 하고 말하면, 러시아인의 대답은 지도의 색으로 경계가 정해진다면, 이 지도를 빨갛게 칠하면 전세계가 러시아 영토가 되고 또 파랗게 칠하면 전세계가 일본령이 될 것이다 하는 식이라서 만어방언(漫語放言), 도저히 대화를 할 수가 없었다. 어쨌든 서로가 실지조사를 한 뒤에 다시 이야기하자는 식으로 해두고, 사할린의 경계는 확정짓지 못한 채 적당히 담판을 끝냈다. 그것을 곁에서 듣고 있노라니, 정말로 이래서는 안 되겠다, 도무지 믿을 만한 구석이 없다 하는 생각이 들었다. 일본의 무식한 녀석들이 공연히 거드름만 피우고 양이론이 성행할수록 일본의 국력은 점점 약해질 뿐이니, 결국에는 어떤 꼴을 당하게 될지 정말로 한심했다.

러시아 정부의 융숭한 대접

양국간의 담판은 이처럼 어정쩡하게 끝났지만, 사절로서의 우리에 대한 예우는 그렇지 않았다. 페테르부르크 체류 중 일본사절 일행에게 관사를 통째로 빌려주고, 접대위원이라는 사람 네다섯 명이 관사에 상주하며 여러 가지 향응을 제공해주었는데, 그 향응이 너무나 융숭해서 무엇 하나 불만이 없었다. 그리고 특별한 일이 없을 때는 명승유적을 비롯해 여러 곳의 공장을 안내하며 보여줬다. 그러던 중 점차 접대위원들과 친해져 이런저런 이야기도 나누게 되었다. 그러면서 러시아에 일본인이 한 사람 있다는 소문을 들었는데, 아무래도 사실인 듯싶었다. 이름은 야마토프(Yamatoff)*이며, 일본인이 틀림없다는 것이었다. 물론 그런 소문을 접대위원에게 들은 것은 아니다. 다른 사람이 흘려준 이야기였는데, 공공연한 비밀이라는 것도 잘 알고 있었다. 그 야마토프라는 사람을 만나보고 싶어도 좀처럼 만날 수가 없었다. 결국 체류 중에는 모습을 보이지 않았다. 그렇지만 접대 중의 분위기는 어쩐

---

* '야마토'는 '일본'이라는 뜻이고 '프'는 '사람'을 의미. '야마노프' 또는 '야마토스키'라고도 하며, 엔슈(遠州) 가케가와(掛川) 출신의 번사 다치바나 구메조(立花粂藏)가 러시아에 체류하던 중 불렸던 별명이다. 젊은 시절 불량배들과 어울리며 나쁜 짓을 하던 그는 후에 불문에 귀의하여 전국을 떠돌던 중 안세이 초년 이즈(伊豆)의 어느 절에서 우연히 러시아 군함의 함장과 사귀게 되어, 러시아로 건너갔다. 그곳에서 일본어를 가르치기도 하고 외교관을 수행하기도 했으며, 안세이 4년(1857)에 외교관 고시케비치와 협력하여 다치바나 고사이(立花橘耕齋)라는 이름으로 『화로통언비고』(和魯通言比考)를 저술했다. 이것이 최초의 일러사전이다. 메이지 6년(1873) 이와쿠라 도모미(岩倉具視) 대사 일행이 러시아를 방문했을 때 대사의 권유로 귀국했다.

지 일본식이었다. 예를 들면 실내에 칼이 장식되어 있고, 침대에는 일본식 목침이 있고, 욕조에는 쌀겨*를 넣은 주머니가 있었으며, 음식도 일부러 일본식으로 만들어 젓가락이나 밥그릇도 일본 것과 비슷했다. 아무래도 러시아인의 발상은 아니었다. 그렇다면 역시 소문대로 어딘가에 일본인이 있을 것이었다. 그 점은 분명하나 결국 확인하지 못하고 돌아왔다. 나의 서항(西航) 일기에는 이 이야기를 일부 기록하고, 그 옆에 짤막한 시를 적어 놓았다.

> 起來就食々終眠
> 飽食安眠過一年
> 他日若遇相識問
> 歐天不異故鄕天

> 잠자리에서 일어나 식사를 하고 식사가 끝나면 다시 잠자리에 든다
> 그렇게 포식과 안면을 즐기다 보니 1년이 지나간다
> 훗날 만약 너를 아는 사람을 만나면 그에게 전해주리라
> 유럽의 하늘이 고향의 하늘과 다를 바 없더라고

이제 와서 일일이 기억하지는 못하지만, 일본식이 상당히 많았던 것으로 생각된다.

러시아에 머물 것을 권유받다

어느 날 접대위원 중 한 사람이 나에게 오더니, 잠깐 할 말이 있다며 나를 어떤 방으로 데려갔다. 무슨 일인가 싶어 이야기를 나누어보니, 내 일신상의 문제를 언급하며, "당신은 이번에 사절을 따라 왔는데 대단

---

* 주머니에 담아 목욕할 때 피부를 문지른다.

한 부자냐"고 묻는 것이었다. "아니, 절대로 부자는 아니다. 그냥 일본 정부의 일을 조금 하고 있다. 일을 하면 당연히 보수가 생기니까 의식주에 불편은 없다"고 나는 대답했다. 그러자 접대위원이 말하기를 "일본의 사정에 관해 우리는 잘 알지 못한다. 그렇지만 대충 생각해보건대 일본은 소국이다. 그런 작은 나라에서는 남자가 제대로 일을 할 수 없다. 그러니 마음을 바꾸어 러시아에 머물지 않겠는가?" 하는 것이었다. 나는 "내 몸은 사절을 따라온 것이니, 그렇게 멋대로 이곳에 머물 수는 없다"고 솔직히 대답했다. "아니, 그건 별로 문제가 되지 않는다. 당신이 이제부터 결단을 내리고 몸을 숨길 생각이라면, 내가 즉시 감춰주겠다. 어차피 사절이 오랫동안 이곳에 머물지는 않을 것이다. 조만간 돌아갈 것이다. 돌아가면 그만이다. 그리고 당신은 러시아인이 되는 거다. 이 러시아에는 외국인이 얼마든지 있다. 특히 독일인은 아주 많다. 그 외에 네덜란드인도 와 있고 영국인도 와 있다. 그러니 일본인이 와 있더라도 이상할 건 없다. 부디 여기에 머물러라. 그러면 얼마든지 재미있고 즐거운 일을 할 수 있다. 의식주는 물론 걱정할 필요가 없고, 상당한 부자가 될 수도 있으니까 여기에 남아라." 그러면서 열심히 설득하는 것이 결코 단순한 장난은 아니었다. 방안에서 서로 마주하고 진지하게 대화를 했다. 하지만 나는 그 당시 러시아에 머물 필요도 없고 또 머물 마음도 생기지 않았다. 적당히 대답을 얼버무리자 그 후에 두세 차례 똑같은 제안을 받았지만, 결국 결론은 나지 않았다. 나는 그때 크게 깨달았다. 과연 러시아는 유럽 안에서도 풍속이 유별난 나라라고 하더니, 정말 그렇구나. 이번에 영국과 프랑스에 잠시 체류했을 때도, 또 지난해 미국에 갔을 때도 남들과 만나기만 하면 일본에 함께 가자며 조르는 사람들이 많았다. 일본에 뭔가 일거리가 없느냐, 부디 데려가 주지 않겠느냐 하며 가는 곳마다 귀찮을 정도로 조르는 자는 있어도, 나를 붙잡고 이곳에 머물라고 말하는 사람은 하나도 없었다. 러시아에 와서 처음으로 머물라는 이야기를 듣고 생각해보니, 결코 이것은 상거래 이야기가 아니라 아무래도 정치적 혹은 외교적 의미를 포함하고 있는 듯했다. 정말 알 수 없는 나라로구나, 의미심장한 말로 이곳에 머물라고 권하는 것을 보니, 혹시 음흉한 계략을 꾸미기 위한 것이 아닐까 하는 생각도 들었다. 하지만 그런 말을 들었다는 사실을 동행한 사람들에게 밝힐 수도 없었다. 이야기했다간 어떤 혐의를 뒤집어쓸지 모르므로 그 당시에는 물론 일본에 돌아와서도 남들에게 이야기하지 않고 잠자코 있었다. 어쩌면 나 하나만이 그런 말을 들은 것이 아니라, 동행한 사람들도 같은 말을 듣고 나와 같은 생각에서 잠자코 있었던 것인지 모른다. 하여간에 속을 알 수 없는 나라라는 생각이 들었다.

나마무기 사건 보도로 사절이 난처해지다

러시아를 떠나 프랑스로 돌아와서 드디어 귀국길에 오르려는 때에 나마무기(生麥) 소동, 즉 나마무기에서 사쓰마의 사무라이가 영국인 리처드슨(Charles Lenox Richardson)을 칼로 벴다는 소식이 그곳에 보도되면서, 프랑스의 나폴레옹 정부가 우리 일본인에 대해 냉담해졌다.* 시민들의 반응까지는 몰라도 정부의 대우는 몹시 냉담하고 퉁명스러워졌다. 주인 쪽에서 그런 식이니, 손님인 우리 일본인들이 느끼는 불

---

* 이 나마무기 사건은 후쿠자와의 『서항기』(西航記) 기사 중에는 아무런 언급이 없고, 또 현재까지 알려진 일행들의 일기 중에서도 이때 프랑스에서 나마무기 사건의 보도를 접했다는 기록은 없다. 당시의 통신 역량으로, 8월 21일에 발생한 사건이 윤8월 13일까지 파리에 보고되어 프랑스 정부의 태도를 변화시킬 수 있었을지 의문이다. 오히려 이때 동행한 후쿠치 겐이치로의 『회왕사담』(懷往事談)에는, "10월 하순 싱가포르에 도착하자 일본에서 커다란 사건이 발생했다는 풍문을 접하고는 놀라서 그 사정을 물어보았는데, 시마즈 사부로(島津三郎)라는 사쓰마의 다이묘가 나마무기에서 영국사관을 해쳤다는 보도를 신문에서 산견했을 뿐이다. 홍콩에 도착해서 이 사건을 보고한 공문서를 접수하고 비로소 그 사건의 상세한 내막을 알았다"고 되어 있다. 따라서 이것은 후쿠자와의 착각으로, 사실은 6월 26일의 도젠지(東禪寺, 영국의 임시 공사관) 제2차 습격사건과 혼동한 듯하다.

쾌감은 이루 말할 수가 없었다. 일본사절이 항구에서 배를 타러 가는 길은 1km가량 되는데, 길 양측에 군대를 정렬시켜 배웅했다. 이것은 경의를 표한 것이 아니라 일본인에게 겁을 주려는 행동이었을 것이다. 아무리 군대를 정렬시켜 놓아도 총을 쏘지 않는 이상 결코 무섭지는 않았지만, 그 씁쓸한 기분은 정말로 견디기 어려웠다. 나의 『서항기』(西航記)에는 다음과 같은 구절이 기록되어 있다.

윤8월 13일〔분큐 2년〕아침 8시에 로슈포르(Rochefort) 도착. 로슈포르는 파리에서 90km 떨어진 프랑스의 군항이다. 증기차에서 내려 배를 탈 때까지 약 1km, 그 사이에 호위병 1천여 명이 늘어서 있다. 경의를 표하는 듯하지만, 사실은 위엄을 부리는 것이다. 일본인들은 어젯밤 증기차를 타고 오느라 차 안에서 안면하지 못해서 몹시 피곤했는데, 이곳에 도착하여 잠시도 휴식을 취하지 못한 채 차에서 내린 즉시 다시 배에 승선했다. 또한 배를 타는 곳까지 1km의 길을, 일본의 일행에게 마차도 주지 않고 도보로 배까지…….

프랑스를 출발하여 포르투갈의 리스본에 기항, 사절의 공무를 마치고 다시 승선하여, 지중해로 들어가서 인도양으로 나왔다. 해상무사(海上無事), 일본에 돌아와 보니 양이론이 절정에 달해 있었다.

양이론

양이론의 화살이 양학자를 향하다

지난번에는 이이 가몬노카미(井伊掃部頭)가 살해당하고,* 이번에는 로주(老中, 쇼군 직속으로 막부의 정무를 담당하던 최고책임자)인 안도 쓰시마노카미(安藤對馬守)가 로닌에 의해 부상을 입었다.† 그 가해자 중 한 사람이 조슈(長州, 여기서는 모리〔毛利〕번을 말한다)의 저택에 난입했다는 말을 듣고 나는 그제야 비로소 깨달았다. 아, 조슈 번도 역시 양이론자의 무리에 속하는구나 하고 생각했다.# 하여간에 일본 전국이 양이론에 휩싸여 어떻게 손쓸 방도가 없었다. 그런데 내 입장에서 보면, 이제까지는 양이론이라는 것이 있다고만 생각했을 뿐 나 자신에게 위험이 미치리라고는 생각지 않았다. 오사카의 주쿠에 있는 동안은 물론 암살 따위가 발생할 리 없었다. 또 에도로 올라온 뒤에도 무서운 적이 있었던 것도 아니기에 대수롭지 않게 생각하고 있었다. 그런데 유럽에서 돌아와 보니 사정이 영 달라져 있었다. 점차 양이론이 활개를

---

* 만엔 원년(1860)의 '사쿠라다몬가이의 변'.
† 분큐 2년 1월 15일 로주 안도 노부마사(安藤信正)가 사카시타몬가이(坂下門外)에서 미토의 로닌 히라야마 헤이스케(平山兵介) 일행의 습격을 받아 부상당한 사건.
# 조슈 번은 분큐 원년(1861)부터 이듬해 중반까지는 '공무합체항해원략'(公武合體航海遠略)이라는 이론으로 조정에 압력을 가하다가 그 후에 양이론으로 전향했으므로, 유럽 파견 사절 일행은 귀국 후에야 비로소 조슈 번의 태도가 바뀐 것을 알아차렸다.

치면서, 외국무역을 하는 상인들이 갑자기 가게 문을 닫아버리는 일도 많아졌고, 로닌을 자처하는 자들이 나타나 어디서 무슨 짓을 할지 알 수 없었다. 마치 지금의 소시(壯士)*라는 자들처럼 엉뚱한 곳에서 불쑥 나타난다. 외국과 무역을 하는 상인들조차 가게 문을 닫을 정도니, 외국서적을 읽고 유럽의 제도나 문물을 이러쿵저러쿵 논하는 자에 대해서는 말할 것도 없었다. 아무래도 저 놈은 불온한 녀석이지, 필경 저 녀석들은 거짓말로 이 세상을 기만하는 매국노일 거야 하는 평판이 서서히 나돌기 시작하면서 로닌들의 공격목표가 양학자들을 향하게 되었다. 그러나 우리는 아무 죄도 범한 적이 없으니 정말 억울한 노릇이었다. 아무리 몸조심을 해도 도저히 화를 면하기가 어려웠다. 만약 양서 읽기를 포기하고 양이론이라도 부르짖는다면 용서받을 수 있을지 모르지만 도저히 그럴 수는 없었다. 이쪽이 개의치 않고 뜻한 바대로 행동하면 로닌들은 더욱더 기승을 부릴 것이다. 이미 우리처럼 막부에 고용되어 있는 번역가들 중에 데쓰카 리쓰조(手塚律藏)†라는 사람이 조슈의 저택에 가서 외국어로 무슨 말을 했다가 그 저택의 젊은이들이 죽여버리겠다며 덤비는 바람에 도망친 일이 있었다. 칼을 뽑아들고 쫓아오는 젊은이들을 피해 도망치던 데쓰카는 추운 날씨에도 히비야소토(日比谷外)의 참호 속으로 숨어들어 간신히 목숨을 건졌다고 한다. 또 같은 조슈 번사인 도조 레이조(東條禮藏)#라는 사람 역시 나와 같은 번역가로, 고이시키와에 있는 원래 쇼쿠산진(蜀山人)☆의 저택이라는

* 일정한 직업 없이 타인의 의뢰를 받고 담판이나 협박 등을 일삼는 자. 메이지 시대에는 자유민권운동의 활동가나 정당에 고용되어 경비나 선거운동을 담당하기도 했다.
† 1822~1878. 스오 출신. 번서조소 조수. 조슈 번 저택에서 난서 회독을 하고 귀가하던 도중 로닌들의 습격을 받아 사쿠라(佐倉)에 몸을 숨겼다가, 메이지 2년(1869) 도쿄에서 주쿠를 개설했다. 훗날 외무성에 임용되어 블라디보스토크 무역사무관을 지냈다.
# 하기(萩) 번 의사로 막부에 고용되어 번서조소 및 군함조련소 등에서 가르치다가, 유신 후에는 시즈오카(靜岡) 학문소 2등교수를 지냈다.
☆ 1749~1823. 본명은 오타 난포(大田南畝). 에도 막부의 하급 무사로 당시의 대중소설이라 할 수 있는 샤레본(洒落本), 곳케이본(滑稽本)의 작자이자 교카시(狂歌師, 코믹한 시를 짓고 가르치는 사람).

곳에 살고 있었는데, 그 집에 소위 불량배들이 갑자기 난입하는 바람에 뒷문으로 도망쳐 간신히 목숨을 건졌다고 한다. 이렇게 양학자들의 신변은 몹시 위험해져 도무지 안심할 수가 없었다. 하지만 나는 개의치 않았다. 개의할 수도 없었을뿐더러 그만두려 해도 그럴 수가 없었다. 우선 언행을 부드럽게 하여 남들과의 충돌을 피하는 한편, 속마음을 알 수 없는 사람에게는 사회를 비판하는 말을 하지 않았으며 최대한 몸가짐을 조심했다. 동시에 나는 오로지 책을 번역하고 쓰는 데 열중했다. 그 역저에 관해 지금 여기서 특별히 언급할 필요는 없겠다. 올해 출간된 『후쿠자와 전집』의 서언*에 자세히 적혀 있으니 그것으로 대신하기로 한다. 그 역저작업과 더불어, 양이론 전성시대라고는 해도 양학 생도의 수는 점차 늘어났으므로 그 교수법에 진력했다. 한편으로 막부에 고용되어 후치마이(扶持米, 무사에게 주는 녹미)를 받으니 생계는 그것으로 충분해 세상일에는 거의 개의치 않고 두려움 반 흥미 반으로 세월을 보냈다. 그러던 어느 날 재미있는 일이 있었다. 내가 신센자(新錢座)에 잠시 살고 있을 때〔신센자주쿠가 아니다〕,† "누군지 모르는 사무라이가 뵙고 싶다며 오셨습니다" 하고 하녀가 알려왔다. "어떤 사람이냐?" 하고 물었더니 "키가 크고 외눈에, 긴 칼을 차고 있습니다" 하는 것이었다. "아무래도 심상치 않은 사람이로군. 이름이 뭐지?" "성함을 여쭤봤습니다만, 만나 뵈면 안다며 말씀하지 않습니다." 아무래도 수상한 놈이다 싶어 살짝 내다보니, 다름이 아니라 하라다 산스이(原田山水)라는 지구젠(築前) 출신의 의학생으로 오가타주쿠에 함께 있던 친구였

---

* 메이지 30년(1898) 지지신보사에서 출판된 5권의 전집 권두에 실린 글로, 이와는 별도로 전해 말에 출판된 단행본에도 있다. 물론 그 후의 전집에도 실려 있다.
† 후쿠자와는 안세이 5년(1858) 에도로 가서 쓰키지 뎃포즈 오쿠다이라 저택 내의 나가야 하나를 빌려서 주쿠를 개설했다. 분큐 원년(1861) 시바의 신센자에 작은 집을 빌려 그곳에서 결혼하고 분큐 3년(1863) 다시 오쿠다이라 저택으로 돌아왔다가, 게이오 4년(1868) 4월 신센자 아리마가(有馬家)의 나카야시키를 사서 주쿠와 함께 이전, 주쿠의 이름을 '게이오기주쿠'(慶應義塾)라 지었다. 여기서 "신센자주쿠가 아니다"라고 한 것은, 앞서 분큐 연간에 거주했던 신센자의 셋집을 말한다.

다. 그러자 나도 모르게 욕이 튀어 나왔다. "이런 멍청한 녀석! 도대체 뭐야? 어째서 이름을 대지 않는 거야? 괜히 겁먹었잖아!" 그러고는 방 안에 마주 앉아 이런저런 잡담을 나누며 함께 크게 웃은 적이 있다. 세상이 그렇다 보니 양학자는 별것도 아닌 일에 놀라곤 했던 것이다.

영국 군함이 오다

그 후로 양이론은 더욱 거세어져, 쇼군 도쿠가와 이에모치(德川家茂)*가 직접 교토를 찾아가기도 하고 조슈 정벌†에 나서기도 하는 등 세상은 완전히 양이론 일색이 되었다. 그런 와중에 분큐 3년(1863) 봄, 영국군함이 왔다. 지난해 나마무기에서 사쓰마의 사무라이가 영국인을 죽인 책임은 전적으로 일본정부에 있다, 영국인은 오직 가까워지려는 생각에서 과거에도 최대한 부드러운 자세만 취해왔는데 일본국민이 폭력을 행사해 무엇보다 살인을 저질렀다, 당연히 그 책임은 일본정부에 있으며 용서받을 수 없는 죄이니 20일 내에 적절한 결정을 내리라는 것이었다. 그 내용은 일본정부가 10만 파운드, 사쓰마 번주가 2만 5천 파운드의 배상금을 지불하고, 범인을 잡아 눈앞에서 처형하라는 요구였다. 이런 내용의 편지가 온 것은 그해 2월 19일로, 상당히 긴 공문이었다. 그때 번역을 맡고 있던 우리는 한밤중에 불려나가, 아카사카(赤坂)에 살고 있는 가이무부교(外務奉行) 마쓰다이라 이와미노카미(松平石見守)#의 집에 갔다. 나와 스기타 겐탄(杉田玄端),☆ 다카바타케 고

---

* 1846~1866. 도쿠가와 막부의 제14대 쇼군.
† 쇼군 이에모치가 교토를 찾아간 것은 분큐 3년(1863)과 겐지 원년(1864), 그리고 게이오 2년(1866) 모두 세 차례였다. '조슈 정벌'은 세 번째로 교토를 찾아갔을 때 있었던 일로, 이 당시의 일은 아니다.
# 가와고에(川越) 번주. 훗날 스오노카미가 되었다. 이름은 처음에 야스히데(康英)라고 했다가 훗날 야스나오(康直)로 고쳤다. 분큐 2년(1862) 유럽 파견사절의 부사가 되어 유럽에 건너갔다.
☆ 1818~1889. 스기타 릿케이(杉田立卿)의 문인으로 훗날 양자가 되어 그 집을 이어받은 난의(蘭醫). 번의 고요토도리(御用頭取)를 지냈고, 유신 후에는 시즈오카 번 육군학교 교수, 도쿄학사회 회원이 되었다.

로(高畑五郎)* 세 사람이 함께 가서 밤새 번역을 했다. 번역을 하면서 이 일을 어쩌면 좋을까, 정말 큰일이다 하며 속으로 걱정했는데, 이틀 후인 21일에 쇼군은 국가의 존망이 걸린 중대사를 눈앞에 보면서도 내버려두고 교토로 떠나버렸다. 그러자 스무날의 기한이 다가왔다. 19일에 편지가 왔으니, 다음달 10일이 기한이었다. 그래서 스무날만 더 기다려달라, 그건 안된다 하며 옥신각신하던 끝에 간신히 기한을 연기할 수 있었다. 그런데 막부측에서는 배상금 지불에 관한 협의가 좀처럼 이루어지지 않았다. 그 당시에 에도 시내는 당장이라도 전쟁이 터질 거라는 둥 며칠 후에 전쟁이 있을 거라는 둥 온통 난리였다. 그러다가 스무날의 기한도 지나버리자 다시 열흘을 연기하는 식으로 열흘 스무날 대답을 지연시켜갔다. 그때 신센자에 살고 있던 나는 아무래도 전쟁이 터지겠다, 전쟁이 터지면 도망치는 수밖에 없겠다는 생각에 도망칠 준비를 하고 있었다. 그리고 결국 더 이상 기한을 연기할 수 없는 상황이 되었다는 사실을, 정부의 번역국에 근무하고 있던 탓에 자세히 알고 있었으므로 한층 더 불안했다.

안하무인의 프랑스 공사

그 공문을 번역하던 당시 프랑스의 벨쿠르†라는 자가 무슨 생각에서인지, 전쟁을 개시하게 되면 영국과 함께 군함을 이끌고 시나가와(品川) 앞바다에 와서 한바탕 소동을 벌이겠다고 전해왔다. 정말 어처구니없는 이야기로, 마치 서양제국 정부가 중국인을 협박한 것과 다름없는 발상이었다. 정부는 단지 영불의 기세를 보고 걱정만 할 뿐이었다. 나는 그런 사정을 잘 알고 있었기에 그만큼 한층 불쾌했다.

---

* 1825~1884. 도쿠시마(德島) 번사. 훗날 막신(幕臣)이 되었고, 유신 후에는 한때 모리카와 비잔(森川眉山)이라 자칭하며 병부성, 육군성, 해군성에 출사했고, 해군 대서기관이 되었다.
† P. Duchesne de Bellecourt. 안세이 6년(1859) 주일 총영사가 되고 이어서 공사로 승진했다가 분큐 3년(1863) 말에 퇴임했다.

사태가 드디어 급박해지다

아무래도 전쟁이 시작될 것 같다고 판단하고는 우리측 정부를 보니, 언제까지고 결정을 내리지 못하고 있었다. 사태가 시끄러워지면 각료들은 모두 병을 핑계로 출근하는 자가 없으니, 정부의 중심이 어디인지 알 수 없었다. 그저 관리들이 제멋대로 행동하고 오다와라 평의(小田原評議)가 꾸물거리는 사이에 드디어 기한이 이틀 뒤로 임박했다. 이제는 짐을 꾸리는 수밖에 없었다. 지금도 내 집에는 홈집 난 옷장이 있다. 짐을 꾸리고 옷장을 가느다란 밧줄로 묶은 다음, 아오야마(青山) 쪽으로 가면 되리라고 생각했다. 이유 없이 일반인에게 해를 가할 것 같은 분위기는 아니었기에 아오야마의 온덴(穩田)이라는 곳으로 갔다. 그곳에는 구레 고세키(吳黃石)*라는 게이슈 출신의 의사가 있었는데, 미쓰쿠리의 친척으로 예전부터 알고 지내던 사이였으므로 그에게 가서 부디 이곳에 잠시 머물 수 있도록 피신처를 빌려달라고 부탁했다. 그리하여 아오야마의 피신처로 옮기기 위해 짐을 완전히 꾸리고 이름표까지 붙여서 즉시 들어낼 수 있도록 해놓았다. 그러고 나서 신센자의 해변에 있는 에가와(江川) 조련장†에 가보니, 대포의 총구를 바다 쪽으로 향해 쏠 준비를 하고 있었다. 아무래도 오늘이나 내일 중 일이 터지겠다는 생각이 들었다. 그전에 막부로부터 포고가 있었는데, 전쟁이 시작되면 하마고텐(浜御殿)#에서 불화살을 쏘아 올릴 테니 그것을 신호로 대비하라는 내용이었다. 입이 걸었던 에도 토박이들은 '전쟁의 시작은 불화살'을 비꼬아 '표주박을 열면 히야(데우지 않은 청주)'☆라는

---

* 1811~1879. 게이슈(芸州) 아사노(淺野) 번주의 별가(別家)인 빈고(備後, 현재의 히로시마 현 동부) 미요시(三次) 번주 마쓰다이라 오미노카미(松平近江守) 휘하에 있던 의사. 후쿠자와는 아오야마 온덴의 저택에 기거하다가 미쓰쿠리 겐포의 장녀와 결혼했다.
† 에가와 다로사에몬(江川太郎左衛門)이 포술과 총술 훈련을 하던 장소로, 현재 일본 국철의 신바시(新橋)-하마마쓰초(浜松町) 사이 노선 부지의 일부에 해당한다.
# 유신 후 엔료칸(延遼館)으로 개칭하여 외국 귀빈의 접대소로 사용했다.
☆ 일본어로는 '전쟁'과 '표주박,' '불화살'과 '히야'의 발음이 비슷하기 때문에 생긴 표현이다.

센류(川柳, 세태 풍자를 위주로 하는 단시형 문학)를 만들어냈으니, 그것만 보아도 당시의 세태를 짐작할 수 있다.

쌀과 된장과 큰 실책

또 재미있는 일이 있었다. 내 생각에는 아무래도 전쟁이 터질 것 같았으므로 단골 쌀가게에 부탁해 쌀을 서른 가마 사서 쌀가게에 맡겨두고, 센다이미소(仙臺味噌)*를 한 통 사서 헛간에 넣어두었다. 그런데 기한이 다가올수록 도움이 되지 않는 것이 바로 쌀과 된장이다. 서른 가마나 되는 쌀과 한 통의 된장을 짊어지고 갈 수는 없는 노릇이었다. 참으로 우스운 일이다. 옛날에는 전쟁 때 쌀과 된장만 있으면 된다고 했는데, 전쟁 때야말로 쌀과 된장은 짐이 되는 것이었다. 도망칠 때는 쌀과 된장을 버리고 갈 수밖에 없으니, 그 난리 속에서 크게 웃은 적이 있다. 그 당시에도 신센자의 집에는 학생이 몇 명 있었고, 내 수중에는 2부금으로 100냥인지 150냥인지가 있었다. 그 돈을 혼자 가지고 있어봤자 전부 쓸 일도 없고, 유사시에는 모두들 뿔뿔이 흩어질 수도 있으니, 나나 가족 중 누군가가 혼자 가지고 있는 것보다는 모두들 나누어 갖는 게 좋겠다는 생각이 들었다. 그 돈을 4~5등분하여 각자 허리에 두르고 가자며 비상금 분배까지 끝냈다. 그렇게 해서 이제 곧 전쟁이 터지겠지 하고 어차피 피할 수 없는 일이라며 각오를 하고 있었다.

오가사와라 이키노카미(小笠原壹岐守)

그런데 다행스러운 일이 벌어졌다. 그 당시 가라쓰(唐津)의 도노사마로 오가사와라 이키노카미†라는 각로(閣老)와 요코하마의 아사노 비젠

---

* 대두를 쪄 누룩과 소금을 첨가하여 양조한, 짠맛이 강한 붉은색 된장.
† 히젠(肥前) 가라쓰(唐津) 번의 세자 나가미치(長行)를 말한다. 이 무렵엔 도서관장이었고, 훗날 이키노카미가 되었다.

노카미(淺野備前守)*라는 부교(奉行)가 있었는데, 이 두 사람이 극비 회담을 가진 것이다. 그리하여 5월 초순 아마도 10일 전후(정확히는 5월 9일)였던 것으로 기억하는데, 드디어 기한이 되어 전쟁이 발발하려 하자 전날까지 큰 병으로 누워 있다던 오가사와라 이키노카미가 그날 아침에 일어나 불쑥 일본군함을 타고 시나가와 앞바다로 나갔다. 그러자 영국의 포함(砲艦)이 이키노카미의 군함 뒤를 좇아왔다. 이키노카미는 가미가타로 가겠다며 시나가와 앞바다를 출발했는데, 만약 정말로 그 방향을 따라 혼모쿠(本牧) 남단을 돌아가기라도 하면 영국인은 뒤에서 포격을 가할 작정이었다고 한다. 그런데 이키노카미는 혼모쿠에서 방향을 바꾸지 않고 요코하마로 가서, 자신의 독단으로 즉시 배상금을 지불해버렸다. 10만 파운드를 당시 환율로 계산, 40만 멕시코 달러에 해당하는 정은(正銀)을 영국공사 세인트 존 닐†에게 건네주어 일단은 다급한 불을 껐다.

가고시마(鹿兒島) 만의 전쟁

막부에 요구한 10만 파운드의 배상금이 5월 10일(정확히는 5월 9일)에 해결되자, 이번에는 그 영국 군함이 가고시마로 가서 피해자 유족에 대한 수당으로 2만 5,000파운드를 요구했다. 그리고 그 죄인을 영국인들이 보는 앞에서 사형시키라며, 6척의 군함#이 가고시마 만에 와서는 닻을 내렸다. 그러자 사쓰마 번에서 즉각 그들에게 내의(來意)를 묻는 사자를 보냈다. 영국 기함(旗艦, 사령선)의 해군제독은 쿠퍼,☆ 사령관

---

* 아사노 우지스케(淺野氏祐)를 말한다. 얼마 후 가이코쿠부교 겸임이 되었다.

† Lieutenant-Colonel Edward St. John Neale. 영국의 대리공사.

당시 가고시마 만 공격에 가담한 영국의 중국 함대는 6척이 아니라, Euryalus, Pearl, Perseus, Argus, Race-horse, Coquette, Havoc 7척이다.

☆ Rear-Admiral Sir Augustus Leopold Küper, 1809~1885. 영국의 중국 함대 사령관. 사쓰에이(사쓰마 번과 영국) 전쟁 때의 사령관이며, 또 겐지 원년(1864)의 영국·프랑스·미국·네덜란드 연합 함대의 사령관으로서 시모노세키 포격도 지휘했다.

은 윌멋,* 함장은 조슬링†으로, 이들은 서한을 사쓰마의 관리에게 전달하고 가부간에 답장을 기다렸다. 그러나 좀처럼 쉽사리 대답할 수 있는 문제가 아니었다. 당시에 사쓰마 번이 서양에서 사들인 서양식 배 두 척이 있었는데, 영국측은 사쓰마로부터 대답이 없자 담판을 짓기 위해 저당물이라는 명목으로, 사쿠라지마(櫻島)에 정박해 뒀던 그 배 두 척을 예인해 왔다. 그러자 이런 상황을 본 육지 쪽에서 드디어 발포를 개시하고, 바다에서도 이에 맞서 발포하여 점차 싸움이 확대되었다. 이것이 분큐 3년(1863) 5월 하순 28일이나 29일경#이었다. 그때 영국 기함은 아직 육지에서는 발포하지 않으리라는 생각에서 닻을 올리지 않고 있었다. 그러다 갑자기 육지 쪽에서 포격을 시작하자 다급히 닻을 올리려 했는데, 마침 그때 엄청난 폭풍이 불었고 더구나 바다의 가장 깊은 곳이라서 닻을 올릴 여유가 없었으므로 닻의 쇠사슬을 자르고 배를 움직였다. 이것이 바로 영국 군함의 닻이 사쓰마 번의 손에 들어온 유래이다. 그런데 육지에서 쏘는 포격도 제법 정확해서, 오로지 기함만 겨냥하여 여러 차례 명중시켰다. 그 와중에 커다란 포탄에 맞아 수많은 부상자가 발생하고 사령관과 캡틴 두 지휘관이 즉사☆하여 선내에 대소동이 벌어졌다. 또한 함대에서 육지에 쏘는 포격도 대단하여, 해안의 건물 대부분이 불에 타버리는 큰 피해를 입었다. 그러나 사쓰마 측에서는 영국 군함을 포격하여 지휘관을 두 사람이나 죽이고도 그 군함에 큰 피해는 주지 못했고, 또한 영국 군함 측에서는 육지의 건물을 불태우는 등 상당한 피해를 주면서도 상륙하지는 못했다.

* Commander Edward Wilmot. 여기서 사령관이라고 한 것은 Commander라는 직위를 잘못 해석한 것으로, Commander는 Captain 밑이다. 오늘날의 해군 중령이나 소령에 해당한다.
† Captain John James Stephen Josling. 기함 Euryalus호의 함장.
# 영국 함대가 가고시마에 도착한 것은 6월 27일이고, 그 포격은 7월 2일(양력으로 1863년 8월 15일)에 있었다. 당시에 관한 후쿠자와의 기술에는 약 1개월가량의 오차가 있다.
☆ 즉사한 두 지휘관이란 함장 조슬링과 부함장 윌멋으로, 앞의 주에서도 언급했듯이 윌멋은 사령관이 아니라 영관급에 해당한다.

결국 전쟁의 승패를 가리지 못한 채 영국 군함은 6월 10일경* 요코하마로 돌아갔다.

그 당시 재미있는 에피소드가 있다. 전쟁이 끝나고 자신들의 기함에 명중한 포탄 조각을 본 선내의 영국인들은 "이런 포탄을 일본에서 만들었을 리가 없다" "아니, 자세히 보니 러시아제로군" "러시아에서 일본에 보내준 거겠지" 하며 수군거렸다고 한다. 그때는 크림전쟁 당시라 영국과 러시아는 견원지간과 같았으므로 둘 사이에 여러 가지 시의심(猜疑心)이 작용했던 것이다. 오늘날에도 여전히 사이가 좋지 않은 듯하다.

마쓰키와 고다이, 영국함대에 투항하다

사쓰마의 배 두 척을 이쪽으로 끌어올 때, 마쓰키 고안[松木弘安, 훗날의 데라지마 도조(寺島陶藏) 또는 무네노리(宗則)]†과 고다이 사이스케[五代才助, 훗날의 고다이 도모아쓰(友厚)] 두 사람이 센부교(船奉行) 즉 선장이었다. 그런데 영국 군함이 그 두 척을 끌고 가려 하자, 이 두 사람은 승선하고 있던 수부들을 상륙시킨 뒤 영국 함대에 투항했다. 그렇지만 사실 마쓰키와 고다이는 배에서 내릴 때 몰래 약속을 하고 화약고에 도화선으로 불을 붙여두었고, 두 배는 잠시 후 불에 타버렸다.# 어쨌든 마쓰키와 고다이는 포로도 아니고 손님도 아니지만, 영국 군함

---

* 앞의 주에서도 언급했듯이 후쿠자와의 기술에는 1개월가량의 오차가 있으므로 7월 10일경으로 봐야 한다.

† 사쓰마 출신의 정치가. 유신 후 외국사무 담당이었다가, 훗날 외무경이 되어 조약개정 특히 관세자주권 획득에 진력했다.

이 이야기는 후쿠자와가 잘못 전해들은 것이거나 두 선장의 거짓말로 생각된다. 영국 함대가 사쓰마의 기선 세 척을 포획할 때, 세 척의 군함을 파견하여 각각의 군함에 기선을 묶어 함대의 주력 정박지까지 끌고 가자, 사쓰마 측에서는 이에 격분하여 발포했고, 갑작스런 전쟁이 시작된 것이었다. 개전과 동시에 쿠퍼 제독은 깃발 신호로 포획한 배를 태워버리도록 명령했고, 이에 영국 함대는 포격과 방화로 그 세 척을 침몰시켰다. 데라지마 무네노리도 그의 자서전에서 "그들은 나와 고다이를 영국측 배에 승선시키고 우리 배에 불을 질렀다"고 기술하고 있다.

을 타고 요코하마에 온 것은 사실이었다. 그 사실은 요코하마의 신문에도 실렸는데, 그 후로 전혀 소식을 알 수 없다. 나는 그 전해 마쓰키와 함께 유럽에 갔다 왔을 뿐 아니라 예전부터 나와 미쓰쿠리와 마쓰키 세 사람이 절친한 사이였으므로, 마쓰키가 영국 배에 승선했다는 말에 어찌된 일인가 하고 걱정이 되었지만 그것뿐, 자세히 물어볼 만한 곳이 없었다. 영국인들이 만약 이 두 사람을 사쓰마 측에 돌려보내면, 젊은 무사들이 당장에 두 사람을 죽여버릴 것이다. 그렇다고 해서 두 사람을 막부 측에 넘기면, 죽이지는 않더라도 일단은 혐의가 있다는 둥 취조를 해야겠다는 둥 하며 우선 감옥에 넣을 것이다. 그런데 오늘날까지 사쓰마에 돌려보냈다는 소문도 없고, 막부에 인도한 낌새도 없다. 어찌된 일일까? 정말 이상한 일이군 하며 미쓰쿠리와 나는 틈만 나면 그의 이야기를 했다. 그런데 이 사건이 끝나고 1년가량 지난 뒤 뜻하지 않게 마쓰키와 재회를 했으니 정말로 기묘한 인연이라 하겠다.

사쓰마와 영국의 담판

마쓰키 이야기는 뒤로 미루겠다. 영국 군함이 요코하마로 돌아온 뒤 사쓰마 번에서는 담판을 짓기 위해 에도로 사람을 보냈다. 에도로 온 것은 이와시타 사지에몬(岩下佐次右衛門),* 시게노 고노조(重野厚之丞),† 그리고 모종의 임무를 띠고 온 오쿠보 이치조(大久保一藏)# 세 사람이었다. 사쓰마 번이 가장 먼저 원하는 조건은 여하튼 이 전쟁을 당분간 연기하자는 것이었지만, 그 주선을 누구에게 부탁해야 좋을지

---

* 이와시타 호헤이(岩下方平). 1827~1900. 사쓰마 번의 에도즈메(江戶詰) 측 요닌(用人). 이 담판에는 가로를 대신해 열석했다. 훗날 귀족원 의원이 되었다.
† 시게노 야스쓰구(重野安繹). 1827~1910. 사쓰마 번 접대 담당. 훗날 역사학자이자 도쿄 대학 교수가 되었다.
# 1832~1878. 사쓰마 번사. 훗날 오쿠보 도시미치(利通)로 개명. 사이고 다카모리(西鄕隆盛), 기도 다카요시(木戶孝允)와 더불어 유신3걸로 불린다. 메이지 정부의 중심인물 중 한 사람으로, 메이지 11년(1878) 5월에 암살당했다.

몰라 애를 태우고 있었다. 그때 마침 시미즈 우자부로(淸水卯三郞)*라
는 자가 있었다. 그는 상인이지만 영어 원서도 다소 읽었고 서양에 대
해 상당한 관심을 갖고 있는, 당시 신분에 어울리지 않는 유지자(有志
者)였다. 처음 영국 함대가 사쓰마로 갔을 때, 사쓰마 측에서 일본어
서한을 내밀자 영국 쪽에서는 이것을 읽지 못해 애를 먹었다. 통역은
알렉산더 지볼트†가 있어서 그럭저럭 괜찮았지만, 일본어 서한을 제대
로 읽을 수 있는 사람은 없었다. 그리하여 영국인으로부터 동행을 의
뢰받은 시미즈는 평소 용기도 있고 그런 방면의 일을 좋아했던지라
"그거 재미있겠군. 어디 가보자"하며 쾌히 승낙하고는, 요코하마 세관
에 면장(免狀)을 신청하여 받아서 기함에 승선했다. 그는 영국인들과
함께 지내며 가고시마 전쟁도 구경한 인연이 있었다. 그래서 영국인과
담판을 지을 때 모종의 임무를 띠고 온 오쿠보 이치조는 일단 시미즈
우자부로에게 부탁해, 우선 이 전쟁을 잠시 연기하고 싶다는 의사를
요코하마 주재 영국영사 존 닐에게 전달하기로 했다. 시미즈가 오쿠보
의 부탁을 받고 요코하마 영국공사관으로 가서 그런 사정을 전하자,
직원이 말하기를 "그런 중대 사건을 논의하는데 상인은 곤란하다. 높
은 신분의 사람이 와야 할 것이다"라고 하는 것이었다. 시미즈가 이에
반박하여 "인간에게 대소경중은 없다. 담판을 위탁받았으면 그것으로

---

* 무사시노쿠니(武藏國) 하뉴(羽生) 출신. 상인이면서도 난학에 뜻이 있어 미쓰쿠리 겐포의 문하에
서 배웠으며, 막말의 양학자들과 교유가 있었다. 게이오 3년(1867) 도쿠가와 아키타케(德川昭武)
를 따라 프랑스 박람회에 가서 프랑스의 동양학자 레옹 드 로니와 사귀고, 파리에서 일어신문 『요
노우와사』(世のうわさ)의 출판에 진력했다. 유신 후 아사쿠사(淺草), 니혼바시(日本橋) 등에 미즈호
야(瑞穗屋)라는 간판을 내걸고 상점을 경영하면서 양서, 인쇄기계, 도기 원료, 의료기계, 불꽃 등
의 수입을 시도하여 미즈호야 우자부로라는 이름으로 알려졌다. 일본 최초의 학회라 할 수 있는
메이로쿠샤(明六社)의 회원이 되었는데, 입회 당시 상인은 곤란하다는 견해가 있었지만 후쿠자와
가 상인이라도 학식이 있는 사람을 배척할 이유가 없다고 주장하여 회원이 될 수 있었다고 한다.
본서의 이 부분 기사는 후쿠자와가 이 사람으로부터 전해 들은 이야기가 중심이 되고 있는데, 전
해 들을 때의 잘못이 그대로 본서에 남아 있는 듯하다.
† Alexander Georg Gustav van Siebold. 1864~1911. 일본 연구로 알려진 독일인 의사 필립 프
란츠 폰 지볼트(Philipp Franz Balthasar von Siebold)의 장남. 영국공사관 통역관. 훗날 메이지
정부에 고용되었다.

충분하다. 그래도 나와 이야기할 수 없다는 말인가?" 하고 따졌더니, 즉시 만나주겠다고 했다. 그리하여 공사와 만나 전쟁 중지의 건을 설명했지만 좀처럼 들어주지 않았다. 이미 인도양에서 지원 군함이 와 수천 명의 병사들이 한창 전쟁 중인데 이 전쟁을 연기하고 기다려달라는 것은 말이 안된다며 마구 겁을 줄 뿐, 이쪽의 제안을 받아들일 기색이 보이지 않았다. 시미즈가 상대방의 그런 의사를 사쓰마 번에 보고하자, 시게노가 "이거 정말 난처하게 되었군. 아무래도 우리가 직접 담판해봐야겠다" 하더니, 마침내 사쓰마와 영국 사이에 회담이 열렸다. 이런저런 논쟁 끝에 결국 요구대로 배상금을 지불하게 되었다. 금액은 2만 5,000파운드로, 당시 시세로 약 7만 냥의 돈을 막부로부터 빌렸다. 그러나 시마쓰 사쓰마노카미(島津薩摩守)의 명의로는 지불하지 않겠다며, 분가인 시마쓰 아와지노카미(島津淡路守)의 이름으로 돈을 건네주었다. 또 리처드슨을 죽인 죄인은 어디로 도망쳤는지 행방을 알 수 없으니, 만약 잡히면 사형에 처하기로 하고 일단락을 지었다. 이런 내용을 담판짓는 자리에 오쿠보 이치조는 나오지 않았다. 이와시타와 시게노 두 사람, 그리고 막부의 외교 담당인 우가이 야이치(鵜飼彌一), 감찰 담당인 사이토 긴고(齋藤謹吾)라는 사람이 입회하여, 드디어 문서를 교환함으로써 모든 것이 수습되었다. 분큐 3년(1863) 11월 1일 혹은 2일경의 일이다.*

마쓰키와 고다이, 사이타마 군(埼玉郡)에 숨다

마음에 걸리는 마쓰키, 즉 데라지마에 관해 이야기하자면 다음과 같다. 고다이와 함께 사쓰마의 배에서 영국 군함으로 옮겨 탄 마쓰키는 시미즈가 있는 것을 보고 놀랐다. 시미즈는 예전에 에도에서 영어 원

---

* 사쓰마측에서 나마무기 사건 피해자의 유족에게 보상금을 지불한 것은 분큐 3년 11월 1일이다.

서의 모르는 부분을 마쓰키에게 물어본 적이 있는 아주 절친한 사이였다. 그 시미즈가 영국 군함에 있으니 마쓰키가 놀라는 것도 무리는 아니었다. "아니, 어째서 여기에 있는 거야?" "너는 어째서 또 여기로 왔냐?" 하며 서로 무척 반겼다. 그리하여 요코하마까지 오기는 했는데, 이대로 언제까지나 배 안에 있을 수는 없었다. 어떻게 해서든 상륙하고 싶다고들 하자, 시미즈 우자부로가 모든 것을 책임지겠다며 나섰다. 마쓰키와 고다이는 남의 눈길을 피해서 지내는 입장이고, 떳떳하게 행동할 수 있는 것은 시미즈 한 사람뿐이었기 때문이다. 그래서 시미즈가 우선 요코하마에 상륙해 밴 리드*라는 사람에게 사정 이야기를 했다. 그러자 일단은 주선해주겠다, 우선 거룻배를 타고 가나가와(神奈川) 쪽으로 올라가도록 하자, 그 배를 비롯해 모든 것을 마련해주겠다는 것이었다. 그러나 함대사령관이 어떻게 말할지 들어봐야 한다며, 사령관에게 그 말을 하자 아주 관대하게 상륙 허가를 내주었다. 그 후의 모든 일은 시미즈와 밴 리드가 상의해서, 밤중에 몰래 도망자 두 사람이 거룻배에 옮겨 타고 가나가와 동쪽 해안에 상륙할 수 있도록 했다. 그러나 당시에는 요코하마에서 에도로 가는 가도 사이에 100~200m 간격으로 지금의 경찰 초소 같은 것이 늘어서 있어, 수상한 자는 무조건 통행을 제한하도록 되어 있었기에 좀처럼 칼을 차고 지나갈 수가 없었다. 그래서 칼도 삿갓도 모두 밴 리드의 집에 맡겨두고, 마치 사공이나 농부 같은 차림으로 작은 배에 탔다. 배는 차츰 동쪽을 향하여 드디어 하네다(羽根田) 해변에 상륙했다. 거기서부터 조심스럽게 걸어 에도로 들어가기로 했지만, 여전히 막부의 조사관들이 너무나 두려웠다. 일반 여인숙에는 머물 수 없었으므로, 에도에 들어가면 호리도메

---

* Eugene M. van Reed. 네덜란드계 미국인으로 요코하마 미국영사관 서기로 있으면서 운송과 무역 등 장사도 했다. 회화서 『화영상화』(和英商話)를 저술했으며 기시다 긴코(岸田吟香)와 함께 『요코하마신포 모시오구사』(横浜新報もしほ草)라는 신문을 발행한 적도 있다.

(堀留)의 스즈키(鈴木)라는 선숙(船宿)에 시미즈가 먼저 가서 기다리고 있을 테니 그곳에서 함께 만나기로 약속이 되어 있었다. 그래서 한밤중에 지리도 모르는 바닷가에 상륙한 두 사람은 더듬더듬 에도 쪽을 향해 걸었는데 도중에 날이 밝아버렸다. 아무래도 안되겠다 싶어 거기서부터는 가마를 탔고, 호리도메 선숙에 도착한 것은 이튿날 낮이었다. 간밤부터 기다리고 있던 시미즈까지 모두 무사히 모이게 되자, 그 선숙에서 이틀 밤을 조용히 보냈다. 그 뒤 시미즈는 자신의 고향인 부슈(武州) 사이타마 군(埼玉郡) 하뉴무라(羽生村)까지 두 사람을 데리고 갔지만, 그곳도 어쩐지 불안한 느낌이 들어 다시 나라무라(奈良村)에 사는 시미즈의 친척 요시다 이치에몬(吉田市右衛門)*의 별장으로 이동했다. 비교적 한적한 곳이라서 발견될 염려는 없었기에 두 사람은 안심하고 그곳에 거처를 정했다. 고다이는 그 후 5~6개월 지나서 몰래 나가사키 쪽으로 갔고, 마쓰키는 약 1년가량 그곳에 머물렀다. 그러던 중 사쓰마 번이 마쓰키에게 관심을 갖고 그 소재를 탐문하기 시작했다. 오쿠보, 이와시타, 시게노 등을 비롯해 에도의 사쓰마 저택에서 히고 시치자에몬(肥後七左衛門), 난부 야하치로(南部彌八郎) 등의 사람들이 여러 모로 알아보다가 아마도 시미즈 우자부로가 알고 있지 않을까 하는 생각이 들어, 그에게 물으러 왔다. 그런데 시미즈는 도저히 무서워서 사실대로 말할 수가 없었다. 갑자기 붙잡혀 목을 잘리지 않을까 싶어 사실대로 고할 수가 없었던 것이다. 일단은 무조건 모른다고 대답했지만, 사쓰마 측에서는 상당히 의심하는 눈치였다. 한편으로 이따금 막부에서도 시미즈의 집으로 탐문을 나왔다. 그러니 시미즈로서도 입장이 난처했지만 어쩔 도리가 없었다. 죽이지 않는다면 빨리

---

* 무사시노쿠니 나라무라(현재는 사이타마 현의 일부)의 호농으로, 100여 년간 5대에 걸쳐 이치에몬이라는 이름을 세습했다. 훗날 이름을 이치주로(市十郎)로 개명하여 내무성, 대장성, 회계검사원 등에 재직했다.

내놓고 싶은데, 죽일 작정이라면 지금까지 도와준 정을 생각해 내놓을 수가 없었던 것이다. 혼자서는 아무래도 좋은 방도가 떠오르지 않기에, 마쓰키의 은사인 에도 양학의 대가 가와모토 고민(川本幸民)* 선생의 의견을 따르자는 생각에서 찾아가 상의를 했다. 그러자 선생은 "그야 내놓는 게 좋지. 사쓰마 번에서 그렇게 말한다면, 있는 그대로 사정을 털어놓고 건네주는 게 좋을 거야. 설마 죽이기야 하겠나"라고 했다. 그제서야 결심을 하고 결국 시미즈 측에서 사쓰마 번에 통지하여, 사실은 처음부터 모두 내가 도와줘서 내막을 잘 알고 있다. 일단 인도하겠지만 절대로 그를 죽이지 않겠다고 약속해달라고 당부했다. 그리하여 비로소 마쓰키가 사쓰마 사람과 만나게 되었는데, 이때부터 마쓰키 고안이라는 이름을 버리고 데라지마 도조(寺島陶藏)로 개명한 것이다.† 이상과 같은 사건의 내막을 사쓰마 측에서는 비밀에 붙였기에, 사실을 알고 있는 자는 번 내에서도 불과 일곱 명뿐이라는 이야기를 시미즈가 들었다고 한다. 그 일곱 명이란 오쿠보, 이와시타 등일 것이다.

마쓰키와의 첫 대면

때는 이미 분큐 4년(1864)으로, 몇 월인지는 기억나지 않지만 추운 때는 아니고 여름이나 가을이었던 것으로 기억한다.# 어느 날 히고 시치자에몬이 불쑥 나를 찾아와 "마쓰키가 있는데, 네 집에 와도 지장이 없겠냐?" 하고 묻기에 정말로 놀랐다. "작년부터 마음에 걸려 미쓰쿠리와 만나기만 하면 그에 관한 이야기를 했는데, 살아 있었나?" "물론 살

* 1810~1871. 셋슈(攝州) 미타(三田) 번의 의사. 안세이 3년(1856) 번서조소에 출사, 훗날 막신이 되었다. 유신 후 고향에 은거하다가, 서자 세이지로(淸二郞)가 메이지 정부에 출사하여 도쿄로 이주, 이듬해에 사망했다.
† 그의 자서전에 의하면 개명은 훗날의 일로, 게이오 2년(1866) 7월 사쓰마에서 에도로 올라가 영국 공사에게 막부 정벌의 조력을 의뢰할 때 막부측에 알려진 이름을 피하기 위해 개명했다고 한다.
# 분큐 4년은 겐지 원년으로, 데라지마의 자서전에 의하면 에도로 올라온 것이 7월 20일이라고 하니까 7월 말이나 8월 초일 것이다.

아 있지." "어디 있는데?" "에도에 있어. 어쨌든 여기에 와도 괜찮겠어?" "물론이지, 대환영이야. 눈치 볼 거 없어. 전혀 상관없으니까. 당장 만나고 싶어." 그리하여 이튿날 마쓰키가 나타났다. 마치 죽은 사람을 다시 만난 느낌이었다. 이런저런 이야기를 듣고, 시미즈와 함께 지내고 있다는 것과 그 외의 모든 사실을 알게 되었다. 그 당시 나는 신센자에 살고 있었는데,* 오랜만에 술자리를 함께 하며 "지금 어디에 묵고 있지?" 하고 물으니, 시로가네다이마치(白金台町)에 데라지마의 부인과 동향인 소(曹) 모(某)라는 의사가 있어 그 인연으로 소씨의 집에 숨어 있다는 것이었다. 그날 그대로 헤어진 뒤 나는 즉각 미쓰쿠리와 만나 자초지종을 설명해주었고, 이튿날 미쓰쿠리가 다시 나를 찾아왔다. 우리는 함께 시로가네에 있는 소의 집으로 갔다. 그곳에서 세 사람이 마주앉아 낮부터 밤까지 여러 가지 이야기를 나누다가, 가고시마 전쟁에 관한 이야기도 나왔다.

　가고시마 전쟁에 관해서는 재미있는 일화도 많이 있지만 이야기가 너무 길어지니 여기서는 생략하기로 하겠다. 데라지마의 신상부터 언급하자면, 사쓰마 측에서는 대충 그 정도로 끝낼 수 있었지만 아직 막부의 의향을 알 수 없었다. 하지만 막부에 대해 나쁜 짓을 한 죄인은 아니므로 그다지 두려워할 것도 없었다. 데라지마에게 어떻게 먹고사느냐고 물어보니, 지금은 번의 번역일을 맡아서 하고 있다고 했다. 이런저런 이야기 끝에 데라지마는 이렇게 말했다. "이제 총은 싫어. 지금도 나는 총소리가 쾅 하고 울리면 머릿속이 지끈거려. 이제 정말 질렸어, 생각하기만 해도 몸이 부들부들 떨리는 거야. 그 배의 화약고에 불을 붙였을 때는 몹시 불안했거든. 그래도 목숨을 건졌을 때 수중에 돈이

---

* 앞서도 언급했듯이 후쿠자와가 신센자에 있었던 것은 분큐 원년부터 3년 가을까지이고 이 이야기는 분큐 4년, 즉 겐지 원년이므로, "그 당시 나는 신센자에 살고 있었는데"라고 한 것은 후쿠자와가 잘못 기억하고 있는 것이다.

스물다섯 냥 있기에, 그 돈을 갖고 상륙했지." 그 외에도 영국인이 사쓰마 만에 정박 중 과일을 먹고 싶다고 하자, 사쓰마 사람들이 과일을 제공하는 척하며 그 기회를 틈타 쳐들어가려 했지만 결국 뜻을 이루지 못했다는 이야기 등 갖가지 일화가 있다. 하지만 그런 것들은 생략하고 닻에 관한 이야기를 하겠다.

무심코 닻을 돌려주다
닻을 끊었다는 것은 시미즈 우사부로가 배를 탔을 때 보았을 뿐, 사쓰마 사람들은 아마도 몰랐을 것이다. 시미즈가 사쓰마 사람들을 만나서 그때 영국 군함 측에서 닻을 끊었으니 인양해두는 게 좋을 거라고 말하자, 사쓰마 측에서는 별로 대수롭지 않게 생각한 듯하다. 어느 어부가 그 닻을 인양했다는 소문이었다. 그래서 닻은 사쓰마의 수중에 들어갔는데, 2만 5,000파운드의 돈을 주고 화해하면서 영국인이 별 것 아니라는 듯이 닻을 돌려달라고 하자, 그야 간단한 일이라며 아무 생각 없이 고철이라도 건네듯이 돌려준 모양이다. 앞에서도 말했듯이 전쟁의 승패는 몰랐던 것 같다. 어느 쪽이 이긴 것도 아니었다. 닻을 끊고 상관이 두 명 죽고 수병들은 상륙도 하지 못한 채 돌아갔으니, 일단은 영국 함선의 패전이라고 할 수 있겠다. 그러나 사쓰마 측 역시 육지에 피해를 입었으면서도 돌아가는 배를 쫓아가지 않고 내버려뒀을 뿐 아니라, 전투 이튿날 아침 영국 군함이 육지를 향해 발포를 해도 응포를 하지 않았다고 하니, 아무래도 사쓰마의 패전인 듯도 싶다. 이겼다면 양쪽 모두 이겼고, 졌다면 양쪽 모두 졌다. 이렇게 승패를 가릴 수 없는 상황이라면 닻은 소중한 물건이었다. 그걸 무심코 내줬다니 정말로 한심한 이야기지만, 당시의 일본인은 국제법이란 것을 몰랐던 탓이다. 뿐만 아니라 나마무기 사건에서 민간인 한 명이 살해되었다고 해서 영국이 일본 정부에 지나친 반응을 보이며 결국에는 12만 5,000파운드를 받아낸 것이 옳은 행동인지 심히 의심스럽다. 30여 년 전의 일이라고는 하지만, 우리 일본인들은 지금도 불만스럽게 여기고 있다. 그리고 사쓰마 측에서 전쟁 연기를 제안했을 때 영국공사의 말투가 마치 협박이라도 하듯 대단한 기세였으므로 나쁘게 말하면 일본인이 그 협박에 넘어간 것이나 마찬가지였다. 필경 아무것도 모르는 채 어리둥절해 있는 사이에 사건은 끝나버린 것 같다. 지금이라면 그런 어리석은 짓은 하지 않겠지만, 당시에도 이미 미국인의 경우는 일본정부가 배상금을 지불하지 않는 게 좋겠다고 말한 바 있다. 영국공사는 잔뜩 협박을 하고, 게다가 프랑스의 장관이 주제넘게 나서서 거드름을 피운 것은 너무나도 터무니없는 짓이라 납득이 되지 않는다. 하지만 그것으로 사건이 끝났으니 이제 와서 새삼스레 논평을 할 수도 없는 일이다.

오가타 선생의 급환, 무라타 로쿠조의 변절
그런데 교토 조정 쪽에서는 분큐 3년(1861) 5월 10일이 양이의 기한이라는 것이었다. 그래서 네덜란드 상선이 시모노세키를 통과하자, 시모노세키 쪽에서 발포를 했다. 다행히도 네덜란드 상선은 침몰하지 않고 무사히 통과했지만, 그것이 의외로 큰 문제가 되어 세상은 한층 더 험악해졌다. 그런데 그해 6월 10일에 오가타 고안 선생께 불행이 닥쳤다. 그전부터 에도로 올라와 시타야에 계시던 오가타 선생께서 급환으로 토혈을 했다는 급보를 받고 나는 정말로 놀랐다. 이삼일 전 선생님 댁에 가서 분명히 근황을 확인했는데 급환이라니 무슨 날벼락인가 싶어 서둘러 집을 나섰다. 그 당시에는 인력거조차 없었기에 신센자에서 시타야까지 달려갔지만 이미 때는 늦었다. 도무지 어찌된 영문인지, 마치 꿈을 꾸는 듯한 기분이었다. 가까이 사는 문인들은 이미 먼저 와 있었고, 뒤늦게 오는 사람들도 많았다. 수십 명이 모여 별로 할 일도 없이, 일단 그날 밤은 철야를 하려고 모두들 앉아 있었다. 그런데 집이 비좁아 모두 한꺼번에 앉아 있을 자리도 없었고, 그 더운 계절에 거실이 며 현관이며 부엌까지 사람들로 바글바글 했다. 깊은 밤에 현관 문턱에 걸터앉아 있는데, 무라타 조로쿠[훗날의 오무라 마스지로]가 내 곁으로 다가왔다. "어이, 무라타. 자네 언제 조슈에서 온 거야?" "얼마 전에 돌아왔어." "그런데 바칸(馬關)에서는 큰 소란을 피웠다더군. 미친놈들이 무슨 짓을 하는지 정말 어이가 없네." 내 말에 무라타는 눈을 치켜떴다. "뭐? 소란을 피운 게 어때서?" "어때서라니? 요즘 세상에 양이라니, 미친 짓이잖아." "미친 짓? 건방진 소리 하지 마. 조슈에는 엄연히 국시(國是)라는 게 있어. 그런 녀석들이 설쳐대는 걸 그냥 놔둘 수 있나. 게다가 네덜란드 녀석들이 뭔데? 작은 나라 주제에 뻔뻔스런 얼굴을 하고 있잖아. 그걸 쫓아버리는 건 당연한 일이지. 앞으로 보초(防長, 스오[周防]와 나가토[長門])의 무사들은 죽는 한이 있어도 용납하지 않을 거야. 끝까지 해볼 작정이니까." 무라타의 기세는 예전의 그가 아니었다. 정말로 예상치 못한 일로, 이거 이상한 일이다, 기묘한 일이다 싶어 나는 적당히 이야기를 끝내고 미쓰쿠리에게 갔다. "큰일이야, 큰일. 무라타가 살기등등해서 이러이러한 소리를 하는 거야. 정말 놀랐어. 사실은 요전에 무라타가 조슈로 갔다는 말을 듣고 친구들 모두 걱정을 하며, 양이가 한창인 때 무라타가 그 속으로 불려 갔으니 신상이 위태로울 거다, 부디 큰 탈이 없으면 좋겠다 하고 모이기만 하면 그 이야기를 했는데, 본인인 무라타의 말을 들어보니 이런 거야. 정말 이유를 모르겠어. 혹시 무라타는 조슈에 가서 몹시 겁을 먹고는 양이의 가면을 쓰고 일부러 큰소리를 치는 걸까? 설마 진심으로 그런 바보 같은 소릴 하는 건 아니겠지? 도대체 그 친구 마음을 알 수가 없어." "응, 정말로 모르겠군. 아무튼 절대로 그 친구를 상대하지 마. 어설픈 소리를 했다간 무슨 봉변을 당할지 모르니까 당분간은 그대로 놔두는 게 좋을 거야." 미쓰쿠리와 나는 그렇게 합의를 하고, 다른 친구들에게도, 무라타가 이상해, 허튼소리는 하지 마, 무슨 짓을 할지 모르니까 조심해, 하고 주의를 줬다. 이것은 당시의 실화로, 지금도 그 의문이 풀리지 않는다. 당시 무라타가 자기 방어를 위해 양이의 가면을 쓰고 있었는지, 아니면 조슈에 가서 어차피 승복할 바에는 철저하게 해보자는 심정으로 진정한 양이론자가 되었는지 알 수 없다. 어쨌든 나를 비롯해 미쓰쿠리 슈헤이 등은 한때 그의 태도에 놀라 모르는 척하며 내버려 둔 적이 있다.

외교기밀을 베껴 두다

분큐 3년(1863) 계해년은 혼란이 극에 달한 해로, 일본에서는 양이론을 내세웠고, 영국 군함은 나마무기 사건과 관련해 엄청난 배상금을 요구하며 막부를 압박했다. 외교적 난국이라는 점에서는 끔찍하고 무서운 일이었다. 그때 나는 막부 외무성의 번역국에 근무했으므로 외국과 주고받은 서한은 모두 읽어서 상세히 알고 있었다. 즉 영국과 프랑스를 비롯한 나라들로부터 이런 서한이 왔다, 이에 대해 막부에서는 이런 대답을 했다, 또 이쪽에서 이런 것을 모든 외국 공사들에 전달하자 저쪽에서는 이런 대답이 왔다는 식으로, 외교기밀을 상세히 알고 있을 수밖에 없었다. 물론 그런 외교기밀을 담은 서한을 집으로 갖고 갈 수는 없었다. 그러나 관공서에 출근해서 혹은 가이코쿠부교의 저택에 가서 번역을 할 때, 나는 그 내용을 또렷이 기억했다가 집으로 돌아오면 기록해뒀다. 예를 들면 나마무기 사건에 관해 영국 공사로부터 온 서한의 내용은 이러이러하고, 그에 대해 이쪽에서는 이런 대답을 보냈다는 식이었다. 그렇게 외교적으로 오고간 서한의 내용을 집에 돌아와 얇은 괘지에 적어둔 것이다. 물론 함부로 남에게 보여줄 수 있는 것은 아니었다. 단지 친구들과의 얘깃거리로 삼았을 뿐이지만 아주 재미있는 내용이었다. 그러던 어느 날 나는 그 기록을 모두 태워버렸다.

와키야 우사부로의 할복

기록을 태워버린 일과 관련해 한 가지 일화가 있다. 그 당시에 정말로 무시무시한 사건이 벌어졌다. 가나가와부교의 구미가시라(組頭), 지금으로 말하면 차관에 해당하는 직책을 맡은 와키야 우사부로(脇屋卯三郎)라는 사람이 있었다. 차관이면 상당히 높은 신분이었다. 그런데 조슈에 있는 친척이 그에게 보낸 편지를 어쩌다가 정탐꾼에게 빼앗기게 되었다. 친척에게 보내는 보통의 편지니 대수롭지 않은 내용이었다. 그저 참으로 뒤숭숭한 시절이라 걱정이다, 부디 명군현상(明君賢相)이 나타나 어떻게든 해결해야 할 것이다 운운하는 문장이 있었다. 그런데 이 편지를 본 막부의 관료가 "뭐? 천하가 시끄러워? 부디 명군이 나타나서 해결해야 한다니, 이건 구보(公方, 쇼군의 별칭) 님을 능멸한다는 뜻이다. 구보 님이 사라지고 명군이 나타나기를 바라는, 이른바 모반자다"라는 식으로 해석하여, 즉시 와키야를 막부의 성내에서 포박하게 되었다. 그날은 마침 내가 성내의 외무성에 출근하는 날이었다. "큰일이다, 방금 와키야가 포박당했다" 하는 소리가 들리더니, 포박되지는 않았지만 와키야가 포졸 같은 자와 함께 복도를 지나가는 것이었다. 모두들 놀라서 가나가와의 구미가시라가 체포되다니 어찌된 일인가 하며 수군거렸다. 그 이튿날 들어보니, 그 편지사건으로 이러이러한 혐의를 받게 되었다는 것이다. 와키야를 체포함과 동시에 가택수색을 실시하고, 당사자는 즉시 덴마초에 투옥되어 억지 취조 끝에 옥중에서 할복하라는 명을 받았다. 그때 검시를 담당한 다카마쓰 히코사부로(高松彦三郎)는 오코비도메쓰케(御小人目付)*로 나와 잘 아는 사이였다. 덴마초에 검시를 하러 가기는 했지만 무척 유감스러웠다고, 나중에 히코사부로는 내게 이야기했다.

---

* 무사정권의 직명으로 공무집행을 감찰하며, 고문이나 형집행 등에 입회했다.

나도 와키야 우사부로가 결국 죽음을 당했다는 말을 듣고 몹시 겁을 먹었다. 명군 운운했다는 이유만으로도 그는 덴마초의 감옥에 투옥되어 죽음을 당했는데, 만약 내가 외교기밀과 관련된 엄청난 문서들을 기록해둔 것이 알려지면 즉시 투옥되어 목이 잘릴지도 모른다는 생각이 들었던 것이다. 그 무렵 뎃포즈에 살고 있던 나는 서둘러 그 기록을 태워버렸다. 그러나 아무래도 못내 마음에 걸렸던 것은 그렇게 옮겨 써둔 기록을 친척에게 건넨 일이 있다는 점이었다. 히고의 호소카와 (細川) 번 사람에게도 빌려준 적이 있었다. 빌려간 사람이 그 기록을 베끼지나 않았을까 하는 걱정 때문에 견딜 수가 없었다. 그렇다고 이제 와서 그 사실을 묻는 편지를 보냈다가는 도리어 그 편지가 화근이 될 수 있었다. 이미 원본은 태워버렸으니 그 복제품이 나타나지 않으면 좋겠지만, 만약 나타나는 날에는 큰일이라는 생각에 몹시 걱정이 되었다. 다행히도 아무 일 없이 왕정유신이 되어 크게 안도하고, 지금은 남들에게 거침없이 이런 이야기를 하고 이렇게 속기도 할 수 있게 되었지만, 막부 말년에는 결코 그렇지 못했다. 스스로 재앙을 자초하여 분큐 3년(1863) 돼지해로부터 메이지 원년(1868)까지 5~6년간 당시의 정부에 마치 목숨을 빚진 것처럼 남들에게는 물론 아내에게도 말하지 못하고 혼자서 속앓이를 했으니 정말 찝찝한 일이었다. 와키야의 죄와는 비교가 되지 않을 만큼 외교비밀을 누설한 자의 죄가 훨씬 무거운데, 이쪽은 아무 일 없이 무사하고 대수롭지 않은 일로 친척과 편지를 주고받은 자는 목숨을 잃었다니 참으로 유감스러운 일이 아닌가. 인간의 행불행은 어디에 있는지 알 수 없으니, 이른바 운이라 하겠다. 이 사건과 관련해 보더라도 왕정유신은 나에게 다행한 일이었다.

그건 그렇고 오늘날 그 당시에 기록해둔 것을 본다면 분큐 3년의 사정을 잘 알 수 있으니 외교사의 자료도 되고 아주 재미있을 것이다. 그래도 목숨과는 바꿀 수 없어 태워버렸지만, 만약 지금 누군가 지니고 있는 사람이 있다면 보고 싶은 생각이 든다.

시모노세키의 양이

그 후로 세상은 오로지 양이론뿐이었다. 조슈의 시모노세키에서는 네덜란드 선박에 발포를 하는 데 그치지 않고, 그 후에 미국 군함과 영국 군함에 대해서도 잇달아 발포를 했다. 그 결과 영국·프랑스·네덜란드·미국 4개국이 막부에 들이닥쳐 300만 엔의 배상금을 지불하라며 다그쳤고, 옥신각신 끝에 막부는 결국 그 배상금을 지불하게 되었다. 그러나 국내의 양이론은 좀처럼 수그러들지 않았고, 결국에는 쇄국양이(鎖國攘夷)라는 말 대신 새롭게 쇄항(鎖港)이라는 명칭이 고안되었다. 막부에서는 쇄항 담판을 위해 일부러 이케다 하리마노카미(池田播磨守)*라는 가이코쿠부교(外國奉行)를 프랑스까지 사절로 보내는 등 난리 속에 모든 것이 엉망이 되었고, 암살이 거의 매일 자행되는 등 정말로 무서운 세상이었다. 이런 세태이고 보니, 나는 오로지 몸을 사린 채 좌우지간 재난을 피하기만 하면 된다고 마음먹고 있었다.

검술 전성시대

아무튼 계해년을 전후해서는 온 세상이 무작정 과격하게 행동할 뿐이었다. 물론 세상 모두가 과격해지는 데는 이유가 있었다. 도쿠가와 정부는 행정과 외교를 수행하고 있었으므로 어쩔 수 없이 개항설 즉 개국론을 주장해야만 했고, 실행하지 않을 수 없었다. 하지만 그 막신(幕臣) 전체의 동태는 쇄국주의자들의 소굴이라 할 정도로, 사면팔방 어디를 둘러보아도 양학자가 머리를 내밀 수 있는 시대는 아니었다. 당시 조금이라도 세상에서 활개를 치는 자들은 하나같이 칼을 찬 무사들

---

* 하리마노카미는 잘못으로, 바르게는 이케다 지쿠고노카미(筑後守) 나가오키(長發)이다. 이 무렵은 가이코쿠부교였고, 훗날 군칸부교(軍艦奉行)를 역임했다.

이었다. 에도 시중의 검술가들은 막부의 부름을 받아 득세했고, 검술이 크게 유행하는 세상이 되자 그 유행이 사방으로 전염되어 승려마저 변하게 되었다. 원래 승려는 성내에 출사하여 다이묘와 하타모토의 급사역을 담당하는 이른바 사도보즈(茶道坊主)이므로, 평소에는 짧은 와키자시를 차고 다이묘에게 받은 지리멘(縮緬, 오글쪼글한 비단) 하오리를 입고 조심스럽게 다니는 것이 그 본분이다. 그런데 세상이 모두 거칠어지니 사도보즈까지 입성이 바뀌어, 긴 칼을 차고 까까머리를 곤두세운 채 다니는 자들이 있었다. 당시 고케닌(御家人)이나 하타모토(旗本) 사이에서는 생모시 하오리에 우루시몬(漆紋, 옻으로 무늬를 새긴 천. 특히 삼베옷)이 유행이었다. 먼 옛날에 도쿠가와 이에야스가 세키가하라(關ヶ原) 전투* 때 입었고 또 미토의 노공(老公)†도 입었다고 전해지면서 그런 복장이 무사들 사회 전체에서 크게 유행했다. 또한 에도 시내에는 칠석날 조릿대에 단자쿠(短冊, 글을 쓰거나 물건에 매다는 데 쓰는 가느다란 종이)를 붙이고 수박이나 참외로 만든 하리코(張子)#나 부채 등을 매다는 풍습이 있었는데, 무술 일변도인 양이의 세상이 되니 큰 칼이나 투구 등의 하리코를 매달게 되었다. 이렇게 전반적인 분위기가 완전히 옛날의 무사풍으로 되어버리니, 이래서는 도저히 견딜 수가 없었다.

도검을 팔아버리다

그래서 나는 혼자 몸가짐을 조심하면서, 아무래도 칼은 필요 없다, 어리석은 짓이다, 칼은 팔아버려야겠다고 작정했다. 우리 집에 대단한

---

* 게이초 5년(1600) 9월 15일, 도쿠가와 이에야스가 세키가하라에서 이시다 미쓰나리(石田三成)에게 승리하여 전국의 패권을 장악한 전투.
† 1628~1700. 미토 번주 도쿠가와 미쓰쿠니(德川光圀).
# 틀에 종이를 겹붙여 말린 뒤 그 틀을 빼내어 만든 물건. 여기서는 수박이나 참외를 틀로 사용하여 만든 것을 말한다.

명검은 없었지만, 그래도 다섯 자루 내지 열 자루쯤 되는 칼을 신사 앞의 다나카 주베에(田中重兵衛)라는 도검업자를 불러 몽땅 팔아치웠다. 하지만 당시는 아직 다이쇼(大小) 두 자루를 모두 차고 다녀야 하는 시절이었으므로 아버지가 차던 다이쇼, 즉 정장을 할 때 차는 와키자시의 칼집을 약간 길게 하여 칼처럼 보이게 하고, 신사 앞의 철물점에서 단도를 사서 작은 장검처럼 꾸몄다. 그렇게 겉모양만 낸 와키자시를 차기로 하고 나머지는 몽땅 처분하여, 그 대금으로 두 차례에 걸쳐 70~80냥을 받았던 일이 지금도 기억난다. 기다란 와키자시로 변모한 대물림 칼집이 하나, 단도로 만든 짧은 와키자시가 한 자루 있을 뿐 그 외에는 아무것도 없었다. 오로지 그렇게 몸을 사리며 지냈다. 나는 원래 소년시절부터 오사카의 오가타주쿠에 있을 때까지도 장난 삼아 이아이(居合, 한쪽 무릎을 꿇은 채 잽싸게 칼을 뽑아 적을 베는 검술)를 흉내 내는 등 검술을 무척 좋아했다. 하지만 무예에 관한 이야기가 널리 유행함과 동시에 이아이용 칼은 모두 감춰버리고, 단 한 번도 칼을 뽑은 적이 없거니와 뽑는 법도 모르는 척하며 지냈다. 그저 조심에 조심을 거듭하고 밤에는 절대로 외출하지 않았다. 특히 분큐 연간부터 메이지 5, 6년까지(1861~1873년) 13~14년간은 밤중에 외출한 적이 한 번도 없다. 그 당시는 오로지 저작과 번역에만 열중하며 세월을 보냈다.

다시 미국으로

게이오 3년(1867)에 나는 다시 미국으로 갔다. 세 번째 외국행이었다. 게이오 3년 정월 23일 요코하마에서 출항했다. 이 미국행에 관해서도 많은 일화가 있다. 그 전해 미국공사로 로버트 휴슨 프러인*이라는 사람이 와 있었는데, 당시 막부에서 군함을 장만하기 위해 그에게 구매를 부탁하여 수차례에 걸쳐 80만 달러의 돈을 건네주었다. 그리하여 완성된 군함이 곧 도착할 예정이었다. 결국 분큐 3~4년경 후지야마(富士山)라는 배가 도착했는데 그 가격은 40만 달러†였다. 그러나 그 후에 막부의 사정이 몹시 복잡해졌고 또 미국에서도 남북전쟁이라는 내전이 발발하여 그 후로는 전혀 소식이 없었다. 80만 달러나 되는 돈을 지불했는데 40만 달러짜리 배가 왔을 뿐 그 후로는 아무것도 오지 않은 것이다. 이러다간 해결이 나지 않을 테니, 나머지 배는 이쪽에서 직접 가서 받아오자, 기왕이면 총도 구입해 오자는 의견이 제기되었다. 그리하여 당시 파견 위원장으로 오노 유고로(小野友五郎)#가 임명

---

* Robert Hewson Pruyn. 분큐 원년(1861) 주일공사가 되어 나마무기 사건의 조정하는 데 진력했다. 게이오 원년(1865)에 귀국했다.
† 가쓰 가이슈(勝海舟)의 『해군역사』에 의하면, 후지야마호 구입은 게이오 원년 2월 10일의 일이며, 가격은 24만 달러였다고 한다.
# 1817~1898. 가사마(笠間) 번사. 수학에 뛰어났으며 나가사키의 해군학교에서 측량항해술을 배워, 만엔 원년(1860) 간린마루가 미국에 갈 때 측량사로 참가했다.

되었는데, 그는 고칸조긴미야쿠(御勘定吟味役)*라는 직책으로 고칸조 부교의 차석에 해당하는, 당시의 정부에서는 상당한 권력과 지위를 가진 고급 관리였다. 그가 위원장을 맡고, 부장(副長)에 마쓰모토 주다유(松本壽太夫)†라는 사람이 임명된 것은 출발하기 전에 겨울이었다. 다시 한 번 미국에 가고 싶었던 나는 오노의 집에 수차례 찾아가 부탁했다. "부디 함께 데려가 주지 않겠습니까?" 하고 부탁하니 데려가겠다고 하여, 나는 오노를 수행하게 되었다. 그 밖에 동행인으로는 선박 인수를 위해 해군에서 두 명 그리고 통역하는 사람이 함께 갔다.

태평양 우편기선, 처음으로 운항하다

그해에 미국과 일본 사이에 태평양 우편선이 처음 개통되어 우리는 첫 번째로 일본에 온 콜로라도(Colorado)라는 배를 탔다. 지난번 미국에 갔을 때는 배가 작아 해상에서 37일이나 걸렸지만, 이번의 콜로라도는 내부를 비롯한 모든 것이 휘황찬란하게 꾸며진 4,000톤급의 쾌속선으로, 22일 만에 샌프란시스코에 도착했다. 그런데 지금과 달리 당시에는 아직 철도가 없던 때라, 파나마로 우회해야만 했다. 샌프란시스코에 2주일가량 머문 뒤 거기서 태평양 기선회사 소속의 다른 배로 갈아타고 파나마로 갔다. 증기차를 타고 파나마 지협을 넘어 반대편에 가서 다시 배를 타고 3월 19일 뉴욕에 도착했다. 워싱턴에 여장을 풀고는 미국 국무장관을 만나 돈 이야기를 했다.

그 당시의 경위만 보더라도 막부의 상황이 어땠는지 잘 알 수 있다. 우리는 출발할 때부터 상대방과 협상하려면 80만 달러를 건넸다는 영수증이 있어야 한다는 사실을 잘 알고 있었다. 그런데 아무리 봐도 평

---

* 에도 막부의 직명으로, 로주(老中) 밑에 소속되어 세금징수 및 금곡의 출납 검사를 담당했다.
† 막신으로서 미국행 때는 개성소(開成所)의 도도리(頭取, 우두머리), 귀국 후에는 오사카마치부교(大阪町奉行), 간조부교(勘定奉行, 세무담당관) 등을 지냈다.

범한 종이쪽지에 10만이니 5만이니 하고 적은 것이 10장가량 있을 뿐이었다. 그 중에는 세모난 종이쪽지에 불과 몇 만 달러를 영수했다고 표시하고 단지 프러인이라는 이름만 적은 것도 몇 장이나 되었다. 단지 돈을 받았다는 표시뿐 무슨 이유로 어떻게 영수했다는 약정조차 없었다. 법적으로 따져도 그야말로 엉성하고 아무런 증거가 되지 못할 것들이었다. 그래서 그 문제를 놓고 출발 전에 한바탕 논쟁을 벌였다. 오히려 이게 좋다, 이쪽에서는 처음부터 미국공사를 철저하게 믿고, 아니 미국공사를 믿는 게 아니라 일본정부가 미국 정부를 믿는 것이다, 서류도 필요 없고 조약도 필요 없다, 단지 받았으면 받았다고 입으로 말하는 것만으로도 충분하다, 이것은 그저 각서에 숫자를 적은 것일 뿐 애당초 이런 건 증거로 삼지 않겠다 하는 태도로 나가자고 결정했다. 상대방을 만나서 이런 이야기를 하자 즉각 전 공사인 프러인이 나섰다. 그리고는 아무 말도 하지 않기에, "어떻습니까? 배를 주든 돈을 주든 아무래도 좋습니다" 하고 이쪽에서 단호한 태도를 보였다.

군함을 구입하다
이것으로 일단 안심이라 생각되자, 우리측에서는 군함에 대한 욕심이 생겼다. 그리하여 여기저기 군함을 둘러보고는 스톤월(Stonewall)이라는 갑철함(甲鐵艦)*을 구입하기로 결정했다. 그 함선이 훗날 일본에 와서는 아즈마칸(東艦)이라고 불리게 되었을 것이다. 그 외에도 수백 정 혹은 수천 정의 소총을 구입했지만 그래도 7만~8만 달러의 돈이 남았다. 그 돈은 미국정부에 맡겨둔 채 우리는 먼저 돌아왔는데, 구입한 배를 회항시키기 위해 해군성 사람들이 뒤에 남아 미국인 선장을 한 명 고용했다. 그리하여 회항까지 하게 되자 모든 일이 완료되었다. 배가

* 목조 선체에 철판을 입힌 것으로, 당시의 군함으로서는 최신식이었다.

일본에 도착한 것은 왕정복고가 된 메이지 원년(1868)이었다. 그런데 훗날 당시 회계를 주관했던 유리 기미마사(由利公正)*를 만나 그 일에 관해 들으니, "그때 대금을 지불하느라 고생했다. 메이지 정부가 돈이 없어서 이리저리 변통해 간신히 몇 십만 달러를 장만해서 지불했다"는 것이었다. "그건 잘못 알고 있는 거다. 아직 돈이 좀 남아서 저쪽에 맡겨둘 정도였다"고 알려주자, 그러냐며 유리는 깜짝 놀라는 것이었다. 어찌된 일인지도 모르고 이중으로 돈을 지불한 것이다. 미국인이 그 돈을 가로챌 리는 없으니 틀림없이 어딘가에 보관되어 있을 것이다.

막부 관료들, 무리하게 값싼 달러를 사들이다

그런데 당시 내 일신상에 심상치 않은 일이 발생했다. 나는 막부의 일을 맡아서 하고 있었지만, 절대 막부를 도와야겠다고 생각한 적은 없었다. 내 소신을 말하자면 우선 쇄국이 싫고 문벌(門閥)의 구태의연한 강압이 너무 싫어, 무슨 일이건 내 소신에 부합하지 않는 자는 모두 적으로 생각했다. 마찬가지로 쇄국주의자나 전통주의자들 역시 양학자를 사이비라며 증오했을 것이다. 그런데 막부의 낌새를 보니 완전히 전통주의에 얽매여 조금도 개국주의적인 면이 없고, 자유주의적으로도 보이지 않았다. 예를 들면 매년 막부의 고요타시(御用達, 막부에 필요한 물품을 납품하는 업자)는 미쓰이 하치로에몬(三井八郎右衛門)†의 몫으로, 그들이 정부에 물품을 공급할 뿐 아니라 관료들의 사적인 요구도 주선해주는 것이 관행이었다. 이번 미국행 때도 일행은 막부로부터 경비로 많은 돈을 받았으므로 미국에 가기 전 그 돈을 외화인 달러로 바꿔야만 했다. 그런데 그 당시는 외환시세가 매일 급변하던 시절

---

* 1829~1909. 메이지 정부 초기의 재정 담당. 훗날 귀족원 의원이 되었다.
† 미쓰이가(家) 당주의 통칭. 미쓰이가는 상호를 에치고야(越後屋)라 하여 에도 시대부터의 부호로서 조정과 막부의 재정에도 크게 관여했다. 훗날 미쓰이 재벌로 성장했다.

이라 교환이 용이하지 않았다. 그러자 일행 중 한 사람이 미쓰이 직원을 요코하마 여관으로 불러내 달러 가격에 관해 자세히 물어본 뒤 말했다. "물론 최근 달러 가격이 비싼 것은 안다. 그러나 미쓰이는 훨씬 이전에 가격이 쌀 때 사들인 달러가 있을 것이다. 내가 갖고 있는 돈을 그 값싼 달러와 교환하고 싶다." 그러자 미쓰이의 직원은 엎드려 절하며 "알겠습니다. 값싼 달러와 교환해 드리겠습니다"라고 대답하고는 저렴하게 계산한 달러를 갖고 왔다. 나는 곁에서 그 모습을 지켜보고, 정말 터무니없는 소리를 하는 녀석이구나 하고 생각했다. 외환을 구입하는데 가격이 쌀 때 사들인 돈이라고 해서 특별한 표시가 있는 것도 아니고, 싸건 비싸건 그날의 정해진 환율이 있는데, 그것을 싸게 달라며 부끄러운 기색도 없이 당연하다는 얼굴을 하고 있다니. 더욱이 그 사람이 평소에는 어엿한 사군자(士君子)로 행세한다는 사실이 놀랍기만 할 뿐이었다. 또 미쓰이의 직원도 계산을 할 줄 모르는 게 아니라, 잘 알고 있으면서 기꺼이 손해를 보며 아무 불평도 하지 않았다. 아마도 인간의 죄라기보다 당시의 세태가 인간을 그렇게 만든 것으로, 부패의 극치라 하겠다. 이런 정부가 제대로 유지될 리가 없으리라는 생각이 들었다.

국익론에 저항하다

우리 일행이 미국에 갔을 당시 일본은 다사다난한 상황이었던지라, 도쿠가와 정부에서 만사검약의 방침을 세움은 물론, 설령 정부라 해도 이익이 생기는 일이라면 무조건 착수해야 했으므로 그 담당자로 고코쿠에키가카리(御國益掛)라는 직책까지 생겼다. 그리하여 갖가지 별의별 아이디어를 만들어내는 자가 있는가 하면, 그것을 정부가 채택하게끔 여러 모로 궁리를 짜내기도 했다. 예를 들면 에도 시내의 어디어디에 수로를 만들어 그곳을 지나는 배로부터 통행료를 받는 게 좋지 않겠냐는 사람, 또는 신카와(新川)로 들어오는 술에 세금을 부과하는 게 좋겠다는 사람도 있었고, 어딘가 황무지 개척을 맡아 얼마 정도라도 운상(運上)*을 거둬들이자는 자도 있었다. 또 언젠가는 에도 시내의 인분을 독점하여 그 이익을 정부가 차지하자는 주장도 나왔다. 그러자 어느 양학자가 크게 기염을 토하며, 정부가 사하이닌(差配人)†을 무시하고 인분에서 나오는 이득을 독점하려는 것은 일종의 압제다. 과거에 미국국민은 본국인 영국정부로부터 수입하는 차(茶)에 과세하는 것에 분개하여 귀부인들이 일절 차를 마시지 않고 다회(茶會)의 즐거움마저 포기했다는 이야기를 들었다. 그렇다면 이번에 우리도 미국인을 본받아 변소 출입을 일체 금해서 정부를 골탕 먹이지 않겠느냐, 내 생각이 어떠하냐고 말해 좌중을 크게 웃긴 적이 있다. 정부의 사정이 대충 이러하니, 이번의 일행 중에도 있던 고코쿠에키가카리가 제안을 했다. 금후 일본에도 점차 양학이 보급되어 원서 가격이 차츰 오를 것이다, 따라서 지금 그 원서를 구입해 가서 팔면 다소나마 국익에 보탬이 되리라는 것이었다. 그러면서 내게 그 구입을 의뢰했으나, 나는 쉽사리 응하지 않았다. "원서 구입은 아주 좋은 일이다. 일본에는 원서가 귀하여 한 권이라도 더 수입하고자 하는 터에, 다행히 이번에 미국에 와서 공금으로 잔뜩 사다가 일본으로 돌아가 원가에 처분한다면, 그것은 정말 고마운 일이다. 얼마든지 궁리해서 싸고 좋은 책을 구입하겠다. 어떻게 생각하는가?" 하고 묻자, 그는 "아니, 그게 아니라 당연히 국익을 위해서 할 작정이다"라고 대답하는 것이었다. "그렇다면 정부는 장사를 하는 게 된다. 나는 거간꾼이 아니다. 하지만 정부가 이미 장사를 하겠다고 결정하고 시작한 것이라면, 나도 장사꾼이 되겠다. 그 대신 커

* 잡세의 일종으로 상업·공업·어업 및 운송업 등에 대해 일정한 비율로 부과하는 세금.
† 소유자를 대신해 집이나 토지를 관리하고 임대료를 받아주는 업자. 에도 시에서는 변소에서 인분을 퍼 가는 농민들이 사하이닌에게 약간의 사례를 하는 관습이 있었다.

미션〔수수료〕을 잔뜩 받아도 되겠는가? 어느 쪽이든 좋다. 정부가 구입한 가격 그대로 판다면 나는 고생을 마다않고 책을 상세히 살펴보고 가격을 최대한 깎아 저렴하게 구입해서 되팔도록 하겠지만, 정부가 장사를 하겠다면 정부만 돈을 벌도록 하지는 않겠다. 나도 함께 돈벌이를 하겠다. 자, 여기서 정부와 장사꾼이 갈리는 거다. 어떻게 할 작정인가?" 이렇게 내가 따지고 들자 상황은 몹시 복잡하게 뒤엉키게 되었고, 덕분에 중역들의 눈 밖에 나고 말았다. 지금 생각해보니 옳고 그름은 제쳐놓고, 수행원의 신분으로서 결코 바람직하지 못한 행동이었다는 생각이 든다.

막부를 쓰러뜨려라

또 한번은 이런 일이 있었다. 동행했던 세키 신파치(尺振八)* 등과 함께 닥치는 대로 선실로 술을 주문해서 호탕하게 떠들며 마음껏 마시고 먹었다. 관비로 마시는 것이니 선상의 가격이 비싸도 개의치 않았다. 그러면서 내가 이렇게 떠벌렸다. "아무래도 지금의 막부는 무너져야만 해. 무엇보다도 지금의 막정(幕政) 꼬락서니를 봐. 어떤 물건을 사건 어용(御用)이라며 구입하거든. 술이나 생선을 살 때도 제멋대로 가격을 붙여서 사들이잖아. 가즈사보슈(上總房州)에서 배가 들어오면 막부의 어용이라며 맨 먼저 그 생선을 공짜로 가져가다시피 하고 있어. 쇼군께서 드시는 거라면 그래도 괜찮지만, 그게 아니라 요리사 같은 녀석들이 공짜로 가져다가 그 생선을 다시 되팔고 있잖아? 이것 하나만 봐도 모든 걸 알 수 있어. 정말로 차마 눈뜨고 볼 수 없는 지경이야. 그건 그렇다 치더라도 양이문제는 또 어떤가? 당장 발등에 불이 떨어졌

---

* 1839~1886. 시모우사(下總) 다카오카(高岡) 번의 번의(藩醫) 집안에 태어났다. 나카하마 만지로(中浜萬次郎)에게 영학(英學)을 배우고, 또 요코하마의 외국인 밑에서 공부했다. 막부의 통역으로 종사하다가 메이지 시대가 되자 미국 공사관 통역을 거쳐 대장성 통역국장이 되었다. 혼조에 사숙을 열었는데 문하생이 수백 명에 달했다.

으니 어쩔 수 없이 개국론을 주장하고는 있지만, 그 속을 들여다보면 양이론으로 똘똘 뭉쳐 있거든. 시나가와에 만들어 놓은 엉성한 포대(砲臺)를 보라구. 그것으로도 부족해 또 만들고 있잖아. 게다가 가쓰린타로가 효고(兵庫)에 가서 풍로 모양의 희고 둥그런 포대를 쌓는다니, 양이 준비를 하는 게 아니고 뭐겠어? 그런 정부라면 때려 부수는 게 나을 거야." 그러자 세키 신파치가 말했다. "맞아, 그 말이 맞아. 하지만 이렇게 배를 타고 미국에 왕래하는 것도 막부가 임무를 줬기 때문이야. 지금 먹고 있는 음식도 입고 있는 옷도 막부 것이잖아? 그걸 받아먹고 있으면서 막부를 쓰러뜨린다는 건 좀 미안하다는 생각이 들지 않아?" "그건 상관없어. 우리가 이렇게 정부의 어용으로 고용된 건 대단한 인물이라서가 아냐. 단순히 서양문자를 볼 수 있다는 것 때문이지. 이건 말하자면 가죽세공은 가죽 전문가에게 맡기는 것과 마찬가지니, 우리는 셋타(雪駄) 수선공이나 다름없어. 막부의 어르신들은 지저분한 일은 하지 못하니까 마침 여기에 가죽을 잘 다루는 녀석이 있어서 맡긴 것이고, 그 덕분에 수선공이 커다란 저택에 드나들게 된 거나 조금도 다를 바 없다구. 그런 걸 고맙게 생각할 필요가 어디 있겠어? 당장 날려버리라니까. 단지 곤란한 건 누가 이걸 무너뜨리느냐, 그것이 문제지. 우리는 그 선봉에 설 생각이 없어. 누가 이걸 무너뜨리느냐, 바로 그것이 최대의 문제지. 지금 주위를 둘러보면 막부를 무너뜨리자며 설쳐대는 건 소위 불량배들, 즉 조슈나 삿슈 같은 양이번(攘夷藩)인데, 만약에 그 로닌들이 천하를 장악하게 된다면 그야말로 도쿠가와 정부의 양이보다도 한술 더 뜰게 분명하잖아? 그렇게 되는 것보다는 차라리 지금의 막부가 낫지. 하지만 아무래도 막부는 조만간에 쓰러져야만 해. 단, 지금 당장 그 일을 맡을 사람이 없으니까 어쩔 수 없이 관망만 하고 있는 거야. 답답한 일이지." 그러면서 술기운에 떠들어댔는데, 방안이라고 해도 남들의 출입을 금지시킨 것도 아니고 방약

무인하게 큰소리로 마구 떠들어댔으니, 그러한 소문이 찔끔찔끔 중역들의 귀에도 들어갔을 것이다.

근신을 명받다

그러다가 결국 에도로 돌아가자, 앞에서도 말한 것처럼 막부의 외무성에 출근하며 번역을 하고 있던 나는 가이코쿠부교로부터 책망을 들었다. "자넨 미국행 임무수행 중 불온한 짓을 했으니 잠자코 근신하게" 하는 것이었다. 막부가 잠자코 근신하라고 명한 것은 사실 대수롭지 않은 것으로, 외출하는 데는 전혀 지장이 없고 단지 관청에만 출근하지 않는 것이었기에 일신상에는 아무런 탈이 없었다. 오히려 여가가 생기니 고마울 정도였다. 나는 명령대로 잠자코 대기하며 『서양여행안내』라는 책을 썼다.

후쿠자와의 형은 삿슈에 있다

미국행을 끝내고 일본에 도착한 것은 그해 6월 하순, 국내정세는 상당한 긴박감 속에 어수선한 분위기였다. 나는 그냥 집에 틀어박혀 생도들을 가르치고 집필을 하며 얌전히 지냈는데, 주위에서는 갖가지 소문이 나돌았다. 가만히 들어보니, 후쿠자와의 친형은 가고시마(鹿兒島)에 가 있다는 따위의 말도 안되는 소리였다. 형이 사쓰마 번의 패거리니까 동생도 의심쩍다는 것이었는데, 내가 툭하면 막부의 양이론을 혹평하며 그따위 정부는 없애버리라고 하니까 자연히 그런 소문이 나도는 듯했다. 하지만 10년 전에 죽은 형이 가고시마에 있을 리가 만무하니, 속된 무리들의 유언비어라며 변명조차 하지 않았다. 또한 막부에 대해서도 소위 유지자들 중에는 갖가지 기발한 아이디어를 진언하는 자도 많은 모양이었지만, 나는 일절 관계하지 않고 그저 혼자 세상 돌아가는 모습을 관망했다. 그러던 중 점차 사태는 심각해져갔다. 어느 날 나카지마 사부로스케(中島三郎助)*라는 사람이 나를 찾아와 "어째서 숨어 지내는가?" 하고 묻길래, "이러이러한 이유로 숨어 지내고 있다"고 대답하자, "그거 참 별일이군. 이렇게 세상이 분주하게 돌아가는데 당신들이 숨어 지내면 되겠는가? 즉시 나오게" 하는 것이었다. "나오라니, 내보내 주지 않는데 나갈 수 없지 않은가?" "좋아, 내가 즉시 내보내 주지." 당시 이나바 미노노카미(稻葉美濃守)†라는 로주(老中)가 있었는데, 나카지마가 그곳에 찾아가 후쿠자와를 더이상 근신시키지 말고 복직시키는 게 좋지 않겠냐고 진언을 했고, 결국 나는 다시 복직하게 되었다. 그 미노노카미란 옛 요도 번주로, 현재는 하코네(箱根) 도노사와(塔ノ澤)에 은둔하고 있는 그 노인이다. 또 옛 우라가의 요리키였던 나카지마 사부로스케는 하코다테 전쟁 중에 부자가 함께 전사한 훌륭한 무사로, 지금 우라가 공원에 그의 비(碑)가 세워져 있다.

장관에게 불복하다

금번의 미국행과 관련해 내가 그런 처분을 받았다고 하니, 마치 나 혼자 유별난 듯이 보이겠지만 사실은 그렇지 않다. 애당초 나는 미국에 가고 싶다며 오노 유고로에게 몇 번씩 부탁해서 신임을 얻고 수행원이 된 경우이므로, 무슨 일이건 윗사람의 명령에 복종하고 그 뜻대로 행하는 게 도리였을 것이다. 그런데 실제로는 그렇지 못하고 항상 거스르는 짓을 했을 뿐 아니라 명백히 명령에 불복한 적도 있다. 예를 들면 미국 체류 중에 오노도 화가 났는지 나에게 "이제 임무도 끝났으니 자네는 지금 먼저 귀국하는 게 좋겠어" 하는데 나는 불복했다. "여기까지 데리고 와서 잔뜩 부려먹은 뒤, 이젠 필요 없게 되었으니 도중에 돌아

---

* 1822~1869. 우라가부교의 요리키. 네덜란드식 해군포술을 연구하여, 훗날 군함장으로 승진했다. 유신 때 하코다테로 탈주, 고료카쿠(五稜郭)가 함락될 때 두 아들과 함께 저항하다 사망했다.
† 야마시로노쿠니(山城國) 요도(淀) 번주 이나바 마사쿠니(稻葉正邦).

가라고 명령할 권리는 장관에게도 없을 거다. 난 일본을 떠날 때 각료에게 작별인사를 하고 온 사람이다. 다시 말해 로주님의 분부를 받고 온 거다. 당신이 돌아가라고 해도 난 돌아가지 않겠다"하면서 대든 것은 지나친 행동이었다. 또 어느 날은 식사를 하면서 무슨 이야기 끝에 "도대체 지금 막부의 속셈을 알 수가 없어. 양이쇄항(攘夷鎖港)이라니 그게 무슨 짓이고, 그 때문에 시나가와의 포대를 증축하는 건 또 무슨 장난이냐 말이야. 그 포대를 쌓은 자가 이 자리에도 있지 않을까? 그런 짓을 하면 일본이라는 나라가 한층 좋아지리라고 생각하는 걸까? 일본은 소중한 나라야"하고 남들 앞에서 떠벌였다. 나야말로 미친 짓을 한 거나 다름없었다. 물론 오노의 고집이 센 것은 틀림없다. 하지만 나도 만만치 않게 대들었으니 항상 미움을 받은 것도 지극히 당연한 일이라 조금도 원망할 생각은 없다.

왕정유신

그해도 점차 저물어 드디어 게이오 3년(1867) 말이 되자 세상이 어수선하여 생도들도 자연히 그 영향을 받지 않을 수 없었다. 고향으로 돌아가는 자도 있고 다른 곳으로 흩어지는 자도 있어, 학생은 점차 줄어들었다. 동시에 그때까지 내가 살고 있던 뎃포즈의 오쿠다이라 저택은 외국인의 거류지로 사용할 예정이어서 몰수하겠다는 막부의 통지를 받았다. 이미 거류지로 바뀐 곳도 있었기에 나도 더 이상 그곳에 있을 수 없었다. 그래서 게이오 3년 12월 말, 신센자에 있는 아리마(有馬)라는 다이묘의 나카야시키(中屋敷)*를 매입하여 옮기자마자 뎃포즈는 외국인 거류지가 되었다. 그리고 이듬해인 게이오 4년(1868), 즉 메이지 원년 정월 일찍부터 후시미(伏見) 전쟁이 시작되어, 쇼군 요시노부(慶喜)†가 에도로 도망쳐 오자 마침내 큰 소란이 벌어졌다. 이것이 왕정유신(王政維新, 메이지 유신)의 시작이었다. 그 당시 나는 전혀 정치에 관계하지 않았다. 애당초 왕정유신이 오늘날 정치의 출발점이니까, 이야기가 다소 앞으로 되돌아가 길어지겠지만 나의 소년시절 이야기

---

* 여기서 말하는 아리마씨(有馬氏)가 지쿠고(築後)의 구루메(久留米) 번주, 시모노 후키가미(下野吹上) 번주, 에치젠 마루오카(越前丸岡) 번주 중 누구를 가리키는지 확실치 않다. 막말의 에도 지도에는 훗날 게이오기주쿠가 된 장소에 아리마 료시로(有馬侶四郎)라고 기록된 것이 있다.
† 1837~1913. 도쿠가와 막부의 제15대 쇼군. 메이지 시대에 공작이 되었다.

를 먼저 하고, 정치에 관여하지 않게 된 전말을 밝혀야 할 것이다.

유신 당시의 입장
원래 나는 하급사족 집안 출신이다. 그 무렵은 봉건시대여서 일본 전국 어디나 번의 제도는 수구(守舊) 일변도였으므로 번사(藩士) 각각의 신분이 명확히 정해져 있었다. 상급사족은 상급사족, 하급사족은 하급사족이라고 못을 박아놓아 조금도 융통이 없었다. 그래서 상급사족의 집안에서 태어난 자는 부모도 상급사족이고 자식도 상급사족이었으며, 100년이 지나도 그 신분에는 변함이 없다. 하급사족 집안에 태어난 사람은 자연히 상급사족들로부터 멸시를 당했다. 각자의 소질이나 능력과는 상관없이 상급사족은 하급사족을 깔보는 풍조가 일반적이니, 나는 소년시절부터 그게 너무나도 불만스러웠다.

문벌을 미워하기보다 그 풍습을 미워하다
이런 불평이 극에 달하니, 남에게 모멸을 당해도 모멸 그 자체를 증오하고 결국에는 그 사람을 잊어버린 채 모멸 자체를 추잡하게 생각하게 되었다. 문벌을 믿고 함부로 거드름을 피우는 것은 남자로서 수치스럽고 더러운 행동이라는 관념이 생겨난 것이다. 예를 들어 상급사족과 하급사족이 마주하면 상급사족 쪽이 거만하게 행동한다. 나는 그것을 보면서 상급사족의 거만함과 무례함에 분개하는 동시에 마음속으로 생각을 고쳐먹었다. '이 머저리 같은 녀석, 아무것도 모르면서 잔뜩 거드름만 피우고 있네, 꼴불견이로군' 하고 오히려 그를 불쌍하게 여기며 내심 이쪽에서 경멸했다. 내가 그때 노숙한 군자였거나 부처님 같았다면, 인간의 도리는 이러저러하다는 둥 평등을 사랑하고 차별을 배척해야 한다는 둥 설교를 했겠지만, 아직 스무 살도 안된 나이에 그렇게 어렵고 심오한 생각이 있을 리 없었다. 단지 인간이 공연히 거드름을 피우는 모습은 꼴불견이다. 거드름 피우는 녀석은 철면피에 멍청이라고만 생각했다. 그러니 번(藩) 안에서 남들에게 경멸을 당하건 모욕을 당하건, 그 분풀이를 다른 사람에게 하는 짓은 도저히 할 수 없었다. 이를테면 나는 하급사족의 신분으로서 윗사람들에 대해 겸손하게 행동해야 했지만, 계급으로 따지면 나보다 아랫사람도 얼마든지 있었다. 내가 경멸당한 만큼 그런 아랫사람을 경멸해주면, 에도의 원수를 나가사키에서 갚고 끝내는 식이 되겠지만 그렇게 할 수가 없었다. 하지 못하는 정도가 아니라 반대로 나는 아랫사람에게 아주 친절하게 대했다.

부모의 유전

이런 행동은 나 혼자의 생각에서 나온 것이 아니라 부모님 모두 그 같은 면이 있었던 것으로 추측된다. 앞에서도 말했듯이 아버지는 한학자로서 나와 똑같은 신분이었으므로 필경 상급무사들에게 멸시당하며 살았을 것이다. 하지만 아버지는 결코 남을 경멸하지 않았다. 한 예로 고슈(江州) 미나쿠치(水口)의 석학 나카무라 리쓰엔(中村栗園)*은 아버지와 친동생처럼 친하게 지냈는데, 원래는 부젠(豊前) 나카쓰의 염색집 아들로 평범한 조닌의 자식이었기 때문에 번 내의 사족 중에는 아무도 상대해주는 자가 없었다. 하지만 아버지는 그를 아껴 신분의 차이에도 불구하고 아주 정중하게 대우하며, 오사카의 구라야시키에 거주하도록 하고 여러 가지 편의도 봐주어 결국은 미나쿠치의 유학자가 되도록 온 힘을 다 써주었다. 두 사람의 관계는 정말 피를 나눈 형제 못지않았고, 아버지 사후 나의 대(代)가 되어서도 리쓰엔 선생은 후쿠자와 집안을 제2의 고향처럼 여기며 죽을 때까지 교제를 유지했다. 그

---

* 1806~1881. 미나쿠치의 유학자. 유신에 즈음해서 국가를 위해 많은 활약을 하여 이와쿠라 도모미(岩倉具視, 막말과 메이지 전기의 정치가. 자유민권운동에 반대하여 천황제 국가의 기초를 다졌다)의 눈에 들었다. 판적봉환(版籍奉還, 번주가 토지와 인민을 조정에 반환하는 것) 후 미나쿠치 대참사(大參事)가 되어 많은 업적을 남겼다.

러고 보면 나의 태도는 결코 나 혼자의 생각에서 나온 것이 아니라 부모로부터 물려받은 성격일 것이다. 그래서 나는 나카쓰에 있을 때 상급사족으로부터 멸시당하며 지내면서도, 내 신분보다 낮은 번사는 물론, 조닌과 햐쿠쇼(百姓, 농민)에 대해서도 거만한 태도를 보이며 얕잡아보고 뽐내는 짓은 결코 하지 않았다. 물론 윗사람에 대해서는 거만하게 굴고 싶어도 그럴 수가 없었다. 그러니 그저 건드리지도 않고 상대하지도 않겠다고, 나 혼자서 속으로 작정하고 있었다.

번에 대한 공명심이 없다

이미 마음속으로 결심하고 있었으니, 번 안에 있으면서도 공명심 같은 것은 전혀 없었다. 입신출세해서 높은 신분으로 금의환향하여 남들을 놀래주겠다는 야심이 전혀 없었을 뿐 아니라, 나로서는 그 '금의'라는 것을 도저히 부끄러워서 입을 수가 없었다. 주위에서 계속 책망할 경우 그냥 번을 떠나버리면 그만이라는 생각을 젊은 시절부터 갖고 있었다. 남들에게는 말하지 않았지만 마음속으로는 번 따위는 안중에 두지도 않았으므로, 그 후 나가사키를 거쳐 오사카에 가서 공부를 하던 중 번(藩)의 부름을 받고 에도로 와서 번의 자제들을 가르치게 되었을 때도 번의 조직에 대해서는 그야말로 담담한 태도를 보였을 뿐 오랜 세월 동안 단 한 번도 건백(建白, 관공서나 윗사람에 의견을 말함) 따위를 한 적이 없다. 세상에서는 흔히, 번정(藩政)을 개혁하고 양학을 장려하는 게 좋겠다는 등 군대를 개혁하는 게 좋겠다는 등 논쟁하는 것이 주로 서생들이 하는 짓이다. 하지만 내 경우는 한 번도 그런 말을 입 밖에 낸 적이 없다. 더욱이 번에 대해 자신의 입신출세를 요구한 적도 없다. 어떤 식으로 자신을 기용해주면 좋겠다, 어떤 식으로 봉록을 올려주면 좋겠다 하는 따위의 것들을 결코 번의 장로에게 부탁한 적이 없다. 그리고 에도에 올라온 이후에 번의 동정을 살펴보니 갖가지 일들을 시도

하고 있었다. 군대를 예로 들면, 서양식 훈련을 채택한 적이 있다. 그러나 나는 그것이 좋다며 찬성하지도 않았고 나쁘다며 반대하지도 않았다. 또 언젠가는 한학을 장려하겠다며 열심히 학교 개혁을 시도한 적이 있다. 병제(兵制)는 고슈(甲州) 방식이 좋겠다면서, 소라고둥을 불며 번 내에서 훈련을 한 적도 있다. 그것도 나는 그저 가까이서 지켜보기만 했을 뿐 찬성한다느니 반대한다느니 하는 소리를 입 밖에 내지 않았다. 또 언젠가 정치 이야기를 무척 좋아하는 가로(家老)인 인쿄(隱居)의 집에 찾아갔더니, 아무래도 조정과 막부의 사이가 심상치 않다는 둥 고노에(近衛) 님의 행동이 바람직하지 않다는 둥 에도의 로주(老中)가 마음에 들지 않는다는 둥 하며 그 인쿄가 잔뜩 흥분해서 장광설을 늘어놓는 것이었다. 그런 말을 들으면 이쪽에서도 뭔가 한마디 하는 게 당연하겠지만, 나는 아무 말도 하지 않았다. "당연한 말씀입니다, 그야 고노에 님에게는 그런 면이 있지요. 로주 님도 그렇지만, 그게 사실은 실제로 해보면 옆에서 보는 것처럼 되지 않을 겁니다. 가령 오쿠다이라 님 저택에서도 해서 될 일이 있고 안될 일이 있겠지요. 옆에서 지켜보자면 분명 잘못하고 있다는 생각이 들어서 참을 수 없겠지만 로주 님 입장에서는 그게 생각대로 되지 않을 겁니다. 역시 지금대로 하는 수밖에 없을 겁니다. 지나치게 남을 비평하는 것도 좋지 않습니다. 저는 그런 문제에 관해서는 논쟁을 벌이고 싶지 않습니다" 하며 나는 조금도 상대를 해주지 않았다.

지급받은 의복을 그날로 팔아버리다

항상 그런 태도를 취하며 정치에 관해서는 조금도 간섭하려 하지 않았다. 그렇기에 오쿠다이라 저택에서 입신출세하겠다는 생각도 하지 않았다. 입신출세의 야심이 없으니 남에게 의지할 필요도 없다. 마음에 드는 사람도 번(藩)도 없다. 그렇다고 번을 방해할 생각도 없고, 단지 저택의 나가야(長屋)를 빌려 마음 편히 거주할 뿐 정말 아무것도 바라는 게 없었다. 언젠가 부름을 받고 가미야시키(上屋敷, 고위 다이묘가 상주하는 저택)의 고난도(小納戶, 일상적인 잡무를 담당하는 직책)에게 갔더니, "이걸 네게 주지" 하며 오쿠다이라가의 문양이 새겨진 하오리(羽織)를 주는 것이었다. 영예로운 의복을 수령한 것이다. 나는 별로 기뻐하지도 않고 물건이 조잡하다며 불평도 하지 않은 채 그저 "감사합니다" 하며 받았다. 돌아오는 길에 죽은 형의 절친한 친구로 고향에서 온 스가누마 마고에몬(菅沼孫右衛門)*의 근번(勤番) 나가야에 용무가 있어 잠깐 들렀는데, 마침 그곳에 드나드는 포목상인지 헌옷장수인지 하는 상인이 와서 무슨 이야기를 나누는 중이었다. 이야기를 들어보니 하오리를 장만하려는 모양이었다. 그래서 내가 물었다. "저기, 마고에몬 님. 하오리를 장만하실 겁니까?" "그래." "그렇다면 좋은 천으로 만든 하오리가 있는데, 사시겠습니까?" "그런가? 그거 마침 잘되었군. 문양은?" "문양은 새겨져 있으니까 누구나 입을 수 있는 하오리입니다." "그렇다면 좋지. 그런 물건이 있다면 일단 보여주게." "사시겠다면, 여기 갖고 있는 이 하오리인데 어떻습니까?" "정말 문양이 새겨져 있으니 입을 수 있겠군. 사겠네. 그러면 여기 포목상이 와 있는데, 가격은 어떻게 하지?" "가격은 포목상이 정하도록 하면 될 겁니다." 그리하여 가격이 얼마나 되나 물어보니, "홑겹 하오리니까 한 냥 3부쯤 되겠지요" 하는 것이다. 즉시 거래가 이루어져 하오리를 팔고 한 냥 3부를 받아 뎃포즈의 나카야시키로 돌아왔다. 대체로 번의 일반적인 관습에 따르면 의복 수령은 그 날짜를 족보에 기록해 가문의 영광으로 삼을 정도인데, 나로서는 그 문양이 새겨진 하오리를 입어도 그만 안 입어도 그만이었다. 그보다도 돈이 좋았다. 한 냥 3부면 어제 봐뒀던 원서도 살

* 봉록 100석의 상급사족. 후쿠자와 집안과는 신분이 다르지만, 형 산노스케(三之助)의 학우였던 것으로 추측된다.

수 있고 아니면 술을 마실 수 있다는 식의 극히 순진한 성격이었다.

주종 간에도 오는 말이 고와야 가는 말이 고운 법
이런 식이었기에 번에 대해서는 아주 담박한 입장이었다. 담박하다면 말은 좋지만, 같은 번의 사족들 눈에는 불친절하고 박정한 놈으로 보이는 것도 당연한 일이었다. 그래서 번 내의 젊은이들이 술자리에서 매번 논쟁을 벌이며 시비를 걸어오면, 나는 이렇게 대답했다. "불친절하고 박정하다고들 하는데, 나는 한 번도 오쿠다이라 님에 대해 나쁜 짓을 한 적이 없다. 조금이라도 번정을 방해한 적도 없다. 오로지 명령을 엄수하고 있다. 어떻게 더 이상 친절하라는 말인가? 나는 뻔뻔한 짓은 못한다. 그걸 불친절하다고 한다면 어쩔 수 없다. 지금 말한 것처럼 나는 번에 대해 나쁜 짓을 하지 않았을 뿐 아니라 조금이라도 기대한 적도 없다. 승진을 시켜달라든가, 봉록을 올려달라는 따위의 말은 어떤 경우에도 결코 입 밖에 낸 적이 없다. 그런 말을 들은 사람이 우리 번 내에 있는지 없는지, 가로 님 이하 모두에게 물어보면 알 수 있을 것이다. 뻔뻔스럽게 친절한 척하고, 뻔뻔스럽게 울며 매달리는 짓은 내 성격상 불가능하다. 이래도 나쁜 거라면 내쫓는 수밖에 없을 거다. 내쫓는다면 겸허하게 명령을 받들어 떠날 뿐이다. 무릇 인간의 교제란 오는 말이 고와야 가는 말이 고운 법. 번에서 몇 대에 걸쳐 일자리를 주어 아무리 고맙고 행복하다 해도, 지나치게 은혜를 베푼 티를 낸다면 죄송하지만 이쪽에서도 할 말이 있다. 몇 대에 걸쳐 부하로서 정직하게 근무했다, 그렇게 티를 내지 않아도 되지 않느냐고 말해줄 수밖에 없다. 반대로 번 측에서 너희와 같은 부하가 몇 대에 걸쳐 성실하게 봉사해주었기에 우리 번도 잘 유지되어왔다고 말해준다면, 이쪽도 마음을 고쳐먹고 겸허하게 감사드릴 수 있다. 몇 대에 걸쳐 은혜를 입어 고맙고 감사하게 생각합니다, 여러 대를 지나는 동안 제대로 역(役)을 다

하지 못한 자손도 있었고, 병자도 있었습니다. 그럼에도 불구하고 정해진 봉록을 어김없이 주셔서 가족 모두 편안하게 생활했습니다. 주군의 은혜는 바다보다 깊고 산보다 높습니다 하고 말이다. 이것이 바로 가는 말이 고와야 오는 말이 곱다는 거다. 그 정도는 나도 잘 알고 있다. 그렇게 무작정 티내는 소리만 하고, 막연하게 불친절하다는 따위의 말을 하는 건 싫다." 그러면서 항상 논쟁을 벌였다.

조슈 정벌에 학생들의 귀번(歸藩)을 금지시키다

그 무렵 조슈 번의 동정은 심상치 않았다. 조적(朝敵, 조정의 적)이라는 딱지가 붙어 쇼군 스스로 조슈 번을 정벌하러 나서게 되었고, 또한 막부로부터 규슈의 다이묘들에게도 조슈 정벌을 위해 병력을 동원하라는 명령이 내려져, 부젠 나카쓰 번에서도 병력을 파견하게 되었다. 당시 에도에 유학하고 있는 학생은 오바타 도쿠지로(小幡篤次郎)를 비롯해 열 명이나 있었는데, 출병(出兵)이라며 돌아오라는 지시가 있었지만 나는 거절했다. 이렇게 젊은 사람들이 전쟁터에 나간다는 건 정말 터무니없는 이야기다. 유탄을 맞아 죽을지도 모른다. 그런 부당한 전쟁에 총대를 메야 한다면, 영내의 햐쿠쇼에게 시켜도 마찬가지다. 이렇게 소중한 유학생들을 불러서 총대를 메게 하다니, 그렇게 얼토당토않은 짓을 할 필요는 없다. 설령 총알에 맞지 않는다 해도 발이라도 다치면 손해다. 신경 쓸 거 없다. 병에 걸렸다며 거절해버려라. 한 명도 돌려보내지 않겠다. 잘못되어 봤자 번으로부터 추방당할 뿐이다. 조슈 정벌의 옳고 그름은 알 바 아니다. 아무튼 학자와 서생들이 상관할 바가 아니니, 결코 돌려보내지 않겠다. 이렇게 고집을 부리자, 번 측에서도 주눅이 들었는지 굳이 불러들이려 하지 않았다. 대신 그 죄는 나카쓰에 있는 부모들에게 전가되어, 너희들 자제가 명령에 불복하고 귀환하지 않는 것은 평소의 가정교육이 잘못되었기 때문이라는 등의 이유로, 50일간인지 60일간인지 외출금지 명령이 내려졌다. 아무튼 내 진심은 대충 이러했기에, 번에 봉사하며 번정을 어떻게 해보겠다는 생각도 하지 않았고, 입신출세해서 잘난 척하려는 생각도 없었다. 세인들이 말하는 공명심 따위는 티끌만큼도 없었던 것이다.

막부에도 동조하지 않다
번에 대한 몸가짐이나 마음가짐은 이러했지만, 에도에 와 있는 동안 막부에 고용되었고 또 나중에는 결국 막부의 부하가 되라는 말에 명목상 150가마, 실제로는 50가마의 쌀을 받고 잠시 하타모토처럼 지낸 적이 있다. 그러나 이때에도 번에 있을 때처럼 막신(幕臣)이 되어 공훈을 세우겠다는 야심은 없었기에, 자신의 신분이 무엇이건 신경 쓰지 않았다.

   대수로운 것은 아니지만 이와 관련해 하나의 일화가 있다. 에도에서는 고케닌을 단나(旦那)라 하고, 하타모토를 도노사마(殿樣)라 부르는 것이 일반적인 관례다. 그런데 하타모토가 되었어도 애당초 나 스스로 도노사마라고 생각해본 적도 없고 집안사람들도 마찬가지라서, 예전과 다를 바가 전혀 없었다. 그러던 어느 날, 잘 알고 지내던 막신(아마도 후쿠치 겐이치로[福地源一郞]였을 것이다)이 현관 앞에 와서 "도노사마 계신가?" 하고 부른 것이다. "아니오. 그런 사람 없습니다." "집에 안 계신가? 도노사마가 부재중인가?" "그런 사람 없습니다." 이렇게 불려나간 하녀와 손님 사이에 한차례 말이 오갔다. 작은 집이어서 내가 즉시 알아듣고 현관으로 나가 그 손님을 방으로 안내한 적이 있다. 도노사마라고 부르면 하녀가 알아들을 리가 없었다. 우리 집에서는 그렇게 부르는 사람도 없거니와 들어본 사람도 없는 호칭이었으니까.

서양행 배 위에서의 담화
하지만 나에게 전혀 정치사상이 없었던 것은 아니다. 예를 들면 분큐 2

년(1862) 유럽행 선상에서 마쓰키 고안, 미쓰쿠리 슈헤이와 셋이서 여러 가지 일본 정세를 논한 적이 있다. 내가 "어때, 막부 단독으로는 어렵겠지? 일단 전국의 다이묘들을 소집해서 독일연방처럼 만드는 건 어떨까?" 하고 묻자, 마쓰모토도 미쓰쿠리도 "음, 그렇게 하는 게 무난하겠지" 하고 동조했다. 그리고 차츰 신상 이야기로 옮겨가, "지금 우리 생각을 말하라면, 정미(正米)를 1년에 200가마 받고 오야다마(新玉, 쇼군을 말함)의 선생이 되어서 마음껏 문명개국설을 주입하여 큰 변혁을 일으키고 싶다"고 말하자, 마쓰키가 손뼉을 치며 "그래, 그래. 그건 해보고 싶어" 하고 맞장구쳤다. 그때는 마쓰키의 공명심도 200가마의 쌀을 받고 쇼군에게 문명설을 주입해보겠다는 정도였다. 당시 양학자들의 생각은 대동소이했고, 일신을 위해 큰 것을 기대하지도 않았다. 그런 마쓰키가 훗날 데라지마 무네노리(寺島宗則)가 되어 참의(參議)니 외무경(外務卿)이니 하며 실제 국사(國事)를 담당한 것은, 사실 본인의 성격으로 보건대 직업을 잘못 선택한 거라고 생각된다.

그건 그렇고 세상의 형세를 보면, 천하의 야심가, 즉 유지자는 교토에 모여 있는 반면 에도 쪽에서는 아직 막부가 당시의 정부라며 힘을 발휘하고 있었다. 그러니 일본의 정치는 동서 양파로 나뉘어, 근왕·좌막(勤王佐幕, 천황을 받드는 근왕과 막부를 편드는 좌막)이라는 두 파가 생겨나게 되었다. 이런 상황에서 나는 다음과 같이 행동했다.

첫째, 나는 막부의 문벌·압제·쇄국주의를 모두 싫어하므로 여기에 가담할 생각은 없다.

둘째, 그렇다고 근왕파 쪽을 보면 막부보다도 한층 더 강경한 양이론이니, 그런 무뢰한들을 도와줄 생각은 전혀 없다.

셋째, 동서 양파의 옳고 그름은 제쳐놓고, 남자가 소위 숙석청운(宿昔靑雲)의 뜻을 이루려면 난세가 좋다며 근왕이건 좌막이건 일단 부딪쳐 보자는 것이 서생들의 입장이지만, 나는 본질적으로 그렇지 않다.

이제 그 이유를 설명하겠다. 애당초 나는 처음 에도에 왔을 때부터 막부 사람들이 마음에 들지 않았다. 하타모토와 고케닌들을 잠깐씩 만나봤더니, 접대하는 태도는 품위가 있으며 시골사람들과 달리 화술도 좋고 행실도 훌륭했지만 모두 겉모습뿐, 매사를 치밀하게 생각하는 두뇌도 없거니와 완력도 약한 듯했다. 그래도 상대방은 막부 직속이고, 이쪽은 초라한 배신(陪臣)이니 어쩔 도리가 없었다. 또 하타모토에 대해서는 본인이 자리에 없어도 '아무개 사마, 아무개 사마' 하며 존경의 뜻을 표했다. 마치 교토의 공경(公卿)을 대하는 것과 다를 바 없이 겉으로는 정중하게 상대했지만, 마음속으로는 업신여기고 있었다.

아오이 문양의 위광(威光)

그런데 그 무능력하고 무기력한 막부의 기세는 대단한 것이었다. 사사로운 일 같지만 당시 가장 불쾌했던 것은 여행 도중에 보게 되는 막부 사람들의 거만함으로, 지금 사람들은 도저히 상상도 못할 것이다. 내 경우는 후다이다이묘의 부하였으므로 마치 인종이 다른, 구더기 같은 존재였다. 막부의 관리는 물론이고 아오이(葵)* 문양이 있는 고산케(御三家)나 친번(親藩, 고산케를 비롯한 도쿠가와씨 일문(一門)의 다이묘)인 에치젠가(越前家) 같은 다이묘, 또는 그 부하들을 여행 중에 마주치기라도 하면 정말 큰 낭패였다. 한겨울 이른 아침에 숙소를 나와 강을 건너려고 찬바람 부는 데 서서 한 시간이나 배가 오기를 기다리다가, 간신히 배가 와서 "아이구, 반가워라!" 하며 배에 승선하려는 순간, 느닷없이 뒤에서 아오이 문양의 사무라이가 나타나더니 먼저 배에 올라타 버린다. 그러면 또 한 시간이나 기다려야 했다. 가마꾼의 경우도 마찬가지다. 손님이 없을 때 도이야바(問屋場, 여행자에게 말이나 가마 등 탈

---

* 아욱과에 속하는 당아욱, 접시꽃, 동규 등의 총칭.

것을 알선하는 사무소)에 가서 부탁해 간신히 계약했는데, 뒤늦게 아오이 문양의 옷을 걸친 사람이 오면 계약한 가마꾼을 빼앗기고 만다. 아무리 마음이 너그러운 사람이라도 화가 나지 않을 수 없다. 도무지 그 압정과 횡포는 끝이 없었다. 우리가 젊었을 때 직접 당한 모욕과 경멸은 여행 중에 당한 것만으로도 끓어오르는 혈기를 억제할 수 없을 정도였다. 그러니 전후좌우 깊은 생각도 없이 마냥 부아가 치밀어, 이런 나쁜 정부는 전세계 어디에도 없을 거라며 완전히 자포자기 상태에 있었다.

막부의 양이주의

막정(幕政)의 거만함에 부아가 치미는 것은 단순히 이쪽의 혈기가 왕성했기 때문이라 하더라도, 그런 일본을 개방시켜 어떻게 외국과 친교를 맺도록 할 것인가 하는 문제는 도저히 그냥 지켜보고만 있을 수 없었다. 나는 젊었을 때부터 양서를 읽었고, 단지 학문만이 아니라 미국과 유럽을 실제로 견문하고 왔으므로 아무래도 대외국시(對外國是)는 이러이러해야 한다고 막연하나마 외국과의 친교방법에 당연히 눈을 뜨게 되었다. 그래서 내 생각에 비추어 도쿠가와 정부를 판단하자면 칭찬할 부분이라곤 전혀 없는 상황이었다. 당시 일본 전국의 여론은 양이 일색으로, 제번(諸藩)은 하나같이 양이론을 외치고 도쿠가와 정부만이 유일하게 개국론을 펴고 있는 것처럼 보였다. 하지만 그 속을 들여다보면 도쿠가와 정부야말로 천하제일의 양이론자로, 서양을 배척하는 주범이었다. 훗날 다이로(大老) 이이 가몬노카미(井伊掃部頭)[*]

---

[*] 1815~1860. 히코네(彦根) 번주 이이 나오스케(井伊直弼)를 말한다. 안세이 5년(1858) 다이로에 취임했다. 미국사절이 통상조약을 요구했을 때 칙허를 기다리지 않고 조약에 조인한 일과, 쇼군 이에사다의 계사문제를 독단적으로 처리한 일로 세상의 비난을 받았으며, 또한 미토(水戶)에 밀사를 파견한 사건과 관련해 수많은 사람을 처형했다. 만엔 원년(1860) 3월 3일, 미토 로시(浪士)의 습격을 받아 사쿠라다(櫻田) 문 밖에서 암살당했다.

는 개국론을 주장한 사람이라는 둥 개국주의자였다는 둥 하는 소리를 세상에 떠벌리거나 책으로 쓴 사람도 있지만, 개국주의란 순전한 가면일 뿐 그는 뭐가 개국론인지조차 몰랐을 것이다. 이이 가몬노스케라는 인물은 그야말로 순수하고 흠잡을 데 없는 미카와(三河) 무사이다. 에도 성이 불에 탔을 때 어린 군주를 수호하여 모미지야마(紅葉山)로 대피, 주위에 마른풀이 무성한 것을 보고 그 상황에서 스스로 허리의 칼을 뽑아 풀을 베어내고는 어린 군주를 껴안은 채 밤새도록 꼼짝도 하지 않았다는 일화가 있다. 또한 그가 교토 주변의 양이론자들을 포박해 처형한 적은 있지만, 그것은 양이론을 혐오해서가 아니라 떠돌이 로시(浪士)가 멋대로 논쟁을 벌이며 도쿠가와 정권을 욕했기 때문이다. 이런 사실들을 보더라도 이이 다이로는 틀림없는 도쿠가와가의 후다이(譜代)이자 용맹무쌍한 충신이지만, 개국·쇄국의 논쟁에 있어서는 철저한 양이론자라 할 수밖에 없었다. 다만 그런 막부가 개국을 선언한 것은 외국과의 친교에서 필요불가결하기에 어쩔 수 없이 개국론을 따른 것일 뿐, 한 꺼풀 벗겨보면 그 알맹이는 양이론이었다. 내가 이런 정부에게 동정을 표할 수 없는 것은 당연한 일이라 하겠다.

그 당시 도쿠가와 정부의 완고함을 보여주는 일례를 들면 이런 일이 있었다. 체임버스의 경제론*을 한 권 갖고 있던 나는 무슨 이야기 끝에 고칸조(御勘定)의 유력인사, 즉 현재로 치면 대장성(大藏省)의 요직에 있는 사람에게 그 경제서 이야기를 했고, 그는 무척 기뻐하며 부디 목차)만이라도 좋으니 보여달라고 부탁했다. 이에 그 목차를 서둘러 번역하던 중, 'competition'이란 단어에 부딪쳐 이리저리 궁리 끝에 '경쟁'(競爭)이라는 번역어를 만들어내 처리했다. 이렇게 20장가량의 목차를 번역해 보여주었더니, 그는 무척 감명을 받은 듯했다. "아니, 여

---

* *Chambers's Educational Course: Political Economy, for use in schools and for private instruction*. William and Robert Chambers, London and Edinburg.

기 '다투다'(爭)라는 글자가 있는데, 아무래도 마음에 걸린다. 무슨 뜻인가?" "무슨 뜻이냐니? 이건 별다른 게 아니다. 일본의 상인들이 하는 것처럼, 옆에서 물건을 싸게 팔면 이쪽 가게에서는 그보다 더 싸게 팔아야 하고, '갑' 상인이 물건을 잘 만들어내면 '을'은 그보다 더 잘 만들어서 손님을 끌어야 한다. 또 어느 금융업자가 이자를 내리면 다른 금융업자도 이율을 낮춰서 가게의 번창을 꾀하는 것처럼, 서로 경쟁을 벌여 그 결과 물가도 제대로 정해질 뿐 아니라 금리도 정해진다. 이것을 이름하여 경쟁이라고 한다." "음, 그런가. 서양의 방식은 엄격하군." "그리 엄격할 건 없고, 그걸로 모든 상업분야의 중심이 확고해진다." "과연 그렇게 말하니 이해가 되기는 하나, 아직 아무래도 '다투다'라는 글자가 마음에 걸린다. 이래서는 도저히 로주(老中)님께 보여드릴 수가 없다." 이렇게 이상한 소리를 하길래 낌새를 살펴보니, 경제서 안에서 사람들끼리 양보하는 내용을 보고 싶어 하는 듯했다. 예컨대 장사를 하면서도 충군애국(忠君愛國), 국가를 위해서는 공짜로도 판다는 식의 내용이 적혀 있다면 마음에 들었을 것이다. 하지만 그럴 수는 없었으므로 "아무래도 '다투다'라는 글자가 마음에 걸린다면, 그 외에 다른 말로 번역할 수도 없으니 이 부분을 완전히 지워버리겠다" 하고는 경쟁과 관련된 부분을 새까맣게 지운 뒤 목차를 넘겼다. 이 한 가지 일만 보더라도 막부 전체의 기풍을 추측할 수 있을 것이다.

그리고 조슈 정벌 당시 외국인들은 거기에 깊은 관심을 보였다. 언젠가 영국인 아니면 미국인이 막부에 편지를 보내, 조슈의 다이묘를 무슨 죄로 정벌하려는 건지 그 이유를 알고 싶다고 물어왔다. 그러자 당시의 각로(閣老) 중역들이 여러 모로 상의한 끝에 장문의 답장을 보냈는데, 그 속에 개국·쇄국론에 관해서는 전혀 언급이 없었다. 당연한 일이겠지만, 개국을 한 지금 조슈의 다이묘가 정부의 명령을 어기고 외국인을 적대시했기 때문이라든가, 시모노세키에서 외국 함선에 발포했기 때문이라든가 하는 이유를 알려주어도 좋았을 텐데, 그런 이야기는 일언반구도 하지 않았다. 그 대신 그들이 교토에 쳐들어왔다느니 혹은 칙명에 근거한 태명(台命, 쇼군이나 고산케의 명령)을 어겨 그 죄가 난잔(南山)의 대나무 숫자보다 많다느니 하며 한학자 특유의 이유를 잔뜩 적어 보냈다. 나는 그 답장을 보고 정말 어이가 없었다. 막부는 겉으로 개국을 위장하고 있지만 사실은 스스로도 양이를 절실히 바라는가 보다, 정말 구제할 수 없는 정부로구나 하고, 정말로 정나미가 떨어져 동정을 표할 마음조차 생기지 않았다.

그런가 하면 또 양이론을 대신할 가미가타(上方)의 근왕파(勤王派)는 오히려 한술 더 뜨는 양이론자들이었다. 그들은 막부보다도 더 나쁘다. '근왕양이'와 '좌막양이'는 명칭만 다를 뿐 사실은 양쪽 다 완벽한 양이파로, 양이의 정도에 심천후박(深淺厚薄)의 차이는 있어도 결국에는 둘 다 존왕양이(尊王攘夷)의 태도가 좋다는 둥 좋지 못하다는 둥 하는 것이 쟁점이었다. 그 논쟁과 다툼은 결국 가미가타의 양이파와 간토(關東)의 양이파가 서로 총을 겨누는 사태로 발전할 것이다. 어느 쪽이든 기대할 것이 못된다. 그런 가운데 가미가타의 근왕파는 실제로 사람도 죽이고 방화도 일삼았다. 그들의 목적을 물어보면, 설령 이 나라를 초토화하는 일이 있더라도 궁극적으로는 양이를 해야 한다고 대답했다. 세상만사, 일거일동이 모두 양이와 관련되어 있었다. 그런데 일본 전국의 사람들이 일제히 그것에 호응해 난리법석을 떠니, 도저히 여기에 동정을 표하고 한패거리가 될 수는 없었다. 그들이야말로 나라를 망치는 놈들이다, 이렇게 무지막지한 폭도들에게 나라를 맡기면 망국은 시간문제다, 한심한 노릇이다 하는 생각이 항상 가슴을 파고들었다. 그러니 도저히 가미가타 인간들의 편을 들 마음이 생기지 않았다.

그 무렵 오가타의 인쿄(隱居)는 에도에 있었다. 인쿄는 고(故) 오가타 고안 선생의 부인으로, 내가 어머니처럼 여기는 은인이었다. 어느 날 인쿄가 미쓰쿠리와 나를 불렀다. "어떤가? 자네들은 막부에 고용되어 일하고 있지만, 어리석은 짓이니 그만둬. 그보다도 가미가타에 가 봐. 그곳엔 갖가지 흥미로운 일들이 있을 거야." 이야기를 자세히 들어보니, 무라타 조로쿠(村田藏六), 즉 오무라 마스지로(大村益次郎)나 사노 에이주(佐野榮壽)* 같은 유지자들이 모두 오가타 저택을 드나들고 있었다. 그것을 알고 있는 인쿄가 아들처럼 여기는 미쓰쿠리와 나에게 에도에 있지 말고 가미가타로 가라고 권하는 것은 당연한 일이었다. 그러나 나는 "정말 감사합니다. 오사카에 가면 분명히 즐거운 일이 있겠지만, 저는 목이 날아가는 일이 있어도 양이의 편을 들 수는 없습니다" 하고는, 그렇지 않느냐며 미쓰쿠리와 함께 거절했다. 그만한 이유로는 도저히 가미가타의 세력에 가담할 수 없었던 것이다.

또 한 가지 내 신상에 관해 말하자면, 나는 소년시절부터 나카쓰 번을 떠나서 지낸 까닭에 소위 번의 공적인 직무를 맡아본 적이 없었다. 그리고 앞에서도 말했듯이, 에도로 와서 도쿠가와 정부에 고용되었다고는 하나 붓을 잡는 번역 업무를 하고 있으니, 정치와 관련이 있을 리 없고 단지 번역 직인(職人)이라고 생각하고 있었으므로 정치에 관한 생각은 전혀 없었다. 스스로 해보겠다는 생각도 없었거니와 가능하리라는 생각도 하지 않았다. 설령 내가 분발해서 막부건 가미가타건 나에게 유리한 쪽으로 달려가 봤자, 남의 밑에 빌붙어 일하는 짓은 할 수 없었다. 나카쓰 번의 말단 사족으로서 남들에게 모욕과 경멸을 당했던 불만과 불쾌감이 뼈에 사무쳐 잊을 수 없었기에, 이제 와서 남에게 굽실거리며 머리를 숙이는 짓은 금물이었다. 그렇다고 크게 출세해 소위

---

* 1827~1902. 사가(佐賀) 번사. 오가타주쿠에서 배운 뒤 나가사키 해군 전습생이 되었으며, 막말에는 번의 명을 받고 파리 만국박람회에 파견되었다. 유신 후 원로원 의원, 농상무대신 등을 지냈으며, 만년에는 쓰네타미(常民)라고 했다.

정계의 거물이 되는 것 역시 관심 밖의 일이었다. 앞에서도 말했듯이, 나는 전통의 틀 안에 갇혀 숨을 죽이고 지내는 걸 싫어하는 만큼, 반대로 그런 틀 안에서 잘난 척 뻐기며 남을 업신여기고 깔보는 짓 또한 아주 싫어했다. 한 예로 나는 소년시절부터 남의 이름을 함부로 부른 적이 없었다. 인력거꾼, 마부, 노동자, 장사꾼 등 하급사회의 사람들은 예외로 치더라도, 다소라도 말이 통하고 인격을 갖춘 사람에 대해서는 무례한 말을 사용한 적이 없다. 젊은 서생은 물론 집안의 아이들을 대할 때도 그 이름을 함부로 부를 수 없었다. 그 대신에 정치적·사회적으로 이름이 알려졌다는 사람들을 만나더라도 대수롭지 않게 생각했다. 백발의 노인이라면 그에 맞는 대우를 하지만, 관직이 높다고 그 사람이 거만한 태도를 취하면 그저 웃음만 나올 뿐 대화를 하는 것조차 내키지 않았다. 이것이 나의 천성인지 아니면 서생류의 관습인지, 노년이 된 지금도 마찬가지다. 간단히 말하면 도저히 청운의 뜻을 품고 구름 위에서 지내는 것은 어울리지 않는 사내였기에, 유신 전후에도 혼자 별난 척하며 지낸 것이라고 스스로 나 자신을 추측해본다.

그건 그렇다 치고, 쇼군 요시노부가 교토에서 에도로 돌아왔던 당시에 큰 소동이 벌여졌다. 관민 모두 의견이 분분해, 무가는 물론이고 수염을 기른 학자도 의사도 승려도 모두 정치론에 빠져서는 술에 취한 듯 제정신이 아닌 듯 서로 얼굴만 마주치면 그 이야기뿐, 막부의 성(城) 내에는 규율도 예의도 없었다. 평소에 오히로마(大廣間), 다마리노마(溜の間), 간노마(雁の間), 야나기노마(柳の間) 등, 다이묘와 쇼묘(小名, 석고 1만 석 이하의 다이묘)가 있던 곳은 예의범절이 몹시 까다로웠지만, 이제는 마치 아무도 살지 않는 절간처럼 변하여 마음대로 나뒹굴며 고함치는 자도 있고, 소매에서 슬쩍 술병을 꺼내 브랜디를 마시는 자도 있을 정도로 난잡한 분위기가 되고 말았다. 그러나 나는 세태를 살필 필요가 있었기에, 성 내의 외국방에 번역과 관련된 용무가

없더라도 구경삼아 매일같이 에도 성에 출근했다.

당시 정치론이 얼마나 유행했는지 일례를 들어보면, 어느 날 가토 히로유키(加藤弘之)*와 이름이 기억나지 않는 또 한 사람, 둘이서 정장을 하고 나와 외국방 사무실에서 휴식을 취하고 있었다. 내가 그들에게 가서 "어이, 가토 군, 정장을 차려입고 무슨 일인가?" 하고 묻자, "무슨 일이냐니, 쇼군 님을 뵈려고" 하고 대답했다. 당시 요시노부 님이 에도 성 안에 돌아와 계셨기에 온갖 전술가며 신하며 애국자들이 가만히 있지 않았다. 가미가타의 적군(賊軍)이 출발했으니 무슨 일이 있어도 후지가와(富士川)에서 저지하지 않으면 안된다, 아니 그렇지 않다, 하코네(箱根)의 험악한 지형을 이용해 후타고야마(二子山)에서 적을 몰살시키는 게 좋겠다, 도쿠가와 정권 300년의 위업을 하루아침에 포기하면 안된다, 우리는 신하로서 의리를 알아야 한다, 왕신(王臣)으로서 살고 있는 자는 은혜를 알아야 한다, 충신으로서 순교하는 게 당연하다는 등, 갖가지 기책묘안(奇策妙案)을 헌상하고 비분강개의 기염을 토하는 자들이 많았다. 가토 역시 그런 자들 중 하나로 요시노부 님을 뵈려는 게 틀림없었다. 그래서 내가 "이번 일은 어떻게 될까? 결국 전쟁이 벌어질지 아닐지 자네들은 대충 알고 있을 테니, 부디 나에게 알려주게. 꼭 듣고 싶어." "그걸 들어서 뭘 하려고?" "뭘 할지 알잖아? 이번에 전쟁이 확실해지면 짐을 싸서 도망칠 작정이고, 전쟁이 아니라면 그냥 얌전히 있을 거야. 전쟁이냐 평화냐는 무척 중요한 거니까 부디 알려주기 바라네." 내 말을 듣고 가토는 눈이 휘둥그레져서 "그런 마음 편한 소리나 하고 있을 때가 아니야. 한심하군" 하는 것이었다. "아니, 아니. 마음 편한 소리가 아니야. 내 목숨이 걸려 있는 일이야. 자네들은 싸움을 하건 화목하게 지내건 마음대로 하게나. 난 전쟁

* 센고쿠(仙石) 번사. 훗날 막신이 되었다. 일본 독일학의 창시자로, 유신 후 정부의 관직을 두루 거친 후 도쿄제국대학 총장, 추밀(樞密) 고문관 등이 되었다.

이 시작되면 즉시 도망갈 테니까." 이런 내 말에 가토가 마구 화를 낸 적이 있다.

또 어느 날 외무 관계의 하급 역인이 와서 "그런데 후쿠자와 님은 부하를 몇 명 거느리고 계십니까?" 하고 물었다. "부하라니 무슨 말인가?" 하고 되묻자, "아니, 사태가 위급해지면 모두들 성 안으로 모여들 테니, 식사당번을 붙여주기 위해 인원을 조사 중입니다" 하는 것이었다. "그런가, 그거 정말 고맙군. 고맙긴 하지만 나는 부하도 없고 주인도 없어. 절대 내게 식사당번을 보내는 짓은 하지 말게. 이제 곧 전쟁이 터질 텐데, 이 성 안에 와서 느긋하게 도시락이나 먹고 있을 수 있나? 전쟁이 일어날 조짐이 보이면 즉시 어디론가 도망갈 거야. 일단 내 식사당번은 필요 없는 걸로 해주게" 하고 웃으며 대꾸하고는 차를 마셨다. 사실 막부측에서 정말로 싸울 의사가 있다면, 그런 소리를 거리낌 없이 하는 나를 용서할 리 없었다. 그 자리에서 단칼에 목을 베어야 마땅하건만, 소위 막말의 현실이 이러했으니 도저히 본격적으로 전쟁을 할 수 있는 분위기가 아니었다.

그에 앞서 요시노부 님이 에도로 돌아왔을 때, 정치적 개혁이랄까 갖가지 역인이 생겨났다. 참으로 웃기는 일이었다. 어느 다이칸(代官, 지방의 관리)이 니가타(新潟) 부교로 임명되기도 하고, 심지어는 막부 세력이 쫓겨난 뒤에 효고(兵庫) 부교가 된 자도 있어, 명목상으로는 막부측 사람이 부교에 임명되었다. 또 오메쓰케(御目付)가 된 자도 있고, 오쓰카이반(御使番)*이 된 자도 있다. 아마도 가토 히로유키, 쓰다 신이치로(津田眞一郎, 훗날의 마미치(眞道))† 등도 오메쓰케나 오쓰카이반이 되었을 것이다. 그리고 나에게도 오쓰카이반이 되라고 했다. 봉

---

* 군 내부에서 대장의 지시를 하달하는 직책. 평시에는 어린 다이묘의 후견, 화재 진화작업의 지휘 등 잡다한 역을 담당한다.
† 1829~1903. 쓰야마(津山) 번사. 훗날 막신이 되었다. 이 당시는 오메쓰케에 임명되어 있었다. 일본 법학 및 통계학의 개척자. 만년에는 귀족원 의원, 법학박사가 되었다.

서도래(奉書到來)*라 하여 한밤중에 출두명령서가 왔지만, "절대로 싫다. 나는 병중이다"라며 상대하지 않았다.

그리하여 점차 사태가 긴박해지더니 관군[가미가타의 세력]이 밀고 들어와 에도에 진쇼후(鎭將府)라는 것이 생겼다. 이는 요시노부 님이 미토(水戶)로 떠나면서 벌어진 소동으로, 게이오 4년(1868), 즉 메이지 원년 봄에 시작되었다. 당시 나는 시바(芝)의 신센자에 집을 사두었는데 그곳으로 이사를 해야 했다. 그 집은 400평의 대지에 나가야(長屋)가 한 채, 창고가 한 채 있을 뿐이었으므로 생도들을 위한 숙사도 짓고 또 내가 거주할 곳도 마련해야 했다. 그리하여 공사를 시작하자마자 에도 시내에 큰 소동이 일어, 오히려 나에게는 유리했다. 시내 어디에도 공사를 하는 집은 없었다. 집공사는커녕 짐을 꾸려서 시골로 이사 하는 사람들뿐이었다. 행동이 빠른 집에서는 부뚜막의 솥까지 들어내고, 흙으로 만든 아궁이에서 밥을 지어먹는 자도 있었다. 이런 상황에서 내가 공사를 시작하자 목수와 미장이는 무척 기뻐했다. 아무리 돈이 적어도 일단 밥만 먹을 수 있으면 된다, 쌀값만 준다면 일을 해주겠다기에, 저렴한 품삯으로 인부는 얼마든지 구할 수 있었으므로 공사는 순조롭게 진척되었다. 그나마도 건물을 새로 짓는 게 아니었다. 오쿠다이라 저택의 낡은 나가야를 뜯어다가 약 150평이나 되는 건물을 지었는데, 불과 400냥의 비용으로 모든 공사를 끝냈다. 결국 공사가 완료된 것은 그해[메이지 원년] 4월경으로 기억한다. 그때 친구들은 일부러 나를 만류하러 와서 "요즘에 공사를 하는 사람이 어디 있나? 어디나 집을 부수고 떠나는 때에 자네 혼자 공사를 해서 어쩔 작정인가?" 하고 말했었다. 나는 "그건 그렇지 않아. 지금은 내가 새로 공사를 시작하는 게 이상해 보이겠지만, 작년에 공사를 했더라면 어땠을까? 전

* 쇼군의 명을 받아 시쓰지(執事)·부교·로주 등이 내린 문서를 봉서라 했다.

쟁이 벌어져 도망칠 때 집을 짊어지고 갈 수도 없는 일이고. 물론 지금 전쟁이 시작되면 불에 타버릴지도 몰라. 하지만 무사할 수도 있어. 설령 타버린다 해도 작년에 지은 집이 탔다고 생각하면 후회고 뭐고 없겠지. 전혀 아깝지 않을 거야" 하고는 서둘러 공사를 했다. 결국 아무런 피해도 없었지만, 일종의 투기를 한 셈이었다. 저 집에서 공사를 할 정도니 전쟁은 일어나지 않겠지, 일단 이사를 연기해야지 하며 그대로 머문 사람들도 상당히 있었던 듯하다.

하지만 사실은 나도 마음속으로는 무서웠다. 일단 불이 붙기 시작하면 어떻게 될지 모른다고 생각하니, 어디론가 도망갈 준비를 하지 않을 수 없었다. 집 안에 구멍을 파서 숨어 있을까? 하지만 비가 내리면 곤란하다. 창고 밑에 들어가 있을까? 그랬다가 포탄을 맞으면 곤란하다. 어떻게 할까 궁리하던 중 근처에 있는 기슈(紀州) 저택*에 가보았다. 기슈 번에서 생도 몇 명이 와 있었으므로 그 생도들에게 부탁을 했던 것이다. 그 저택에는 넓은 정원에 제방이 이중으로 엇갈려 겹쳐진 곳이 있었다. 여기가 좋겠다, 만약 사태가 잘못 되어 총격전이 벌어지면 이곳으로 도망 와야지, 하지만 정문으로 올 수는 없다, 정문이 안된다면 해안으로 오는 수밖에 없다 하는 생각이 들었다. 상황이 다급해지자 나는 전마선(傳馬船, 큰 배와 육지 또는 배와 배 사이의 연락을 맡은 작은 배)을 5~6일간 고용해서 신센자의 바닷가에 묶어두었다. 일단 유사시에는 그 배에 가족을 태우고 바다 쪽에서 기슈 저택으로 가서 제방 사이에 숨어 있겠다는 각오였다. 그때 내게는 자식이 둘 있었다. 이치〔장남 이치타로(一太郎)〕와 스테〔차남 스테지로(捨次郎)〕. 이 아이들과 아내를 데리고 그곳으로 가야겠다고 각오하고 있었는데, 걱정과 달리 잇달아 쳐들어온 관군은 의외로 얌전해서 결코 난폭한 짓을 하지

* 현재는 미나토 구 시바 해안도로(芝海岸通) 1번가 시바이궁(芝離宮) 은사공원(恩賜公園)이 되었다.

않았다. 시오도메(汐留)에 있는 오쿠다이라 저택에 〔별실에 있는 노인을 가리키며〕 이치타로의 할머니*가 머물고 있어서, 다섯 살짜리 이치타로는 전날 밤부터 할머니와 함께 지내고 있었다. 그런데 오쿠다이라 저택 가까이 있는 마스야마(增山)라는 다이묘 저택에 불온한 자들이 몇 명 숨어 있다며, 조슈 병사들이 포위하고 본격적으로 전투를 벌이기 시작했다. 서로 뒤엉켜 칼을 휘두르더니, 오쿠다이라 저택의 도랑에 칼에 베인 사람이 빠지자 다시 창으로 찌르는 등 야단법석이었다. 그러니 내 아들이 할머니와 함께 있는 오쿠다이라 저택도 불에 타버릴지 모른다. 아이와 할머니는 어떻게 될까 하고 몹시 걱정이 되어 사람을 보내고 싶어도 그럴 수가 없다. 우왕좌왕하던 중 저녁때가 되자 주위가 조용해졌다. 그때도 역시 관군은 온순해서 잠자코 있으면 아무 짓도 하지 않았다. 집 안에 있는 사람들에게 부상을 입히지도 않고 폭행을 가하지도 않았다. 자기들은 어엿한 규율이 있어 군기가 확립되어 있으니 안심하라며 주민들을 진정시켰다. 사실 민간인에게 손끝 하나 대지 않은 것만 보아도, 관군이 의외로 얌전하다는 것을 알 수 있었다. 생각했던 것과는 딴판으로 아무 일도 없었다.

기주쿠가 점차 번창하다

어쨌든 4월에 접어들자 공사도 끝났다. 또 게이오 3년과 4년 사이는 숙생들이 가장 많이 흩어져 있던 시기라 남아 있는 사람이 18명에 불과했지만 4월이 되자 차츰 돌아오기 시작하여, 나날이 주쿠로서의 모습을 갖추며 점차 번창해갔다. 특히 이렇게 번창할 수밖에 없었던 이유는 지난번 내가 미국에 갔을 때 예전보다 많은 돈을 받았기 때문이다. 여행 중의 경비는 모두 관비로 충당했기에 정부로부터 받은 돈은

---

* 여기서 말하는 할머니는 후쿠자와의 어머니가 아니라 장모 도키타로하치(土岐太郞八) 부인이다.

고스란히 수중에 남았다. 그 돈으로 이번에는 원서를 잔뜩 사올 수 있었다. 크고 작은 사전, 지리서, 역사 등은 물론, 그 외에 법률, 경제, 수학 등의 관련서적도 그때 처음으로 일본에 들여와, 수십 명이나 되는 주쿠의 생도들 모두에게 원서를 배분하여 충분히 공부할 수 있게 하니 정말로 편리했다. 그 후로 10여 년간이나 미국에서 출판된 교과서가 일본 전국에서 읽히게 된 것도 내가 처음으로 원서를 갖고 귀국한 덕분이라 하겠다. 생도들이 주쿠에서 공부를 하다가 졸업을 하면 전국 각지로 나가서 교사가 되고, 교사가 되면 자신이 이제까지 공부한 것을 그 학교에서 다시 사용하는 게 당연한 순서다. 게이오기주쿠에서 사용하던 원서가 일본 전국에 유포되어 널리 쓰이게 된 내막은 바로 이러한 것이다.

관적(官賊) 사이를 자유롭게 오가다

우선 관군은 의외로 온순해서 아무 걱정이 없었다. 그러나 정치적 사안은 매우 예민한 문제이므로 혐의라도 받게 되면 큰일이었다. 그 점을 명백히 하기 위해 나는 모든 것을 공개하여 주쿠도 집도 텅텅 비워놓고 샅샅이 조사하게 함으로써, 총은 물론 칼도 활도 없다는 사실을 충분히 납득시켰다. 항시 그런 식으로 대비했으므로 내 집에는 관군측 사람들도 드나들고 적군(賊軍)들도 드나들었다. 나는 관이건 적이건 전혀 개의치 않고 아무 편견 없이 대하며 양측과 모두 가깝게 지냈다.

그 당시 이런 재미난 일이 있었다. 아직 관군이 에도까지 밀고 들어오지 않고 적군도 우에노로 잠입하기 전에 이치카와(市川) 주변에서 소규모 싸움이 있었다. 그러자 적군 측에 밤에는 그곳에 가서 싸우고 낮에는 피곤하다며 주쿠에 와서 자는 사람이 있었다. 하지만 나는 전혀 상관하지 않았고, 오히려 그 사람에게 "자넨 그런 일을 하고 있는 건가? 위험한 짓이니 이제 그만두는 게 좋을 거야" 하고 충고했다.

후루카와 셋丛조의 탈주

후루카와 셋丛조(古川節藏)는 나가사키마루(長崎丸)라는 배의 함장이었다. 에노모토 가마지로(榎本釜次郎)보다 앞서서 탈주*하겠다고 내게 털어놓았다. 그런데 셋丛조는 왕년에 내가 오사카에서 데려온 사내로, 그를 동생처럼 여기고 있던 나는 그 이야기를 듣고 차분하게 만류했다. "그건 그만두는 게 좋아. 도저히 당할 수 없어. 전쟁을 하면 분명히 질 거야. 동서 어느 쪽이 옳고 그른지 시비는 따지지 않겠지만, 아무튼 형세가 이렇게 된 이상 배를 타고 탈주해봤자 이길 수 없으니 그만두는 게 좋을 거야." 하지만 셋丛조는 여전히 고집을 부렸다. "아니, 반드시 이길 거야. 지금 출발해서 각지에 출몰하는 동지들을 이 배에 태워 유리한 위치에 내려놓고, 에도로 향하는 관군의 후미를 습격한 다음, 오사카 만으로 가서 휘저어대면 관군을 당황하게 만들 수 있을 테니까, 분명히 승산이 있어." 그러면서 좀처럼 내가 하는 말을 들으려 하지 않기에, "그래? 그렇다면 맘대로 해. 이기건 지건 난 더 이상 상관하지 않겠어. 또 난 자네를 도울 생각이 없어. 하지만 불쌍한 건 오마사상(お政さん)[셋丛조의 처]이야. 그녀만큼은 살아남을 수 있도록 뒷바라지를 하지. 자넨 무슨 말을 해도 듣지 않으니 어쩔 수 없군. 마음대로 해" 하고는 헤어진 적이 있다.

광인(狂人), 미국에서 돌아오다

당시 센다이(仙臺)의 서생으로 이곳 주쿠에 있다가 그 후 미국으로 유학을 갔던 이치조(一條) 아무개라는 자가 있었는데, 그 자가 미국에서 돌아왔다. 그런데 이 사내가 미쳤다는 것이었다. 그를 배 안에서 친절하게 간호해준 사람은 이치조와 함께 주쿠에서 생활했던 야나기모토

---

* 포위망을 뚫고 빠져나가 적의 후미를 공격한다는 뜻.

나오타로(柳本直太郎)*로, 그는 얼마 전까지 아이치(愛知) 현 서기관을 하다가 시장이 되었다는 소문이다. 그 야나기모토 나오타로의 친절한 간병을 받으며 이치조는 요코하마에 입항했다. 당시는 마침 센다이 번이 드디어 조적(朝敵, 조정 즉 관군에 대항하여 막부에 동조하는 세력)이 되었던 무렵으로, 에도 시내에서 센다이 사람은 발견되는 즉시 포박당하는 상황이었다. 요코하마에 온 이치조 역시 틀림없는 센다이 사람이므로 포박해야 했지만, 아무리 봐도 광인이라 어쩔 도리가 없었다. 당시 요코하마부교였던 데라지마 무네노리(寺島宗則)가, 광인은 어쩔 수 없으니 건드리지 말라는 지시를 내려 그대로 내버려두었다. 그러던 중 이 병자는 남을 의심하는 증세를 보이기 시작하여, 음식물에 독이 들어 있다면서 입도 대지 않고 거의 1주일가량 아무것도 먹지 않았다. 먹지를 않으니 그대로 내버려두면 굶어죽는 수밖에 없었다. 그래서 이리저리 어르고 달래며 권해보았지만 어떻게 해도 먹지를 않았다. 그러다가 병자가 느닷없이 후쿠자와 선생을 만나고 싶다는 말을 했다. 후쿠자와는 에도에 있을 텐데, 병자를 요코하마에 두는 건 괜찮아도 에도로 데려가는 건 곤란하지 않을까 싶어 부교[데라지마]에게 물어보니, 후쿠자와를 만나겠다면 어서 데리고 가라고 하여, 그를 신센자로 데리고 왔다. 그런데 뜻밖의 일이 발생했다. 나는 그를 만나자마자 일단 반갑다며 차를 대접하고는, 기왕 왔으니 식사도 들고 가라며 주먹밥을 주었다. "나도 먹을 테니 자네도 먹게. 먹지 못하겠다면 내가 먹던 것을 절반 먹게나. 독이 없을 테니까" 하면서 권하자, 그제서야 먹기 시작하는 것이었다. 광인인지라 이제까지의 일은 잊어버리고, 신센자에 와서 안심이 되었는지 식욕은 회복되어 다행이었지만, 그래도 병자가 무슨 짓을 할지 몰라 주야로 감시를 시켰다. 우스운 건 조슈 사람

---

* 옛 후쿠이 번사. 게이오기주쿠를 졸업한 후, 각지의 학교에서 영어교사로 근무하다가 훗날 관리가 되어 나고야(名古屋) 시장을 지냈다.

도 있고 도슈(土州, 도사(土佐)의 별칭. 지금의 고치(高知) 현) 사람도 있고 관군도 한 무리 있는 당시 상황에서, 조적을 포박하는 게 아니라 병자인 탓에 오히려 간병을 했다는 것이다. 그러자 센다이 출신 하나가 몰래 엿보러 왔고, 오쓰키(大槻)의 아들*도 비밀리에 병문안을 왔다. 이렇게 관군과 적군이 주쿠 내에서 뒤섞여 조적 번의 병자를 간병하면서도 아무런 풍파도 불만도 없었다. 그런 점이 주쿠의 특성이었던 것이다. 사실 모두가 평등하고 차별이 없으니 의심하려 해도 의심받을 여지가 없었다. 한편에는 탈주해서 적군에 투항하는 자가 있는가 하면, 한편에는 정식으로 주쿠에 입문한 관군도 있는 기묘한 상황, 이런 것은 인위적으로 강요해서 되는 것도 아니고 거짓으로 꾸밀 수 있는 것도 아니었다. 나는 절대로 편파적인 생각을 갖고 있지 않았다. 조금도 막부에 동조하지 않았고, 관군을 지지하지도 않았다. 전쟁을 하고 싶으면 멋대로 해라 하며, 처음부터 끝까지 일관된 자세를 유지했기에 나 자신은 물론 주쿠도 무난히 위험을 모면할 수 있었다고 생각한다.

신정부의 부름을 받다

드디어 왕정유신이 이루어지자 오사카에 메이지의 임시정부†가 생기더니, 그 임시정부로부터 명령이 내려왔다. 용건이 있으니 출두하라는 소식을 처음 받은 것은 간다 고헤이(神田孝平)와 야나가와 슌산(柳川春三)#과 나 세 사람이었다. 그런데 야나가와 슌산은 아무래도 오사카

---

* 센다이 번의 난학자이자 포술가였던 오쓰키 반케이(大槻磐溪)의 아들 슈지(修二)와 후미히코(文彥) 두 사람을 말하는 듯하다.
† 메이지 원년(1868) 3월 21일부터 4월 8일까지 오사카 혼간지(本願寺) 나니와(難波) 별원에 행재소(行在所)가 만들어진 것을 말하는 듯하다.
# 1832~1870. 나고야 출신, 막말 유신기의 양학자. 막부의 양학연구교육기관인 개성소(開成所) 교수. 게이오 3년(1867)에 일본 최초의 잡지 『서양잡지』를 간행하고 이듬해 일본인에 의한 최초의 신문 『중외신보』(中外新報)를 발간, 독자가 1,500명에 이르렀다. 유신 후 개성학교(開成學校)와 대학(大學, 교육을 담당하는 행정기관. 오늘날의 문부성)에서 활동했지만, 반체제적인 신문을 발행한 까닭에 불우한 말년을 보냈다.

에 가기 싫다, 명령은 따르겠지만 할 일이 있다면 에도에서 근무하고 싶다는 요구를 했다. 간다 고헤이는 분부대로 가겠다고 했다. 나는 주저 않고 병으로 움직일 수 없다며 거절했다. 그 후 오사카의 임시정부는 에도로 옮겨왔고, 에도의 신정부는 수시로 사람을 보내 출두하라고 했지만 계속 사양했다. 어느 날 간다 고헤이가 나에게 부디 출두하라며 권하러 왔길래 나는 대답했다 "도대체 자넨 어떻게 생각하나? 남자의 진퇴거취란 각자 취향대로 하는 게 좋지 않은가? 이 세상사람들 대부분이 그렇게 생각할 테니, 이의는 없을 거야. 그런데 내가 볼 때 자네가 신정부에 협조하는 건 평소 자네가 원하던 바대로 행동하는 거니까 전적으로 찬성하지만, 나 자신은 그게 싫어. 싫으니까 출두하지 않는 것도 역시 내 자신의 취향대로 실행하는 거야. 그러니 자네도 역시 내 결단에 찬성해서, '후쿠자와가 나서지 않는 건 나름대로 좋은 판단이다' 하며 칭찬해줄 법도 하거든. 그런데 칭찬은커녕 불러내러 오다니 친구 사이에 그럴 수 있나?" 이렇게 친구를 상대로 한바탕 설교를 하고는 단호하게 거절했다.

학자를 칭찬하려면 두부장수도 칭찬하라

그 후로 아무리 부르러 와도 정부에는 절대로 협조하지 않겠노라고 결심하고 있었는데, 어느 날 호소카와 준지로(細川潤次郞)*가 나를 찾아왔다. 그 당시는 아직 문부성이라는 것이 없었던 때인지라† 일단 신정부의 학교문제를 도와달라는 것이었다. "아니, 싫어. 난 그런 일을 맡을 생각이 없어" 하고 거절하자, 이런저런 대화가 오가던 중 호소카와가 말했다. "정부로서는 아무래도 자네를 그냥 내버려둘 수 없으니, 자

---

* 1838~1923. 고치(高知) 번사. 막말에 난학·영학·항해술을 익혀 메이지 정부에 출사했으며, 법령 제도 제정 및 교육계에 현저한 공적을 남겼다. 남작, 문학박사, 제국학사원(帝國學士院) 회원.
† 문부성이 생긴 것은 메이지 4년(1871) 7월로, 그 이전은 대학이 신정부의 문교정책을 담당했다.

네가 나라를 위해 진력하여 공로를 칭찬받을 수 있게 하려는 거야."
"칭찬받네 못 받네 한다는 게 도대체 무슨 소리야? 사람이 사람으로서 당연한 일을 하는 게 별다른 건 아니잖아. 인력거꾼은 인력거를 끌고 두부장수는 두부를 만들고 서생은 책을 읽지. 그건 사람으로서 당연한 거야. 그런 일을 하는데 정부가 칭찬을 하겠다면, 우선 이웃의 두부장수부터 칭찬해야 할 거야. 그러니 그런 짓은 그만둬" 하면서 나는 소신을 굽히지 않고 거절했다. 하지만 다소 과격한 논리였다고 하겠다.

대충 이런 식이었으니 내가 신정부를 몹시 싫어한 것 같겠지만, 그 근본적인 이유를 말하자면 앞에서도 언급했듯이 아무래도 이번의 메이지 정부는 보수 일변도의 양이 정부라고 생각했기 때문이다. 무엇보다도 양이를 싫어했던 나는 이런 상황이라면 설령 정부가 바뀌더라도 나라가 제대로 유지될 리 없다, 소중한 일본을 엉망으로 만들 것이다 라고 진심으로 생각했다. 훗날 그 정부가 차츰 문명개화의 길로 나아가 오늘날에 이르렀다는 것은 정말로 고맙고 축하할 일이지만, 나는 애당초 이렇게 되리라고는 예상하지 못했다. 단지 그 당시 겉으로 보이는 것만 가지고 평가하여, 이런 낡아빠진 양이 정부를 만들고 어리석은 짓만 하는 돌대가리 제번(諸藩)은 나라를 망칠 수 있는 놈들이라 생각했다. 그래서 정부에는 가까이 가지 않고, 그저 일본에 있으면서 나름대로 무슨 일인가 해보고자 결심하고 있었다.

영국 왕자에게 시행한 결신(潔身)의 불(祓)

내가 메이지 정부를 양이 정부라고 생각한 것은 전혀 근거 없는 게 아니다. 그런 식으로 우려할 만한 증거가 있었다. 우선 그 중 하나를 말해 보겠다. 왕정유신이 되고 메이지 원년인지 2년인지는 잊었지만,* 영국

---

* 메이지 2년(1869) 7월의 일이다.

의 왕자가 일본에 와서 도쿄 성을 방문하게 되었다. 표면상으로는 외국 귀빈을 접대하는 것이니 아무런 문제가 없었지만, 불결한 외국인을 황성에 들어오게 하는 것은 아무래도 곤란하다는 의견이 정부 각처에서 빗발쳤다. 그래서 영국 왕자의 입성 때 니주바시(二重橋)* 위에서 결신(潔身)의 불(祓)을 거행하고 안으로 들여보낸 적이 있다. 이적(夷狄) 놈들은 부정하므로 더러움을 씻어내 몸을 깨끗이 하고 들여보낸다는 뜻일 것이다. 그런데 이 일이 웃음거리가 되었다. 당시 미국의 대리공사였던 포트먼†이라는 사람은 매번 워싱턴 정부에 자신의 근무지 상황을 보고했다. 하지만 그다지 중요하지 않은 보고서는 대통령이 보지 않는다. 반면 공사 쪽에서는 그 보고서를 봐주는 것이 명예인 셈이다. 그래서 이 공사는 이번의 영국 왕자 입성 때 재계의식을 거행했다는 사실을 알아내고는 크게 기뻐했다. 마침 잘 되었다. 이 기담(奇談)을 보고하면 분명히 대통령이 봐줄 거라며, 그 표지에 「에든버러 왕자의 부정(不淨)을 제거함」(Purification of Prince of Edinburgh)이라는 기상천외한 제목을 붙였다. 그 내용은 이러했다. "일본은 자존심이 강해 쇄국을 하는 소국으로 외국인은 마치 짐승처럼 대하는 관습이 있어서, 이미 얼마 전 영국 왕자의 입성 알현 때 성문 밖에서 왕자의 신변에 결신의 불을 시행했다. 원래 결신의 불이란 먼 옛날 더럽혀진 자의 부정을 제거하기 위해 관수법(灌水法)을 행하던 것으로, 중세에 종이가 발명된 이래로는 종이를 이용해 고헤이(御幣)#라는 것을 만들고 그것으로 사람의 몸을 문질러 물 대용으로 일체의 부정불결을 씻어냈다는 고사가 있다. 이번 영국 왕자에게 행한 의식은 그 전례를 따른 것으로, 일본인의 눈으로 보면 왕자도 역시 단순히 부정한 짐승에 불과할 뿐이

---

* 궁성의 정문과 중문 사이에 설치한 철교의 통칭. 과거 목교였을 때 교량 위에 또 교량을 설치하여 만들었던 데서 유래하는 명칭.
† A. L. C. Portman. 미국 공사관 서기관, 대리공사.
# 신불(神佛)에 바치는 종이나 천을 가늘게 오려 나무에 끼운 것.

다.……" 이와 같이 정교하고도 상세하게 쓰고 있었다. 나는 이 사실을 세키 신파치(尺振八)로부터 자세히 들었다. 당시 미국 공사관의 통역을 담당하고 있던 세키는 나에게 와서 "얼마 전에 이러이러한 일이 있었는데 정말 웃기지 않아?" 하며, 그 사실은 물론이고 편지의 내용까지 소상히 이야기해줬다. 어찌나 한심하던지, 나는 그 얘길 듣고 웃음이 나오기는커녕 울고 싶은 심정이었다.

미국의 전(前) 국무장관 또 일본을 평하다

그 무렵 미국의 전 국무장관 슈어드*라는 사람이 영애(令愛)를 데리고 일본을 방문했다. 그는 미국의 유명한 정치가로, 남북전쟁에서도 활약했고, 링컨이 암살당할 당시 함께 부상당한 적이 있었다. 원래 영국인과는 성격이 맞지 않는 소위 친일파였지만, 일본을 방문하여 그 실상을 보고는 도저히 호감을 느낄 수 없었는지, 이런 근성의 인민이라면 미안하지만 자립은 불가능할 것이라고 단언을 했다. 내가 보기에 신정부 사람들의 움직임은 한결같이 유교의 가르침을 답습하면서, 고학(古學, 에도 시대에 생겨난 유학의 일파)의 고루(固陋)주의와는 별개인 것처럼 거들먹거릴 뿐이다. 그러나 겸허하게 외국인의 평을 들어보면 슈어드의 말과 같다. 이래서는 도저히 가망이 없겠다고 낙담했지만, 아무리 그래도 나는 일본인이다. 아무것도 하지 않고 있을 수만은 없었다. 정치는 어쩔 수 없이 그 나름의 흐름에 맡겨놓고, 나는 나대로 다소나마 몸에 익히고 있는 양학을 후진들에게 가르치는 한편 힘닿는 데까지 집필과 번역에 힘썼다. 그러다 보면 혹시나 이 백성(民)을 문명으로 이끌 요행도 있을지 모른다고, 불안한 마음으로 스스로를 격려하며 지냈다.

* William Henry Seward. 1801~1872. 1861년 국무장관이 되어 링컨을 도왔다.

자식들의 미래를 생각하다

당시 내 심정은 몹시도 외로운 상태라 남들에게 이야기한 적이 없지만, 이제 솔직히 털어놓고 참회하겠다. 유신 전후의 혼란스러운 형세를 보고, 도저히 이 상태로는 나라의 독립이 어렵겠다, 훗날 언젠가 외국인에게 어떤 모욕을 당할지도 모른다는 생각이 들었다. 그렇다고 해서 동서남북 전국 어디를 보아도 함께 이야기할 사람이 없었다. 나 혼자의 힘으로는 아무것도 할 수 없었고, 또 그럴 용기도 없었다. 정말 한심한 일이지만, 만약 외국인이 발호하여 난동을 부린다면 나는 어떻게든 그 재난을 피한다 해도 앞날이 창창한 자식들이 불쌍했다. 목숨을 버리는 한이 있어도 외국인의 노예로 만들고 싶지는 않다, 혹시 그리스도교의 성직자로 만들어 정치와 무관한 일을 시키면 어떨까? 자급자족하며 남의 신세를 지지 않고 종교의 성직자라 한다면, 자연스레 모욕을 면할 수 있지 않을까? 나 자신은 종교를 믿지 않으면서 자식을 생각하는 마음에 성직자로 만들겠다는 둥 별의별 생각을 다 해보았다. 30년이 지난 오늘 생각해보면 한낱 꿈만 같을 뿐, 그저 오늘날의 문명개화 풍조에 감사할 뿐이다.

수업료의 기원

뎃포즈의 주쿠를 시바의 신센자로 이전한 것은 메이지 원년(1868), 즉 게이오 4년에 메이지로 개원하기 직전이었다. 그래서 주쿠의 이름을 당시의 연호를 따서 게이오기주쿠(慶應義塾)로 명명하고 나자, 한때 흩어졌던 생도들도 하나둘 돌아와 주쿠는 차츰 번창해갔다. 주쿠가 번창하고 생도들이 많아지자 숙사를 통제할 필요성도 생겨나 숙칙(塾則) 같은 것을 작성하고, 번거로운 사본(寫本) 대신 판본으로 만들어 생도들에게 한 권씩 나눠 주었다. 거기에는 갖가지 세부사항이 기재되어 있었는데, 생도들로부터 매달 돈을 거두는 것도 게이오기주쿠가 이때 처음 고안한 것이다. 종전에 일본의 사숙에서는 중국을 흉내 낸 것인지, 생도가 입학할 때 속수(束脩)를 거두고, 가르치는 사람을 선생님이라며 떠받들어 입학 후에도 백중날과 섣달 그믐날 두 차례쯤 생도들 각자 분수에 맞춰 돈이건 물품이건 정성껏 포장해서 선생님 댁에 진상하는 것이 관례였다. 그러나 도저히 이래가지곤 적극적으로 일할 사람이 없겠다는 생각이 들었다. 가르치는 것도 사람이 하는 일이다, 사람이 사람다운 일을 하고 돈을 받는 게 어떻다는 말인가? 눈치 볼 것 없이 당당하게 금액을 정하고 돈을 받는 게 좋겠다는 결론을 내렸다. 그래서 수업료라는 이름을 만들어 생도 한 사람으로부터 매달 금 2부씩 거두고, 생도는 주쿠의 상급생이 가르치도록 했다. 당시 주쿠 내에 기거하는 상급생은 한 달에 금 4냥만 있으면 생활을 할 수 있었으므로, 매달 생도들이 갖고 오는 수업료를 모아 교사 1인당 4냥씩 분배한다면 굶어 죽는 일은 없겠다는 식으로 판단하여 대충 정했다. 그리고 혹시 남는 돈이 있으면 숙사 운영에 충당하도록 했다. 오늘날 수업료를 내는 것은 극히 당연한 일이지만, 처음 이런 제도를 실행했을 때는 정말 세상사람들 모두가 깜짝 놀랐다. 생도들에게 금 2부씩 갖고 오너라, 봉투도 장식도 필요 없다. 1냥을 갖고 오면 거스름돈도 정확히 계산해서 주겠다 하고 그렇게 숙지시켰건만, 개중에는 정식으로 포장용 봉투에 넣어 오는 사람도 있었다. 그러면 이런 게 있으면 계산하는 데 방해가 된다며 일부러 포장용 봉투는 돌려주기도 했다. 이렇게 살풍경한 광경이 펼쳐지니 세상 사람들이 놀라는 것도 당연한 일이었다. 하지만 오늘날에는 그것이 일본 전국에서 관례처럼 되어 아무렇지도 않게 되었으니 신기하다. 무슨 일이건 새로운 방법을 모색하여 실행한다는 것은 그 일의 대소를 불문하고, 어지간히 무모한 사람이 아니고는 불가능한 것이다. 그 대신 일이 순조롭게 이루어져 어느 틈엔가 세상 일반의 관례가 되면 본인에게는 소원이 성취된 것이나 마찬가지니, 그렇게 유쾌한 일은 없을 것이다.

우에노 전쟁

신센자의 주쿠는 다행히 전화(戰禍)로 소실되지도 않고 교실도 그럭저럭 정비되었지만, 세상은 상당히 소란스러웠다. 메이지 원년 5월에 전쟁*이 발발하면서, 에도 시내의 연극도 요세(寄席, 라쿠고·만담·기예 등을 공연하는 소극장)도 각종 흥행도 음식점도 모두 문을 닫아버려 시내 전체가 완전히 칠흑 같은 어둠에 싸인 채 뭐가 뭔지 알 수 없을 정도로 혼란스러웠다. 하지만 나는 전쟁이 있던 날에도 주쿠의 일과를 쉬지 않았다. 우에노에서는 마구 총을 쏘아댔다. 하지만 우에노와 신센자는 20리나 떨어져 있어 총알이 날아올 걱정이 없었으므로 그때 나는 영어 원서로 경제†에 관한 강의를 하고 있었다. 몹시 소란스러운 모양인데 연기라도 보일까 하는 생각에 생도들은 신이 나서 사다리를 타고 지붕으로 올라가 구경을 했다. 고작 대낮부터 초저녁까지 벌어진 전쟁이었는데, 이쪽과는 관계가 없으니 두려워할 것도 없었다.

일본 전국에서 오직 게이오기주쿠뿐

한쪽에서 이렇게 태연자약하고 있노라니, 이 세상은 넓고 기묘한 것인지라 전쟁의 난리 속에서도 서양에 관해 알고 싶어 하는 분위기가 확산되었다. 우에노의 소동이 진정되자 오슈(奧州, 현재의 후쿠시마·미야기·이와테·아오모리 현)에서 싸움이 시작되었지만, 그런 와중에도 생도들이 속속 입학하여 주쿠는 더욱더 번창했다. 당시에 주위 사정을 둘러보니, 도쿠가와 시대의 학교는 모두 망하여 그 교사들조차 행방을

---

* 5월 15일, 우에노 도에이산(東叡山)에 숨어 있는 쇼기타이(彰義隊, 옛 막부세력의 무사단)를 삿초(薩長, 사쓰마 번과 조슈 번)를 중심으로 하는 정벌군이 공격하여 섬멸한 싸움.
† Francis Wayland, *The Elements of Political Economy*, Boston, 1866.

모를 정도였다. 하물며 유신 정부는 학교에 신경쓸 경황이 없었다. 일본 전국에서 그나마 책을 읽을 수 있는 곳은 오로지 게이오기주쿠뿐인 상황이었다. 그때 내가 숙생들에게 한 말이 있다. "오래전 나폴레옹이 전쟁을 일으켰을 때, 침략을 받은 네덜란드는 본국은 물론이고 인도 지역까지 모두 점령당해 국기를 게양할 곳이 없어졌지만, 전세계에 단 한 곳만 남아 있었다. 바로 일본 나가사키의 데지마(出島)이다. 데지마는 예전부터 네덜란드인의 거류지로, 유럽 전쟁의 영향도 일본에는 미치지 않아 데지마의 국기는 항상 하늘 높이 휘날리고 있었다. 따라서 네덜란드 왕국은 단 한 번도 멸망한 적이 없다며, 지금도 네덜란드인들은 자랑하고 있다. 그리고 보면 이 게이오기주쿠는 일본의 양학을 위해 네덜란드의 데지마와 마찬가지로, 이 세상의 온갖 소동이나 난리에도 불구하고 양학의 명맥을 굳게 지켜왔다. 게이오기주쿠는 단 하루도 문을 닫은 적이 없다. 이 주쿠가 건재하는 한 대일본은 세계 속의 문명국이라 할 수 있다. 긍지를 가져라." 이렇게 많은 청년들을 격려한 적이 있다.

주쿠 통제의 어려움과 낙서금지

한편으로 숙생을 통제하는 일은 정말로 힘이 들었다. 전쟁 후 뜻밖에도 인원은 늘었지만, 그들 중에는 지난해부터 출전해 오슈 지방에서 싸우다가 제대를 하게 되자 고향으로 돌아가지도 않고 총을 버린 채 그대로 주쿠에 온 청년들이 제법 많았다. 특히 도사(土佐) 출신의 젊은 무사들은 붉은색 칼집의 긴 칼을 차고, 총은 없었지만 당장이라도 덤벼들 듯한 험악한 기색을 하고 있었다. 그런가 하면 그런 젊은 무사가 빨간색 여자 기모노를 입고 있는 경우도 있었다. 그 까닭을 물으니, 아이즈(會津, 후쿠시마 현 서부)에서 약탈한 기모노라며 뽐내는 것이었다. 정말로 살기가 느껴지는 무시무시한 사람들이라, 일단은 손을 쓸 방도가 없었다. 그래서 나는 앞에서도 말한 것처럼, 신센자에 주쿠를 여는 동시에 극히 간단한 숙칙을 만들었다. 주쿠 내에서 금전거래는 절대로 금한다, 잘 때는 자고 일어날 때는 일어난다, 식사 때는 지정된 시각에 식당으로 나온다, 낙서는 절대로 금한다, 벽이나 문종이는 물론 개인 소유의 행등(行燈)이며 책상 등 모든 물품에 낙서를 금한다는 등의 내용을 조항으로 했다. 일단 규칙을 정한 이상은 실행하지 않을 수 없었다. 그래서 문종이에 낙서가 있으면, 나는 작은칼로 그곳을 도려낸 뒤 그 방에 있는 사람들이 원래대로 다시 바르라고 명령했다. 또 행등에 낙서가 있으면 누구의 것이건 상관없이 그 임자를 문책했다. 때로는 그 임자가 "이건 내가 한 짓이 아니다. 남이 한 것이다" 하고 말해도 나는 용서하지 않았다. "남이 한 짓이라는 건 변명이 되지 못한다. 남이 자기 행등에 낙서를 하는데 그것을 보고만 있는 건 바보다. 그 벌로 빨리 종이를 다시 붙여라. 낙서가 있는 행등은 주쿠에 둘 수 없다. 부숴버리기 전에 새 종이로 교체해라." 그러면서 절대로 용납하지 않았다. 아무리 살기등등한 젊은 무사가 반항하더라도 그런 걸 두려워할 수는 없었다. 가차 없이 호통을 쳤다. 이름은 잊어버렸지만, 언뜻 보니 누군가의 오동나무 베개에 이상한 낙서가 새겨져 있었다. "이건 뭐야? 각자의 사유물이라도 낙서는 절대 안된다고 했잖아. 어찌된 일인지 변명할 말도 없겠지? 이 베개의 낙서는 내가 깎아내고 싶지만 깎을 수도 없으니 부숴버리겠다. 그러니 다른 걸 구해와." 이렇게 말하고는 그 베개를 집어 들어 발로 밟아서 부숴버렸다. '자, 어쩔 거야? 덤빌 테면 덤벼봐. 상대해줄 테니' 하는 기세로 나가자, 결코 덤벼들지 못했다. 내 골격은 대체로 큰 편이지만 사실 무술이고 뭐고 전혀 모른다. 이제까지 남을 해쳐본 적도 없다. 하지만 화를 내면 마치 상대를 죽이기라도 할 것처럼 험악해 보였으니, 입이 아닌 몸으로 떠벌리는 허세로 상대를 제압했다. 그래도 모두들 겁을 먹고 시키는 대로 한 덕분에 전쟁터에서 돌아온 살기등등한 자들도 자연히 얌전해져 주쿠 내의 규율도 준수되었다. 개중에는 정말로 학자풍의 점잖은 청년도 많아서, 열심히 공부하며 주쿠의 분위기를 한층 좋게 만들었다. 게이오기주쿠는 메이지 4년(1881)까지 신센자에 있었다.

문부성이 생기다

유신의 소란도 이내 진정되고 세상은 평온해졌지만, 신정부는 아직 뒤처리에 부심하고 있었기에 메이지 5~6년까지는 교육에 손을 댈 수 없는 상황이었다. 그러니 여전히 양학을 가르치는 곳은 역시 게이오기주쿠뿐이었다. 일단 폐번치현(廢藩置縣)* 후까지는 게이오기주쿠만이 양학을 전문으로 하다가, 그 후에 문부성(文部省)†이란 것이 생기면서 정부도 교육에 상당한 힘을 쏟게 되었다. 기주쿠에서는 여전히 생도를 가르쳤고, 생도의 숫자도 점차 늘어나 항상 200~300명 선을 유지했다. 가르치는 내용은 모두 영학(英學)뿐으로, 영서를 읽고 영어를 구사할 수 있도록 지도했다. 옛날부터 일본에서 행하던 한학(漢學)에는 중점을 두지 않았기에, 당시의 생도들 중에는 한서를 읽지 못하는 사람이 상당수 있었다. 한서를 읽지 못하고 영어만 공부하니, 영서는 무엇이건 읽는데 일본어 편지를 읽지 못하는 자도 생겨났다. 세상 사람들은 한서를 읽고 나서 영서를 공부하는데, 이쪽에서는 순서가 뒤바뀌어 영서를 공부한 뒤에 한서를 배우는 자도 있었다. 하타노 쇼고로(波多野承五郎)#의 경우도 어릴 때부터 영서만 공부해 일본어 편지를 읽지

---

* 도쿠가와 막부가 조정에 대정봉환을 한 뒤에도 잠시 동안은 봉건시대의 제번이 그대로 남아 있었지만, 점점 자기 영내의 인민을 조정에 봉환하는 번이 늘어나자 메이지 4년 7월 14일에 모든 번을 폐지하고 현을 두어 중앙집권체를 확립했다.

† 메이지 정부는 메이지 2년(1869) 7월 관제제정에 즈음하여 모든 교육을 대학이 관리하도록 했으나, 메이지 4년 7월 18일 대학을 폐지하고 문부성을 두었다.

1854~1929. 엔슈(遠州) 가케가와(掛川) 출신. 25세에 도쿄 시의원이 되었고, 이후 신문기자, 외무성 관리 등을 거쳐 니혼신문사(日本新聞社) 사장이 되었다. 훗날 미쓰이(三井) 은행장에 취임했으며, 중의원 의원을 지냈다.

못했지만, 학문에 타고난 소질과 끈기가 있었기에 영학보다 나중에 배웠음에도 불구하고 한학을 능숙하게 하게 되었고 지금은 아무런 불편 없이 훌륭한 학자가 되었다.

수리(數理)와 독립의 교육방침

나는 어떻게든 양학이 성행하도록 해서 반드시 일본을 서양 같은 문명부강국(富强國)으로 만들겠다는 야심을 품고 있었다. 그 방편으로 게이오기주쿠를 서양문명의 안내자로 삼아, 마치 동도(東道)의 주인이 된 듯한 기분으로, 서양식의 독과점 혹은 특별 에이전트와 같은 역할을 담당하면서 자진해서 외국인을 위해 일하고 있는 듯한 인상을 주었기 때문에 보수적인 일본인들로부터 미움을 받는 건 당연한 일이었다. 원래 나의 교육방침은 자연의 원칙에 무게를 두고 수(數)와 이(理) 두 가지를 근본으로 하여, 세상만사 모든 일의 처리를 이로부터 시작하겠다는 것이었다. 또 한편으로 도덕론에 있어서는 인간을 만물 중 가장 고귀한 것으로 여기고, 스스로를 소중히 여겨 절대로 비열한 짓이나 방정치 못한 짓은 하지 않을 것이며, 불인·불의·불충·불효(不仁不義不忠不孝) 같은 못된 짓은 누가 부탁하건 아무리 긴급한 상황에서건 하지 않겠노라고, 항상 몸을 고귀하게 간직하며 이른바 독립정신을 유지하기 위해 일단 목표를 정했다. 일심불란하게 이 목표에만 전념한 이유는 동양과 서양의 역사를 비교해보면 그 진보의 속도에 정말로 큰 차이가 있었기 때문이다. 양쪽 모두 도덕의 가르침이 있고 경제에 관한 지식도 있고 문무에 제각기 장단점이 있으면서도, 일단 그 국세(國勢)를 살펴보면 부국강병이나 최대다수의 최대행복이라는 면에서 동양은 서양의 밑에 놓이게 된다. 국세의 정도는 국민의 교육수준에서 나온다고 본다면, 분명히 쌍방의 교육법에 차이가 있을 것이다. 그래서 동양의 유교주의와 서양의 문명주의를 비교해보니, 동양에는 유형의 것으로는 수리학(數理學),* 무형의 것으로는 독립심, 이 두 가지가 없었다. 정치가가 국사(國事)를 처리하는 것도, 실업가가 상거래와 공업에 종사하는 것도, 국민에게 보국(報國)의 생각이 많고, 가족이 단란한 정으로 충만한 것도, 그 유래를 따져보면 자연히 그 근본을 알 수 있다. 비근한 예를 들면 지금의 소위 입국(立國)이 그렇고 확대해서 말하면 인류 전체가 그렇듯이, 인간만사는 수리(數理)를 빼놓고는 논할 수 없으며 독립 외에는 의지할 곳이 없다는 소중한 진리를 우리 일본에서는 가볍게 여기고 있다. 이래서는 당장 문호를 개방해 서양강국들과 어깨를 나란히 할 수 없을 것이다. 이는 오로지 한학교육 탓이라 스스로 굳게 믿고, 자본도 없이 불완전한 사숙에 전문과를 설치했다. 다소 무리한 짓이기는 했지만, 능력이 닿는 한 수리를 기본으로 교육방침을 설정했다. 또 한편으로는 독립론을 주창하여, 아침저녁으로 입만 열면 그 필요성을 역설하고 연설이나 글을 통해서도 그 방향으로 이끌었다. 또한 스스로 갖가지 공부를 하여 몸소 실천하도록 노력하니, 더 한학을 멀리하게 되었다. 오늘날에도 우리 주쿠의 출신이 사회 각 분야로 진출하여 그 신분이나 직업과는 상관없이 근본 도리에 소홀하지 않고 고귀한 인격으로 독립의 기상을 지켜나가고 있다는 말을 들으면, 늙은 나에게는 가장 큰 기쁨이 된다.

이상과 같이 나는 단지 한학을 멀리하고 소홀히 했을 뿐 아니라, 한 걸음 더 나아가 소위 부유(腐儒)의 부설(腐說)을 일소해버리겠다고 젊은 시절부터 결심하고 있었다. 그래서 평소에 양학자나 통역사 같은 사람들이 한학자를 헐뜯는 것은 당연한 일이며 나쁜 짓도 아니라고 생각했다. 그런데 나는 한학을 상당한 수준으로 공부했다. 공부를 했으면서도 모르는 척하며 욕을 하니 미움을 사지 않을 수 없었다. 남들에

---

* Physical Science의 역어인 듯하다. 후쿠자와는 이와 똑같은 의미로, 다른 곳에서는 실학 또는 물리학이라는 어휘로 표현하고 있다.

게는 정말로 문외한인 척하면서도, 한학자들이 사용하는 고사성어는 대부분 알고 있었다. 앞에서도 말했듯이, 어렸을 때부터 꾀까다로운 선생에게 어려운 경사(經史)를 배운 덕택에 열심히 공부했기 때문이다. 좌국사한(左國史漢, 『좌전』『국어』『사기』『한서』의 약칭)은 물론이고 『시경』『서경』 같은 경(經)도, 또 『노자』『장자』처럼 묘미가 있는 글도 선생의 강의를 들으면서 또 스스로의 힘으로 공부했다. 이것은 부젠(豊前) 나카쓰의 대유(大儒) 시라이시 선생 덕분이다. 이렇게 경사의 뜻을 알면서도 모르는 척하며, 때로는 한학의 급소와 같은 곳을 찍어 이야기 중에나 책을 읽으면서 마구 공격을 해댔다. 이거야말로 '사자 몸속의 벌레'*와 같으니, 한학의 입장에서 보면 나는 정말로 좋지 못한 외도를 한 셈이다. 그토록 내가 한학을 적대시한 것은, 지금 같은 개국 시절에 낡고 뒤진 한설(漢說)이 어린 소년들의 뇌리를 사로잡고 있으면 도저히 서양문명이 일본에 들어올 수 없으리라고 굳게 믿어 의심치 않았기 때문이다. 어떻게 해서든 그들을 구출해내 내가 믿는 길로 인도하고자 온 힘을 다했다. 내 진심을 말하자면, 일본 전국의 한학자들은 모두 나와라, 내가 혼자서 상대해주겠다 하는 식이었다. 그러나 정부를 비롯해 세상 일반의 상황은 달랐다. 문명교육이 다소 보급되었다고는 하나, 중요한 위치에 있는 중년 이상의 사람들은 도무지 양학의 진수를 느끼지 못하고 무슨 일에서건 결단을 내릴 때면 부득불 한서에 의지하여 만사를 그것으로 해결하려는 풍조가 퍼져 있었다. 반면에 나는 그 귀중하고 영묘불가사의한 한학의 거창한 주장을 업신여기며 적대시했으니, 나 자신을 위해서는 아주 불리한 짓이었다.

---

* 사자의 몸속에서 그 은혜를 입으면서 사자의 몸을 갉아먹는 존재. 본디 불교도이면서 불교에 해를 끼치는 자를 일컫는 말.

철저히 독립적인 저술과 번역

유신 전후는 내가 저술과 번역에 힘쓰던 시절로, 그때의 저서나 역서의 유래는 『후쿠자와 전집』 서두에 적어놓았으니 여기서는 생략하겠다. 본디 내 저역서는 나 혼자만의 생각을 담았을 뿐, 누구의 지시도 받지 않았고 상담도 하지 않았다. 나 혼자 생각한 대로 집필하여, 당시의 한학자는 물론 절친한 양학자에게 초고를 보인 적도 없거니와 하물며 서문이나 제자(題字)도 부탁한 적이 없다. 사실 선생님 살아 계실 적에 서문이라도 부탁했더라면 좋았으련만 나는 그런 걸 싫어했으니, 너무나 매정했던 것 같다. 그런저런 일로 내 저역서는 사실 여부와는 상관없이 보수적인 사람들의 마음에 들 리가 없었다. 그래도 그 책들이 많은 인기를 얻은 것은 문명개국의 추세에 편승한 덕분일 것이다.

기주쿠, 미타로 옮기다

게이오기주쿠가 시바의 신센자를 떠나 미타(三田)의 현재 장소로 옮긴 것은 메이지 4년(1881)으로, 이것도 주쿠의 일대 개혁이니만큼 대충이라도 언급해보겠다. 그 전년 5월, 내가 지독한 열병*에 걸려 병후에 신경과민이 된 탓인지, 신센자 주변에서 무슨 냄새가 나는 듯한 느낌이 들었다. 또 사실 그곳은 습지였기 때문에 어디론가 옮기고 싶다는 생각을 하던 중 이구라(飯倉) 쪽에 적당한 매물을 찾아내어 거의 논의가 이루어지려는데, 주쿠 내에서 후쿠자와가 주쿠를 떠나 다른 곳으로 옮긴다면 주쿠도 함께 옮기자는 의견이 나왔다는 것이었다. 그 당시는 도쿄 시내에 다이묘의 저택이 얼마든지 있었기에,† 주쿠 사람들은 매

---

* 장티푸스였다고 하는데, 후쿠자와는 오사카의 오가타주쿠 재학 중 이미 장티푸스를 앓은 적이 있으므로, 어느 한쪽은 잘못된 진단일 것이다. 후쿠자와가 직접 쓴 기록에 의하면 "처음의 병은 가볍지 않아 8일간 인사불성" "나중의 병은 몹시 심해 18일간 인사불성"이라고 되어 있다.
† 다이묘들은 에도 시내에 크고 작은 갖가지 저택을 갖고 있었는데, 메이지 유신 이후 한 곳 이상의 저택 소유를 금하자 매물이 한꺼번에 쏟아져 나왔다.

일같이 이곳저곳의 비어 있는 저택을 찾아 나섰다. 여기는 어떻고 저기는 어떻고 하며 나름대로 그럴싸한 장소를 물색하다가, 결국 시바의 미타에 있는 시마바라(島原) 번*의 나카야시키가 높고 건조한 땅에 위치해 있고 바닷가의 조망도 좋으니 주쿠로는 적당하겠다는 의견일치를 보았다. 하지만 단지 우리만 결정한 것일 뿐, 타인 소유의 저택이므로 그것을 손에 넣으려면 도쿄부(東京府)에 의뢰해, 정부가 시마바라 번에 상지(上地, 영지를 상납하는 것)를 명하도록 하여 그 토지를 다시 후쿠자와에게 임대하는 형식을 취해야만 했다. 그러려면 정부 관계자와 내담(內談)하여 가능하도록 공작을 펴야 했으므로 당시의 도쿄부 지사에게 부탁을 했다. 또 한편으로는 내가 평소 알고 지내던 사노 쓰네타미(佐野常民)와 그 밖의 사람들에게도 사정을 이야기하고 협조를 구하여, 주쿠의 졸업생이 일제히 운동을 펼쳤다. 그러던 중 어느 날 나는 이와쿠라(岩倉) 공†의 집에 찾아갔다. 선약도 없는 첫 방문이었지만 뵙고 싶다고 간청하여 면담을 하고 주쿠의 사정을 자세히 설명한 뒤, 시마바라 번의 저택을 빌리고 싶다고 부탁하자 선뜻 승낙해주었다.

 무슨 일이건 나에게는 유리하게 진행되던 시절이라, 다행히도 도쿄부에서 나에게 부탁할 일이 있다는 연락이 왔다. 당시는 도쿄의 치안을 유지하기 위해 나졸(邏卒)이라는 명칭 아래 제번의 병사들이 총을 메고 시내를 돌아다니던 탓에 살풍경하기가 마치 전쟁터와 같은 느낌이었다. 정부도 이것이 탐탁찮아 서양식 폴리스 조직으로 개혁하고자 하는데, 도대체 그 폴리스란 것이 어떤 건지 개략이라도 좋으니 조사해주지 않겠느냐는 것이었다. 관리가 나를 찾아와 간곡히 부탁하는 모습을 보니, 이 조사만 잘 되면 뭔가 사례가 있을 것 같았다. 그래서 "잘 알겠다. 간단한 일이다. 즉각 조사해 바치긴 하겠지만, 내 쪽에서도 부

---

* 나가사키의 시마바라를 중심으로 인근 일대를 영유했던 번.
† 이와쿠라 도모미(岩倉具視). 공가(公家) 출신으로 메이지 유신의 중심인물.

탁이 있다. 이미 장관님께도 긴히 말씀드린 바 있듯이 미타의 시마바라 저택 부지를 빌리고 싶다. 이것만큼은 간곡히 부탁한다" 하며, 순사법(巡査法) 조사와 시마바라 저택 부지 배차(拜借)*를 맞교환하자는 식으로 이야기했다. 그러자 관리도 거절하지 않고 묵낙(默諾)했다. 그리하여 나는 갖가지 원서를 모아 경찰법에 관한 부분을 번역하고 그것을 한 권의 책으로 엮은 뒤 서둘러 정서하여 제출했다.† 도쿄부에서는 이 번역에 근거하고, 또 시중의 현황을 참작하여 이리저리 궁리한 끝에 과감히 제번 병사들의 순찰을 중지시키고 새로 순라(巡邏)라는 것을 조직했다. 훗날 이것이 순사(巡査)로 개명되어 도쿄 시내의 치안을 유지하는 법이 제정되었다. 이렇게 해서 도쿄부도 내게 빚이 생긴 셈이었으므로 저택 부지에 관한 건도 순조롭게 진행되어, 시마바라의 저택과 부지를 상납받아 후쿠자와에게 배차한다는 명령서를 냈다. 토지 1만 몇 천 평은 배차하고, 건물 육백 몇 십 평은 평당 1엔의 비율로 다이묘의 어전(御殿) 두 채와 나가야 몇 채에 육백 몇 십 엔#을 지불했다. 그리고 드디어 주쿠를 이전한 것이 메이지 4년 봄이었다.

이사를 하고 보니 정말로 넓은 저택이라 더 이상 바랄 게 없었다. 어전을 교실로 쓰고, 나가쓰보네(長局, 여성들이 거처하던 방)를 서생들의 방으로 사용했다. 그래도 부족한 것은 이곳저곳 저택을 찾아다니며 낡은 나가야를 저렴하게 사들여 기숙사 등을 만드니, 갑자기 커다란 학숙(學塾)을 이루게 되었다. 동시에 입학생의 숫자도 차츰 늘어나 이번의 이사만으로 게이오기주쿠의 면모를 일신하게 되었다.

---

* '빌려 씀'의 겸양적 표현.
† 이 조사보고서는 『단속지법』(取締之法)이라는 제목으로, 런던·파리·뉴욕의 경찰제도에 관해 소개하고 있다.
# 당시 도쿄부에서 발행한 토지임대 통지서에 의하면, 상기 건물에 대해서 769냥 2부 1슈로 불하한다고 되어 있다.

경례를 금하다

내친김에 에피소드를 하나 이야기하겠다. 신센자의 주쿠에서 미타로 이전하자, 부지의 넓이는 30배나 되고 건물의 크기도 예전과는 비교가 되지 않았다. 새 주쿠의 교실, 즉 어전의 복도는 폭이 9척이나 되었다. 나는 매일 주쿠 내를 둘러봤다. 일요일은 특히 청소하는 날로 정해서 생들의 방도 구석구석 일일이 검사했으며, 화장실 안까지 내가 직접 문을 열고 자세히 살폈다. 그러다 보니 하루에도 몇 차례씩 복도를 지나고 몇 명의 생도들과 마주치는지 알 수 없었다. 그런데 신입생의 경우는 그렇게 지나칠 때마다 영문도 모르는 채 내 얼굴을 보고 정중하게 인사를 했다. 상대방이 정중하게 하면, 이쪽도 그에 응해 인사를 하지 않을 수 없었다. 바쁜 와중에 귀찮아서 견딜 수가 없었다. 그래서 졸업생인 교사들을 찾아가 "복도에서 생도들이 인사하는 게 귀찮지 않은가? 피차 공연한 짓이니까" 했더니, 모두들 마찬가지로, 주쿠가 넓어져 내부에서 인사받는 데 질려버렸다는 것이었다. "그럼 되었다, 내가 공고를 게시하지" 하고는 다음과 같이 공시했다.

> 주쿠 내 생도들은 윗사람에 대해서뿐 아니라 생도 상호간에도 난폭무례한 행동은 물론 금하지만, 강당의 복도 및 숙사 안팎의 왕래가 빈번한 장소에서는 교사 선배와 마주치더라도 정중하게 인사할 필요가 없다. 마주 보고 목례만 하면 충분하다. 이득도 없는 허식으로 시간을 낭비하는 것은 학생의 본색이 아니다. 이 점, 명심하도록 게시함.

이렇게 해서 생도들의 인사를 금지시킨 일이 있다. 윗사람에게 인사를 하지 말라고 하면, 건방지게 행동하라, 예의를 잊어라 하는 소리로 들려 이상하겠지만, 당시의 사정은 결코 그렇지 않았다. 1천년 이상이나 압제 속에서 지내며 관민 모두에게 일상적인 습관이 되어버린 이런 국민의 기풍을 활발한 쪽으로 인도하기 위해서는 인사를 폐지하는 것도 일시적인 방편으로, 그 효능은 분명히 나타났다. 지금도 주쿠에는 이런 기풍이 남아 있다. 생도에 대해서는 주쿠의 규칙에 따라 위반자가 있으면 조금도 가차 없이 처벌하고, '불만이 있으면 모두 떠나라. 이쪽은 전혀 개의치 않는다'며 확실히 숙지시켜 통제하고 있지만, 교사 및 윗사람에 대해 불필요하게 경례 따위를 하는 촌스러움은 주쿠의 관습으로 용납하지 않았다. 그렇다고 해서 우리 주쿠의 생도 중에 난폭한 자가 많은 것도 아니고, 오히려 기품이 고상하며 남자다운 것은 허례허식을 버린 덕분이라고 생각한다.

토지 불하

미타의 저택과 부지는 후쿠자와 유키치의 배차지(拜借地)로 되어 있었다. 지조(地租)도 없고 임대료도 없으니 마치 사유지나 다름없었지만, 일단 빌려 쓴다고 하면 언제 반환명령이 떨어질지 모른다. 도쿄 시내를 둘러보면 나와 같이 정부소유지를 빌려 쓰는 사람이 상당히 많은데, 모두들 틀림없이 이런 불안감을 느끼리라는 생각이 들었다. 어떻게든 이 땅을 불하받아야겠다는 생각에 갖가지 궁리를 했다. 당시 정부에 좌원(左院)*이라는 이름으로 의정국 같은 역할을 하는 기관이 있었는데, 그 좌원의 의원 중에 가까이 지내는 사람이 있었다. 그와 면회하여 이런저런 이야기를 나누던 끝에 배차지의 유명무실함을 설명하고, 모두에게 정부 소유지를 사용하게 하느니, 차라리 그 땅을 사유지로 만들어 각자가 토지를 보존하게 한다면 좋을 것이라고, 열심히 그 득실을 논하며 건의를 부탁했다. 그 외에도 정부 관계자를 만나기만 하면 입버릇처럼 같은 이야기를 했다. 메이지 4년경 그 덕분인지 아닌

---

* 메이지 4년부터 8년까지 정부 내에 두었던 관청. 주로 입법을 담당하여 밑으로 제도국(制度局), 집의원(集議院) 등이 있었으며, 국헌 편집을 담당하기도 했다.

지, 정부가 시내의 배차지를 그 차지인 또는 연고자에게 불하할 것이라는 소문이 돌았다. 기묘한 일이라고 크게 기뻐하며, 그 당시 도쿄부 과장인 후쿠다(福田)*라는 사람이 토지에 관한 일을 전담한다는 말을 전해 듣고 서둘러 그의 사택을 찾아갔다. 그리하여 자세한 내막을 확인하고는 만약 시행령이 발포되면 알려주겠다는 언약을 받았다. 집으로 돌아와 매일같이 소식을 기다리고 있노라니, 며칠 후 오늘 시행령이 발포되었다는 통지가 왔다. 잠시도 기다릴 수 없었던 나는 이튿날 아침 도쿄부에 대리인을 보내 불하를 신청하고 대금을 납부하려 했다. 그러자 담당부서에서는 어제 발포가 되었을 뿐 출원자는 아직 한 사람도 없으니, 장부도 준비되지 않았고 대금 접수용지도 마련되어 있지 않다는 것이었다. 그래서 정식 영수증 발급은 후일로 미루고 오늘은 대금만 납부하겠다며, 억지로 돈을 건네고 임시 불하의 형식을 취했다. 그 후 토지대금 납부의 정식 영수증이 발급되어 드디어 주쿠의 땅은 나의 사유지가 되었다. 전체 면적은 부지와 저택 및 부속지를 합해 1만 3천여 평인데, 저택부지는 1천 평당 15엔이고, 부속지는 다소 비싸게 쳐도 총 5백 몇 십 엔†이라니, 거의 거저라고 할 수 있겠다. 그 가격은 차치하더라도 그토록 내가 매입을 서둘렀던 이유는 오랫동안 살면 살수록 그 저택과 부지가 더욱 마음에 들어, 정말로 도쿄에서 이에 필적할 곳은 없으리라고 스스로 감탄하며 주쿠 사람들과 함께 만족스러워했기 때문이다. 그와 동시에 이 땅을 사유지로 만들겠다고 하면 무슨 지장이 발생할지 모른다는 예감이 들어, 어쩐지 마음에 걸린 탓에 마구 서둘러서 해결을 본 것이다. 그런데 과연 예상대로, 도쿄의 모든 저택을 불하한다는 소문이 세상에 널리 퍼지자 당시 시마바라 번사

---

* 이시카와(石川) 현 출신의 후쿠다 게이교(福田敬業).
† 메이지 6년 3월 13일자 불하대금 영수증에는 177엔 84전이라 되어 있는데, 정확한 연관성은 알 수 없다.

인 아무개가 나를 찾아왔다. "이곳은 막부로부터 하사받은 유서 깊은 땅이므로 주인인 시마바라 번사가 불하를 받아야 한다. 그러니 우리에게 양보해주기 바란다"며 따지고 들기에, "나는 전혀 모른다. 이 땅이 옛날에 누구 것이었는지 그런 건 내 알 바 아니다. 아무튼 나는 도쿄부로부터 불하받았으니, 부(府)의 명령에 따를 뿐이다. 뭔가 사연이 있으면 관청에 호소해야 할 것이다"라며 따돌렸다. 그러나 상대방도 꽤나 끈질겼다. 서너 차례 다시 찾아오더니 결국에는 땅을 절반씩 나누어 갖자고 하기에, 이 역시 받아들이지 않았다. 토지에 관해서는 시마바라 번과 후쿠자와가 직접 담판할 성질이 못되니 대답하지 않겠다, 모든 일은 도쿄부에 물어보라며 거절하자, 다행히도 까다로운 담판이 흐지부지 끝나버렸다. 오늘날 생각해보면, 도쿄 전체를 뒤져봐도 게이오기주쿠의 부지에 필적할 만한 곳은 한 군데도 없다. 실평수 1만 4,000평의 높고 건조한 곳에 위치한 평지로, 바다에 접해 있어 가로막힌 것도 없으니 공기는 맑고 조망이 좋다. 기주쿠 유일의 자산으로, 지금 이 땅을 판다면 옛날에 불하받았던 원가 5백 몇 십 엔의 백 배가 아니라 천 배는 될 것이다. 사람의 욕심은 한이 없으니, 좀 더 기다려 1천 배, 2천 배를 만들 거라며 젊은 직원들은 잔뜩 힘을 주고 있다.

교원 급여를 놓고 다투다

이상과 같이 미타의 새 주쿠는 만사형통이라. 주쿠의 자본금은 한 푼도 없지만 생도들로부터 매달 수업료를 거두어 그것을 교사들에게 분배하며 그럭저럭 꾸려나갈 수 있었다. 더욱이 교사들은 모두 우리 주쿠의 졸업생들인지라 주쿠에 근무하며 필요 이상의 돈을 받으려 하지 않았다. 우선 나부터가 주쿠에서 한 푼도 돈을 받지 않았을 뿐 아니라, 공사를 할 때면 매번 내가 돈을 냈다. 교사들도 마찬가지라서, 외부에 나가면 상당한 돈을 벌 수 있음에도 불구하고 주쿠에 봉사하고 있으니, 이 역시 사비를 내는 것과 마찬가지였다. 대체로 이런 식이었으므로 자산도 없는 주쿠가 유지될 수 있었다. 당시의 상황을 구체적으로 말하자면, 월말에 돈을 분배할 때 툭하면 교사들 사이에서 언쟁이 벌어지곤 했다. 그것은 돈의 많고 적음을 다투는 언쟁으로, 한쪽에서 "나는 이렇게 많은 돈을 받을 수 없다. 당신 쪽이 적다" 하면, "아니, 그렇지 않다. 나는 이걸로 충분하다" 하면서 많으니 적으니 옥신각신해댔다. 그러면 나는 곁에서 지켜보다가 "또 시작이군. 적당히 해둬라. 어차피 부족한 돈이니 대충 분배하면 된다. 언쟁을 벌일 것까진 없다" 하고 웃으며 말리곤 했다. 이런 식이었으니, 게이오기주쿠가 잘 유지된 것은 교사들이 주쿠를 제 것처럼 여기며 아껴준 덕분이다. 결코 나 혼자의 힘으로 감당할 수 있는 게 아니다. 인간만사 너무 간섭하지 말고 자유롭게 내버려두는 편이 좋을지도 모른다. 그 후 세상 형편이 점차 진보함에 따라 주쿠 운영비를 모으고 또 대학부(大學部)를 위해 모금을 했다. 최근에 또다시 모금을 시작했지만, 이 역시 나는 별로 관여하지 않고 모든 것을 주쿠 출신의 젊은 사람들에게 맡겨놓고 있다.

암살 걱정

지금까지 이야기한 것처럼 내 언행은 유심고조(有心故造, 마음에 흉계를 품고 고의로 만들어내는 일), 예컨대 일부러 적을 만드는 일이 절대 없었지만, 쇄국 분위기의 일본에서 두드러지게 개국문명론을 주장하다 보면 자연히 적이 생기는 건 어쩔 수 없는 일이다. 그 적이란 것이 입으로 이러니저러니 하고 시끄럽게 굴며 욕을 하는 정도라면 괜찮지만, 정말 무서운 건 습격암살이다. 이제부터 그 문제를 조금 언급하겠다.

이 세상에서 가장 혐오스럽고 불쾌하고 기분 나쁘고 무서운 것이 암살이다. 그 기분은 피해를 당하는 입장이 아니면 이해하지 못할 것이다. 정말 뭐라고 입으로 표현할 수도 없고 글로 쓸 수도 없다. 병에 걸렸다거나 아픈 곳이 있으면, 주위 사람들과 상담해서 가까운 의사에게 보일 수도 있겠지만, 암살만큼은 그럴 수 없다. 주위 사람에게 이야기하면 당사자보다도 그 사람이 더 신경을 쓸 것이다. 또 신경을 써주어도 아무 도움이 되지 않는다. 그래서 나는 그런 일을 주위 사람에게 이야기한 적도 없고 친구에게 알린 적도 없다. 애당초 내겐 죄가 없다. 설령 목숨이 위태롭다 하더라도 부끄러운 일이 아니라는 사실은 잘 알고 있었다. 하지만 남에게 말해봤자 득이 될 것도 없으니 걱정하는 건 나 혼자였다. 나의 암살 걱정은 항상 있었던 일로, 때로는 풍성학려(風聲

鶴唳)*에도 놀라곤 했다. 마치 오늘날 미친개에 물리면 얌전한 개를 봐도 불쾌해지는 것처럼 그냥 사람을 보면 기분이 언짢아졌다.

마루 밑 도피처

이와 관련해 갖가지 재미있는 일화가 있다. 지금의 미타 저택 문을 들어서서 오른쪽에 위치한 건물†은 메이지 초년에 내가 살던 집으로, 그곳을 공사할 때 나는 목수에게 지시해 집의 마루를 약간 높게 하고, 벽장 안에 도망칠 구멍을 만들어놓았다. 만약 암살자가 침입했을 때 무사히 도망칠 수 있으면 다행이지만, 그렇지 못했을 경우 벽장 바닥의 뚜껑을 열고 마루 밑으로 도망치려는 나의 비밀계획이었다. 아마 지금도 그 집에는 그 구멍이 있을 것이다. 목수에게 시킬 때 이유는 말하지 않았고, 아내에게도 결코 즐거운 일이 아니기에 뭐라고 말할 수 없었다. 어리석게도 나 혼자 고민했던 일화이다.

암살의 역사

내가 보기에 일본의 개국 이래 발생한 암살의 역사를 말하자면, 처음에는 새로 개국한 나라의 인민이 외국인을 꺼려 저지른 것일 뿐 깊은 의미는 없었다. 외국인은 불결한 인간이니 일본땅을 밟지도 못하게 하겠다는 것이 온 국민의 감정이었다. 특히 무사는 쌍칼을 허리에 차고 기력도 좋았으므로, 혈기왕성한 젊은 무사들 중에는 이따금 외국인을 습격하는 경우가 있었다. 그러나 그런 젊은 무사도 일본인을 미워하는 건 아니었으므로, 내가 설령 잘 알려진 양학 서생이라 해도 화를당할 리는 없다. 오사카에서 공부하던 당시는 물론 에도에 와서도 안심을

---

* 중국 동진 때 진왕(秦王) 부견(苻堅)이 비수(淝水)에서 대패하고는 바람소리와 학 울음소리를 듣고도 적군이 쫓아오는 것이 아닌가 하고 놀랐다는 고사에서 나온 말. 겁을 먹은 사람이 당치 않은 사물에도 놀라는 것을 가리킨다.
† 미타로 이전한 지 얼마 되지 않았을 무렵, 지금의 도서관 건물 자리에 후쿠자와의 집이 있었다.

하며 전혀 걱정하지 않았다. 예컨대 개국 초기 요코하마에서 러시아인이 당했을 때도 단지 그 사건에 놀랐을 뿐 내 몸에 관해서는 아무 걱정도 하지 않았다. 그런데 그 후 얼마 되지 않아 외국인을 기피하는 풍조가 갑자기 확산되자, 살인수법이 보다 치밀해지고 길목은 위험해졌으며 범행지역도 확산되었다. 이와 더불어 정치적 의미까지 더해져, 만엔 원년(1860)의 이이 다이로(井伊大老) 사건 후에는 어쩐지 살벌한 세상이 되었다. 데즈카 리쓰조(手塚律藏), 도조 레이조(東條禮藏)는 양학자라는 이유로 조슈 사람에게 습격당했고, 하나와 지로(塙二郎)*는 국학자로서 반역행위를 했다는 이유로 누군가에게 목을 베였으며, 에도 시내의 한 양품점 주인은 외제품을 팔아 나라에 손해를 입혔다는 이유로 고초를 겪는 등의 풍조가 만연했다. 이것이 곧 존왕양이의 시작이었다. 막부가 왕실을 대하는 태도에는 예전부터 변함이 없건만, 교토(왕실을 뜻함)의 의향은 철저히 양이론을 고집하는 반면 막부의 양이론은 무조건 인순고식(因循姑息)에 치우쳐 있기 때문에 해결이 나지 않는다는 식이었다. 즉 교토의 뜻에 거역하는 짓이라는 둥 존왕의 대의를 제대로 판별하지 못한다는 둥 외국인에게 아부한다는 둥 시끄러우니, 이런 식으로 나가다간 아마도 양학자를 매국노라고 욕할 것이 뻔했다. 그러니 양학자들은 겁을 먹었다. 특히 내 경우는 동료이자 친구인 데즈카와 도조 두 사람이 당했으니 겁을 먹지 않을 수 없었다.

회국순례를 부러워하다

또 정말 무서운 일도 있었다. 유신 전인 분큐 2~3년경부터 유신 후인 메이지 6~7년경까지 12~13년간이 가장 어수선했으므로 그동안 나

---

* 1807~1862. 맹인 학자로 유명한 하나와 호키이치(塙保己一)의 4남 다다토미(忠寶). 로주 안도 노부마사(安藤信正)의 명으로 외국인 대우에 관한 관례를 조사한 것이 와전되어, 폐제(廢帝)의 전고(典故)를 조사했다는 낭설이 떠돌아 구단자카(九段坂) 부근에서 암살당했다.

는 도쿄에 있으면서 밤에는 결코 외출하지 않았다. 어쩔 수 없이 여행을 해야 할 때는 가명을 사용했으며, 소지품에도 후쿠자와라는 표시를 하지 않았다. 그렇게 조심조심 두리번거리며 나다니는 모양새는 남의 눈을 피해 도피행각을 벌이는 사람이나 쫓겨 다니는 도둑의 모습과 흡사하니 정말로 한심했다. 그러다가 한번은 길에서 회국순례(廻國巡禮, 전국의 순례지를 찾아 돌아다니는 사람)와 마주쳤는데, 그 삿갓을 보니 '어디어디에 사는 아무개'라고 또렷이 적혀 있었다. '정말 부럽구나. 나도 저런 신분이면 좋을 텐데' 하며 자신의 신세를 한탄하고, 또 당시의 세태를 생각하니 묘한 기분이 들었다. 그래서 그 순례자에게 돈을 주고는 "당신들은 부부인가? 고향에 자식은 있는가? 부모는 있는가?" 하는 이야기를 나눈 뒤 헤어졌던 일이 지금도 기억난다.

조슈 무로쓰에서의 걱정

이 역시 내가 이름을 감추고 부젠 나카쓰에서 에도로 돌아오던 때의 일이다. 겐지 원년(1864), 내가 나카쓰에 가서 오바타 도쿠지로(小幡篤次郎)* 형제를 비롯해 같은 번의 자제 7~8명에게 양학 수업을 권하여 함께 출부(出府)할 때였다. 나카쓰에서 우선 배를 타고 출범했는데 2~3일간 날씨가 나빠서 바람에 따라 어느 항구로 들어가게 될지 알 수 없었다. 그러다 하필이면 양이가 한창이던 조슈 무로쓰(長州室津)라는 항구에 배가 도착했다. 당시 나는 동행하는 소년의 이름을 빌려 미와 미쓰고로(三輪光五郎, 지금은 도쿄부 메구로(目黑)의 맥주회사에 근무함)†라

---

* 1842~1905. 나카쓰 번 우마마와리(馬廻, 기마무사)이며, 봉록 200석의 조시(上士) 아쓰조(篤藏)의 차남. 번교(藩校) 진수관(進修館)의 숙장을 하다가, 겐지 원년 후쿠자와를 따라 에도로 올라온 뒤 후쿠자와를 도와 게이오기주쿠 운영에 진력했다. 후쿠자와에 이어 주쿠의 제2인자로 존경받았으며, 귀족원 의원을 역임했다. 동생 진자부로(仁三郎, 1845~1873)는 형과 마찬가지로 한때 게이오기주쿠의 숙장을 역임했으며, 메이지 4년 미국으로 유학하여 메이지 6년 그곳에서 병사했다.
† 나카쓰 번사. 겐지 원년 오바타 형제와 함께 후쿠자와를 따라 에도로 올라왔다. 쓰키지 병학교(築地兵學校) 교수, 도쿄 의과대학 감사 등을 거쳐 에비스 맥주회사의 지배인이 되었다.

는 가명을 사용했다. 잠깐 상륙해서 이발소에 들렀더니, 그곳 주인이 "막부를 짓밟아버릴 거야" "양놈들을 쫓아내야지" 하며 마구 떠들어대는 것이었다. 그러더니 정확한 가사는 잊어버렸지만, '이윽고 나가토(長門)는 에도가 될 것이다'라는 내용의 아녀자들 노래를 재미있다는 듯이 불러댔다. 주변을 보니 갖가지 복장의 군인들이 총을 메고 폼을 잡고 있어, 만약 후쿠자와라는 정체가 밝혀지면 총을 한방 쏠 듯한 분위기였다. 하지만 이럴수록 정신을 차려야겠다는 생각에 일부러 아무렇지도 않은 얼굴을 하고, 다만 순풍을 기원하며 배가 출범하기를 기다렸다. 그동안의 두려움은 뭐랄까, 앉은뱅이가 미친개에게 둘러싸여 있는 듯한 느낌이었다.

하코네에서의 걱정

결국 배가 오사카에 입항하자 상륙해서 도카이도를 따라 하코네(箱根)에 도착했다. 고갯마루의 하후야(破不屋)라는 여인숙에 들어가니, 안쪽의 방에 에도 쪽에서 온 도다(戸田) 아무개*라는 사람이 먼저 묵고 있었다. 그 사람은 산료부교(山陵奉行)†인가 하는 교토의 관직을 맡고 있어, 수행원도 잔뜩 데리고 있는 모양이었다. 척 보면 한눈에 알 수 있는 양이론자라 기분이 언짢았다. 밤새도록 한숨도 못 자고 날이 새기 전에 서둘러 여인숙을 뛰쳐나와 몰래 도망쳤다.

나카무라 리쓰엔 선생 댁을 그냥 지나치다

그 여행길에 고슈(江州) 미나쿠치(水口)의 나카무라 리쓰엔 선생 댁 앞을 그냥 지나친 적이 있다. 지금도 몹시 죄송하게 생각한다. 리쓰엔

---

* 도다 야마토노카미 다다유키(戸田大和守忠至), 1809~1883. 처음에는 마세와 사부로(間瀬和三郎)라는 이름으로 우쓰노미야(宇都宮) 번의 가로였으나, 번주를 도와 능 공사에 진력, 그 공적을 인정받아 산료부교에 임명되었다. 유신 후에도 궁중에 근무하면서 천황릉을 관리했다.

† 능의 보수관리를 비롯하여 능과 관련된 일체의 업무를 관장한 관직.

선생은 앞에서도 말한 것처럼 우리 집과는 상당한 인연이 있는 사람이다. 그 전해에 에도로 올라오는 길에 미나쿠치를 지나면서 댁에 들렀더니, 선생은 무척 반기며 "자네 아버님이 오사카에서 돌아가셨을 때, 내가 자네를 안고 아지카와(安治川) 하구의 선착장까지 배웅하러 갔지. 자넨 불과 세 살이었으니 그 당시의 일을 전혀 모를 거야" 하고 지난 일들을 이야기해줬다. 나도 정말 친아버지를 만난 듯한 느낌이 들어, 오늘밤은 부디 자고 가라는 말에 그 댁에서 하룻밤을 묵었다. 그런 정도의 관계였으니, 이번에도 반드시 방문하는 게 도리였다. 그런데 그에 앞서 소문을 들어보니, 미나쿠치의 나카무라 선생은 최근에 오직 『손자병법』에 관한 강의만 하고, 집 현관에는 각종 무기가 진열되어 있다는 것이었다. 물어볼 필요도 없이 철저한 양이론자였다. 반드시 들러 인사를 하는 게 인지상정이겠으나 도저히 그럴 수가 없었다. 리쓰엔 선생은 절대로 나를 해칠 사람이 아니지만 혈기왕성한 제자들이 잔뜩 있으니, 찾아갔다간 살아남지 못하리라는 생각에 본의 아니게 그 댁을 그냥 지나쳤다. 그 후 리쓰엔 선생은 뵐 기회가 없이 결국 고인이 되셨다. 지금도 마음에 걸리고 몹시 안타깝게 생각한다.

마스다 소타로를 만나다

이상은 유신 전의 일로, 직접 내 몸에 해를 끼친 것도 아닌데 그냥 내 멋대로 두려워했을 뿐, 소위 세상의 풍성학려에 지레 겁을 먹은 것인지도 모른다. 하지만 유신 후에도 혐오스러운 풍문은 끊임없이 나돌아, 아무래도 안심이 되지 않았다. 세월이 지나 들어보니 실제로 무서운 사건이 자주 있었다고 한다. 때는 메이지 3년(1870), 부젠 나카쓰에 노모를 모시러 가서 어머니와 질녀* 두 사람을 데리고 도쿄로 돌아온

---

* 고인이 된 형 산노스케(三之助)의 딸 오이치. 훗날 다지리 다케노스케(田尻竹之助)와 결혼했다.

적이 있다. 그때는 나카쓰 체류도 그다지 두렵지 않았기에 안심을 하고 있었지만, 수년 후에 실제 이야기를 들어보니 무서운 정도가 아니라 정말 요행히도 목숨을 건진 모양이었다. 내 재종형제 중에 마스다 소타로(增田宋太郎)*라는 사내가 있다. 그는 훗날 규슈(九州) 세이난 전쟁(西南の役)† 당시 적군에 가담하여 시로야마(城山)에서 전사한 인물로 세상에 널리 알려지게 되나, 내가 나카쓰에 갔을 때는 아직 젊은 나이였다. 나보다 열두세 살 아래였기에 나는 그를 어린애로 여겼고, 집도 서로 가까워 예나 변함없이 아침저녁으로 왕래하면서 '소상(宋さん), 소상' 하고 부르며 친하게 지냈다. 원래 그의 어머니는 신관(神官)의 여동생으로, 그 신관의 아들 즉 소타로의 사촌 가운데 미토(水戶) 학풍의 학자가 있었다. 소타로는 그 사촌을 스승으로 모시고 공부했으니 제법 대단한 인물이었다. 게다가 마스다 집안은 뼈대 있는 봉건 무가(武家)로서 부끄러울 것이 없었다. 소타로의 친아버지는 내 어머니의 사촌오빠로 나도 그 사람의 풍채를 알고 있는데, 정말로 훌륭한 사무라이라 할 수 있었다. 그런 부모로부터 교육받은 소타로가 미토학(水戶學) 국학을 공부했으니 소위 존양파(尊攘派, 존왕양이파의 약자. 즉 천황을 섬기고 외국을 배척하는 무리)임에 틀림없다. 나는 그때 나카쓰로 돌아와서도 소타로를 젖비린내 나는 아이로 생각하고 여전히 '소상, 소상' 하며 지냈는데, 어찌된 일인지 그 '소상'이 가슴속에 무시무시한 생각을 품고 있었다. 그가 다정하게 미소지으며 내 집에 드나들

---

* 1850~1877. 나카쓰 번사. 와타나베 이카리마루(渡辺重石丸)의 문하에서 국학 및 한문을 배운 뒤, 메이지 3년 2월 교토의 황학소(皇學所)에 입학했다. 모친의 병환으로 귀성 중 후쿠자와 암살을 기도했다. 훗날 전국의 지사(志士)들과 어울려 국사(國事)에 몰두, 메이지 9년 게이오기주쿠에 입학했으나 수개월 만에 귀향했다. 이나카(田舍) 신문사의 사장 겸 편집장을 지냈다. 메이지 10년 (1877) 사이고 다카모리(西鄕隆盛)의 거병(擧兵)에 응하여 시로야마(城山)에서 전사했다.
† 메이지 10년 2월 사이고 다카모리를 중심으로 하는 가고시마 사족의 반란. 정부는 즉각 군대를 동원하여 진압에 나섰으며, 같은 해 9월 사이고를 비롯한 지도자들이 대부분 할복하고 반란은 평정되었다.

었던 게 순전히 염탐을 위해서였던 것이다. 그렇게 충분히 염탐을 했는지, 드디어 오늘밤은 후쿠자와를 처치하겠다는 생각에서 살그머니 동정을 살피러 왔다. 시골이니까 집 둘레에 담도 없고 문단속도 없다. 그런데 마침 그날 밤은 내 집에 손님이 있었다. 핫토리 고로베에(服部五郎兵衛)*라는 내 선배로 무척 활달한 성격의 사람이어서, 서로 마주 앉아 술을 마시며 논쟁이 끊이지 않았다. 그동안 밖에서 기회를 노리고 있던 소타로는 자정이 지나 한 시가 되어도 잠자리에 들 낌새가 없이 언제까지고 둘이 마주앉아 술을 마시며 떠들기에, 어쩔 수 없이 계획을 포기했다고 한다. 이것은 내가 술을 좋아해 밤을 새워 마신 덕분이라기보다는 요행이었다고 하겠다.

하룻밤의 위험

대충 집안정리도 끝내고 나카쓰의 회미선(廻米船, 쌀 운반선)을 타고 고베로 갔다. 고베에서 도쿄까지는 외국 우편선을 타고 갈 계획이었는데, 막상 우편선에 승선하려 했더니 나카쓰 앞바다는 수심이 얕아 배를 댈 수가 없었다. 그리고 나카쓰에서 서쪽으로 1리(약 3.8km)쯤 떨어져 있는 우노시마(鵜ノ島)라는 항구에 배가 정박해 있다는 것이었다. 나는 그때 큰 병을 앓고 난 직후였고 노인과 애까지 함께 있었기에, 전날부터 우노시마에 가서 1박을 하고 이튿날 아침 여유 있게 승선할 생각이었다. 그날 밤 우노시마의 선숙(船宿) 같은 곳에 묵었는데, 모르는 게 약이라고는 하나 훗날 들어보니 그야말로 구사일생이었다. 그 선숙의 젊은 주인이 끔찍하게도 바로 그 유지자들과 한패였던 것이다. 우리 일행은 내 노모와 질녀 외에 친척인 이마이즈미(今泉)의 후실과 어린애

* 도모반(供番, 쇼군이 외출하거나 연회에 참석할 때 함께 동행하는 직책)으로서 봉록 200석의 조시(上士). 가고시마에서 서양 포술을 배웠으며, 번의 유력자로서 평소에 새로운 지식을 즐겨 습득했다. 후쿠자와는 소년시절에 이 사람에게 사서(四書)를 배운 인연으로 특별히 가까이 지냈다.

(히데타로(秀太郎), 여섯 살)로 도움이 될 만한 남자는 나 하나인데 그나마 비실대는 몸이었다. 이런 일행을 확인한 선숙 주인은 동료들에게 사람을 보내, '오늘밤이 절호의 기회'라고 연락을 취했다고 하니 기가 막힐 노릇이다. 그러자 나카쓰의 유지자 즉 암살자들은 가네야(金谷)라는 곳에 집결해, 오늘밤 드디어 우노시마로 몰려가 후쿠자와를 죽이자며 결의했다. 후쿠자와가 최근 오쿠다이라의 젊은 도노사마를 부추겨 미국에 넘기려고 갖은 획책을 다하고 있으니 괘씸하다, 용서할 수 없다는 것이었다. 죄명이 그러하니 만장일치, 매국노의 처벌에 이론은 없었다.

후쿠자와의 운명은 벼랑 끝에 놓여 있었다. 노인과 어린애가 자고 있는 곳에 혈기왕성한 청년들이 들이닥치면 도저히 살아 나갈 가망이 없다. 그런데 이번에도 신기한 일이랄까, 하늘의 도움이랄까, 청년들 사이에 논쟁이 벌어졌다. 그야말로 오늘밤은 절호의 기회니 가기만 하면 성공할 것이 확실한데, 수훈공로를 다투는 것이 무사들의 습성이었다. 패거리 중 두세 명이 "내가 먼저 가겠다" 하자, 다른 자들이 "그럴 순 없지. 내 손으로 처치할 테야" 하고 주장하여 옥신각신하던 끝에 자중지란이 벌어졌고, 결국은 밤이 깊도록 결말이 나지 않았다. 너무 시끄럽게 싸워서 큰 목소리가 인근까지 다 들렸다. 그 옆집에 나카니시 요다유(中西與太夫)*라는 사람이 살고 있었다. 나보다도 나이가 훨씬 많은 사람이었는데, 그가 무슨 일인가 싶어 나가 보니 그런 상황이 벌어지고 있었다는 것이다. 나카니시는 역시 노숙한 사족답게 "사람을 죽이는 건 좋지 않은 일이니, 그만두는 게 좋을 거다" 하고 만류했지만, 젊은이들은 좀처럼 말을 듣지 않고 "아니, 그만둘 수 없다" 하며 당당하게 나왔다. 그만둬라, 아니 그만둘 수 없다 하며 이번에는 노인을 상대로 한바탕 논쟁이 벌어져 옥신각신하다가 날이 샜다. 나는 아무것도

---

* 고야쿠닌(小役人)이라는 봉록 13석의 하급 무사. 오노(小野)파 일도류(一刀流)의 명수로 알려져 있다.

모른 채 그날 아침에 배를 타고 바다로 나가 무사히 고베에 도착했다.

노모의 오사카 구경도 보류하다
어머니는 덴포 7년(1836)에 오사카를 떠난 지 30년 만에 하는 정말 오랜만의 여행이었다. 그래서 이번에야말로 오사카, 교토 등지를 마음껏 구경시켜 기쁘게 해드려야지 하고, 나카쓰를 출발할 때부터 기대하고 있었다. 그런데 고베에 상륙하여 여관에 도착해보니, 도쿄의 오바타 도쿠지로로부터 편지가 와 있었다. 최근 게이한(京阪, 교토와 오사카 일대)의 동정이 심상치 않고 갖가지 소문도 들려오니, 고베에 도착하는 즉시 남들이 눈치 채지 못하도록 주의해서, 즉각 우편선을 타고 귀경하라는 것이었다. '이런, 또 반갑지 않은 소식이로군. 그렇다고 이런 좋지 않은 소식을 노모의 귀에 들어가게 할 필요는 없겠다'는 생각에 뭔가 그럴싸한 구실을 만들어, 모처럼 기대했던 가미가타 구경도 포기한 채 아쉽게도 도쿄로 돌아오고 말았다.

경계는 오히려 무익한 짓
앞의 우노시마 이야기와는 반대로 정말로 어처구니없는 일도 있었다. 메이지 5년(1872)이었던 걸로 기억한다. 나카쓰의 학교를 시찰하러 갔을 때, 옛 번주에게 일가족 모두 도쿄로 이사하도록 권유하면서 내가 그 가족과 동행하기로 했다. 그런데 번주가 번의 영토를 떠나는 것을 본디 사족들은 별로 달가워하지 않는다. 나도 그런 사정을 잘 알고 있었지만, 옛 다이묘 식으로 번에 머물러 있으면 오쿠다이라가를 유지해갈 수가 없었다. 과감하게 행동에 옮겨야겠다는 생각에서 번갯불에 콩 볶아 먹듯 6~7일 만에 모든 것을 정리하고, 고인쿄사마와 오히메사마*는 나

---

* 당시 번주는 오쿠다이라 마사유키(奧平昌邁). '고인쿄사마'(御隱居樣)는 그 아버지인 마사모토(昌服). 오히메사마(お姬樣)는 마사모토의 딸 하루코(春子).

카쓰의 해변에서 배를 타고 바칸(馬關)으로 갔다가 거기서 증기선으로 갈아타고 고베로 향하기로 모든 계획을 짰다. 드디어 나카쓰에서 배를 타고 바다 먼 곳으로 나갔지만, 공교롭게도 바람이 없었다. 어둠 속에서 부표가 찰랑거리는 소리를 낼 뿐 조금도 앞으로 나아가지 않았다. 그래서 나는 생각했다. '이거 큰일이구나. 여기서 우물쭈물하다간 그 젊은 무사들이 분명히 쫓아올 거다. 그럴 경우 그들이 노리는 목표는 나 하나다. 날이 새기 전에 배에서 내려 육지로 가는 수밖에 없겠다.' 이렇게 결단하고, 혹서기이기는 해도 아직 동도 트기 전인 새벽녘에 나카쓰 조카(城下)로 되돌아가 그 길로 고구라(小倉)까지 달려갔다. 그러나 공연한 헛수고. 나중에 들어보니, 그때는 번사들도 모두 얌전해져 아무 다툼도 없었다는 것이다. 이쪽이 억측을 해서 조심할 때는 아무 일도 없다가, 멍하니 방심하고 있으면 큰 위험이 닥치니, 정말 어쩔 도리가 없다.

의심암귀(疑心暗鬼), 서로 도망치다

다른 때의 일인데, 유신 전인 분큐 3~4년경*에도 후카가와(深川) 롯켄보리(六軒堀)에 후지사와 시마노카미(藤澤志摩守)†라는 하타모토가 있었다. 그는 당시 육군 고관을 지냈으며 서양에 관심이 많았다. 어느 날 그의 집에서 모임이 있었는데, 손님은 고이데 하리마노카미(小出播磨守),# 나루시마 류호쿠(成島柳北)☆를 비롯해 과거에 대가라 불리던

---

* 이 이야기는 후쿠자와가 신센자에 살던 당시 겨울에 있었던 일이므로 분큐 3년(1863) 가을보다 전이거나 메이지 원년(1868) 이후의 일이어야 한다. 후쿠자와는 분큐 2년 12월 11일에 유럽 순회여행에서 돌아왔으므로, 그해 말이나 이듬해 초, 후쿠자와의 귀국담을 양학 동료들이 모여서 듣는 자리였으리라 생각된다.
† 이름은 쓰구카네(次謙). 군칸부교, 호헤이부교(步兵奉行), 육군부총재 등을 역임했다.
# 막부의 하타모토. 이름은 히데미치(英道). 호헤이부교.
☆ 1837~1884. 막부의 하타모토로, 이름은 히로시(弘). 가이코쿠부교, 회계부총재. 유신 후에는 공직에서 물러나 문필에 전념했으며 조야(朝野) 신문 사장을 지냈다.

난학의사까지, 나를 합해 일고여덟 명이었다. 그때의 자세한 사정을 설명하자면, 앞에서도 말했듯이 나는 12~13년간 야간외출을 금하고 있던 시절이었다. 우선 나 자신이 조심하며, 굳이 칼에 의지하려는 건 아니지만 남몰래 칼에도 신경을 써서 날이 잘 서도록 갈아놓았다. 그런데 남들과 모여서 떠드는 게 재미있어 그만 시간 가는 것도 잊어버리고 밤늦도록 놀게 되었다. 자정이 되어서야 모두들 정신이 들어 집에 가려니 무서웠다. 죄를 지은 몸은 아니지만, 하나같이 양학 냄새를 풍기던 자들인지라 모두들 겁을 먹고는 "많이 늦어졌는데, 괜찮을까?" 하자, 주인이 눈치를 채고 덮개가 달린 배를 준비했다. 그 배에 일고여덟 명의 손님을 태우고 롯켄보리 강변에서 시내의 개천, 즉 수로를 따라 갔다. 나루시마는 야나기바시(柳橋)에서 내리고, 그 뒤로 집이 가까운 순서대로 차례차례 내려 결국 도즈카라는 늙은 의사*와 나 두 사람만 남았다. 둘 다 신바시 강변에서 하선하여, 도즈카는 아자부(麻布)로 가고, 나는 신센자로 가야만 했다. 신바시에서 신센자까지는 1km가량 된다. 시간은 벌써 1시가 넘었고, 더구나 그날 밤은 날씨가 추웠다. 겨울달이 환하게 밝은 것이 어쩐지 심상치 않은 분위기였다. 신바시 강변으로 올라와 큰길을 따라 신센자 쪽으로 가야 했기에, 이쪽 즉 큰길의 동쪽을 지나면서 주위를 둘러보니 사람이라곤 하나도 없었다. 그 무렵은 로닌들이 배회하며 여기저기서 매일 밤 쓰지기리(辻斬)†라 하여 간단히 사람을 해치는 일 때문에 몹시 어수선한 때였다. 그래서 움직이기 편하도록 하카마의 옷자락을 걷어 올리고 빠른 걸음으로 걸어갔다. 그러다 아마도 겐스케초(源助町, 지금의 신바시 5번가 부근) 중간

---

* 도즈카 세이카이(戶塚靜海). 1799~1878. 엔슈 가게가와(遠州掛川)의 번의. 훗날 막부의 시의(侍醫)가 되었다. 지볼트의 문하생. 이토 겐보쿠(伊藤玄朴), 쓰보이 노부미치(坪井信道)와 더불어 난방(蘭方)의 3대가로 불렸다.
† 무사가 자신의 기량이나 칼의 성능을 시험하기 위해 길모퉁이에 숨어 있다가 지나가는 사람을 베어 죽이는 것. 혹은 그런 행위를 하는 자.

쯤이었던 것으로 기억하는데, 저쪽에서 상당히 큰 체구의 사내가 오고 있었다. 실제로는 어떤지 모르지만, 큰 사내로 보였다. '드디어 나타났구나.' 지금 도망쳐봤자 소용없겠다는 생각이 들었다. 요즘 같으면 순사도 있고 남의 집에 뛰어들 수도 있겠지만, 당시는 몹시 어수선한 시절이라 느닷없이 남의 집에 들어가려 하면 오히려 문을 가로막고 내 편을 들어주지 않을 게 뻔했다. '이거 큰일이다.' 이제 와서 되돌아가면 오히려 약점을 보이게 되어 상대방이 쫓아와 뒤에서 공격할 것이다. 차라리 대담하게 이쪽에서 다가가는 게 낫겠다. 기왕 다가가는데 겁먹은 모습을 보이면 상대가 오히려 기세등등해질 테니 당당하게 나가자고 결심하고, 방금까지 길 왼쪽으로 걷다가 대각선으로 걸어서 길 한복판으로 나갔다. 그러자 상대방도 대각선으로 나왔다. 이거 정말 큰일이구나 하는 생각이 들었지만, 이미 한치도 물러설 수 없었다. 만약의 사태가 벌어지면, 예전에 잠시 칼 쓰는 법을 배웠으니까 어떤 식으로 막으면 좋을까? 자세를 낮춰서 반격할까? 하고 생각하며 필사적으로 만약의 사태에 대비해 마음을 단단히 먹고 접근하자, 상대방도 성큼성큼 다가온다. 나는 정말로 남을 해치는 것도 싫어하고, 보는 것도 싫어한다. 하지만 도망치면 내가 당할 테니 어쩔 수 없었다. 일단 상대가 칼을 뽑으려 하면 나도 어쩔 수 없이 칼을 뽑아 선수를 쳐야만 한다. 그 무렵은 재판도 없거니와 경찰도 없었다. 사람을 죽이더라도 책임 추궁은 당하지 않을 거다. 그저 이 자리를 모면하기만 하면 되리라 각오하고 계속 다가갔다. 한 걸음 한 걸음 가까워져, 드디어 서로 지나치게 되었다. 그런데 상대방도 칼을 뽑지 않았다. 이쪽도 물론 뽑지 않았다. 그리고 서로 지나치게 되니, 그 김에 나는 마구 도망쳤다. 어느 정도 걸음이 빨랐는지는 기억도 안 난다. 10여 미터 가서 뒤돌아보니, 그 사내도 마구 도망치고 있었다. 뭐라고 말할 수 없을 정도로 정말 무서웠지만, 피차 도망친 후에 안도의 한숨을 쉬었으니 웃기는 사건이었다. 쌍방 모두 겁쟁이와 겁쟁이가 만나 짜고 하는 연극이나 마찬가지라서, 상대방의 마음속도 짐작할 수 있었다. 이런 웃기는 연극은 없다. 처음부터 이쪽은 상대를 해칠 생각이 없었다. 그냥 도망치다가는 분명히 당하겠다는 생각에서 접근했는데, 상대방도 그렇게 생각하고 있었다. 내심 겁이 나면서도 겉으로는 당당하게 나와, 칼을 뽑기만 하면 칼끝이 닿을 정도로 가까워졌을 때 잽싸게 도망친 것은 아주 멋진 행동이었다. 이런 곳에서 당한다면 정말 개죽음이니 이쪽도 무서웠지만, 상대방도 분명 무서웠을 것이다. 지금 그 사람은 어디에 있는지, 30여 년 전에 젊은 사내였으니 아직 살아 있을 나이다. 살아 있다면 만나보고 싶다. 그 당시에 느꼈던 공포감을 서로 이야기해보면 재미있을 것이다.

잡기

암살 걱정이 정치가 쪽으로 옮겨가다

우리가 암살을 두려워했던 것은 앞서 말했듯이 대략 분큐 2~3년부터 메이지 6~7년경까지의 일로, 세상의 풍조란 기묘한 것이었다. 신정부의 조직이 정비됨에 따라 위정자의 권력도 무게를 더하여 자연히 위복(威福)을 행하게 되자 그와 동시에 천하의 이목이 정부 한 곳으로 집중되면서, 사적인 불평도 공적인 호소도 모두 원인을 정부 당국자에게 돌리게 되었다. 거기에다 선망과 질투의 감정이 더해져 이번에는 정부 요인들이 표적이 되자, 양학자 쪽은 훨씬 편안해졌다. 구이치가이(喰違)의 이와쿠라 공 습격*을 시작으로, 메이지 11년(1878) 오쿠보 내무경 암살 등 이제는 모든 범행이 정치적 의미를 포함하고 있어, 소위 학자 쪽에는 별 볼일이 없어졌다. 정치가들에게는 참으로 유감스런 일이지만, 우리는 남들의 원한을 살 일이 없으니 당장은 안심이었다.

검을 버리고 검을 휘두르다

내가 시바(芝)의 겐스케초에서 사람을 해치려 했다느니, 칼 쓰는 법도

---

* 메이지 7년 1월 14일, 우대신(右大臣) 이와쿠라 도모미(岩倉具視)가 아카사카(赤坂) 구이치가이에서 고치(高知) 현의 사족 다케이치 구마키치(武市熊吉) 등에게 습격당하여 부상을 입었다.

조금은 배워뒀다느니 하고 말하면 어쩐지 무사 같은 느낌이 들고 도검을 소중히 여긴 것처럼 보인다. 하지만 사실은 그와 정반대로, 그렇지 않은 정도가 아니라 일본 무사의 다이쇼(大小)에서 완전히 손을 떼고 싶은 게 내 숙원이었다. 겐스케초 사건 때는 쌍칼을 차고 있었는데, 긴 칼은 곤고베에 모리타카(金剛兵衛盛高, 지쿠젠의 도공), 와키자시는 비젠 스케사다(備前祐定)로 제법 성능이 뛰어난 것이었다. 그렇지만 그 후 얼마 되지 않아 모리타카와 스케사다를 포함해 집에 있는 도검류는 모두 팔아버리고, 짧은 와키자시 같은 것을 칼 삼아서 폼으로 차고 다녔다. 이에 관해서도 할 이야기가 있다.

어느 날 혼고에 있는 친구 다카바타케 고로(高畠五郎)를 방문해서 이런저런 이야기를 나누던 중, 문득 정신이 들어서 보니 엄청나게 긴 칼 한 자루가 도코노마에 장식되어 있었다. 내가 "저건 실전용 칼인 듯한데 뭐에 쓸 건가?" 하고 묻자, 다카바타케가 대답했다. "요즘 세상에 검술이 성행하니까 머지않아 다시 도검을 사용하게 될 거야. 뭐 양학자라고 해서 질 수는 없으니 하나 마련했지." 그러면서 어깨에 힘을 주길래 나는 이렇게 반박했다. "그건 말도 안돼. 자넨 이걸 갖고 겁을 줄 생각이겠지만, 긴 칼을 집에 놓고 요즘의 로닌들을 위협해봤자 전혀 먹히지 않을 거야. 어림도 없으니 그만두게. 나는 집에 있는 도검을 모두 팔아버리고 남은 건 지금 차고 있는 다이쇼 두 자루밖에 없어. 그나마도 큰 쪽은 긴 와키자시를 대용품으로 차고 있는 거고, 작은 쪽은 가쓰오부시(鰹節)*용 칼을 칼집에 넣어 폼으로 차고 있는 거야. 게다가 이토록 엄청나게 긴 칼을 다룬다는 건 자네에게 어울리지 않아. 그만두는 게 좋을 거야. 제발 치워버려. 뭣보다도 자넨 이 칼을 뽑지도 못할 걸. 어디, 뽑아볼 수 있겠어?" "그야 뽑을 수는 없지. 이렇게 긴 칼을."

* 가다랑어를 삶아서 말린 것. 대패나 칼로 얇게 깎아 조미료처럼 사용한다.

"그것 봐. 뽑지도 못할 칼을 장식해두는 바보가 어디 있어? 난 칼을 완전히 포기했지만, 그래도 뽑을 줄은 알아. 시범을 보여주지." 그러고는 네 척이나 되는 무거운 칼을 들고 마당으로 내려가, 예전에 조금 익혀 뒀던 솜씨로 두세 번 휘둘러 보여주었다. "자, 보라구. 이렇게 하는 거야. 어때, 자네에겐 어렵겠지? 칼을 쓸 줄 아는 쪽은 일찌감치 팔아치웠는데, 쓸 줄도 모르는 쪽이 간직하고 있다는 건 이상하잖아? 단지 우리 양학자들뿐이 아냐. 일본 전국의 칼을 몽땅 처분해버려야 해. 그러니까 이런 건 빨리 치워버리는 게 좋겠어. 자네도 이제부터 칼을 포기하고, 장식용으로 필요하다면 작은 칼로도 충분할 거야" 하면서 한바탕 설득한 적이 있다.

부채에서 단도가 나오다

역시 대충 비슷한 때였을 것이다. 막부의 번역국에 고용되어 출근하던 당시, 어떤 사람이 내게 소문을 전해줬다. "요즘 정말 재미있는 부채가 유행하더군. 철선(鐵扇)이란 건 옛날부터 있었지만, 지금은 그게 많이 발전했어. 단순한 부채처럼 보이지만 사실은 휙 뽑으면 단도가 나오는 정말 기발한 발명품이야." 나는 대뜸 반박했다. "부채 속에서 단도가 나오는 게 뭐가 신기해? 그보다는 차라리 단도를 휙 뽑았을 때 부채가 나온다면 몰라. 반대로 만들면 칭찬해줄지 몰라도, 그런 살벌한 걸 만드는 놈은 칭찬해줄 수 없어. 전혀 신기하지도 않아" 하면서 면박을 주었다.

막부가 몰락하자 나는 즉시 귀농(歸農)*해 그때부터 쌍칼을 버리고 맨몸이 되었다. 그러자 주쿠 내에서도 점차 칼을 포기하는 사람들이 나왔다. 그런데 폐도(廢刀)라는 게 좀처럼 쉬운 일이 아니었다. 사실을

---

* 시골로 돌아가 농사를 짓는다는 뜻이 아니라 무사직위를 버리고 평민이 된다는 뜻.

말하자면, 흉기 소지를 그만두는 것이니 세상사람들이 기뻐해야 할 텐데 결코 그렇지 않았다. 내가 처음으로 허리의 물건도 없이 시오도메의 오쿠다이라 저택으로 갔을 때, 그곳 번사들은 깜짝 놀랐다. 칼도 차지 않고 저택에 출입하다니 도노사마에게 실례가 아니냐며 나무라는 자도 있었다. 또 언젠가 주쿠의 오바타 진자부로(小幡仁三郎)를 비롯한 두세 명과 산보를 하던 중, 어느 곳의 소시(壯士, 혈기왕성한 남자)에게 폐도를 들켜 혼이 난 적도 있다. 하지만 단연코 폐도를 결심한 나는 조금도 주위에 연연하지 않았다. "문명개국의 오늘날 당연하다는 듯 흉기를 허리에 차고 있는 놈들은 바보다. 그 칼이 길수록 더 바보니, 무가의 칼은 '바카미터'*라고 불러도 좋을 거다" 하고 장담했다. 그러다 보니 주쿠 내에도 자연히 동지가 생겨났다.

와다 요시로, 소시에게 덤비다

메이지 4년(1871), 신센자에서 지금의 미타로 이전하던 당시의 일로 기억한다. 어느 날 와다 요시로(和田義郎, 지금은 고인이 되었다)†라는 사람이 과감한 장난을 쳐서 소시를 놀라게 한 적이 있다. 그는 훗날 게이오기주쿠 유치사(幼稚舍)#의 사장(舍長)이 된 사람으로, 성격이 극히 온화하여 수많은 아이들을 친자식처럼 다정하게 대했기에 학생들 또한 사장 부부를 친부모처럼 여길 정도였다. 하지만 원래는 와카야마 번의 사족으로, 소년시절부터 무예를 배워 체격도 듬직하고 특히 유도 솜씨가 뛰어나 무서운 걸 모르는 무사 같았다. 어느 날 저녁 평소처럼 칼도 없이 두세 명이 함께 시바의 마쓰모토초(松本町)를 산보하노라

---
* '바보'란 뜻의 일본어 바카(馬鹿)와 영어 '바로미터'(barometer)를 합성하여 '바보의 척도'란 뜻으로 쓰고 있다.
† 1840~1892. 오카야마 번사. 막말에 후쿠자와의 주쿠에 입문하여 평생을 게이오기주쿠 교원으로 보냈다.
# 메이지 7년, 와다 요시로가 주쿠 내에 어린 학생들을 교육하기 위해 창설한 초등교육기관으로, 현재는 초등학교가 되었다.

니, 저편에서 소시 여러 명이 긴 칼을 차고 큰길 가득 걸어오는 것이었다. 그러자 와다가 소변을 보면서 길 한복판을 걸어갔다. 자, 이 소변을 피해서 길 양쪽으로 물러설지, 아니면 화를 내며 덤벼들지, 싸움이 벌어지기 일보 직전이었다. 그런데 만약 덤벼들면 다섯 명이건 열 명이건 던져서 죽여버리겠다는 기세가 상대방 젊은 무사들에게 느껴졌는지, 아무 소리 없이 피해서 지나가더라는 것이었다. 큰길에서 소변이라니, 지금 생각해보면 정말 무모한 짓이지만 난세에는 그리 대수로운 일도 아니었다. 이런 무모한 짓이 오히려 주쿠의 독립을 유지하는 데 도움이 되었다.

농민에게 말에 탈 것을 강요하다

상대는 소시만이 아니었다. 평범한 농민이나 조닌에 대해서도 여러 가지 시도를 한 적이 있다. 내가 아이를 데리고 에노시마(江ノ島) 가마쿠라에 놀러갔다가 시치리가하마(七里ヶ浜)를 지날 때였다. 저쪽에서 말을 타고 오던 농민이 우리를 보자마자 말에서 뛰어내리는 것이었다. 내가 화를 내며 "어이, 너는 뭐냐?" 하고 말을 제지하며 묻자, 그 농민은 겁먹은 표정으로 연신 사과를 해댔다. "어이, 그게 아니라 이 말은 자네 말이지?" "네." "자기 말에 자기가 타는 게 어떻다는 거야? 쓸데없는 소리 하지 말고, 타고 가." 이렇게 타일러도 좀처럼 타지 않았다. "타지 않으면 혼내줄 거야, 빨리 타고 가. 자넨 그런 식이니까 안되는 거야. 지금 정부의 법률로는 농민도 조닌도 승마는 자유라고.* 누가 말을 타고 누굴 만나건 상관없으니, 빨리 타고 가!" 하며 강제로 태워서 보냈다. 그때 나는 마음속으로 혼자 생각했다. 옛날부터 이어오는 습

---

* 에도 시대에는 말을 타고 다니는 것은 무사의 특권이었다. 유신 후 이 풍습이 지켜지지 않자 정부는 메이지 2년에 평민의 승마통행금지령을 발포했지만, 2년 후 평민에게도 노상에서의 승마를 허락했다.

관은 무서운 거다. 이 농민은 교육을 받지 못했기 때문에 무식해서 법률이란 것이 있다는 사실도 모른다. 하층계급의 인민이 이렇다면 어쩔 수 없는 일이다 하면서, 부질없는 생각을 한 적이 있다.

길 가는 사람을 시험하다

또 이런 재미있는 일이 있었다. 메이지 4년경*이었다. 셋슈 산다(三田) 번의 구키(산다 번주 구키 다카요시(九鬼隆義))라는 다이묘는 예전부터 가까이 지내던 사이로, 한번은 산다에 놀러오라는 이야기도 있고 또 나도 그 무렵은 병후의 몸이라 아리마 온천에 가보고도 싶고 해서 겸사겸사 나서기로 했다. 우선 오사카로 갔다가 오사카에서 산다까지 대략 150리 길이니, 도중에 나시오(名鹽)†에서 1박할 예정을 세웠다. 그래서 오사카에 가게 되니 평소처럼 오카타 댁을 방문하지 않을 수 없었다. 선생은 안 계셔도 미망인인 부인이 나를 자식처럼 사랑해주니, 오사카에 도착하자마자 우선 오가타 댁으로 갔다. 산다에 들렀다가 아리마로 갈 것이란 이야기를 하자, 병후의 몸으로 걸어가기 힘들 거라며 가마를 빌려주겠다는 것이었다. 그래서 가마와 함께 오사카를 출발했다. 때는 음력 3~4월로 한창 좋은 계절이라, 팟치#에 하오리 차림을 한 나는 양산을 들고 가마에 탈 작정이었는데, 잠깐 걸어보니 충분히 걸을 수 있을 것 같았다. "그럼 가마는 필요 없겠다. 가마꾼! 먼저 가게. 난 혼자 갈 테니까" 하고는 동행이나 수행원도 없이 홀몸으로 떠나니 대화상대가 없어 따분했다. 그래서 도중에 사람을 만나면 말을 걸어볼 작정을 하고 있다가, 길 저편에서 오는 농사꾼 같은 사내에게 길을 물었다. 그런데 그때 내 차림이 어딘지 거만하고 옛 사족 냄새를 풍

---

* 사실은 메이지 5년(1872) 4월 오사카, 아리마, 교토 등을 거쳐 5월에 나가쓰로 갔다가 7월에 귀경했을 때의 일이다.
† 효고 현 니시노미야(西宮) 시 시오세초(鹽瀨町) 오아자(大字)에 속함.
\# 남자용 하의. 한국어의 '바지'에서 나온 말. 모모히키(股引)와 동의어.

기며 말투도 거칠었던 모양이다. 그 사내는 무척 정중하게 길을 가르쳐주고는 머리 숙여 인사를 한 뒤 사라졌다. 이거 재미있구나 싶어, 내 몸을 보니 가진 것이라곤 양산 하나뿐 아무것도 없었다. 다시 한 번 시험해보자는 생각에, 다음에 오는 자를 향해 큰소리로 물었다. "어이, 잠깐! 저기 보이는 마을 이름이 뭔가? 마을의 가구수는 얼마나 되지? 저기 기와지붕의 커다란 집은 농민인가 조닌인가? 주인의 이름은 뭔가?" 이렇게 쓸데없는 것들을 노골적으로 사족 티를 내며 연신 물어보자, 그 자는 길가로 물러나 잔뜩 긴장한 채로 "그럼, 말씀 올리겠습니다" 하며 대답하는 것이었다. 더더욱 재미를 느낀 나는 이번에는 반대로 시험해봐야지 하고, 다시 맞은편에서 오는 자에게, "여보세요. 죄송합니다만, 잠깐 여쭤봐도 될까요?" 하며 역시 쓸데없는 질문을 해봤다. 나는 오사카에서 태어났고 또 오사카에 오랫동안 거주하여 당시에는 오사카 말도 제법 할 줄 알았으므로, 상대방에게 맞춰 이러쿵저러쿵 이야기를 했다. 상대방은 그런 나를 보고 오사카의 조닌이 수금하러 가는 길인 것으로 생각하고는 제법 거만한 태도를 보이며 제대로 상대도 해주지 않고 휙 가버렸다. 그래서 이번에는 다음 사람에게 거만한 태도를 보이고 그 다음 사람에게는 친절하게 대하는 식으로, 상대방의 외모와는 상관없이 누구건 맞은편에서 오는 사람을 하나 건너 하나씩 불러 세워서 시험해보았다. 그랬더니 대충 30리를 걷는 동안 내 생각대로 말을 걸 수 있었다. 그런데 결과는 별로 좋지 못했다. 정말로 한심한 녀석들이다 싶었다. 비굴하건 거만하건 상관없지만, 하나같이 상대에 따라 태도가 바뀌니 도리가 없다. 그렇다면 지방의 말단 관리들이 거만하게 구는 이유를 짐작할 수 있겠다. 세상에는 압제정부란 말이 있지만, 그건 정부의 압제라기보다 인민측에서 압제를 자초하는 거다. 이걸 어떻게 하면 좋은가? 그대로 내버려두고자 해도 그럴 수 있는 문제가 아니다. 그렇다고 해서 그들을 이끌어 갑자기 가르칠 수 있는 것도 아니다. 아무리 수백 년 이래의 폐습이라고는 하나, 교육을 받은 적도 없는 농사꾼이 무턱대고 남에게 머리 숙이는 것은 괜찮아도 상대방에 따라 교만해지기도 하고 상냥해지기도 하니, 마치 고무인형을 보는 듯하다. 정말 한심한 느낌이 들어 크게 낙담했다. 하지만 상황에 따라 얼마든지 변할 수 있는 세상이니, 요즘에는 그 고무인형도 그럴듯한 국민이 되어 학문도 하고 상공업에 종사하며, 군인을 시키면 목숨을 버리고 나라를 위해 불속에라도 뛰어든다. 후쿠자와가 양산 하나로 아무리 무섭게 사족 티를 내더라도 거기에 겁을 먹을 사람은 전국에 하나도 없을 것이다. 이것이야말로 문명개화 덕분이다.

독립은 새로운 사례를 만든다

내가 뜻하는 바는 주쿠에 소년들을 모아서 원서를 읽히는 것만이 아니다. 어떻게 해서든 이 폐쇄적인 일본을 개방시켜 서양류의 문명을 불러들이고, 부국강병을 통해 일본이 세계 각국에 뒤지지 않도록 만들고 싶다. 그렇다고 이것을 입으로만 떠벌릴 게 아니라 가까이는 자신의 몸부터 시작해 무슨 일이 있어도 언행이 불일치해서는 안되니, 우선 내 한 몸을 조심하고 일가의 생활을 돌보아 남에게 폐를 끼치지 않도록 명심했다. 또 한편으로는 이 세상을 둘러보아 문명개화를 위해 하고자 하는 일이 있으면 남들 눈치 볼 것 없이 과감하게 시도했다. 예를 들면 앞에서 말한 것처럼 학생들로부터 수업료를 거둔다든지, 무사의 혼이라는 쌍칼을 버리고 맨몸이 된다든지, 새로운 연설법*을 주장하여 남들 앞에서 시범을 보인다든지, 저역서에서 고어 표현을 없애고 평이한 현대어를 사용한다든지 하는 것이다. 이런 것들을 보수적인 사람들

---

* 예로부터 일본에는 연설이란 것이 없었는데, 메이지 초기에 후쿠자와 등이 게이오기주쿠에서 처음으로 시작했다. 외국의 스피치법을 일본에서도 실시해 보려는 의도에서, 메이지 6년(1873) 초여름 무렵부터 연설토론 연습을 시작하여, 메이지 8년에 일본 최초의 연설회당인 미타 연설관이 게이오기주쿠 내에 세워졌다.

은 싫어하지만, 다행히 내 저역서는 세상사람들의 요구에 부합하여 목마른 자에게 주는 물이나 가뭄의 소나기와 같아서, 정말 놀라운 판매고를 보였다. 시기를 잘못 타면, 어떤 문장가나 어떤 학자가 무엇을 저술하고 무엇을 번역하건 내 책처럼 팔릴 리가 없다. 필경 내 재능이 뛰어나다기보다는 시기를 잘 탄 탓이리라고 생각한다. 또 아마도 그 시절 학자들의 글솜씨가 형편없었거나, 지나치게 큰 뜻을 품어 자신의 주제도 모르는 채 세상일을 잘못 판단했거나 해서였을 것이다. 어쨌든 저역서는 나의 입신과 일가의 안정을 이루는 유일한 수단이 되었다. 덕분에 사숙을 개설해서도 생도들로부터 긁어모은 푼돈을 내 옷을 장만하는 따위의 째째한 짓에 쓰지 않고 오로지 교사들의 급료로 지급할 수 있었으며, 때로는 내 지갑에서 돈을 꺼내 주쿠의 비용으로 충당할 수도 있었다.

    그런데 내 성격은 대체로 방임주의라고 할까, 아니면 욕심이 별로 없다고 할까. 주쿠의 일에 밤낮없이 신경을 쓰며 자질구레한 것까지 빠짐없이 열심히 돌보는 한편으로, 이 주쿠에만 매달려 있는 몸은 아니었다. 반드시 게이오기주쿠를 영구히 보존하겠다는 의무감도 없거니와 명예심도 없다고 애당초 작정하고 있었으므로 세상에 두려울 것이 없었다. 동지인 후배들과 상의해서 뜻한 바대로 일을 추진하다 보면, 주쿠 내에 자연히 독자적인 기풍이 생겨나 세상의 움직임과 일치하지 않는 일도 많았다. 또 내가 정계 진출을 원치 않는 재야의 몸이면서도 입도 있고 붓도 있으니 이런저런 발언을 하여, 때로는 그 발언이 정부의 신경을 건드리는 일도 있었을 것이다. 사실을 말하자면 나는 정부에 대해 불만은 없다. 정치가들이 예전에 막무가내의 양이론자였다 해도 또 남들을 괴롭히는 자들이었다 해도, 일절 과거를 묻지 않고 오로지 오늘날의 문명주의로 전환해 개국 일변도로 국사를 운영해준다면 바랄 게 없다고 생각한다. 그렇지만 툭하면 관민이니 조야니 하며 구별을 해서 사숙을 소외시키고 눈엣가시처럼 여기며, 심지어는 사숙의 운영을 방해하려고 유치한 짓까지 하는 데는 다소 애를 먹었다. 지금 그 이야기를 하자면 이야기도 길어지고 표현도 거칠어질 테니 생략하기로 한다. 근년에 제국의회를 개설한 이래로 관가 주변의 풍조도 크게 개선되어, 그다지 심한 짓을 하는 경우는 없어졌다. 아마도 머지않아 쌍방이 완전히 화해할 날이 올 것이다.

화가 치밀다

한번은 내가 알고 지내는 사람을 위해 애를 쓴 적이 있다. 이는 단지 내가 호기심이 많기 때문일 뿐, 결코 정치적 의미를 갖는 것은 아니다. 사실 일신의 도락이라고나 할까, 자비라고나 할까, 신경질이라고나 할까 하는 이유에서 발 벗고 나선 것이었다. 센다이(仙臺) 번의 루스이(留守居)로 근무하던 오와라 신다유(大童信太夫)*라는 사람이 있는데, 옛 막부시절부터 나는 그와 아주 절친하게 지냈다. 그렇다고 그가 난학자나 영학자는 아니다. 하지만 일단 서양문명을 좋아하고 양학 서생을 아끼고 사랑하는 점에서 기품이 훌륭한 명사(名士)라 할 수 있었다. 당시 제 번의 루스이 직에 있다면 게이샤를 불러다 놀든가 작부집에 가든가 스모를 좋아하든가 하는 것이 에도의 일반적인 풍조였다. 하지만 오와라는 큰 번의 루스이니 제법 수입도 좋았을 텐데 절대로 그런 천박한 놀이를 하지 않고, 오로지 서생 돌보기를 좋아하여 서생들 뒷바라지에 전념했다. 아마도 당시 센다이의 서생 가운데 오와라 집의 밥을 얻어먹지 않은 사람은 없었을 것이다. 지금의 도미타 데쓰노스케(富田鐵之助)†를

---

* 1831~1900. 메이지 유신 당시 오우열번(奧羽列藩)의 동맹에 즈음하여 가로(家老)를 도와 활약했으며, 오우 평정 후 도쿄로 탈출, 후쿠자와의 노력으로 자수했다가 사면되었다. 그 후에 대장성, 문부성, 내무성 등에서 근무했고, 미야기 현 오시카(牡鹿) 군수가 되었다.
† 1835~1916. 가쓰 가이슈의 도움을 받아 막부 유학생으로 미국에서 경제학을 공부했으며, 유신 후 에도 계속 메이지 정부의 유학생이 되었다. 외무성, 대장성 등의 서기관을 거쳐, 일본은행 총재, 귀족원 의원, 도쿄부 지사 등을 역임하고, 만년에는 실업계에 투신하여 몇몇 회사의 중역을 지냈다.

비롯해 누구 하나 신세를 지지 않은 사람이 없다. 그런데 막말의 세태는 차츰 긴박해지고 있었다. 왕정유신에 즈음해 센다이가 좌막론에 가담했다가 곧바로 실패하자, 그 주모자로 밝혀진 다다키 도사(但木土佐)*라는 가로는 할복을 해버렸다. 하지만 세상에 알려진 것과 달리 실질적인 주모자는 오와라 신다유와 마쓰쿠라 료스케(松倉良助)† 두 사람이었다. 그래서 유신 후 이 두 사람은 센다이로 돌아가 있었는데, 센다이 번 내부의 사람이 기묘한 소리를 떠들어대기 시작했다. 이미 정부는 조적(朝敵)을 제거하고 모든 것을 끝냈는데, 내부에서 아직 죄인이 몇 사람 더 있다고 주장한 것이다. 그대로 내버려 둘 수도 없는 일이니, 정부는 고가 다이나곤(久我大納言)#을 칙사로 센다이에 내려보냈다. 정말 훌륭한 조치였다. 당시 정부는 이미 모든 처분을 끝낸 상태였으므로 가능하면 문제를 일으키기보다는 온건한 조치를 취하도록 했다. 그래서 센다이 일가와 친족인 고가를 보내면 분명 관대하게 조치하리라 생각하고, 그러면 다치는 사람도 적으리라는 생각에서 일부러 고가를 선택했다는 소문을 나도 간접적으로 들었다. 정부의 이런 조치는 상당한 배려였다. 그런데 센다이 번사가 어찌된 일인지, 상부에서 사람이 내려온다는 말을 듣고 일을 저질러 사람 목을 일곱 개나 잘라서 들고 나오는 바람에 고가도 놀랐다고 한다. 센다이 번사는 그런 짓까지 했다. 그때 마쓰쿠라와 오와라는 위험을 느끼고 뒷문으로 빠져나와 도쿄로 도망쳤다. 두 사람 모두 참수 대상에 들어 있다는 사실을 누

---

* 1818~1869. 센다이 번 가로. 유신 당시 오우열번 동맹의 대표자가 되어 메이지 원년(1868) 10월에 체포되고, 이듬해 5월에 처형되었다.
† 센다이 번 메쓰케. 오와라와 함께 동 번사로부터 추궁을 당했지만, 용서를 받고 훗날 이와테(岩手)현, 에히메(愛媛) 현 등의 관리가 되었다. 메이지 11~17년에 초대 센다이 구장(區長)에 재임했다. 만년에는 다테가(伊達家)의 가부(家扶, 황족의 집안일을 돌보는 직책)를 맡았다.
# 고가 미치쓰네(久我通久). 1841~1925. 유신 후에는 육군 소장, 병부(兵部) 스나이스케(少輔, 장관의 보좌관), 태정관(太政官, 메이지 정부의 최고 기관) 및 원로원 서소기관, 원로원 의관, 도쿄부 지사, 궁내성 종질료(宗秩寮, 왕족 및 귀족에 관한 업무를 담당) 총재 등을 역임했다.

군가 알려주어, 곧바로 집을 뛰쳐나와 도쿄로 숨어든 것이다. 이들이 도쿄에 있는 동안에도 센다이 번 사람들은 도쿄에 있는 같은 번 사람들에게 온갖 잔혹한 짓을 했다. 아쓰미 데이지(熱海貞爾)*라는 사내는 어느 날 밤 방금 이 부근에서 센다이 번사의 추격을 당했다며 내 집으로 뛰어들어와 목숨을 건진 일도 있었다. 이토록 어수선하고 위험한 와중에도 오와라와 마쓰쿠라는 그럭저럭 오랫동안 무사히 지냈다. 나는 원래 친한 사이였으므로 그들이 숨어 있는 장소도 알고 있었고, 그들이 내 집에 오기도 했다. 정부측 사람들에게 들키는 것은 괜찮았다. 정부는 무모한 짓을 하지 않았다. 도망자들에게 관심도 없었다. 하지만 같은 번 사람들에게 잡히면 정말 위험했다. 붙잡아서 '이자가 죄인입니다' 하고 내밀면, 아무리 마음씨 좋고 관대한 정부라도 그냥 넘길 수는 없는 일이었다. 정말 난처한 입장이라며 매번 두 사람을 만날 때마다 이야기했지만, 나는 두 사람을 위해 동정하기보다 오히려 그 센다이 번사의 잔인무도한 행동에 몹시 화가 치밀었다. 소심한 겁쟁이 주제에 끔찍한 짓을 하는 녀석이다, 무슨 수단을 강구해야겠다고 생각했다. 그래서 나는 오와라를 만나, "어떻게든 백일천하에 떳떳한 몸이 될 방도는 없을지 내가 한번 강구해보겠다. 무엇보다도 우선 번주†를 만나서 담판짓는 게 상책이겠다"고 말하고는 번주를 찾아갔다. 그리고 몹시 번거로운 일이기는 하지만, 히비야 내에 있는 센다이 저택으로 가서 번주를 뵙고 싶다고 전하여 번주와 면담했다. 내가 그 번주를 만나서 담판을 하겠다고 나선 까닭은 그가 다테가(家)의 분가인 우와지마 번에서 양자로 온 사람으로, 양자가 될 당시에 내가 상당한 도움을

---

* 센다이 번사. 오우(奧羽) 평정 후 하코다테(函館)로 탈주하여 에노모토(榎本) 군에 가담했으나 고료카쿠(五稜郭) 함락 때 다시 도망쳐 도쿄에 잠복해 있었다.
† 당시의 센다이 번주 다테 무네아쓰(伊達宗敎). 1852~1911. 나카쓰 번주 오쿠다이라 마사유키의 형이자, 우와지마(宇和島) 번주 다테 무네시로(伊達宗城)의 아들. 메이지 시대에 영국유학을 했다. 훗날 남작, 귀족원 의원이 되었다.

준 일이 있기 때문이다. 당시 오와라는 에도 저택의 루스이로서 여러 방면으로 교제가 넓다고 하여 양자를 선택하는 일을 혼자 담당하고 있었는데, 어느날 나에게 와서 "당신네(오쿠다이라 집안) 도노사마(殿樣, 번주를 말함)는 우와지마 출신이고, 그 형님은 우와지마에 계신다. 그분의 자세한 신상을 알려주기 바란다"고 말했다. 이에 서둘러 조사해서 답장을 주자, 오와라는 관심을 보이며 이번에는 우와지마가 쪽에 상의를 해주기 바란다는 부탁을 해왔다. 그래서 나는 아자부 류도(龍土)의 우와지마 저택으로 가서, 가로(家老) 사쿠라다 오이(櫻田大炊)라는 사람을 만나 그 이야기를 했다. 그러자 즉각 본가의 양자가 되겠다고 하여, 그저 고마울 뿐이라고 즉석에서 답례를 했다. 모든 것이 오와라와 나 두 사람의 주선으로 이루어진 일이었다. 그 후에 공식적으로 절차가 진행되어, 양자로 오게 된 사람이 당시의 번주인 것이다. 그래서 나는 번주를 만나 물었다. "존번(尊藩)의 오와라, 마쓰쿠라 두 사람이 요전에 센다이에서 도망쳐 온 것은 그쪽에 있으면 살해당할 것이기 때문입니다. 그 두 사람이 지금도 발견되면 번주께서 정말로 죽일 작정인지, 아니면 죽일 뜻이 없는지 그것을 알고 싶습니다." "아니, 결코 죽일 생각은 없다." "그렇다면 내친김에 그들을 구해줄 방도를 강구하여, 부디 목숨을 부지할 수 있도록 해주실 수 없습니까? 사실 당신은 오와라에게 크게 갚아야 할 빚이 있습니다. 혹시 알고 계신지 모르겠지만, 당신이 센다이 쪽에 양자로 온 것은 이러이러한 까닭, 저러저러한 연유이니, 그것을 생각하면 죽일 수는 없을 겁니다. 부디 좋은 답변을 부탁합니다." 이렇게 정색을 하고 부탁하자, "결코 죽일 생각은 없다. 하지만 그 문제는 대참사(大參事)*에게 맡겨뒀으니, 대참사가 용서해준다면 나 역시 이의는 없다" 하는 대답이었다. 아직 어린 나이였기

---

* 엔도 후미시치로(遠藤文七郞). 유신 당시 오우열번 동맹에 반대하여 온건하게 일을 처리하고자 진력했으며, 오우 평정 후 대참사가 되었다.

에 모든 일을 대참사에게 맡겨둔 모양이었다. "그렇다면 당신은 분명히 이의가 없습니까?" "분명하다." "그렇다면 좋습니다. 대참사를 만나겠습니다." 그리고는 바로 옆의 나가야(長屋)에 있는 대참사를 찾아갔다. "자, 방금 번주님께 말씀드리고 왔는데, 어떤가? 번주는 대참사의 의견에 따르겠다고 분명히 말씀하셨다. 그렇다면 죽이고 살리는 건 당신 손에 달렸다. 죽일 생각인가, 살릴 생각인가? 설령 죽일 작정으로 그들을 찾아내려 해도 결코 나타나지 않을 거다. 나는 그들이 있는 곳을 잘 알고 있다. 찾을 생각이면 한번 찾아봐도 좋다. 잡아 갈 생각이라면 내 힘이 닿는 데까지 숨기겠다. 아무리 찾아봤자 헛수고일 거다. 그런 일로 사람을 괴롭히지 않아도 괜찮지 않은가?" 하며 이리저리 따지자 대참사도 할 말을 잃었다. 결국 "살려주겠다. 살려주겠지만 삿슈(薩州) 쪽에서 한마디 거들어주면 훨씬 수월할 거다" 하며 다시 궁색한 소리를 했다. 그래서 "좋다" 하는 말을 남기고, 나는 즉시 삿슈 저택으로 갔다. 사정이 이러이러하니 도와주지 않겠냐고 하자, 상대방이 강력한 번이라서 제삼자가 참견하기는 좀 난처하지만 그다지 어려운 일은 아니다, 궁내성에 변사(辯事)라는 것이 있으니, 그 자에게 가서 정부의 의향을 물어봐 주겠다는 것이었다. 그 뒤 정부의 의향을 물어본 사쓰마 사람이 나에게 일단 자수시키는 게 좋겠다고 통지해주었다. 자수하면 80일간의 금고형으로 모든 죄를 사면받을 수 있다는 사실을 알게 된 나는 노파심에 센다이 저택으로 가서 대참사를 만났다. "정부측에서는 자수하면 80일간의 금고형이 확실하다는데, 여기에 다른 벌이 추가되지는 않겠나? 자수를 한다면 이 저택에 자수하는 건데, 이 저택에서 자체적인 벌칙으로 80일을 8년으로 만들겠다는 식의 추가적인 행위는 하지 않을 건가? 그 점을 확실히 약속해주지 않으면 죄인을 넘길 수 없다." 이렇게 재삼재사 다짐을 받고, 최종적으로 만일 약속을 어기면 복수하겠노라며 협박까지 하여 결국 충분히 안심할 수 있다는 확신을 얻게 되었다. 그리하여 이튿날 두 사람을 데리고 히비야 저택으로 갔다. 그런데 저택의 사무소 같은 곳에는 죄인 오와라와 마쓰쿠라의 옛 부하들만 늘어서 있어 죄인 쪽의 신분이 훨씬 높으니, "어이, 자네 요즘 어떻게 지내나?" 하고 말을 거는 장면을 보고 웃음이 나왔다. 결국 두 사람은 우타가와초(宇田川町)의 센다이 저택 2층에서 80일간 지내다가 모든 것이 끝나자 밝은 대낮에 떳떳하게 나다닐 수 있게 되었다. 그 후로 오늘날에 이르기까지 예전과 다름없이 교제하며 서로 편지를 주고받고 있다. 평생 변함이 없을 것이다. 단, 그 당시의 일에 내가 나선 이유는 센다이 번의 무기력함과 잔혹함에 대해 분개함과 동시에 번 내의 걸출한 인재가 불행한 일을 당하는 것이 안타까웠기 때문이다. 정말 이곳저곳 분주히 찾아다녔다. 말로 하면 별것 아닌 듯해도, 인력거가 있던 시절도 아니어서 처음부터 끝까지 걸어다녀야만 했으니 정말로 고생이 심했다.

이어서 에노모토〔榎本, 당시의 이름은 가마지로(釜次郎), 지금은 다케아키(武揚)〕에 관한 이야기를 하겠다. 앞서 언급했듯이 후루카와 세쓰조(古川節藏)는 내 집에서 탈주한 것이나 다름없는데, 훗날 들어보니 그가 에노모토보다 먼저 탈주하여 보슈(房州) 노코기리야마(鋸山)*인가 하는 곳에 있는 좌막당(佐幕黨) 사람들을 나가사키마루(長崎丸)라는 배에 태워 하코네 산으로 데려갔다고 한다. 그 때문에 하코네 소동이 벌어졌으니, 그것은 후루카와 세쓰조의 짓이라 할 수 있었다. 그가 탈주할 때 타고 간 배는 하코다테(函館)까지 갔다가, 다시 후루카와의 나가사키마루와 함께 이곳으로 쳐들어왔다.† 관군측의 아즈마칸(東艦), 즉 나와 함께 미국에 갔던 일행이 들여온 군함이 관군의 배로 사

---

* 보소(房總) 반도 남서부에 위치한 산으로, 니혼데라(日本寺)라는 명찰이 있다.
† 후루카와는 시나가와(品川) 만 탈주 당시 나가사키마루의 함장이었지만, 하코다테에서는 에노모토군이 아키타(秋田) 번으로부터 빼앗은 고유마루(高雄丸)의 함장이 되어 리쿠추(陸中, 현재의 이와테 현)의 미야코(宮古) 해전에 고유마루의 함장으로서 참전했다.

용되고 있어 그것을 탈취하려는 계획을 세운 것이다. 그리하여 오슈(奧州)의 미야코라는 항구에서 한바탕 싸움을 벌였지만, 패하여 끝내 항복하고 도쿄로 호송되었다. 그 당시는 법률이고 재판소고 없던 시절이라, 규문소(糾問所)라 불리는 감옥 같은 곳으로 넘겨진 후루카와 세쓰조와, 그 전해 나와 함께 미국에 갔던 오가사와라 겐조(小笠原賢藏)*라는 해군사관 두 명은 가스미가세키(霞が關)†의 게이슈(藝州) 저택에 감금되었다. 나는 예전에 "바보 같은 짓 하지 마" 하며 그를 제지했었지만, 감금되어 있다는 말을 들으니 불쌍한 생각이 들었다. 다행히도 게이슈 저택에 절친한 의사가 있었기에, 그 의사에게 가서 "후루카와를 만나고 싶은데, 만나게 해주지 않겠나?" 하고 부탁했다. 간수고 뭐고 없는 듯했지만, 어쨌든 그 의사의 주선으로 만날 수 있었다. 나가야의 어두운 곳으로 가보니, 두 사람이 정말로 그곳에 있었다. 나는 우선 "꼴 좋다. 뭐야? 한심하군. 내가 그토록 말렸는데, 지금 와서 이야기해 봤자 소용없지만 말이야. 무엇보다도 먹는 게 불편하지? 입는 옷도 부족할 거고" 하며 말을 걸었다. 그 후 집에 돌아가서 모포와 쇠고기조림을 가져다 주기도 하고, 전쟁 중의 상황이며 감금 중에 고생한 이야기를 들어봤다. 그래서 나는 그 규문소의 사정을 잘 알고 있다.

에노모토 가마지로의 경우는 세쓰조보다 조금 늦게 이곳으로 돌아와, 역시 규문소의 취조를 받았다. 그러나 나는 에노모토라는 사내의 신상에 관해서는 전혀 알지 못했다. 서로 알고 지내는 사이이긴 했지만, 오가다 만나면 가볍게 인사를 나누는 정도였을 뿐 마주앉아 이야기를 나눈다거나 함께 의논을 하는 깊은 관계는 없었기 때문이다. 따라서 별로 신경을 쓰지 않았다. 그런데 이 에노모토라는 사내의 출신

---

* 막신. 게이오 3년 후쿠자와와 함께 군함 구입위원에 참가하여 미국으로 도항. 스톤월호를 회항하여 요코하마에 입항한 후 그대로 탈주하여 에노모토군에 가담했다. 특사 후에는 후쿠자와의 추천으로 메이지 정부의 해군에 근무했다.
† 현재 도쿄 지요다(千代田) 구 남부의 행정·사법기관이 밀집해 있는 곳.

에 관해 말하자면, 그 어머니는 원래 히토쓰바시가(一橋家)의 우마카타(御馬方)*로서 일본 제일의 승마 명인이라 불리던 하야시 다이지로(林代次郎)†라는 대가의 딸로, 이 부인이 막부의 오카치(御徒士)인 에노모토 엔베에(榎本圓兵衛)#라는 사람에게 시집가서 낳은 차남이 에노모토 가마지로이다. 그 하야시 집안과 내 아내의 친정은 먼 친척뻘로, 지난해에는 에노모토의 아내가 내 집에 온 적도 있다. 내 아내도 소녀시절에는 할머니를 따라 에노모토의 집에 간 적이 있다고 하니, 다소는 왕래가 있는 사이로 전혀 모르는 사람은 아니다. 그런데 그 에노모토가 이번에 규문소로 넘겨지니, 당시 시즈오카에 있던 그의 어머니와 누나☆와 아내는 에노모토로부터 전혀 소식이 없어 크게 걱정하고 있었다. 마침 그때 에노모토의 매제(妹弟)로 에즈레 가가노카미(江連加賀守)♤라는 사람이 있었다. 그는 원래 막부의 가이코쿠부교로 근무한 적이 있었고 나는 외국방 번역담당이었기에 서로 잘 알고 있었다. 그래서 에즈레는 시즈오카에서 나에게 상세한 편지를 보내왔다. "에노모토는 요즈음 어떻게 지내고 있는지, 전혀 소식이 없으니 어머니도 누나도 아내도 밤낮으로 걱정하고 있다. 지금 에도에 가 있다는 소문은 어디선가 들었는데, 그것도 확인할 길이 없다. 그 사실을 에도의 친척·친지에게 문의했지만, 혐의를 받을까 봐 두려웠는지 단 한 명도 답변을 주는 자가 없다. 당신에게 물어보면 뭔가 사정을 알지 않을까 생각하는데, 부디 알려주지 않겠는가?" 나는 이 편지를 읽고 화가 치밀

---

* 윗사람에게 승마법을 가르치는 직책.
† 이름은 마사토시(正利)라 하며, 히토쓰바시 민부경(民部卿)의 우마아즈카리(馬預り, 말의 사육 및 조교 담당)라는 직책이었다.
# 에치고(越後) 향사(鄕士, 시골에서 살며 농사짓던 무사) 하코다가(箱田家)의 아들로, 에도에 있는 에노모토가의 양자가 되었다.
☆ 이름은 라쿠(樂). 처음에는 도쿠가와가의 오오쿠(大奧, 쇼군의 아내가 거처하는 곳)에서 일하다가 스즈키가(鈴木家)로 시집갔으나, 얼마 안되어 과부가 되어 간게쓰인(觀月院)이라 자처하며, 에노모토가의 가사를 도맡았다. 문무에 모두 뛰어난 여장부였다.
♤ 이름은 다카노리(堯則). 막신. 번소조소 도도리(頭取), 메쓰케(目付), 가이코쿠부교 등을 지냈다.

었다. 에노모토는 그렇다 치더라도 그 친척·친지들이 에도에 있으면서 혐의를 받을까 봐 두려워서 연락을 주지 않는다는 건 비겁하다, 박정한 놈들이다, 정말 막부 사람들은 모두 이런 식이다, 그렇다면 내가 혼자서 모두 해결해주지 하는 생각이 머리에서 솟았다. 게다가 나는 후루카와 세쓰조의 일로 규문소에 관해 알고 있었으므로 즉시 에즈레 쪽에 답장을 보냈다. "에노모토는 지금 규문소에 들어가 있다. 처형당할지 풀려날지 그건 알 수 없지만 일단 병도 앓지 않고 무사히 지내고 있다. 그 사실을 어머님을 비롯해 모든 분들께 전해주기 바란다." 이렇게 알려주자 다시 편지를 보내와, 노모와 누나가 도쿄에 가고 싶다고 하는데 상경해도 좋겠느냐고 물어왔다. 내가 즉시, "와도 좋다. 나는 혐의고 뭐고 상관없다. 떳떳하게 와라" 하고 답변을 보내자, 얼마 후 노모와 누나 두 모녀가 상경했다. 그리하여 규문소의 사정도 알게 되고 차입도 하게 되자, 어머니가 꼭 아들을 만나고 싶다는 말을 꺼냈다. 그러나 법률 같은 것이 없던 세상이라, 어디에 어떻게 호소해야 좋을지 알 수 없었다. 그래서 내가 한 가지 궁리를 했다. 노모가 탄원서를 제출하기로 하고, 내가 다음과 같은 내용의 문안을 작성했다. "이러저러한 일로 금번 아들 가마지로의 범죄는 정말로 송구스럽습니다. 그러나 부친의 존명 중에는 아주 효성이 지극했던 아들로, 평소에는 부친을 잘 모셨고 또 병중에는 지극정성으로 간호했습니다. 저는 실제로 그것을 옆에서 지켜봤습니다. 그런 효자가 그렇게 무엄한 짓을 할 리가 없습니다. 제 자식은 절대로 본성이 나쁜 인간이 아닙니다. 부디 자비를 베풀어 살려주시기 바랍니다. 저는 이제 여생도 얼마 남지 않았으니, 만약 자식을 처형하실 거라면 이 어미를 대신 죽여주십시오." 이렇게 말도 안되는 사연을 어설픈 말투로 뻔뻔스럽게 잔뜩 늘어놓고, 누나인 라쿠에게 정서를 시켰다. 모친이 이 탄원서를 갖고 지팡이를 짚으며 규문소로 찾아가자, 그것이 감수(監守)하는 자를 몹시 감동시킨 듯했다. 애당초 이런 식으로 죄인이 풀려날 리는 없지만, 그래도 옥창을 사이에 둔 모자간의 면회만큼은 성사되었다. 그러던 중 뜻하지 않게 좋은 일이 있었다. 하코다테에서 항복했을 때 에노모토는 자신이 예전에 네덜란드 유학시절에 배운 항해술 강의필기를 간직하고 있었는데, 그 필기*의 네덜란드어 책을 나라를 위해 바친다며 관군에게 보내, 그 책이 관군의 장관(將官) 구로다 료스케(黑田良助)†의 수중에 있다는 소문이었다. 누구였는지는 잊었지만 어느 날 한 사람이 그 책을 내게 갖고 와, 무슨 책인지 모르겠으나 이 네덜란드어 문장을 번역해달라고 했다. 보아하니 예전에 소문으로 들었던 에노모토의 강의필기임에 틀림없었다. 이거 재미있겠구나 하는 생각에, 네덜란드어 번역은 쉬운 일이지만 상대방의 애를 태우려고 일부러 손을 대지 않았다. 처음의 너댓 쪽만 정성스럽게 알기 쉽도록 번역해 원본을 첨부하여 돌려주며, "이것은 정말 항해에 없어서는 안될 유익한 책임에 틀림없다. 앞부분의 너댓 쪽만 봐도 알 수 있다. 그런데 판본 원서라면 번역도 할 수 있겠지만, 강의필기니 그 강의를 들은 본인이 아니면 아무래도 알아볼 수가 없다. 정말 아까운 보물이다" 하고 말했다. 나는 에노모토의 필기라는 사실을 알면서도 모르는 척하고, 단지 번역에 관해 운운하며 상대를 초조하게 만들었다. 자연스럽게 에노모토의 목숨을 살릴 수 있도록 소위 복선의 계략을 짠 것이다. 또 그 시절에는 구로다도 나를 찾아온 적이 있고, 나도 구로다를 찾아간 적이 있었다. 언제 어디서였는지 때도 장소도 잊

---

* 『만국해율전서』(萬國海律全書)라 불리는 해상국제법 사본. 프랑스인 오르트랑의 *Internationale Regels Diplomatie der zee, door Thèodore Ortolan*을 에노모토의 네덜란드 유학시절 스승인 프레데릭스(J. G. Frederiks)가 네덜란드어로 번역하고 그것을 정서시킨 원고로, 서문에 스승인 프레데릭스가 일본 유학생 에노모토 가마지로에게 증정한다는 취지가 적혀 있다. 후쿠자와는 그 서문만 번역하여 구로다에게 돌려줬다. 후쿠자와의 그 번역 원본은 궁내성 서릉부(書陵部)에 보존되어 있다.

† 구로다 기요타카(黑田淸隆). 1840~1900. 사쓰마 번사. 유신에 즈음해 도바(鳥羽) 후시미(伏見) 전투와 호쿠에쓰 하코다테 정벌에 참가하여, 메이지 정부의 고관이 되었다. 육군 중장, 참의, 농상무대신, 체신대신, 내각총리대신, 추밀원 의장 등을 지냈다.

었지만, 나는 사진 한 장을 건넸다. 미국 남북전쟁에서 남부가 패배할 당시 남부의 대통령인지 대장인지 하는 어느 유명인이 부인의 옷을 입고 도망치는 모습을 찍은 사진이었다. 나는 그 전해 미국에서 갖고 온 그 사진을 구로다에게 주면서 말했다. "이것은 미국 남부의 아무개라는 사람으로, 도망칠 때 이런 모습이었다고 한다. 굳이 목숨이 아까운 것도 아니겠지만, 또 한편으로 생각하면 목숨은 소중한 것이다. 어떻게든 살아보려 한다면, 이렇게 구차한 모습을 하더라도 도망치는 게 당연한 선택이다. 인간은 일단 목숨을 잃으면 나중에 아무리 후회해도 소용없다. 에노모토는 큰 소란을 부린 사내지만, 목숨만큼은 살려두는 게 좋지 않을까? 일단 이 사진을 진상할 테니 잘 봐라" 하고 차분히 이야기한 적이 있다. 그런 식으로 그럭저럭 지내던 중 결국 에노모토는 풀려나게 되었다. 물론 나의 노력만으로 풀려난 것은 아니었다. 그 당시의 자세한 내막을 들어보니, 조슈 측은 아무래도 에노모토를 죽일 것 같은 분위기였기에 삿슈의 번사가 그를 살리기 위해 움직였다고 한다. 만약 조슈 측에 맡겨뒀더라면 그를 죽였을지도 모른다. 아마도 사이고 다카모리가 힘을 써서 결국 목숨을 건지게 된 듯하다. 이것은 나에게 있어 오와라 신다유 때보다 훨씬 고생스러운 일이었다. 그러던 중 내가 병석에 눕게 되자 그 일은 진행이 지지부진했고, 병이 완쾌된 해 아마도 메이지 3년(1880)*에 마침내 에노모토는 풀려났다. 다만 안타깝게도 모친은 사랑하는 아들의 석방을 보지 못하고 병사했다.

그런데 앞에서도 말했듯이 에노모토 가마지로와 나는 절친한 사이가 아니었으므로 그토록 애를 쓰며 친절을 베풀 이유도 없었다. 단지 센다이 번사의 한심한 행동에 분통이 터졌던 것처럼, 막부 인간들의 인정머리 없고 무기력한 모습에 화가 치밀어 무작정 도와줘야겠다는

* 정확하게는 메이지 5년 1월 6일이다.

생각에서 동분서주한 것이다. 그 무렵 매번 아내와 상의했던 일이 지금도 기억난다. 나는 아내에게 이렇게 말했다. "에노모토를 위해 오늘은 이렇게 고생을 했지만, 이것은 단지 한 사람의 생명을 구하려는 것일 뿐 다른 속셈은 전혀 없다. 애당초 에노모토란 사내를 잘 아는 건 아니지만 뭔가 도움이 될 인물임엔 틀림없다. 다소 별난 데는 있어도 일단은 막부의 고케닌 출신이니 권위주의적인 면이 있을 거다. 지금은 감옥에 들어가 있지만, 만약 풀려나서 목숨을 건지게 되면 훗날 높은 지위에 오를지도 모른다. 그때는 도노사마 식으로 거들먹거릴지도 모른다. 그때가 되어 도노사마 식으로 거들먹거리는 모습을 직접 보거나 전해 듣고는, 옛날 일을 잊고 너무하는 게 아니냐는 생각이 티끌만큼이라도 가슴속에 생긴다면, 그건 에노모토가 나쁜 게 아니라 이쪽이 비열한 셈이 된다. 그럴 바에야 차라리 내가 오늘 당장 모든 조력을 그만두겠다. 어떤가?" 그러자 아내도 나와 같은 생각이라 "그런 속되고 비열한 마음은 전혀 없습니다" 하고 대답하여, 부부가 굳게 약속한 적이 있다. 그런데 훗날 내가 말한 대로 된 것이 참으로 신기하다. 에노모토가 차츰 출세해 공사가 되고 대신이 되어 훌륭한 도노사마가 되니, 내 점괘가 용케 들어맞은 셈이다. 하지만 내 쪽에서는 이미 입장이 분명히 정해져 있었고 또 모든 내막을 아는 사람은 나와 아내 둘뿐이었으므로, 에노모토가 얼마나 출세를 하건 내 집에서 그 이야기를 입에 담는 사람은 없었다. 자식들의 경우는 이번에 이 속기록을 보고 처음으로 알게 될 것이다.

일신일가(一身一家) 경제의 유래

이제부터는 일신일가의 경제에 관해 이야기하겠다. 대체로 이 세상에서 가장 무서운 게 무엇이냐 하면, 암살은 별도로 치고 빚처럼 무서운 게 없다. 타인에게 금전적으로 폐를 끼치는 것은 정말 나쁜 짓이라고 알려져 있는 만큼, 돈을 빌리는 것은 더욱 겁이 난다. 우리 형제자매는 어렸을 때부터 가난을 뼈저리게 맛보아, 어머니가 고생하시던 모습을 평생 잊지 못할 것이다. 말단 사족의 의식주, 그 간난 속에서 어머니가 정신적으로 우리를 감화시켰던 수많은 사례 가운데 하나를 이야기해 보겠다.

내가 열서너 살 때 어머니 심부름으로 돈을 갚으러 간 적이 있는데, 그 내막은 다음과 같다. 덴포 7년(1836), 오사카에서 아버지가 변을 당한 후 우리를 데리고 고향인 나카쓰로 돌아온 어머니는 집수리를 하려 했지만 경제적으로 어려워 남들의 도움으로 계를 조직했다. 한 구좌에 2슈씩 하여 몇 냥쯤 목돈을 마련해서 급한 곳에 사용한 다음, 매년 몇 차례 회원들이 2슈씩 돈을 모으고 제비를 뽑아서 모두들 순번이 돌아가면 모임을 해체하는 방식이었다. 부잣집 사람들 중에는 겨우 2슈의 돈 때문에 몇 년씩 이런 일에 관계하는 건 귀찮다며, 몇 번인가 2슈의 약정금을 내다가 도중에 손을 떼는 경우도 있었다. 이것을 중도해약이라고 한다. 이 경우 계주가 남의 돈을 공짜로 먹는 듯이 보이지만, 일반적인 관습상 별로 이상하게 생각하는 사람은 없었다. 그런데 어머니의 계에 오사카야 고로베에(大阪屋五郎兵衛)라는 중개업자가 한 구좌 2슈를 중도 해약했다는 것이다. 물론 나는 당시에 불과 서너 살의 어린 나이라 아무것도 몰랐지만, 열서너 살이 된 어느 날 어머니가 말씀하셨다. "너는 아무것도 모르겠지만, 10년 전에 이러이러한 일이 있었다. 오사카야가 중도포기를 하는 바람에 우리는 오사카야로부터 돈 2슈를 그냥 받은 셈이다. 정말 미안한 일이다. 무가(武家)가 조년으로부터 돈을 받고, 그것도 공짜로 받고 가만히 있을 수는 없다. 예전부터 돌려줘야지 돌려줘야지 하고 생각은 했지만, 사정이 여의치 않았다. 간신히 금년에는 변통을 했으니, 이 2슈를 오사카야에게 갖고 가서 정중히 답례를 하고 돌려주고 오너라." 그러면서 돈을 종이에 싸서 내게 주었다. 그래서 내가 오사카야를 찾아가 돈 봉투를 내밀자, 상대방은 뜻밖이었는지, "돈을 돌려주시다니 오히려 송구스럽습니다. 이미 오래전의 일입니다. 결코 신경 쓰실 필요 없습니다" 하며 완고히 거절했다. 하지만 나는 어머니가 시키는 대로 하는 거니까 반드시 돌려줘야 한다고 했고, 언쟁이라도 하듯 서로 양보하다가 돈을 두고 돌아온 적이 있다. 지금은 이미 52~53년이나 지나 아주 오랜 옛일이 되었지만, 그때 어머니가 내게 한 말도 상대방인 오사카야의 주장도 모두 잊지 않고 기억하고 있다. 연월일은 기억나지 않지만, 아마도 아침 무렵이었던 듯하다. 부젠 나카쓰 시모쇼지(下小路) 서남쪽의 모퉁이 집, 오사카야 고로베를 찾으니 주인 고로베는 부재중이라 동생 겐시치(源七)에게 건네준 것까지 기억하고 있다. 이런 일이 소년시절부터 내 머릿속에 남아 있었기에, 금전문제에 관해서는 도저히 대담하고 뻔뻔스런 짓은 할 수 없었다.

돈이 없으면 생길 때까지 기다리다

차츰 성장하여 나카쓰에 있는 동안은 한학 공부를 하는 한편 부업 같은 것을 해서 다소라도 가족의 생계를 도왔다. 밭일도 하고 쌀도 빻고 밥도 짓고, 비사다능(鄙事多能), 온갖 고생을 하며 가난한 하급 무사로 생활하다가 스물한 살 때 처음으로 나가사키로 갔다. 이때도 물론 학비가 있을 리 없으니, 사찰을 지키기도 하고 포술가의 식객이 되기도 하며 어려운 가운데 난학을 배웠다. 그 후 오사카로 가서 오가타 선생의 주쿠에서 수업(修業)하는 중에도, 여전히 돈만큼은 겁이 나서 단 한 번도 남에게 빌린 적이 없다. 남에게 빌리면 반드시 갚아야 한다. 당연한 일이라 너무나 잘 알고 있었기에, 돌려줄 돈을 마련할 수 있을 정도면 돈이 생길 때까지 기다리지 빌리지는 않기로 작정했다. 그래서 2슈나 1부는 고사하고, 100몬의 돈도 남에게 빌린 적이 없다. 내 돈이 생길 때까지 기다리면 된다. 또 전당포에 물건을 맡긴 적도 없다. 내가 주쿠에 있을 때도 고향의 어머니는 여름·겨울에 수직면(手織綿)으로 만든 옷을 보내왔는데, 만약 그것을 전당포에 맡기면 언젠가 한 번은 찾으러 가야만 한다. 찾으러 갈 돈이 있으면 그 돈이 생길 때까지 기다리는 게 좋겠다고 생각했기에, 돈이 필요할 경우에도 단 한 번도 전당포 신세를 진 적이 없다. 하지만 정말로 사정이 다급해서 돈이 꼭 필요한 때라든가, 부끄럽지만 술이 마시고 싶어 견딜 수 없을 경우에는 과감하게 그 옷을 팔아버렸다. 예컨대 당시 유카타(浴衣, 목욕 후에 걸치는 일본식 가운) 한 벌을 전당포에 맡기면 2슈를 빌려줬는데, 그냥 팔아버리면 2슈 200몬이 되니까 파는 게 유리하다는 계산이 나온다.

그러면서도 나는 원서 사본으로 돈을 벌 생각은 하지 않았다. 배우는 신분으로 돈 때문에 시간을 낭비하기는 아까웠다. 내 자신을 위해서는 일각천금의 시절이다. 돈이 없으면 쓰지 않으면 된다는 각오를 하고, 오사카에 있는 동안 결국 한 푼의 빚도 진 적이 없었다. 그 후에도에 와서도 마찬가지로, 잠시라도 남에게 돈을 빌린 적이 없다. 이따금 혼자 상상해보면 마냥 무섭게 여겨졌다. 빚을 져서 남에게 독촉을 받는다면 어떨까? 일반 사람들이나 친구들 사이에도 자주 있는 일이다. 빚을 지면 갚아야 하니, 이쪽에서 빌려 저쪽에 갚고 또 저쪽에서 빌려 이쪽에 갚는 자가 있는데, 나는 전혀 동의할 수 없었다. 정말 안타까운 이야기다. 돈을 빌려서 갚아야 한다면 아마도 몹시 분주할 것이다. 어떻게 그런 식으로 하루건 반나절이건 마음 놓고 지내는지 정말 신기하다. 한마디로 나는 돈을 빌리는 데는 정말로 소심한 사람이라 전혀 용기가 나지 않았다. 남에게 돈을 빌렸다가 재촉을 받고도 돌려줄 수 없을 때의 심정은 아마도 누군가 뒤에서 칼을 들고 쫓아오는 듯한 느낌일 것이다.

가마를 타지 않고 게다와 우산을 사다

돈을 소중히 여기는 본심이 그대로 드러난 사례를 들어보겠다. 에도로 올라왔을 때, 시타야(下谷) 네리베이코지(練塀小路)의 오쓰키 슌사이(大槻俊齋) 선생 주쿠에 친구가 있었다. 나는 당시 뎃포즈에 살았는데, 그 친구에게 놀러갔다가 밤이 되어 네리베이코지에서 집으로 가던 중 이즈미바시(和泉橋)까지 가자 비가 내리기 시작했다. '정말 난처하게 되었군. 도저히 뎃포즈까지는 그냥 갈 수 없겠는데' 하는 생각이 들었을 때, 이즈미바시 곁에 손님을 기다리는 가마가 있었다. 그 가마꾼에게 뎃포즈까지 얼마에 가겠느냐고 물어보니 3슈라는 것이다. 아무래도 3슈라는 돈을 내고 그 가마를 타기는 아까웠다. 이쪽에는 두 다리가 있다. 그래서 결국 타지 않기로 하고, 조금 앞쪽에 게다 가게가 있기에 거기 들러 게다 한 켤레와 우산 하나를 샀더니 모두 2슈 남짓, 3슈는 되지 않았다. 나는 셋타를 가슴에 넣고 게다로 갈아 신고는 우산을 펴들고 뎃포즈까지 돌아왔다. 도중에 나는 혼자 끄덕이며 생각했다. '이 게

다와 우산이 있으면 또 사용할 수 있다. 가마를 타면 나중에 아무것도 남지 않는다. 이런 일에는 신중해야 한다.' 대충 그런 정도로 절약을 했으니 다른 일들도 짐작이 가겠지만, 절대로 불필요한 돈을 쓴 적이 없다. 지갑에는 물론 돈을 넣어둔다. 2부나 3부는 넣어둔다. 넣어두기는 하지만, 그 돈은 항상 그대로 있다. 술은 원래 좋아하니까 친구들과 술을 마시러 간 적은 있다. 그런 때는 돈이 필요하지만, 혼자서 불쑥 음식점에 들어가 술을 마시는 짓은 절대로 한 적이 없다. 나는 이렇게 돈을 소중히 여기는 한편으로, 결코 남의 돈도 탐하지 않았다. 물론 예전에 오쿠다이라가에 대해 조선인처럼 군 것은 별개로 치더라도 그 외에는 결코 돈 욕심을 내지 않고, 자주독립·자력자활을 명심하고 있었다.

사변 당일, 약속한 돈을 건네다

게이오 3년(1867) 즉 왕정유신 전해 겨울, 나는 시바 신센자에 있는 아리마가〔有馬家, 다이묘〕의 나카야시키(中屋敷) 400평가량을 사들였다. 옛날 도쿠가와 시절의 법률에 따르면, 무가의 저택은 서로 교환할 수 있어도 매매할 수는 없다는 것이 규칙이었다. 그런데 도쿠가와 정부도 말년이 되자 갖가지 근본적인 개혁을 단행하여, 무가의 저택이라도 마음대로 사고팔 수 있게 되었다. 그래서 나는 신센자의 아리마 나카야시키가 매물로 나온다는 말을 전해 듣고, 같은 신센자에 사는 기무라 셋슈노카미의 요닌(用人) 오하시 에이지(大橋榮次)라는 사람에게 알선을 부탁해 그 아리마 저택을 사기로 약속했다. 가격은 355냥. 당시의 일이니 산다고 해도 무사들끼리 영수증을 주고받는 일이 있을 리 만무했다. 단지 "팔겠습니다" "그렇다면 제가 사겠습니다" 하며 구두로 약속을 할 뿐이다. 나는 12월 25일에 대금을 지불하기로 약속하고, 그 전날 장만한 355냥을 보자기에 싸서 이튿날 아침 신센자의 기무라 저택으로 갔다. 그런데 대문은 물론이고 샛문까지 닫혀 있었다. 문지기에게 "여기를 열어, 어째서 닫아놓은 거지?" 하자, "안됩니다. 여기는 열 수 없습니다" 하는 것이었다. "열 수 없다니, 난 후쿠자와야." 당시 나는 미국에 다녀온 일로 기무라 저택에 자주 드나들며 안면이 익어 있었다. 문지기도 후쿠자와라는 이름을 듣고 문을 열어주기는 했지만 어쩐지 문 앞이 시끄럽고 난리였다. 무슨 일인가 하고 남쪽을 보니, 시커먼 연기가 솟고 있었다. 본채 현관으로 들어가 오하시를 만나서 "굉장히 시끄러운데 무슨 일이야?" 하고 묻자, 오하시는 작은 소리로 "자넨 아무것도 모르나? 큰일 났어. 아주 큰일. 사카이(酒井)*의 사람들이 미타의 삿슈 저택을 태워버리겠다는 거야. 이거 큰일이지. 전쟁이야" 하고 알려줬다. 나도 놀라서 "그건 전혀 몰랐어. 정말 심상치 않은 일이군. 그건 그렇고 여기 저택 대금을 갖고 왔으니 전해주게나" 하며 돈을 내밀었다. 그러자 오하시가 나를 "무슨 소리야? 저택을 사다니. 말도 안되지. 이젠 에도 시내의 저택은 한 푼의 가치도 없어. 그런데 저택을 사다니, 그런 바보 같은 짓은 당장 그만둬. 그런 짓은 하지 마" 하며 상대를 해주지 않기에, 나는 반박했다. "그게 그렇지 않아. 오늘 주겠다고 약속했으니까 이 돈은 전해줘야 해." 오하시는 나를 외면한 채 "약속을 했더라도 상황에 따라 다르지. 이런 큰 소동 중에 저택을 사는 바보가 어딨어? 설령 지금 산다 하더라도 355냥을 반값에 하자고 하면 틀림없이 반값에 줄 거야. 그냥 100냥이라도 기꺼이 팔겠지. 아무튼 보류야. 그만둬, 그만두라니까" 하며 상대를 해주지 않았다. 나는 재차 고집을 부렸다. "아니, 그럴 순 없어. 오하시! 잘 들어봐. 지난번 이 저택을 아리마로부터 사겠다고 했을 때, 당신은 뭐라고 약속했지? 12월 25일 즉 오늘 돈을 주고받기로 한 것뿐, 그 외에는 아무런 약속도 없었어. 만약 어쩌다 세상에 난리가 나면 파약한다 또는 그 가격을 절

---

* 사카이 다다즈미(酒井忠篤, 1853~1915)를 말한다. 데와(出羽) 쇼나이(庄內) 번주.

반으로 한다는 조건이 합의내용에 있었느냐 하면, 그런 약속은 없었잖아. 설령 계약서가 없다 하더라도 사람과 사람이 언약한 것이 가장 큰 증거야. 매매하기로 약속한 이상 당연히 돈을 지불해야 해. 무슨 일이 있어도 지불해야 해. 뿐만 아니라 만약 당신 말대로 이 355냥을 반액으로 하자는 둥 100냥으로 하자는 둥 하면, 때가 때이니만큼 아리마가에서도 승낙하겠지. 그래서 내가 355냥의 매물을 100냥에 샀다 하더라도, 이 난리가 어떻게 될지는 알 수 없어. 지금 저렇게 사카이 사람들이 미타의 삿슈 저택에 불을 지르고 있지만, 다행히도 별일 없이 진정되어 세상이 다시 조용해질 수도 있지. 그래서 다시 조용해진 가운데 내가 이번에 사들인 저택에서 산다고 하자. 그러면 아리마가의 부하들도 많이 있으니까, 내 집 앞을 지날 때마다 노려볼 거야. 저 저택은 355냥에 계약한 것인데, 대금을 결제하던 날 미타에서 큰 소동이 벌어지는 바람에 100냥에 팔렸다. 후쿠자와는 255냥 이익을 보고, 아리마가에서는 255냥 손해를 봤다고, 지나갈 때마다 노려볼 것이 틀림없어. 입으로는 말하지 않아도 마음속으로 그렇게 생각하며 불쾌한 얼굴을 할 게 틀림없어. 나는 그런 달갑지 않은 저택에서 살고 싶진 않아. 아무튼 신경 쓰지 말고 이 돈을 전해줘. 큰 손해를 봐도 좋아. 이 돈만 전해 줄 뿐, 그 저택에서 살아보지도 못하고 도망쳐야 하는 소란이 벌어질지도 몰라. 그건 그때 이야기야. 인간세상은 뭐가 어떻게 될지 알 수 없어. 방금 전까지 살아 있던 사람이 갑자기 죽기도 하니까. 하물며 돈 문제는 더욱 알 수 없지. 무슨 일이 있어도 전해줘야 해." 이렇게 해서 결국 그 돈을 갖고 가게 했다. 이런 식으로 내가 돈이란 것에 대해 아주 철저했던 것은 역시 옛날 무가의 근성 때문으로, 금전의 손익에 마음이 흔들리는 건 비열하고 천박한 행동이라고 생각했던 듯하다.

아이들의 학자금을 사절하다

이와 비슷한 일이 또 있었다. 메이지 초년에 부유한 상인*이 요코하마에 학교를 세우고는, 게이오기주쿠 출신의 젊은이를 교사로 보내달라고 부탁하기에 그 학교의 뒷바라지를 해주게 되었다. 그런데 그 주인은 내가 직접 그 새 주쿠로 출장을 와서 감독해주기를 바라는 눈치였다. 그때 우리 집에는 사내아이가 둘, 계집애가 하나† 있었는데, 장남이 일곱 살이고 차남이 다섯 살가량이었다. 이 애들도 차츰 성장할 것이고, 그러면 외국에 유학을 보내고 싶다는 생각을 했다. 그런데 세상 일반의 풍조를 보니, 학자나 관리들이 툭하면 정부에 의뢰해 자기 자식이 관비로 외국에 유학하기를 기대하고 있었다. 그리고 여기저기 부탁해서 그 일이 잘 해결되면 먹잇감이라도 얻은 듯 기뻐하는 자들이 많았다. '정말 꼴불견이다. 자기가 낳은 애니 학업을 위해 서양에 보내는 것도 좋지만, 가난해서 불가능하다면 보내지 않는 게 좋다. 그런데 거지처럼 남에게 울며 매달려 유학을 보내달라고 하다니, 정말 한심한 녀석들이구나' 하며 마음속으로 은근히 비웃었지만, 나에게도 사내아이가 둘 있다. 이 애들이 열여덟 열아홉 살이 되면 어떻게든 외국에 보내야 할 텐데, 우선은 돈이 문제였다. 어떻게든 그 돈을 장만하고 싶지만 너무나 막연했다. 두 명을 보내면 수년간의 학비만도 상당한 거액일 테니, 내 힘으로 가능할지 정말 막연했다. 어쩌면 좋을까 하고 항상 마음으로 생각하면서, 별로 부끄러워할 일도 아니니 기회가 있을 때마다 주위 사람들에게 말했다. "돈이 필요해, 돈이 필요해. 어떻게든 유학을 보내야겠어. 지금 나이가 일곱 살, 다섯 살이지만, 앞으로 10년

---

* 다카시마 가에몬(高島嘉右衛門). 1832~1914. 히타치(常陸) 사람으로 소년시절에 에도로 올라와 목재상이 된 후 점차 재산을 늘려, 메이지 초년 요코하마 이세(伊勢) 야마시타(山下)에 란샤주쿠(藍謝塾)라는 영학교(英學校)를 세웠다. 또한 홋카이도 탄광철도회사 사장 및 각종 사업에 뛰어들어 재벌이 되었다.
† 장남 이치타로(一太郎)와 차남 스테지로(捨次郎) 및 장녀 오사토(お里).

후면 준비를 해야 하니까. 제발 그때까지 돈이 생긴다면 다행이겠지만." 그랬더니 누군가 내 사정을 그 부유한 상인에게 알렸는지, 어느 날 그가 찾아와 말했다. "당신에게 그 학교의 감독을 부탁하고 싶다. 그렇다고 매달 몇 백 엔의 월급을 주는 건 아니다. 어차피 월급이라고 하면 받지도 않을 테니, 한 가지 방안이 있다. 다름이 아니라 당신의 두 자제, 그 두 아들의 외국유학을 위한 학자금을 지금 지급하고자 하는데 어떤가? 여기서 지금 5,000엔이나 1만 엔가량의 돈을 당신에게 주겠다. 하지만 당장 필요하진 않을 테니, 그 돈을 어디엔가 맡겨놓는 게 좋을 거다. 맡겨두는 동안 아이들이 성장해서 외국에 갈 때가 되면 그 돈에도 이자가 붙어 학자금으로 충분해질 테니 불편 없이 공부할 수 있을 것이다. 이 제안을 어떻게 생각하는가?" 정말 반가운 이야기였다. 내가 정말로 돈이 필요할 때 두 아이의 유학자금이 하늘에서 떨어진 거나 마찬가지였다. 즉시 수락해야 할 입장이었지만, 나는 생각했다. 아니, 잠깐. 그게 아니지. 애당초 내가 그 학교의 감독을 하지 않겠다고 한 것은, 그럴 만한 이유가 있어서 하지 않겠다고 결심한 것이다. 그런데 지금 돈 이야기가 나오자 거기에 현혹되어 원래의 생각을 바꾸고 권유에 응한다면, 이는 처음에 제안을 거절한 것이 잘못인 셈이다. 만약 거절한 게 잘못이 아니라면 지금 이 돈을 받는 게 잘못일 거다. 돈 때문에 마음을 바꾼 거라면, 돈만 보면 무슨 짓이든 한다는 의미가 된다. 그럴 수는 없다. 게다가 지금 돈이 필요한 건 애들을 위해서다. 자식을 외국에 유학 보내 쓸모 있는 사람을 만들자, 학자를 만들자 하는 목적인데, 자식을 학자로 만드는 것이 과연 부모의 의무인지 아닌지, 이 점도 생각해봐야 한다. 집에 있는 애들은 내 자식임에 틀림없다. 그렇지만 의식을 제공하고 부모의 능력에 맞는 교육을 시키면 그걸로 충분하다. 어떻게든 최상의 교육을 받게 해야만 부모로서의 의무를 다하는 것이라는 법칙은 없다. 부모가 자기 스스로 판단해서 결심한 것을 자식을 위해 바꾸어 행동한다면 소위 줏대 없는 인간이 된다. 부모 자식 간이라 해도 부모는 부모, 자식은 자식이다. 자식을 위해서 뜻을 굽혀가며 봉사할 필요는 없다. 좋다, 금후에 만약 돈이 없어 자식들이 충분한 교육을 받지 못한다면, 그것은 그 애들의 운명이다. 다행히 돈이 생긴다면 교육을 시키겠지만, 생기지 않으면 무학문맹으로 내버려 두겠노라고, 나는 마음속으로 결심했다. 하지만 상대방은 정말 호의를 갖고 이야기해준 것이고, 애당초 내 본심을 알 리도 없을 테니, 정중하게 감사를 표시하고 거절했다. 이런 대화가 오가는 동안, 눈앞에 아이들을 떠올리고 그 장래를 생각하는 한편 나 자신을 되돌아보기도 하면서, 마음이 흔들려 결정을 내리기까지 상당한 고민을 했다. 그 이야기는 그렇게 끝나고, 그 후에도 변함없이 착실하게 집안을 돌보며 집필에 열중하며 지내노라니, 의외로 벌이가 좋아 아직 두 아이가 외국에 갈 나이도 되기 전에 돈을 마련하게 되었다. 그래서 나는 아이들은 뒷전으로 미루고 나카미가와 히코지로(中上川彦次郎)*를 영국으로 보냈다. 히코지로는 나에게 하나뿐인 조카이고, 그쪽에서도 내가 유일한 삼촌이다. 다른 삼촌이 없고, 나 역시 히코지로 외에 조카가 없으니, 부자지간이나 마찬가지였다. 히코지로가 3~4년간이나 영국에 있는 동안 많은 돈을 썼지만, 그래도 나머지 아이들을 공부시킬 돈은 충분히 준비되었으므로 두 명 모두 미국에 6년간 유학을 시켰다. 지금 생각해도 몹시 만족스럽다. 정말 그때 돈을 받지 않은 것은 잘한 일이다. 받았더라면 평생 마음에 걸렸을 텐데 잘 판단했다고 지금도 이따금 떠올리면, 소중한 옥에 티를 남기지 않은 듯한 기분을 느낀다.

* 1854~1901. 후쿠자와의 조카. 게이오기주쿠에서 공부하고 그곳 교사로 근무하다. 메이지 7년 (1874) 고이즈미 신키치(小泉信吉)와 함께 런던에 유학했다. 귀국 후 공부성(工部省)에 근무하고, 외무성으로 옮겨 곤다이(權大) 서기관이 되었다. 그 후 지지신보사 사장, 산요(山陽) 철도 사장을 거쳐 미쓰이 은행 전무이사를 역임했고, 미쓰이 계열회사의 총리를 지냈다.

배표를 속이지 않다

이렇게 거액의 돈이 아니라 아주 사소한 것이라도, 슬쩍 얼버무려 넘기는 짓은 내 성격에 맞지 않았다. 메이지 9년(1876) 장남 이치타로와 차남 스테지로 둘을 데리고 가미가타(上方) 구경을 갔을 때였다. 장남은 열두 살, 차남은 열 살가량이었는데, 부자 셋이서 수행원도 없이 요코하마에서 미쓰비시(三菱) 회사의 우편선을 탔다. 뱃삯은 상등이 10엔인가 15엔이었다. 규정대로 지불하고 고베에 도착, 예전부터 알고 지내던 긴바 고헤이지(金場小平次)라는 돈야*(問屋)의 반토(番頭, 고용인의 우두머리. 지배인)에게 부탁해 배표를 샀다. 그런데 막상 승선하려 할 때 그 표를 받아보니, 어른표가 한 장에 어린이용 반액짜리가 두 장이었다. 그래서 반토를 불러 "아까 말했듯이 표는 어른이 두 장, 아이가 한 장이다. 뭔가 잘못된 듯하다. 바꿔주기 바란다" 하고 따지자, 반토는 침착하게 대답했다. "아니, 잘못이 아닙니다. 큰아드님의 연령도 들었습니다. 열두 살 2~3개월이면, 반액은 당연합니다. 규칙에는 만 열두 살 이상이라고 되어 있습니다만, 열서너 살에 어른요금을 내는 사람은 아무도 없습니다." 하지만 나는 납득할 수 없었다. "2~3개월이건 2~3일이건 규칙은 규칙이다. 반드시 규칙대로 지불하겠다"고 하자, 반토도 상당히 완고한 사람인지라 "절대로 그럴 수는 없습니다" 하며 고집을 부리는 것이었다. "아무튼 상관없다. 나는 내 돈으로 지불해야 할 금액을 지불하는 거고, 당신에게는 단지 주선을 부탁할 뿐이다. 아무 말 하지 말기 바란다" 하고는 몇 엔인가 돈을 지불하고, 승선전의 바쁜 상황에서 표를 바꾼 적이 있다. 이것은 그다지 특별한 경우가 아니라 내가 구입한 물품의 대금을 당연히 지불하는 것뿐이니, 세상사람들도 모두 그러하리라고 생각한다. 하지만 오늘 기차를 타보니,

---

* 원래는 도매업자라는 뜻이지만, 여기서는 선박하물 중계업자를 말한다. 항구에 드나드는 선박의 하물을 중계하는 한편 여행객의 승선 및 숙소를 알선하기도 했다.

이등차표를 가지고 일등열차에 타는 사람도 있는 듯하다. 예전에도 이등차표를 사서 일등열차에 타고 가나가와까지 간 놈이 있었다. 하코네에서 돌아오는 도중에 마침 그 열차를 타고 있던 나는 슬그머니 그 놈이 손에 쥐고 있는 이등차표를 보고는 정말 불쾌한 녀석이라고 생각했다.

번에서 지급하는 쌀을 사양하다

지금까지 이야기한 것만 들으면 어쩐지 내가 청렴결백한 사내처럼 보이지만, 별로 그렇지도 않다. 그토록 결백한 내가 번 당국에 대해서는 불량하달까 비열하달까, 뭐라 표현할 수 없는 짓을 한 것이다. 이야기가 좀 길어지겠지만, 내가 금전관계에 있어 몇 년 사이에 표변한 이유를 말해보겠다. 왕정유신 때 막부로부터 막신 모두에게 다음 세 가지 중 하나를 선택하라는 시달이 내려왔다. 첫째, 왕신(王臣)이 될 것인가, 둘째, 막신(幕臣)이 되어 시즈오카로 갈 것인가, 셋째, 귀농해서 평민이 될 것인가. 나는 물론 귀농하겠다고 대답하고는 그때부터 칼을 버리고 맨몸이 되었다. 이제까지 막부의 신하였다고는 하지만, 오쿠다이라로부터 후치마이(扶持米)를 받고 있었으므로 막신이면서 절반은 오쿠다이라가의 번신(藩臣)이었다. 그런데 이번에 본격적으로 귀농하게 되면 막부로부터 물건을 받을 일도 없을 뿐더러, 동시에 오쿠다이라가로부터 받고 있던 후치마이 6인분인지 8인분인지도 사양하겠다며 되돌려 보냈다. 당시에 내 생활은 근근이 연명하는 정도였지만, 살아갈 방도가 없지는 않으리라고 대충 기대하는 바는 있었다. 앞서 말한 것처럼 나는 그다지 돈이 필요하지 않았으며, 한편으로는 저역서를 내서 다소의 수입도 있었고, 또 전혀 헛돈을 쓰지 않으니 다소의 저축도 있었기에 빈털터리는 아니었다. 앞으로 병에 걸리지 않고 몸만 튼튼하다면 남의 신세 지지 않고 살아갈 수 있으리라고 생각했다. 그래서 남자답게 오쿠다이라가에 대해서도 후치마이를 거절했다. 그러자 오쿠다이라의 관리들은 오히려 이것을 좋지 않게 받아들였다. "그렇게까지 할 건 없다. 종전처럼 하자"고 하여 서로 한참 실랑이가 있었다. 기묘한 것은 이쪽에서 받겠다고 할 때는 좀처럼 주지 않다가, 필요 없다고 하니까 상대가 자꾸 강요하는 것이다. 그리고 결국에는 매정하다느니, 심지어는 번주에 대해 무엄한 짓을 하는 놈이라는 소리까지 듣게 되었다. 그러자 나도 고집이 생겼다. "그렇다면 받겠다. 받기는 하겠지만, 매달 그 후치마이를 도정해주면 좋겠다. 기왕이면 그 쌀로 밥이나 죽을 지어주면 더 좋겠다. 아니, 매달이 아니라 매일 그렇게 해주면 좋겠다. 모든 비용은 그 쌀에서 공제하면 되니까 그렇게 해달라. 그렇다면 괜찮겠느냐? 후치마이를 받지 않으면 무엄하고 괘씸하다는 소리를 듣는다. 번주님께 무엄한 죄를 범하면서까지 사양할 생각은 없으니, 감사히 받겠다. 소원대로 후치마이로 밥이나 죽을 만들어준다면, 나는 신센자의 우리 집 근처의 거지들에게 매일 아침 먹을 것을 줄 테니 오라고 공고를 붙이겠다. 내가 도노사마로부터 받은 것을 내 집 앞에서 가난한 사람들에게 나누어줄 생각이다." 이렇게 억지를 부리자 상대방도 입장이 난처했는지, 결국 내가 말한 대로 오쿠다이라 번과의 인연도 끊어지게 되었다.

자신의 번에 대해서는 비열함이 조선인 같다

이렇게 말하니까 내가 굉장히 고상하고 청렴결백한 군자처럼 보이지만, 이 군자의 본색을 전부 밝히면 큰 웃음거리가 될 것이다. 이것은 나뿐 아니라 동료 번사들도 마찬가지다. 아니, 동료 번사들만이 아니라 일본 전국 다이묘의 부하들도 대체로 마찬가지일 것이다. 번주로부터 물건을 받으면 배령(拜領)이라 하여, 이에 답례할 생각을 하지 않는다. 음식을 대접받으면 술도 달라며, 전혀 미안하단 생각도 없이 고맙다고 머리만 숙일 뿐이다. 사실은 인간 상호간의 교제라고는 생각하지 않았으니, 금전에 관한 것도 역시 그런 식이었다. 나카쓰 번에 대한 나의 태도는 돈을 사양하기는커녕 오로지 받아낼 궁리뿐이라, 무엇이건 좋다, 받을 수 있는 데까지 받아야겠다는 생각이었다. 한 냥이건 열 냥이건 어떻게든 받아내면, 어쩐지 사냥을 가서 먹잇감을 얻어온 듯한 느낌이 들었다. 차용이라는 형식으로 빌리더라도 내 것으로 여기고 돌려줄 생각은 전혀 하지 않았다. 일단 내 손에 쥐면 빌린 돈이나 받은 돈이나 마찬가지니, 나중 생각은 전혀 하지 않는다. 의리고 체면이고 없는 그 모습은 지금의 조선인이 돈을 탐하는 것과 전혀 다를 바 없다. 거짓말도 하고 아양도 떠는 등 갖가지 수단을 동원해서 번의 물건을 공짜로 가져갈 생각만 했으니 웃기는 일이다.

150냥을 챙기다

그런 예를 두세 가지 들어보겠다. 오바타와 그 외의 사람들이 에도에 와 있을 때 내가 모든 것을 책임지고 뒷바라지를 했는데, 물론 번에서 여기에 필요한 돈을 줄 리는 없었다. 나 혼자 이리저리 돌아다니며 갖은 궁리를 해서 필요한 돈을 마련했다. 예를 들면 요코하마에 지금과 같은 영자신문이 있었는데, 1주일에 한 번씩 발행하는 그 신문을 구해다가 번역해서 사가 번과 센다이 번 등 몇몇 루스이(留守居)에게 그것을 팔기도 했다. 또 내가 외국에서 갖고 온 원서 중 불필요한 것을 파는 등 갖가지 방안을 모색했지만, 뒷바라지를 해야 하는 서생의 숫자가 워낙 많다 보니 그 정도로는 도저히 감당할 수 없었다. 그러다 당시 에도의 번저(藩邸)에 돈이 있다는 이야기를 듣고, 즉시 적당한 구실을 만들어냈다. 몇 월 몇 일경 무슨 이유로 내 수중에 돈이 들어오기로 약속되어 있다는 그럴싸한 거짓말을 꾸며 가로(家老)를 찾아갔다. 연신 굽실거리며 이러이러하니 잠시 150냥만 빌려달라고 가볍게 부탁하자, 헨미 시마(逸見志摩)라는 정직하고 마음씨 좋은 가로는 "잠시라면 빌려주어도 좋지 않겠냐"는 애매한 대답을 했다. 그 대답을 듣자마자 즉시 그 밑의 모토지메 역(元締役)인 부교에게 달려갔다. "방금 가로이신 시마 님께 이런 말씀을 드리자, 빌려줘도 괜찮다는 말씀을 하셨으니 오늘 그 돈을 받고 싶다"고 하자, 부교는 의심을 품고, "그게 언제 얘긴지 모르지만 아직 위로부터 지시가 없다"며 이상하다는 표정을 지었다. "설령 지시가 없었더라도 이미 이야기가 끝난 일이니 그냥 돈을 주기만 하면 된다. 별로 어려운 일이 아니다"라고 설득하자, "가로께서 그렇게 말씀하셨다면, 돈이 없는 것은 아니다. 별 문제는 없을 거다" 하며 또 애매한 대답을 하는 것이었다. 하지만 이쪽은 이미 확약을 받은 거라 생각하고, 그 길로 다시 그 아래 직책인 모토지메코긴미(元締小吟味)에게 달려갔다. 이 모토지메코긴미가 사실 그곳 금고의 열쇠를 갖고 있는 사람이었다. "지금 당장 돈을 내주길 바란다. 이러이러하게 된 일이니 절대로 당신에게 누를 끼치는 일은 없을 것이다. 정당한 절차이고, 불과 3개월만 지나면 내 손에 확실히 돈이 들어오니까 곧바로 갚겠다." 그리고는 아주 손쉽게 번갯불에 콩 볶아 먹듯, 관리들끼리 그 문제를 의논하기도 전에 150냥이라는 거금을 낚아챘다. 그 당시는 마치 용궁의 구슬이라도 손에 쥔 듯한 기분이었고, 더욱이 그 구슬을 용궁에 돌려줄 생각은 티끌만큼도 없었다. 내가 생각해도 정말 못된 놈이다. 그 돈으로 1년가량 편안하게 지낸 적이 있다.

원서를 구실로 돈을 벌다

또 언젠가 가로 오쿠다이라 이키에게 원서를 갖고 가서 사달라고 부탁했더니, 이 가로는 상당한 지식인이라 "이건 좋은 원서다. 아주 비싼 물건인 듯하다" 하며 칭찬을 하는 것이었다. 이쪽은 상대방의 심리를 잘 알고 있었다. 유익한 책이고 가격은 싼 편이라며 억지를 부려봤자, 그렇다면 다른 곳에 가져가서 부탁하라고 말할 게 뻔했다. 그래서 그의 말을 역이용해 "그렇습니다. 꼭 필요한 원서이기는 하지만, 이 책을 제가 오쿠다이라 님께 사달라고 부탁드리는 것은 그 대금을 받아서 돈은 제가 쓰고 원서는 빌려서 읽겠다는 속셈으로, 솔직히 말씀드려서 돈을 공짜로 받으려는 술책이었습니다. 이렇게 솔직하게 마음속을 털어놓으니, 부디 이 원서를 명목으로 돈을 주십시오. 한마디로 말씀드려, 저는 겉만 번지르르한 거지, 동냥꾼이나 마찬가지입니다" 하고 고백하니, 가로의 입장에서도 어쩔 수가 없었다. 예전에 가로가 자기 소유의 원서 한 권을 오쿠다이라 번에 스무 몇 냥인가에 판 적이 있다는 사실을 얻어듣고 내가 간 것이었기 때문이다. 만약 거절하면, 당신은 어땠냐며 소동을 부릴 배짱이었다. 마치 협박이나 다름없으니 가로도 어쩔 수 없이 승낙했고, 나 역시 그 원서를 명목으로 선례에 따라 스무 몇 냥의 돈을 받았다. 그 중 15냥은 고향의 어머니에게 보내 잠시나마 어려움을 극복할 수 있었다.

인간은 사회의 벌레다

이런 식으로 그야말로 비열하다고밖에 할 수 없는 나쁜 짓을 하고도 전혀 부끄러워하지 않았으며, 그것이 해서는 안될 짓이라고 생각한 적도 없다. 받아내지 못하면 손해라는 생각에, 사냥을 가면 참새보다는 기러기를 잡는 쪽이 낫다라는 식의 심정으로 간단히 거금을 챙기고는 마음속으로 은근히 자랑스럽게 생각했으니 정말로 비열한 짓이다. 원래 내 성질이 그렇게 비열하다고는 생각지 않는다. 제법 가풍도 나쁘지 않은 집에서 태어나 어릴 때부터 심성이 올바른 어머니의 교육을 받으며 자라서, 남들과 어울리며 욕심에 눈이 먼 짓은 하지 않으리라고 작정하고 있던 자가 무슨 까닭에 자신의 번에 대해서는 그토록 파렴치했는지 정말 까닭을 알 수 없다. 그러고 보면 인간이란 정말 사회의 벌레임에 틀림없다. 지금의 사회가 이대로 지속된다면 그 벌레가 벌레를 낳는 행위가 끝없이 반복될 테니, 이 구더기 즉 습관의 노예가 어느 순간 면모를 일신하려면 사회 전체에 커다란 변혁과 격동이 있어야 하리라고 생각했다. 그래서 300년의 막부가 붕괴한 것이라면, 이것은 일본사회의 대변혁이다. 따라서 내 몸도 이제는 꿈에서 깨어나 번에 대한 마음가짐도 새로이 해야 한다. 이제까지 내가 번에 대해 부끄러운 짓을 한 것은, 필경 번의 도노사마를 높이 떠받들며 결국엔 인간 이상의 존재로 여기고, 그 재산이 무한한 공유물이기라도 한 것처럼 생각했기 때문이다. 그래서 나 자신도 모르는 사이에 비열한 인간이 되고 만 것이다. 이제부터 번주도 평등한 인간이라는 신념을 품고 보니, 그 평등주의에도 불구하고 물욕을 부리는 것은 사내답지 못하다는 사실을 깨닫게 된 듯하다. 그 당시는 별다른 생각을 한 것도 아니고 결심을 한 것도 아니지만, 내 마음의 변화는 엄청나게 컸다. 무슨 이유에서 예전에는 번에 대해 그토록 비열했던 사내가 훗날에는 모처럼 주겠다는 후치마이조차 완강히 사양하게 된 것일까? 사양하지 않더라도 비웃을 사람은 없는데, 전혀 딴 사람이 된 듯, 얼마 전까지 마치 조선인 같았던 녀석이 주겠다는 물건을 기세등등하게 마다하고 백이숙제(伯夷叔齊)* 같은 고결한 선비로 변모한 것은 정말로 대단한 변화였다. 남의 이야기가 아니라 나 자신이 의아하게 생각되었다. 필경 봉건제도의 중앙정부를 타도하자, 그와 더불어 개인의 노예근성도 일소되었다고 해야 할 것이다.

중국의 문명개화를 기대하지 말라

좀 커다란 문제로 중국에 관한 이야기를 꺼내보겠다. 중국의 현재 모

---

* 백이와 숙제는 형제로 고대 중국 주나라 무왕이 은나라를 치려 할 때 반대했지만 그 뜻을 받아주지 않자, 주나라 곡물을 먹는 것이 부끄럽다며, 수양산에 숨어 고사리만 먹고 지내다가 결국은 굶어죽었다.

습을 보면, 아무래도 만청(滿淸)정부를 그대로 존립시키고 중국인을 문명개화로 인도한다는 것은 그야말로 무익한 이야기다. 혹시나 이 늙은 정부를 뿌리째 뽑아버리고 처음부터 새로 시작한다면 인심이 바뀔 수도 있을 것이다. 정부에 아무리 훌륭한 인물이 나오더라도, 100명의 리훙장(李鴻章)이 나오더라도 어쩔 도리가 없다. 그 인심을 새롭게 하고 나라를 문명국으로 만들려면, 일단은 시험 삼아 중앙정부를 무너뜨리는 것 외에 묘책이 없을 것이다. 중앙정부를 무너뜨리면 과연 일본의 왕정유신처럼 모든 것이 잘 풀릴지는 확신할 수 없지만, 일국의 독립을 위해서라면 시험 삼아서라도 정부를 무너뜨리는 데 주저할 필요가 없다고 본다. 나라의 정부인지, 정부의 나라인지, 그 정도는 중국인도 알고 있을 것이다.

옛 번의 평온에는 그럴 만한 이유가 있다

돈에 얽힌 사연에서 점점 확산되어 이야기가 길어졌지만, 내친김에 나카쓰 번에 관해 좀 더 할 이야기가 있다. 앞에서도 말했듯이 나는 근왕좌막이라는 세상의 정치론에는 전혀 관여하지 않았을 뿐 아니라, 오쿠다이라 번의 번정에 대해서도 매우 담박한 입장이었다. 그 덕분에 무척 유쾌한 일도 있었다. 왕정유신의 개혁이 단행되었을 당시 제번의 사정을 보면, 근왕좌막의 논쟁이 한창이라 툭하면 옛 막신들을 할복하게 만들거나, 큰 영단을 내려 번정 개혁을 한답시고 쟁론이 벌어져 당파가 갈리고 피를 흘리기 일쑤였다. 어느 번이건 십중팔구 마찬가지였다. 그 무렵 만약 내가 정치적 공명심이 있어 번에 가서 좌막이니 근왕이니 하는 소리를 꺼냈더라면 틀림없이 한 차례 소동이 일었을 것이다. 그러나 나는 입을 다문 채 전혀 발언하지 않았다. 남들이 이런저런 소문을 이야기하면, "그렇게 법석을 피울 거 없다. 그냥 내버려 둬라" 하며 극히 담박한 입장을 취하고 있었기에, 나카쓰 번 내부는 아주 평온했다. 살인사건은 물론이고 아무런 사고도 없었던 것은 그 덕분이었으리라 생각한다. 살인사건은 고사하고 남을 시기하는 일조차 없었다.

번의 주요 관리들에게 인순고식을 권하다

메이지 3년(1870) 나카쓰에 어머니를 모시러 간 적이 있다. 그런데 그 당시는 번정도 크게 바뀌어, 후쿠자와가 도쿄에서 왔으니 이야기를 들어봐야 되지 않겠냐는 다수의 의견이 있어 가로의 저택으로 불려갔다. 번의 중책을 맡고 있다고 할 수 있는 관리들은 빠짐없이 모여 있었다. 내가 왔으니 틀림없이 대단한 이야기가 있으리라고 기대하는 듯했다. 내가 출석하자, 이들이 "앞으로 번은 어떻게 하면 좋을까? 방향을 잃고 오리무중 상태라서 걱정이다" 하고 묻기에 이렇게 대답했다. "아니, 이 문제는 굳이 손 댈 필요가 없다. 흔히들 제번에서는 봉록을 균일하게 하자는 문제로 몹시 시끄러운 모양인데, 내 생각에는 아무것도 하지 말고 현재 그대로 하는 게 좋겠다. 천 석을 받고 있는 사람은 천 석, 백 석을 받고 있는 사람은 백 석, 조금도 동요하지 말고 느긋하게 지내는 게 상책이다." 그러고는 그 이유를 자세히 설명하자, 자리에 늘어앉은 관리들은 놀라움을 금치 못함과 동시에 정말로 온건한 소리를 하는 사람이로구나 하는 표정을 보이며 만족스러워했다.

무기 매각을 권유하다

그리고 이야기가 한창 진행되었을 무렵, 나는 한 가지 주문을 했다.

"방금 말한 대로 봉록도 신분도 옛날 그대로 두는 게 좋을 것이다. 그렇지만 한 가지 충고를 하고 싶은 게 있다. 지금 이 나카쓰 번에는 소총도 있고 대포도 있으니, 무력으로 나라를 지키려는 의향은 충분히 알겠다. 그러나 지금의 번사들과 이 번에 있는 무기로 과연 전쟁을 할 수 있을지, 나는 아무래도 불가능하리라고 생각한다. 그러니 오늘 당장 조슈 사람들이 불쑥 쳐들어오면 거기에 굴복할 수밖에 없다. 또 삿슈의 병력이 공격해 오면 여기에도 저항할 능력이 안되니 삿슈를 따르는 수밖에 없다. 참으로 걱정스럽다. 이것을 적절한 말로 표현하자면, '약번(弱藩)무죄 무기유죄'라고 할 수밖에 없다. 그러니 차라리 무기를 모두 팔아버렸으면 싶다. 보아 하니 대포는 모두 크루프(Krupp, 독일의 무기제조업체) 제품이다. 지금 이것을 팔면 3천 내지 5천 엔, 어쩌면 1만 엔이 될지도 모르니 몽땅 팔아치우고 옛 류큐(琉球, 지금의 오키나와)처럼 지내는 게 좋겠다. 그러고는 조슈가 공격해 오면 '네, 네' 하고, 또 삿슈가 쳐들어오면 '네, 네' 하다가 이래라저래라 시키면 '제발 조슈측에 가서 직접 이야기해주십시오' 하고, 또 상대가 조슈라면 '부디 삿슈에 가서 직접 담판하시길 바랍니다' 하면 된다. 그렇게 모든 책임을 상대편에 떠넘기고, 이쪽은 아무래도 좋다는 식으로 나가는 게 바람직할 것이다. 그렇다고 해서 죽이지도 않을 것이고 포박하지도 않을 테니, 내 말대로 하는 게 좋을 것이다. 또 한편으로 어차피 이 세상은 문명개화가 될 테니, 학교를 세워서 문명개화가 무엇인가를 번 내의 아이들에게 가르치도록 방침을 세우는 게 가장 중요하다. 이런 방침을 세우고 무기를 팔아버리는 게 너무 실리만 추구하는 것처럼 보인다면, 이렇게 하는 수도 있다. 지금 내가 도쿄의 사정을 판단하건대, 신정부는 육해군을 대대적으로 개혁하고 싶어도 자금이 부족해서 고민 중이다. 그러니까 종이 한 장에 청원서건 신고서건 작성해서 제출해보는 것도 좋겠다. 지금 나카쓰 번은 무기를 처분한 덕분에 매년 몇 만 엔이라는 잉여자금이 발생하고 있다. 이 돈을 상납할 테니 정부측에서 적당히 사용하기 바란다고 하면 육해군에서는 무척 반길 것이다. 정부의 입장에서 보면, 300개나 되는 제번의 다이묘들이 각각 나름대로 무기를 만들고 군대를 거느리고 있으니 감당할 수가 없을 것이다. 어떻게든 통일시키고자 하는 게 정부의 정략으로 결정되지 않았는가? 그런데 여기는 크루프제 대포이고, 이웃은 암스트롱(Armstrong)제 대포이고, 또 다른 곳은 프랑스제 소총이고, 이쪽은 옛날에 네덜란드에서 수입한 게베런(Geweren)제를 보유하고 있으니, 일본 전국의 병비(兵備)가 천차만별이라 정부로서는 만약의 사태가 벌어져도 전쟁을 할 수가 없는 상황이다. 그러니 돈을 상납하는 게 좋다. 그러면 정부에만 유리한 게 아니라 나카쓰 번도 충분한 안정을 보장받게 된다. 소위 일거양득의 방책이니 그렇게 하기를 바란다." 나는 이렇게 말했다.

무사의 비무장
그런데 나의 제안에 모두들 결사 반대였다. 병무담당 관리가 서너 명이나 있는 가운데, 특히 스가누마 신고에몬(菅沼新五右衛門)*이라는 사람이 크게 반발했다. 만장일치로 "그럴 수는 없다. 말도 안된다. 무사에게 무장을 해제하라니, 그것만큼은 도저히 할 수 없다"고 하기에, 나는 별달리 설득하려 들지 않고 "불가능하다면 하지 마라. 아무래도 좋다. 마음대로 해라. 단지 나는 그렇게 하는 게 유리할 것이라고 생각했을 뿐이다" 하며 말을 끝내버렸다. 그러나 내가 그 정치론에 열을 올리지 않은 덕분에 나카쓰 번사들이 부상을 당하지 않은 것은 틀림없는 사실이니, 번을 위해 좋은 일을 한 셈이라 하겠다. 게다가 나카쓰 번에서는 봉록을 감하지 않았을 뿐 아니라, 평균적으로 보면 봉록이 증가한 사람도 있었다. 일단은 재정이 아주 좋았던 것이다. 예를 들면 내 아내의 고향†에서는 250석 외에도 3,000엔 상당의 공채증서를 받았고, 내 아내의 언니 집인 이마이즈미[今泉, 히데타로(秀太郎)를 말한다]는 350석인가 받으면서 공채증서를 4,000엔이나 받았다. 하지만 번사가

---
* 도모반(供番)이라는 조시(上士)로서 봉록 200석, 야카타부교(館奉行)로 근무했다. 풍전류관술(風傳流館術), 고슈류군학(甲州流軍學), 서양식 소총술 등을 수련했다고 한다.
† 당시의 당주(當主)는 도키 겐노스케(土岐謙之助). 신분은 도모반.

받는 봉록과 채권이라는 것은 부정하게 얻은 재물이 오래가지 못하듯 씀씀이가 헤픈 관계로 결국 아무것도 남지 않았다. 아무튼 나카쓰 번이 안정되어 있었던 것은 틀림없는 사실이다.

장사법을 모르다

이야기는 처음으로 돌아가, 다시 돈 문제에 관해 언급하겠다. 나는 금전을 아주 중요하게 여기지만 상거래에 관해서는 문외한이었다. 이때 문외한이란 정말로 상거래의 취지를 모른다는 게 아니라 본질은 대충 알고 있으면서도 스스로 나서서 거래하는 것은 귀찮고 번거로워 마음이 내키지 않다는 것이다. 또한 옛 사족서생의 기풍으로, 금전적 이득을 취하는 것은 군자의 도리가 아니라는 가르침이 머리에 각인되어 있어서 장사를 부끄러운 짓처럼 여기는 고정관념이 몸에 배어 있었다. 에도에 처음 올라왔을 때, 같은 번의 선배인 오카미 히코소(岡見彦曹)라는 사람이 네덜란드어 사전의 원서를 번역해서 한 권당 다섯 냥에 팔고 있었다. 당시로서는 저렴한 가격이라 원하는 사람도 많았는데, 내가 주선해서 친구에게 한 권 사게 하고 그 대금 다섯 냥을 오카미에게 가져갔더니, 놀랍게도 그가 금 1부를 종이에 싸서 주는 것이었다. 이건 무슨 일인지 전혀 영문을 알 수 없었다. 책을 소개해서 팔아준 대가라니 놀라울 뿐이었다. 아마도 나를 어린 서생이라 업신여기고 인심을 쓴 것이리라, 괘씸한 짓을 하는구나 하는 생각에 마음속으로 은근히 화가 치밀어 정색을 하며 언쟁을 벌인 일이 있다. 물건을 매매할 때 수수료가 있다는 건 조닌들의 이야기지, 서생의 입장에서는 전혀 아는 바가 없었던 것이다.

부삽을 사다가 화폐법의 잘못을 깨닫다

이런 것들은 단지 서생의 일신상 문제와 직결된 일일 뿐이다. 그런데 경제이론에 있어서는 당시 조닌들도 모르는 부분에 생각이 미친 적이 있다. 어느 날 나는 가지바시소토(鍛冶橋外)의 철물점에 가서 밑받침이 달린 부삽(난로용 석탄을 퍼 나르는 데 쓰는 삽)을 샀다. 가격은 12몬메(匁, 돈)였는데, 무슨 연유에서인지 수행하던 자에게 돈을 맡기고 있었다. 12몬메면 대충 1관(貫) 200~300몬*으로, 그 돈을 가게 주인에게 지불하면서 나는 문득 느낀 바가 있다. 이 돈의 무게는 대충 700~800돈에서 1관이나 된다. 그런데 돈을 주고 산 부삽은 2~3돈밖에 되지 않는다. 돈도 부삽도 똑같은 구리인데, 통용되는 화폐는 싸고 판매되는 물건은 비싸다. 이것이야말로 경제법의 큰 잘못이다. 이런 상황이 오래 계속되면 돈을 녹여 부삽을 만드는 편이 이득이다. 일본의 돈 가격은 급등할 것이 틀림없다는 결론을 내렸다. 한 걸음 더 나아가 금화와 은화의 가치 및 성질을 비교해보면, 서양에서는 금과 은의 비율이 1대 15인데, 일본의 화폐법은 크게 잘못된 것이라 할 수 있다. 내가 나서서 말할 것도 없이, 외국의 상인들은 개국과 더불어 오반코반(大判小判)†을 수출해서 이익을 챙기고 있다는 소문이다. 그래서 나도 알고 지내는 부자에게 권해 금화를 사게 한 적이 있다. 하지만 남에게 귀띔만 해줄 뿐, 나 자신이 어떻게 해보겠다는 생각은 전혀 하지 않았다. 다만 내가 기억하기에 안세이 6년(1859) 겨울, 미국에 가기 전 어떤 사람에게 금은에 관한 이야기를 했는데, 그 이듬해 귀국해보니 그 사람이 많은 이익을 봤는지, 답례를 하겠다며 개수도 세어보지 않고 내 한 손에 잇슈긴(一朱銀)#을 잔뜩 쥐어주었다. 사양할 것까지는 없기에, 즉각 친구를 데리고 요릿집에 가서 마음껏 술을 대접한 적이 있다.

---

* 가격이 은(銀) 12돈인데, 이것을 동전(銅錢)으로 계산하면 1관 200~300몬이 된다는 계산이다.
† 에도 시대 말기까지 통용되던 일본의 금화. 고반은 한 냥의 가치가 있고, 오반은 고반 10개의 가치가 있다.
# 에도 시대부터 메이지 초까지 세 차례에 걸쳐서 발행된 은화.

부기법을 번역했어도 부기를 볼 줄 모르다

대충 이런 정도였지만, 그래도 유신 후 일찍이 『손익계산법』이라는 부기에 관한 책을 번역한 적이 있다. 오늘날 발행되는 부기 책은 모두 내가 번역한 책을 참고해서 쓴 것이다. 그러니 나는 부기의 전문가여야 한다. 그런데 학자의 생각과 장사꾼의 생각이 다른 것인지, 나는 부기법을 실제로 활용하지 못할 뿐 아니라 남들이 기록한 장부를 봐도 전혀 이해하지 못한다. 잘 생각해보면 모를 것도 없다. 분명히 알 수 있지만, 단지 귀찮아서 그런 짓을 할 생각이 없다. 그래서 주쿠의 회계라든가 신문구독료라든가 무엇이건 복잡한 돈 계산은 모두 남에게 맡기고, 나는 단지 그 전체를 총괄해서 숫자만 볼 뿐이다. 이런 식이라면 장사를 할 수 없으리라는 것은 나도 알고 있다. 예를 들면 주쿠의 서생 중에는 학자금을 갖고 와서, 매달 필요한 만큼 받아 가고 싶으니 맡아달라는 사람들이 있다. 지금은 귀족원 의원인 다키구치 요시로(瀧口吉良)*도 과거 서생시절에는 그런 사람 중 하나였다. 몇 백 엔쯤 되는 돈을 내게 맡겨뒀는데, 나는 그 돈을 옷장 서랍에 넣어놓고는 매달 그가 받으러 오면 10엔이건 20엔이건 필요한 만큼 건네주고, 나머지는 다시 종이에 싸서 간직해뒀다. 그 돈을 은행에 맡겨서 운용하면 유리하다는 사실을 모르는 게 아니라, 잘 알고 있지만 그것을 행동으로 옮길 수가 없었다. 은행에 맡기는 건 고사하고, 맡고 있는 돈을 잠깐 사용하고 다시 돌려놓는 것조차 꺼렸다. 아무래도 이것은 타고난 번사의 근성이거나, 아니면 서생시절부터 책상서랍에 돈을 넣어놓고 쓰던 버릇의 연장일 것이다.

차용증서가 있다면 100만 엔을 주겠다

어느 날 금융계의 요인이 나를 찾아왔다. 우연히 돈 이야기가 나왔는

---

* 1858~1935. 야마구치 현 출신. 귀족원과 중의원 양원 모두에서 의원직을 맡은 경험이 있고, 몇몇 회사의 중역을 지냈다.

데 그가 정말 복잡하고 골치 아픈 설명을 해댔다. "도무지 복잡해서 알 수가 없군. 이 돈을 저쪽에 사용하고 저쪽 돈을 이쪽에 돌려준다는 말인데, 남에게 빌려줄 돈이 있다면 빌리지 않아도 될 것이다. 장사꾼이 남의 돈을 빌려서 장사한다는 사실은 나도 잘 알고 있지만, 적어도 남에게 돈을 빌려준다는 것은 남는 돈이 있기 때문이다. 설령 장사꾼이라 해도 빌려줄 돈이 있으면 가능한 한 그것을 자신이 운용하고, 남의 돈은 될 수 있으면 빌려 쓰지 않는 게 옳지 않은가? 그런데 자신에게 자본이 있으면서도 일부러 남의 돈을 빌리다니 부질없는 짓이다. 공연한 고생을 하는 거다." 내가 이렇게 말하자, 그 사람은 크게 웃으며 말했다. "이거 정말 기가 막히는 소리를 하는군. 장사꾼이란 원래 복잡하게 얽히고설킨 거래 속에서 갖가지 돈벌이가 생기는 법인데, 그런 어리석은 짓을 할 수는 없다. 장사꾼만이 아니라, 절대로 남의 돈을 빌리지 않고 어떻게 이 세상을 살아갈 수 있겠는가? 그런 사람이 어디 있단 말인가?" 그러면서 나를 조롱하기에 그때 처음으로 문득 깨달았다. "지금 이야기를 듣자 하니, 이 세상에 돈을 빌리지 않는 사람이 어디 있냐고 하지만, 그런 사람이 여기에 있다. 나는 이제껏 단 한 번도 남에게 돈을 빌린 적이 없다." "그런 말도 안되는 소리 하지 마라." "아니, 정말로 빌리지 않았다. 태어나서 50년간〔이것은 14~15년 전의 일이다〕 남의 돈을 한 푼도 빌린 적이 없다. 그게 거짓이라면, 내 도장이 찍힌 증서가 아니라 종이쪽지라도 좋으니 한번 찾아와 봐라. 내가 100만 엔을 줄 테니까. 아마도 없을 거다. 일본 전국에 후쿠자와라고 적힌 차용증서는 존재하지 않을 테니까." 이렇게 이야기를 했는데, 그때 나도 처음으로 깨달았다. 태어나서 지금까지 한 번도 돈을 빌린 적이 없는 것이다. 내 입장에서 보면 극히 당연한 일이지만, 세상 사람들이 보기에는 전혀 그렇지 않을지도 모르겠다.

돈을 맡기는 것도 번거롭다

나는 지금도 다소의 재산을 소유하고 있기는 하지만 계산방식은 지극히 간단하다. 이 돈을 누구에게 갚아야 한다거나, 이 돈을 다른 쪽으로 잠시 돌려서 써야 한다거나 하는 따위의 일은 전혀 없다. 그러니 일시적으로 200엔이나 300엔의 돈이 수중에 있다 하더라도 신경 쓰지 않는다. 그 돈을 은행에 맡기고 필요할 때 수표로 지불하면 이자가 붙는다는 사실은 나도 잘 알고 있고, 앞으로는 모든 사람들이 그렇게 하면 좋겠다고 생각한다. 하지만 막상 나 자신은 실행하기가 귀찮다. 그런 일로 우왕좌왕하느니, 돈을 그대로 간직해뒀다가 지불할 때 지폐를 세서 주고 있다. 나도 아내도 그런 식으로 생각하고 있으므로 서랍 속에 돈을 간직해뒀다가 사용하는 봉건 무사의 관행대로 할 뿐, 최신의 금융법은 마치 다른 세계의 일처럼 여겨지니 내 집과는 전혀 무관하다.

절대로 불평을 하지 않다

세상 사람들이 나에 대해 추측하는 것을 다시 내가 추측해보면 아무래도 그들의 생각이 결코 틀리지 않는 것 같다. 무슨 얘긴가 하면, 나는 젊을 때부터 '난처하다'는 말을 단 한 번도 한 적이 없다. 정말로 다사다난해서 돈 나갈 곳이 많으니 난처하다든가, 금년에는 이런 불의의 사태가 벌어져 애를 먹고 있다는 식의 말을 단 한 번도 입 밖에 낸 적이 없다. 내 눈에는 남들이 이상하게 보인다. 세상 사람들 대부분이 툭하면 가난해서 못 살겠다는 둥, 돈이 없어서 꼼짝도 못하겠다는 둥, 힘이 나지 않는다는 둥, 내 뜻대로 되지 않는다는 둥 불평을 하는데, 혹시 남들이 돈을 빌려주길 바라며 하는 소리인지, 아니면 농담 삼아 하는 소리인지, 말이 나온 김에 하는 소리인지, 내 눈으로 보면 무슨 소리를 하는 건지 전혀 까닭을 알 수 없었다. 자신에게 돈이 있건 없건 남들과는 전혀 상관이 없다. 내 방식으로 말하면, 돈이 없으면 안 쓰고, 있더라도 이유 없이 낭비하지 않는다. 많이 쓰건 적게 쓰건 일절 남의 신세를 지지 않는다. 쓰고 싶지 않으면 쓰지 않고, 쓰고 싶으면 쓴다. 남들에게 상의하려는 생각도 전혀 하지 않고, 남의 간섭을 받을 생각도 없다. 빈부고락(貧富苦樂) 모두 독립독보(獨立獨步), 무슨 일이 있어도 난처하게 되었다며 우는 소리를 하는 일 없이 언제나 유유자적하니, 범속한 세계에서는 그런 모습을 보고 틀림없이 부자일 거라 추측하는 사람도 있을 것이다. 그러나 나는 또 그렇게 추측하는 사람이 있건 없건, 그 추측이 맞건 틀리건 전혀 구애받지 않고 변함없이 유유자적하게 지내고 있다.

지난해에 소득세법이 처음 발포되었는데, 재미있는 일이 있었다. 구내(區內)의 소득세 담당인가 뭔가 하는 사람이 내 집 재산을 대충 70만 엔이라고 산정해서 세금을 부과하겠다며 귀띔해주었다. 그래서 나는 그에게 "부디 지금 한 말을 잊지 말게. 당신이 보는 앞에서 후쿠자와 일가는 완전히 발가숭이로 집을 나갈 테니, 내 재산을 70만 엔에 사주기 바라네. 막연한 평가는 곤란하니까 현금으로 거래하고 싶어. 그러면 평생 처음으로 큰돈을 벌게 될 테니 아마도 여생이 편안하겠지" 하며 크게 웃은 적이 있다.

타인에게 개인적인 부탁을 하지 않다

내가 금전문제에 관해 고지식하고 소심하며 대담하게 행동하지 못하는 것은 타고난 성격이거나, 아니면 주위 환경 때문에 저절로 몸에 밴 것으로 생각된다. 금년에 예순다섯 살이 되지만, 스물한 살 때 집을 떠난 이래 스스로 자기관리를 했고, 스물세 살 때 형님을 잃은 뒤로는 노모와 질녀 두 사람의 신상을 책임지게 되었으며, 스물여덟 살에는 아내를 맞아 아이를 낳고 일가의 책임을 내 한 몸에 짊어지게 되었다. 하지만 지금까지 45년간, 스물세 살 겨울에 오사카의 오가타 선생에게 가난을 호소하여 큰 은혜를 입었을 뿐, 그 외에는 전혀 나 자신이나 집안 문제를 남들과 상의한 적도 없거니와 부탁한 적도 없다. 남의 지혜를 빌리거나 지시를 받으려 하지도 않았고, 인간만사 그 운은 하늘에 달려 있다고 믿는 한편으로, 맡은 바 임무는 철저히 수행하면서 최대한 많은 사람들과 교제했다. 또 남의 원한을 산 적도 없고, 남에게 권하거나 남의 동의를 구하는 일은 남들만큼 하면서도, 그래도 뜻한 바가 이루어지지 않을 때는 더 이상 매달려 애원하지 않았다. 그저 처음으로 되돌아와 혼자 조용히 체념할 뿐이다. 결국 남의 노력에 기대하지 않는 것이 내 소신으로, 그런 소신을 언제부터 갖게 되었는지는 나도 잘 기억하지 못하지만 어렸을 때부터 그렇게 결심하고 있었다. 아니, 결심했다기보다도 그런 버릇이 있었다고 생각된다.

안마를 배우다

나카쓰에서 열여섯 열일곱 살 무렵, 시라이시(白石)라는 한학 선생의 주쿠에서 함께 공부하던 숙생 중에 의사인지 승려인지 하는 두 사람이 있었는데, 몹시 가난했던 그들은 안마를 하며 생계를 이어갔다. 그때 나는 어떻게 해서든 고향에서 벗어나려고 하던 참이라, 이것을 보고 크게 자극을 받았다. '이거 좋은데. 한 푼도 없이 고향을 떠나더라도 유사시에는 안마를 하면 일단 밥은 먹을 수 있겠구나' 하는 생각에, 그 두 사람에게 안마기술을 배워 연습을 거듭한 결과 상당한 솜씨가 되었다. 다행히도 그 후 안마 솜씨에 의존할 정도의 어려움은 겪지 않고 무사히 지냈지만, 몸에 익힌 재능은 쉽사리 잊어버리지 않는 법이라서 지금도 시골의 보통 안마사보다 솜씨가 낫다. 온천장에 가면 아내와 아이들을 주물러서 즐겁게 해주곤 한다. 이런 것이 아마도 평소에 자력자활하는 나의 모습이라 할 수 있지 않을까? 이것이 만약 고인(故人)의 전기를 쓰는 거라면 아무개 씨는 일찍부터 자립의 큰 뜻을 품고 몇 살 나이에 그 주쿠에서 안마법을 배워 운운하며 그럴싸하게 늘어놓겠지만, 당시의 나는 불과 열여섯 열일곱의 나이라 큰 뜻이고 뭐고 없었다. 단지 가난뱅이 주제에 학문은 쌓고 싶은데 남에게 이야기해보았자 도와줄 기미도 없으니, 어쩔 수 없이 안마라도 배워야겠다고 작정했던 것이다. 대체로 인간의 야망은 그 몸이 처한 상황에 따라 커지기도 하고 작아지기도 하는 법이라서, 어릴 때 무슨 말을 하고 무슨 짓을 하건 그 언행이 반드시 평생을 좌우하는 것은 아니다. 다만 선천적인 유전이나 교육 정도에 따라 끈기 있게 노력하고 방황하지 않는 자가 승리하는 것이라고 생각한다.

일생일대의 투기

내가 상거래에 문외한이기는 하나 내 평생 단 한 번 크게 투기를 해서 운 좋게 성공한 적이 있다. 막부시대부터 집필에 열중한 나는 책의 제작과 판매를 서점에 일임했다. 그런데 에도의 서점이 모두 나쁜 것은 아니지만 유달리 사람을 업신여기는 풍조가 있었다. 출판물의 초고가 완성되면 그 원판을 만드는 것도, 판목 및 인쇄 기술자를 고용하는 것도, 또 제작용 종이를 구입하는 것도 모두 서점이 도맡아서 하니, 비용이 비싸건 싸건 서점의 뜻대로 하고 대부분의 저자는 배당금을 받는 것이 종래의 관례였다. 그런데 내 원고를 보니 제법 상당한 분량이어서, 그것을 남에게 맡겼다가는 불이익을 당할 게 뻔했다. 서점 녀석들에게 대단한 지혜가 있는 것도 아니다. 능력이 뻔한 조년이다, 어쨌든 모든 권한을 빼앗아 내가 장악해야겠다 하고 결심했다. 그런데 결심한 것은 좋지만 너무 막연해서 어떻게 시작해야 좋을지 엄두가 나지 않았다. 우선 첫째로 직인을 모집해야 한다. 지금까지는 서점이 중간에 있어서 모든 직인은 저자의 직속이 아니라 강 건너에 있는 느낌이었다. 그들을 이쪽의 직속으로 삼는 것이 당장의 급선무였다. 그래서 나는 한 가지 꾀를 냈다. 당시 메이지 초년에는 제법 돈이 있어서 다 모아보니 천 냥 가까이 되었다. 그 돈을 스키야초(數奇屋町)의 가시마(鹿島)라는 종이 도매업자에게 맡기고 종이를 부탁해, 도사반지(土佐半紙) 백 수십 가마, 대금 천 냥가량의 물건을 현찰로 일시불에 사기로 약속했다. 그 당시 천 냥어치의 종이란 정말로 남들의 이목을 놀라게 할 만한 것이었다. 아무리 큰 서점이라 해도 150냥 내지 200냥어치 정도를 사는 게 고작인데, 무려 천 냥의 현금을 일시에 지불하는 것이니 당연히 가격도 싸고 품질도 좋은 종이를 주었을 것이다. 어쩌면 값이 비쌌는지도 모르지만 백 수십 가마의 반지(半紙)를 한꺼번에 신센자로 옮겨서 창고 가득히 쌓아놓았다. 그런 다음 서점에 부탁해서 인쇄 직인을 빌려달라고 하여 수십 명의 직인을 모으고는, 같은 번 출신의 사족 두 사람을 감독으로 두고 일을 시켰다. 아침저녁으로 종이를 운반하는 직인들은 창고에 들어가 그 많은 종이를 보고 깜짝 놀랐다. '굉장하구나, 엄청나다! 책 제작을 처음 시작하는 집이지만, 이 정도의 종이가 있다면 앞으로도 계속 일을 할 수 있겠구나' 하고 믿을 뿐 아니라, 또 이쪽에서 돈을 지체 없이 지불해주니까 그것이 계기가 되어 묻지도 않는데 스스로 여러 가지 기술을 알려줬다. 이쪽의 감독자는 제법 아는 척해도 사실은 완전한 초보라 직인들에게 배우는 입장이었다. 하지만 점차 숙달되자, 판목 만드는 일과 제본 일에도 차츰 숙달되었다. 그리하여 이제까지 서점이 하던 일을 모두 이쪽에서 관할하고, 서점에는 단지 책 판매만 의뢰해서 수수료만 받도록 했다. 이것은 문필사회의 대변혁이라 할 수 있었으며, 내가 시도했던 유일한 상거래이다.

품행과 가풍

막역지우가 없다

금전문제에 관해서는 이상과 같은데, 나는 내 주관을 고집하며 평생 이대로 변함없이 지내게 되리라고 생각한다. 그렇다면 내 자신의 품행은 어떠했는지, 가정을 이룬 뒤의 가풍은 어떠했는지 솔직히 이야기해보겠다. 젊은 시절에 관해 말하자면, 나카쓰에서 살던 당시 어려서부터 어른이 될 때까지 도저히 같은 번의 사람들과 마음을 터놓고 사귈 수가 없었다. 정말로 친구가 되어 함께 진심을 이야기할 수 있는 이른바 막역지우가 단 한 사람도 없었다. 외부에 없을 뿐 아니라 친척 중에도 없었다. 그렇다고 내 성격이 비뚤어져 남들과 사귀지 못한다는 이야기는 아니다. 남자를 만나건 여자를 만나건 즐겁게 대화를 나눴으며 오히려 말수가 많은 편이었지만, 솔직히 말하면 겉으로만 그럴 뿐 사실은 이 사람을 닮고 싶다든가 저 사람처럼 되고 싶다든가 하는 욕심도 없었다. 남들에게 칭찬을 받아도 기쁘지 않고 험담을 들어도 두렵지 않고 그저 무관심할 뿐, 나쁘게 말하면 남들을 업신여기는 듯한 태도였다. 하지만 남들과 다툴 생각도 전혀 없었기에, 또래의 아이들과 싸움을 한 적도 없다. 싸움을 하지 않으니 다치지도 않았다. 친구들과 싸우고 울면서 집에 돌아와 엄마에게 이르는 짓은 단 한 번도 한 적이 없다. 입으로만 큰

소리칠 뿐 사실은 전혀 말썽을 일으키지 않는 아이였다.

큰소리를 쳐도 조심할 것은 조심하다

고향을 떠나 나가사키를 거쳐 오사카에 가서 공부하던 당시에도, 친구들과 웃고 떠들며 들떠서 지낸 듯하지만 몸가짐을 바로 하고 품행을 단정히 했다. 이는 일부러 노력하지 않아도 자연히 그것이 내 몸에 배여 있었기 때문이라 할 수 있다. 물론 마구 떠들어대며 큰소리를 치기도 했지만, 천박하고 지저분한 이야기는 거의 한 적이 없다. 어쩌다가 동창생들이 어젯밤은 북쪽 유흥가에서 놀았다는 따위의 이야기를 꺼내려 하면, 나는 일부러 그 자리를 떠나지 않고 똑바로 앉아 이야기를 가로막으며 큰소리로 "멍청한 놈, 쓸데없는 소리 하지 마!" 하고 면박을 줬다. 그 후 에도에 와서도 변함없이 그런 식이었다. 친구가 많아 평소 서로 왕래도 잦았고 늘 여기저기 돌아다녔지만, 요시와라(吉原)나 후카가와(深川) 같은 유흥구에 대해서는 친구들도 내게 입을 열지 못했다. 그러면서도 나는 그곳의 사정을 잘 알고 있었다. 외설서적을 볼 필요도 없이, 옆에서 친구들이 들떠 그런 쓸데없는 소리를 할 때 잠자코 듣다 보면 저절로 알게 된다. 어려운 내용은 하나도 없으니 전부 이해하고 있었지만, 그런 것을 상상하거나 떠올린 적도 없거니와 요시와라와 후카가와는 물론이고 우에노에 벚꽃놀이를 간 적도 없다.

처음으로 우에노 무코지마를 보다

안세이 5년(1858) 에도로 올라온 나는 그저 술을 좋아해서 술이라면 사족을 못 썼기에, 집에 술이 없으면 마시러 가야만 했다. 그래서 친구를 만나기만 하면 술을 마시러 갔는데 결국 벚꽃놀이는 가지 않았다. 분큐 3년(1863) 6월 오가타 선생이 돌아가셨을 때, 시타야의 자택에서 출관하여 고마고메(駒込)의 절에서 장례식을 하는데, 우에노 우치야마

(內山)를 지나면서 처음으로 우에노라는 곳을 보게 되었다. 내가 에도에 온 지 6년째 되는 해였다. "과연, 이게 우에노인가, 벚꽃이 피는 곳인가?" 하고 지나가면서 구경했다. 무코지마도 마찬가지로, 에도에 와서 매년 남들의 이야기를 통해 듣기는 했지만 한 번도 본 적이 없었다. 그러다 메이지 3년(1870)에 지독한 장티푸스에 걸렸는데, 병후의 운동에는 승마가 좋다며 의사도 권하고 친구도 권하기에, 그해 겨울부터 말을 타고 오카타 주변을 돌았다. 그때 무코지마라는 곳도 처음 가봤고, 다마가와(玉川) 언저리에도 놀러 갔다. 그렇게 시내든 시외든 여기저기 갈 수 있는 곳은 어디든지 말을 타고 가본 덕분에 도쿄의 지리도 대부분 알게 되었다. 그 당시 무코지마(向島)는 경치도 좋고 길도 좋아서 매일 말을 타고 달려갔다. 그러다 무코지마를 지나 우에노 쪽으로 돌아오는 길에 둑 같은 곳을 지나면서, 아 저것이 요시와라로구나 하고는 "그렇다면 이대로 말을 타고 요시와라나 구경할까?" 했더니, 함께 동행하던 사람이 말을 탄 채 가는 것은 너무 꼴이 좋지 않다며 만류한 적이 있다. 그 후로 아직까지 나는 요시와라라는 곳을 본 적이 없다.

아이에게 술잔을 내밀다

이러하므로 언뜻 보면 남들은 나를 성격이 비뚤어진 괴짜로 여기겠지만, 실제로는 결코 그렇지 않다. 남들과 교제하는 데 있어 붙임성이 없는 성격이긴 했어도, 나는 빈부귀천을 따지지 않고 군자이건 소인배건 평등하게 대했다. 게이샤를 만나도 매춘부를 보아도, 쓰레기건 먼지건 아무렇지도 않게 생각한다. 아무렇지도 않게 생각하니까 난처한 일도 당하지 않았다. 이건 더러운 동물이다, 자리를 함께할 수 없다 하고, 묘하게 떨떠름한 표정을 지으며 내심 화를 내는 따위의 일은 결코 없다. 아주 오래전의 일로, 40여 년 전 나가사키에 있을 때였다. 고에이지(光永寺)라는 진종(眞宗)의 절에 같은 번의 가로(家老)가 체류 중이었는

데, 어느 날 시내의 게이샤인지 매춘부인지 미심쩍은 여성을 대여섯 명이나 불러놓고 유쾌한 술자리를 벌였다. 나는 그 당시 금주 중이었지만 배석해서 함께하라는 분부를 받았다. 연회가 한창 무르익은 가운데, 가로가 내게 술잔을 내밀며 "이 술을 마시고, 그 잔을 좌중의 누구라도 좋으니 자네가 가장 좋아하는 사람에게 건네게나" 하고 말했다. 사실은 그 자리에 미인이 몇 명이나 있으니, 내가 그 잔을 미인에게 내밀어도 이상하고 일부러 피해도 이상한 노릇이었다. 분명히 난처하게 만들어서 놀리려는 심산임을 나도 알고 있었다. 그러나 나는 조금도 당황하지 않았다. 술잔을 단숨에 비우고는 "가로님의 명령에 따라 제일 좋아하는 사람에게 드리겠습니다. 어이, 다카상!(高さん)*" 하며 술잔을 내민 상대는 예닐곱 살가량의 동자승이었다. 내가 태연하게 웃음을 보인 까닭에 가로는 전혀 흥이 나지 않았다. 올해(메이지 31년〔1898〕) 봄에 『저팬타임스』(Japan Times)사의 야마다 스에지(山田未治)가 나가사키에 간다는 말을 듣고는 문득 고에이지의 일이 떠올랐다. "그 절은 어떻게 되었는지, 다카라는 동자승이 있었는데 어떻게 지내는지 알고 싶군" 하고 말하자, 야마다는 "절은 불타지 않고 원래 그대로 있고, 다카도 무사해. 지금은 쉰한 살의 노승이 되어 은거하고 있지" 하며 사진을 보여주었다. 앞의 이야기는 내가 스물한 살 적 일이니까, 따져보면 다카상은 일곱 살이었을 것이다. 무척이나 오래된 일이다.

혐의를 두려워하지 않다

이렇게 나는 젊었을 때부터 여자에 대해 절대로 무례한 짓을 하지 않았다. 설령 술에 취하더라도 조심해야 할 것은 반드시 조심하고, 여자가 싫어하는 말은 입에 담은 적이 없다. 술꾼의 본성에서 조심스럽게

---

* 훗날 고에이지 주지가 된 마사키 겐테이(正木現諦)로, 어릴 적 이름은 다카마루(孝丸)라 했다.

여자를 상대하여 대화도 나누고 자유롭게 담소하며 항상 친근하게 행동하지만, 남들로부터 오해를 받더라도 전혀 상관하지 않았다. 피를 가까이해도 붉게 물들지 않는 게 남자로서의 본분이라고 스스로에게 다짐했기 때문에, 남녀가 밤길을 갈 때는 등불을 밝힌다든가, 물건을 주고받을 때는 손에서 손으로 직접 전달하지 않는다든가 하는 따위의 케케묵은 교훈은 내게 우스갯소리일 뿐이다. 그런 것은 비겁한 행동이 아닌가? 그런 번거로운 짓을 하며 어떻게 이 세상을 살아갈 수 있겠는가? 그렇게 엉뚱한 데 신경을 쓰다 보면 아마도 세상살이가 피곤해질 것이다. 나는 선인들의 가르침에 얽매일 필요는 없다 하는 생각에서, 스스로를 믿고 남의 집에 거침없이 드나들었다. 그곳에 따님이 있건, 젊은 새댁이 혼자 집을 지키고 있건, 또는 시끌벅적한 술자리에서 게이샤가 설쳐대건 말건 조금도 신경을 쓰지 않았다. 술을 마시고 큰소리로 마구 떠들다가 취하면 기분이 좋아져 장난기가 발동하곤 했으니, 혹시 남들이 보고는 이상하다고 생각했을지도 모른다.

추문이나 소문은 오히려 명예

어느 날 오쿠다이라 번의 가로가 일부러 나를 불러 들였다. "자네는 최근 어디어디의 집을 자주 드나들며 밤늦도록 술을 마신다는 소문이 들린다. 아무개의 집에는 딸이 있고, 아무개의 집은 항상 게이샤가 드나드는 풍기문란한 곳이다. 자네가 그런 곳을 드나들며 갖가지 추문이 나돌게 하는 건 유감이다. 옛말에 군자는 참외밭에서 신발을 고쳐 신지 않고 오얏나무 아래서 갓을 고쳐 쓰지 않는다고 했다. 자네는 아직 젊고 장래가 촉망되는 인물이니 좀 주의하는 게 좋지 않을까?" 하며 진지하게 충고했지만, 나는 전혀 사과하지 않았다. "그렇습니까? 그거 재미있군요. 저는 이제까지 무척이나 태평스런 소리를 한다든가 지나치게 큰소리로 떠든다든가 해서 자주 남들에게 핀잔을 듣기는 했지만,

여자문제로 추궁당하는 건 태어나서 오늘이 처음입니다. 이건 저로서는 명예이자 무척 즐거운 이야기니, 그만둘 수 없습니다. 변함없이 그 집에 드나들겠습니다. 저는 이 자리에서 주의를 들었다고 잘못을 뉘우칠 정도로 나약한 사내가 아닙니다. 단, 친절에는 감사드립니다. 감사는 드리지만, 사실 저는 전혀 개의치 않습니다. 오히려 재미있으니, 더욱 소문이 나기를 기대하겠습니다." 이렇게 짓궂은 소리를 하고 돌아온 적이 있다.

처음으로 도쿄에서 연극을 보다

앞에서도 말한 것처럼 나는 에도에 와서 6년째 되는 해에 처음으로 우에노라는 곳을 보고, 14년째 되는 해에 비로소 무코지마를 봤을 정도로 풍류라는 걸 몰랐다. 그러니 당연히 연극을 관람한 적이 없었다. 소년시절 나카쓰 번에서, 번주가 성내의 노(能, 일본 고유의 가면음악극) 무대에 시골 배우들을 불러 모아 연극을 개최하고 번사들에게만 관람시키는 경우가 있었는데 그때 한 번 봤다. 그 후 오사카에서 공부하던 시절, 지금의 이치카와 단주로(市川團十郎)의 친아버지 에비조(海老藏)가 도톤보리(道頓堀)에서 공연을 하고 있었다. 어느 날 밤, 한 동창생이 지금 도톤보리의 연극을 보러 가는데 함께 가자며, 술도 있다는 것이었다. 나는 술이란 말을 듣고 응낙했다. 가는 도중에 한 되짜리 병에 담긴 술을 사서 도쿠리(술을 담는 잘록하고 작은 병)를 지참하고 두세 명씩 극장으로 들어갔다. 그 심야에 2막인지 3막인지 하는 연극이 내가 태어나서 두 번째 보는 연극이었다. 그리고 에도로 와서도, 에도가 도쿄로 바뀌어도 연극 관람은 생각조차 못하고 또 그럴 기회도 없이 지냈다. 그러던 중 지금으로부터 약 15~16년 전,* 우연한 기회에 처

* 후쿠자와가 처음으로 도쿄에서 연극을 본 것은 메이지 20년(1887) 3월로, 그 후에는 자주 보러 가게 되었다.

음으로 보고, 장난삼아 다음과 같은 시를 썼다.

> 誰道名優伎絶倫
> 先生遊戲事尤新
> 春風五十獨醒客
> 却作梨園一醉人

> 명배우의 연기는 정말 훌륭하다고들 말한다
> 학자의 유희는 모든 것이 새로울 뿐
> 춘풍 오십의 나이에 스스로 깨달은 객
> 오히려 배밭에서 취객이 된다

이런 걸 보면 내가 괴팍한 사람으로 여겨지겠지만, 사실은 악기를 무척 좋아해서 여자들에게는 딸이건 손녀건 샤미센을 배우게 하고, 또 운동삼아 무용도 시켜 노후의 유일한 즐거움으로 삼고 있다.

풍류를 모르는 이유

원래 태어날 때부터 내 성격이 무미건조하지는 않았을 것이다. 인간의 천성이 반드시 재능이 없고 풍류가 없도록 정해져 있지는 않을 테니, 내 성격이라기보다도 어렸을 때부터 갖가지 사정이 나를 이런 사내로 만들었을 것이다. 우선 어려서부터 내 교육을 책임져줄 사람이 없어 정식으로 서예를 배우지 못하고 성장한 탓에 나는 지금도 글씨를 제대로 쓸 줄 모른다. 성장한 후에라도 스스로 교본을 놓고 공부할 수 있었겠지만, 그때는 이미 양학에 입문한 탓에 유학과 관련된 것은 모두 눈엣가시처럼 여기고 유학자와 관련된 것이라면 하나부터 열까지 모두 마음에 들지 않았다. 특히 그 행실이 싫었다. 입으로는 인의충효라는 소리를 지껄이면서 그것을 실행에 옮길 능력도 없다. 특히 품행이 방

정치 못하더라도 술이나 마시고 시를 읊고 글이나 잘 쓰면 평판이 좋았다. 모든 게 마음에 들지 않았다. 그렇다면 서양류의 우리는 반대로 나가야겠다는 생각에서, 마침 에도에 검술이 성행하던 시절인데도 도검을 팔아치워 예전부터 즐기던 검술을 그만두고 모르는 척하며 지냈다. 유학자들이 시를 짓는다면 이쪽은 일부러 짓지 않았으며, 그들이 서예를 한다면 더욱더 노골적으로 그것을 무시하며 글을 쓰지 않았다. 이렇게 엉뚱한 데서 고집을 부리며 서예를 배우지 않은 것은 내 평생의 큰 실책이다. 우리 집안의 유전을 말하자면 아버지도 형도 문인으로, 특히 형은 서예도 뛰어나고 그림 솜씨도 출중하며 전각(篆刻)도 잘하는 팔방미인이었다. 그런데 동생은 이처럼 기예도 재능도 없어 서화는 고사하고 골동품이나 미술품에도 전혀 무관심하다. 살고 있는 집도 모두 목수에게 맡기고, 정원의 나무와 돌도 정원사에게 일임해두었다. 유행 따위는 뭐가 뭔지 하나도 모르는 채, 알려고 하지도 않고 그냥 남이 입혀주는 것을 입는다.

언젠가 아내가 집에 없을 때 급한 용무가 생겨 외출을 한 적이 있다. 옷을 갈아입어야겠다는 생각에서, 옷장 서랍을 열고 맨 위에 있는 옷을 꺼내 입고 외출을 했다. 집에 돌아오니, 집안사람들이 내 옷을 보고는 그건 속옷이라며 웃음을 터뜨렸다. 정말로 어이가 없는 일이었다. 필경 어렸을 적부터 갖가지 사정에 쫓기다 보니 우연히 이렇게 되었고, 결국은 평생 이렇게 지내게 될 것이다. 아무튼 세상사람들이 즐기는 것이 내게는 아무런 즐거움이 되지 못하니 정말로 손해가 많은 성격이다. 그래서 최근에는 연극을 보거나 혹은 집에 예능인을 부르는 일도 있지만, 이 또한 대단한 즐거움으로 여겨지지는 않는다. 그저 손주들을 모아놓고 함께 장난치거나 갖가지 재롱을 피우게 하거나 좋아하는 음식을 대접하거나 하며, 온 집안사람들이 사이좋게 모여 마음껏 즐기고 담소하는 소리를 일종의 음악으로 여기며 노후의 낙으로 삼고 있다.

아내를 맞이하여 아홉 자식을 낳다

그러면 내 집의 가풍에 관해 이야기하겠다. 분큐 원년(1861) 같은 번 번사의 중매로 에도조후(江戶定府) 도키 다로하치(土岐太郎八)*의 차녀를 맞이한 것이 지금의 늙은 아내다. 결혼 당시 나는 스물여덟, 아내는 열일곱이었다. 번제(藩制)의 신분으로 말하자면 아내 쪽은 상급 사족이고 나는 하급사족이라 다소 불균형한 느낌이지만, 혈통은 양쪽 모두 아주 좋아서 먼 옛날 일은 몰라도 대충 5대 이전까지는 양가에 유전병도 없고 악성 질병에 걸린 조상도 없었다. 아내는 물론 내 몸에도 나쁜 병이 있을 리는 없으니, 내외 모두 건강하다. 분큐 3년(1863)에 이치타로가 태어나고, 그 다음은 스테지로, 그런 식으로 4남 5녀가 태어나 합이 아홉 명이 되었다. 다행히도 아홉 명 모두 빠짐없이 무사히 성장했다. 그 중 다섯째까지는 어머니 젖을 먹고 자랐고, 그 다음 네 아이는 다산한 어머니의 건강을 염려해 유모를 고용해서 키웠다.

자녀의 행동을 구속하지 않다

양육법은 옷보다는 먹는 것에 신경을 써서, 좋은 옷은 못 입혀도 반드시 영양가 있는 음식을 먹이도록 한 까닭에 아홉 명 모두 어려서부터 영양상태는 양호했다. 또 교육방침은 온화함과 활달함에 중점을 두어, 대체로 아이들의 자유에 맡겼다. 예컨대 목욕물을 뜨겁게 해놓고 억지로 들어가게 하는 일 없이 욕조 옆에 커다란 물통을 놓아서 아이들이 마음대로 물을 미지근하게 하거나 뜨겁게 하도록 했다. 완전히 자유방임이었지만, 그렇다고 음식을 아이들에게 맡겨 무엇이건 마음대로 먹

---

* 대대로 에도에 살면서 번저의 사무를 담당하는 번사를 에도조후라 하는데, 도키 다로하치는 도모반(供番)이라는 조시(上士)로서 250석, 직책수당 50석이었다. 후쿠자와 집안은 하급 무사인지라 신분의 차이로 결혼이 불가능했지만, 후쿠자와가 당시 막부에 고용되어 있었기에 번 내의 신분 이상으로 대우받았던 듯하다. 도키 다로하치는 딸의 결혼 전에 사망했는데, 이 결혼은 그의 유언에 따른 것이라고 전해진다. 후쿠자와 부인은 그의 차녀로 이름은 긴(錦)이라 한다.

도록 한 것은 아니다. 또한 아이들의 신체발육을 원한다면 실내장식은 엉망이 되리라는 것을 각오하고, 창호지를 찢거나 각종 가구에 상처를 입혀도 야단치지 않았으며, 웬만한 장난을 치더라도 큰소리로 꾸중하는 일은 없었다. 몹시 심하게 고집을 부리면 부모가 엄한 표정을 지으며 노려보는 게 고작으로, 어떤 경우에도 손찌검하는 일은 절대 없었다. 또한 부모가 친자식이나 며느리를 부를 때도, 또는 형이나 누나가 동생을 부를 때도 함부로 이름을 부르지 않았다. 집안에서는 엄부자모(嚴父慈母)의 구별 없이, 엄할 때는 부모가 함께 엄하고 자상할 때는 부모가 함께 자상했기에 가족이 모두 친구처럼 지냈다. 지금도 어린 손자는 "엄마는 가끔 무서울 때가 있지만, 할아버지는 전혀 무섭지 않아" 하고 말한다. 남들의 눈에는 다소 지나치게 제멋대로 행동하도록 내버려두는 듯이 보이겠지만, 그래도 내 손자만큼은 별로 버릇없는 행동을 하지 않았다. 위아래가 함께 장난치다가도 윗사람이 진지하게 하는 말은 잘 듣고 거역하는 자도 없으니, 너무 엄하게 대하지 않는 게 좋은 듯하다.

집안에 비밀이 없다

또 집안에 비밀이 없다는 게 우리 집안의 가풍이다. 부모 자식 간에 숨기는 것 없이 어떤 일도 말하지 못할 게 없다. 아이들이 점차 성장해서도, 이것은 저 아이에게는 이야기하고 이 아이에게는 비밀로 하는 따위의 일은 절대 없다. 부모가 자식의 잘못을 야단치는 반면, 아이들도 부모의 실수를 보고 웃기도 하니, 옛날식 사고방식으로 보면 다소 예의범절에 어긋나는 듯싶을 것이다.

예의가 없어 보인다

예의에 관해 말하자면, 일가의 가장이 외출하거나 귀가할 때 아내가 현관까지 나와서 인사를 하는 것이 일반적인 관습이지만 우리 집에서는 절대로 그런 일이 없다. 나는 외출할 때 현관으로 나가기도 하고 부엌문으로 나가기도 한다. 돌아올 때도 마찬가지라서, 그냥 발길이 내키는 대로 들어온다. 또 인력거를 타고 돌아올 때 차부(車夫) 또는 마부가 현관에서 "어서 오십시오" 하고 쓸데없는 인사를 하는 일이 없도록 일러두었기에, 아무리 현관 앞에서 소리를 쳐도 나오는 사람이 없다. 그 점에 관해서는 남들보다도 집안의 할머니가 가장 불만이 많았다. 이 노인은 도키가(土岐家)의 후실로 금년에 일흔일곱 살인데, 옛날에는 오쿠다이라 번사의 아내로서 무가의 예의범절을 소중히 여겼던 몸이다. 그러니 오늘날 후쿠자와 일가의 가풍을 보고는 정말 버릇이 없어서 안되겠구나, 그런데 특별히 꼭 집어서 나쁘다고 할 만한 부분도 없으니 참으로 이상한 일이다 하고 여겼으리라고 나 혼자 마음속으로 짐작해본다.

자식들을 편애하지 않다

나에게는 아홉 명의 자식이 있지만, 그 중 누군가를 특별히 예뻐하거나 미워하는 일은 절대로 없다. 또 4남 5녀 중의 남녀차별이 있을 리도 없었다. 일반적으로 사내아이가 태어나면 크게 축하하고, 계집애는 병이나 없으면 괜찮다는 식으로 차별하는 모양이지만, 그건 말도 안된다. 계집애라고 해서 어떻다는 건가? 나는 아홉 명이 모두 계집애라 하더라도 전혀 서운하지 않을 것이다. 지금은 다만 사내가 네 명, 계집애가 다섯 명으로 적당히 배분되어 있다고 생각할 뿐이다. 성별이나 나이의 구분 없이 진심으로 모두 사랑하며 눈곱만큼의 차별도 하지 않는다. 도학군자들은 툭하면 세상 사람들을 상대로 일시동인(一視同仁)이라며 큰소리치지 않는가? 하물며 자기가 낳은 아이를 대할 때 어찌 일시동인하지 않을 수 있겠는가? 다만 장남도 그 외의 자식들도 마찬가지라고는 하나, 내가 죽으면 장남이 가독을 상속할 것이고 그러면 자연히 일가의 중심이 되니, 재산을 분배할 때 다른 자식들보다는 후하게 할 것이다. 또 뭔가 물건이 생겨 자식들 중 누군가에게 주려고 할 때 하나뿐인 경우 장남인 이치타로가 갖는 게 좋겠다고 생각은 하지만, 그 외에는 전혀 차별이 없다.

예를 들어 이런 일이 있었다. 메이지 14~15년(1881~1882)경 날짜는 잊었지만, 한번은 니혼바시에 있는 지인(知人)의 집에 가보니 거실에 금병풍이며 마키에(蒔繪)*며 꽃병이며 여러 가지 물건이 잔뜩 놓여 있었다. 이게 도무지 어떻게 된 건가 싶어 물어보니, 미국에 수출할 물건이라는 것이었다. 그때 나는 불쑥 마음이 동해 "이 물건들을 한번 둘러보니 내가 갖고 싶은 건 하나도 없다. 모두 불필요한 것이지만, 반대로 필요하다고 생각하면 다 필요한 것이다. 아무튼 이것들을 미국으로 실어 보내고 돈을 얼마나 받을 생각인지 모르겠지만, 내게 팔겠다면 모두 사겠다. 이걸 사다가 되팔아서 돈을 벌려는 게 아니다. 집에 보관해 두겠다"고 하자, 그 주인도 예사 조년이 아니었다. "음, 글쎄. 이건 나고야에서 온 물건들인데, 미국으로 보내버리면 이 많은 물건이 일본에서 사라진다. 당신에게 넘기면 그대로 남아 있게 되니까 팔겠다." "그렇다면 모두 사겠다." 그래서 2천 200~300엔 정도에 물건이 몇 백 점인지도 모른 채로 구입했다. 그런데 그냥 거치적거릴 뿐이기에 5~6년 전 그 물건을 자식들에게 나눠 가지라고 했더니, 자식들이 몰려와 9등분해서 제비뽑기로 나눠가졌다. 지금은 모두 자식들이 인수하여, 결혼한 아이는 집으로 가져가기도 하고, 아직 내 집 창고에 넣어둔 것도 있다. 이것이 바로 나의 재산분배법이다. 절대로 자식들을 차별대우하는 일이 없으니, 자식 중에 불만을 가진 사람이 있을 리도 만무하다.

* 옻칠로 그림이나 무늬를 새기고 그 위에 금가루나 은가루를 뿌려서 만든 일본 특유의 공예품.

서양식 유언장에 대한 불만

최근에 유언장도 작성했다. 유언에 관해서는 서양의 경우 일가의 가장이 죽은 후 유언장을 열어보고 모두들 깜짝 놀랐다는 이야기를 자주 듣는데, 나는 전혀 동감할 수 없다. 죽은 뒤에 보여줄 거라면 생전에 말로 하지 않는 게 이상하다. 필경 서양인들이 관습에 얽매여 잘못을 저지르는 듯하다. "나는 그런 바보 같은 짓은 하지 않을 테다" 하며 아내와 자식들에게 유언장을 보여주고는, "이 유언장은 장롱의 이 서랍에 들어 있으니 모두 잘 봐둬. 마음이 변하면 다시 작성해서 또 보여줄 테니까 잘 봐두라고. 내가 죽은 뒤 싸움을 벌이는 따위의 비열한 짓은 하지 마" 하며 웃었다.

신체단련이 우선이다

자식들 교육에 있어서는 신체단련을 최우선으로 하여, 어릴 때부터 무리하게 독서를 시키지 않았다. 우선 몸을 튼튼히 하고 그 다음에 마음을 수양하도록 하는 것이 내 방식으로, 태어나서 세 살에서 다섯 살 때까지는 문자도 전혀 보여주지 않고, 일고여덟 살이 되면 이따금 서예를 시킬 뿐 독서는 아직 시키지 않는다. 그때까지는 마음껏 뛰어놀게 하면서 단지 먹고 입는 데 주의를 기울여주고, 또 어린 나이지만 비열한 짓을 하거나 나쁜 말을 흉내 내거나 하면 야단칠 뿐이다. 그 외에는 완전히 자유방임주의로 내버려두니, 마치 고양이 새끼를 키우는 것과 다를 바 없었다. 바로 이것이 우선 신체를 단련시키는 방법인데, 다행히도 모두들 아무 탈 없이 건강했다. 여덟 내지 열 살이 되면 그때 처음으로 교육을 시작해서, 본격적으로 매일 시간을 정해놓고 공부를 시킨다. 물론 그 경우에도 건강을 소홀히 하지는 않는다. 보통 부모들은 툭 하면 공부하라고 잔소리를 하고, 자식이 조용히 독서를 하면 이를 칭찬하는 경우가 많은데, 내 자식들은 공부나 독서를 해서 칭찬받는 일은 전혀 없다. 나는 오히려 그런 것을 금하고 있다. 자식들은 이미 성장해서 지금은 어린 손자들을 돌보고 있지만, 역시 마찬가지다. 나이에 비해 잘 걷는다든가 유도나 체조 솜씨가 늘었다든가 하면 상이라도 주지만, 책을 잘 읽는다고 칭찬하는 일은 없다. 이미 20년 전의 일로, 장남 이치타로와 차남 스테지로를 도쿄제국대학 예비문(豫備門)*에 넣어 공부를 시켰는데, 툭하면 위장장애를 일으켰다. 그래서 집으로 불러들여 갖가지 치료를 하면 좋아지고, 좋아져서 또 그곳으로 보내면 다시 나빠지는 것이었다. 결국 세 차례 보냈다가 세 차례 모두 실패했다. 그 당시 문부장관이었던 다나카 후지마로(田中不二麿)†에게도 몇 차례 이야기를 했다. "내 아이를 예비문에 넣어본 경험이 있는데, 현재의 공립학교 교육을 이대로 놔두면 학생들이 죽게 될 것이다. 죽지 않으면 돌아버리거나, 아니면 심신이 모두 쇠약해져 반신불수가 될 것이다. 예비문을 수료하는 데 3~4년이 걸린다. 그 사이 대학에 관한 규정이 바뀌리라는 생각에서 믿고 아이들을 예비문에 넣었는데, 빨리 개정해주기 바란다. 이대로 놔둔다면 도쿄 대학은 청소년의 건강 도살장이라는 이름이 붙게 될 것이다. 서둘러 교수법을 바꿔주기 바란다." 친한 사이니까 거리낌 없이 이렇게 말하기는 했지만 아무래도 해결이 나지 않았다. 그래서 아이들을 3개월간 학교에 보냈다가 3개월은 집에서 쉬도록 했는데, 끝내 예비문 공부를 견디지 못했다. 나는 결국 아이들을 단념시키고, 다시 이곳 주쿠[게이오기주쿠를 말한다]에 넣어 보통의 학과를 졸업시킨 뒤 미국으로 보내 그쪽 대학의 신세를 졌다. 일본 대학의 교과가 나쁘다는 것은 아니다. 하지만 교육방법이 너무 엄하고 짐

* 대학예비문은 메이지 19년(1886)에 제일고등중학교로 개칭했다가, 메이지 27년(1894)에 제일고등학교가 되었다. 후쿠자와가 아들을 예비문에 입학시켰을 당시, 아직 게이오기주쿠에는 대학이 없었다.
† 1845~1909. 옛 오와리(尾張) 번사. 후쿠자와가 말하는 당시는 문부장관이 아니라 차관이었다. 훗날 외무경, 공사, 사법대신, 추밀고문관 등을 지냈다.

이 너무 무겁기 때문에 공립대학을 피한 것이다. 지금도 이런 생각에는 변함이 없으니, 무엇보다도 몸이 소중하다고 생각한다.

아이들의 어린 시절

사람이란 성장한 후에 자신의 어린 시절을 알고 싶어 하는 법이다. 남들의 경우는 몰라도 나는 스스로 그렇게 생각하므로 심심풀이 삼아 아이들의 성장과정을 기록해뒀다. 이 아이가 몇 년 몇 월 몇 날 몇 시 몇 분에 태어났는지, 난산이었는지 순산이었는지, 어렸을 때의 건강상태는 이러이러하고 성격의 강약, 타고난 버릇 등은 어떠하다고 대강 기록해놓았다. 그 글을 보는 것은 어린 시절의 사진을 보는 것처럼 성장 후에 맛보는 가장 큰 기쁨이 될 것이고 또 스스로 느끼는 바도 클 것이다. 내 경우는 불행히도 친아버지의 얼굴도 모르고, 그 모습을 찍은 사진도 없다. 또 내가 어떤 아이였는지 어머니에게서 들었을 뿐 기록으로 남은 것도 없다. 소년시절부터 윗사람이 그런 이야기를 하면 귀기울여 듣고는 마냥 유감스럽게 생각하며 혼자서 자신의 불행을 서글퍼 했다. 이제는 내 차례가 되어, 이렇게 자신의 전기를 써서 아이들에게 도움이 되도록 하고 또 이미 아이들의 성장과정에 대해서도 기록해뒀으니, 일단 유감은 없다고 하겠다.

삼백 수십 통의 편지

부모 자식 사이는 애정이 가장 중요하며, 아무리 나이를 먹어도 서로 사리를 따지며 논쟁하는 것은 무익한 짓이다. 나도 아내도 여기에는 전적으로 동감했기에 가능하면 자식들과 떨어져 있지 않도록 했다. 가령 장남과 차남이 6년간 미국에 가 있었을 때, 미국의 우편선이 대체로 1주일에 한 번, 때로는 2주일에 한 번 정도로 왕복을 했는데, 나는 무슨 용건이 있을 때는 물론이고 설령 용건이 없더라도 매번 편지를 보내지 않은 적이 없다. 6년 동안 무려 3백 수십 통의 편지를 썼다. 내가 대충 생각나는 대로 쓰면 아내가 정서해서 봉했으니, 부모의 친필임은 틀림없었다. 저쪽의 두 아이도 우편선이 올 때마다 반드시 편지를 보냈다. 이 점에 대해서는 두 아이가 출발할 때 다짐해뒀다. "유학 중 우편선이 도착하면 반드시 편지를 보낼 것. 용건이 없으면 용건이 없다고 적어 보낼 것. 또 공부하느라고 건강을 해쳐 거동도 제대로 못하는 학자가 되어 돌아오느니, 무식하더라도 건장한 몸으로 돌아오너라. 그게 훨씬 바람직하다. 절대로 무리해서 공부하지 마라. 근검절약을 명심하되, 건강을 해칠 정도의 병에 걸리거나 할 경우에는 돈으로 해결할 수 있다면 과감하게 돈을 써라, 전혀 상관없으니까." 이런 지시를 받고 6년간 유학한 끝에 두 아이 모두 무사히 돌아왔다.

방정한 품행은 뜻하지 않은 도움을 준다

집안에서 부부가 화목하고 내 행실이 올바르다고는 하지만 특별히 칭찬받을 정도는 아니다. 이 세상에 품행이 방정한 군자는 얼마든지 있다. 나 역시 이것을 인간의 유일한 목적으로 여기고 일신의 품행만 올바르게 하면 만사형통이라며 자만할 정도로 바보는 아니라고 스스로 믿고 있다. 하지만 세상일이란 알 수 없는 것이라서, 나의 사회적인 교제범위가 무척 넓다 보니 뜻밖의 곳에서 그 힘이 발휘되는 수가 있다. 그 일례를 말해보겠다. 오쿠다이라 번에서 나의 존재는 초라한 하급사족이지만, 양학을 배워 엉뚱한 소리만 하면서 때로는 외국에도 가고 때로는 외국서적을 번역했다며 큰소리나 쳐대고, 게다가 아무 거리낌 없이 유학(儒學)을 경멸하니, 그야말로 이단자임에 틀림없었다. 같은 번 사람들이 보는 앞에서 그런 정도니, 번주님의 귀에 어떤 소문이 들어가는지는 알 수 없는 일이었다. 아무튼 후쿠자와 유키치는 별난 놈이라는 딱지가 붙어 있었을 것이다. 그런데 차츰 세월이 흐르고 세상이 변해 왕정유신이 되고 보니, 번의 방침도 바뀌어 이제는 세상 모두가 서양식을 따르느라 야단법석이었다. 그래서 후쿠자와도 제법이다, 그를 가까이하면 뭔가 도움이 되는 일도 있을 것이다 하는 이야기가 간간이 들려왔다. 그 무렵 시마즈 스케타로(島津祐太郞)*라는 오쿠다이라가의 원로는 말이 잘 통하는, 소위 탁견을 지닌 군자로, 시류의 완급을 관찰하고는 후쿠자와를 소홀히 하면 불리하리라고 판단하고 있었다. 마침 오쿠다이라의 오오쿠(大奧)에 호렌인사마(芳蓮院樣)라는 여성인쿄(女隱居)†가 있었는데, 이 귀부인은 히토쓰바시가에서 오쿠다이라가로 내려온 뼈대 있는 집안 출신으로, 이제는 상당히 나이가 들어 일가의 최고 어른으로 대접받고 있었다. 시마즈가 이 노부인에게 서양에 관해 이것저것 이야기하던 중 "그 나라는 문무 양면으로 완비되어 부국강병, 의술도 발달하고 항해술도 뛰어나지만, 개중에는 일본의 풍속이나 관습과는 전혀 다른 것도 많이 있습니다. 특히 서양식 예의 중 특이한 것은 남녀관계로, 남녀간의 차별이 없고 어떤 신분의 사람이라도 일부일처제를 엄수하고 있습니다. 이것만큼은 서양의 특색입니다" 하고 설명했다. 노부인도 젊은 시절에는 쓰라린 경험을 한 적이 있는지라, 이 이야기를 듣고는 마음이 동요하지 않을 수 없었다. 크게 깨달은 바가 있기라도 하듯, 부인은 나를 가까이할 마음이 생겨났다. 그래서 나는 차츰 그 집에 드나들 수 있게 되었고, 노부인을 비롯해 소위 귀인들을 만나게 되었다. 그러자 후쿠자와라는 녀석은 평범한 인간일 뿐, 뿔이 난 것도 아니고 꼬리가 달린 것도 아니고 매우 온건한 사

---

* 1810~1878. 도보반이라는 조시로 봉록은 150석. 모토지메, 군부교(郡奉行), 하손부교(破損奉行), 메쓰케(目付)의 네 가지 임무를 겸했는데, 이 당시에는 우치요닌(內用人)으로 근무하고 있었다. 아주 유능한 번사로, 폐번 후 사비를 들여 나카쓰와 히타(日田) 사이에 도로를 개설한 독지가이기도 하다.

† 이 당시의 나카쓰 번주 오쿠다이라 마사유키보다 3대 이전의 번주인 마사노부(昌暢)의 부인으로, 히토쓰바시 민부경(一橋民部卿) 나리아쓰(齊敦)의 딸인 구니코(國子). 분세이 12년(1830)에 혼인하고, 메이지 19년(1886)에 사망했다.

람이라는 사실이 알려져 차츰 가까이 지내게 되었다는 말을 얼마 후 시마즈가 넌지시 알려주었다. 그러고 보니 일부일처제도 은연중에 큰 힘을 발휘하는 듯하다. 개중에는 지금 세상에서 일부다처의 악습을 일소하여 문명세계를 만들자는 주장을 몰상식한 소리라며 멸시하는 경우도 있지만, 필경 패자의 궁색한 변명에 불과할 뿐 전혀 신경 쓸 필요가 없다. 일부일처제는 정론이지 결코 몰상식한 게 아니다. 세상사람 대부분은 나와 같은 생각이며, 특히 상류층 부인들은 모두가 내 편이다. 내가 앞으로 얼마나 더 살지 모르지만 있는 힘을 다해, 전후좌우 돌아보지 않고 누구를 적으로 삼건 상관없이, 일부다처법을 뜯어고쳐 이 인간사회의 겉모양만이라도 조금이나마 그럴듯하게 만들어볼 생각이다.

노후의 생활

출사를 꺼리는 이유

내 생애는 시종일관 변함없이 소년시절의 고생을 거쳐 노후의 안락에 이르기까지 전혀 특색이 없다. 지금의 세상에서 인간으로서 평범한 고락을 경험하고 오늘날까지 큰 부끄러움이나 큰 후회 없이 편안하게 나날을 보내는 것은 일단 행운이라 할 수 있을 것이다. 그런데 세상은 넓으니, 내 고락을 멀리서 보고 이러쿵저러쿵 평하며 갖가지로 의심하는 자도 있을 것이다. 특히 내가 결코 바보도 아니고 정치에 관해 상당히 이해하고 있으면서도 결국 정부의 관리가 되지 않은 것은 이상하다, 일본사회에서 열이면 열, 백이면 백 모두 입신출세를 희망하며 관리가 되려고 몸부림치는 때에 오로지 후쿠자와 혼자 마다하는 것은 수상쩍다며, 뒤에서들 수군댔다. 실제로 직접 나에게 묻는 사람도 있었다. 일본인만이 아니라 잘 아는 외국인도 나의 거취에 의문을 품었다. 어째서 정부에 출사하지 않느냐, 정부의 좋은 자리에 앉아서 뜻하는 바대로 행한다면 명예도 얻고 돈도 얻으니 좋지 않느냐며, 어느 미국인이 몇 차례나 나를 찾아와 권했지만, 나는 그냥 웃으면서 상대하지 않았다. 그러자 유신 직후의 정부 당국자들이 나를 좌막파의 한 명으로 간주했다. 저건 옛 막부에 의리를 지키려고 신정부에 출사하지 않는 자다, 쇼군의 정치를 좋아하고 왕정을 싫어하는 자다, 예로부터 혁명의 역사를 보면 과거 정권의 잔재가 있게 마련인데, 후쿠자와도 그런 잔재를 자처하여 겉으로는 태연한 척해도 내심 극도의 불만을 품고 있을 것이다. 마음속에 불만이 있다면 신정부를 좋게 생각하지 않을 것이다. 방심할 수 없는 녀석이다 하며 제멋대로 갖가지 상상을 하는 자들이 많다는 사실은 나도 대충 알고 있었다. 그런데 그런 평을 듣는 막부의 충신들은 이미 오래전에 막부의 문벌제도며 쇄국주의에 등을 돌린 상태였다. 유신 당시 막부의 충신의사(忠臣義士)들이 충의론을 떠들어대며 좌막의 기염을 토하고 탈주까지 할 때, 나는 일부러 상대도 하지 않았다. 탈주하는 자들 중에 아는 사람이 있으면 "쓸데없는 짓 하지 마. 이기지 못할 테니까 그만둬" 하며 만류했을 정도니, 후쿠자와를 전조(前朝)의 잔재라고 평하는 것은 엉뚱한 오해라 하겠다. 전조의 유신(遺臣)이란 유신(維新) 당시에 막부를 지지했던 충신의사들에게 어울리는 호칭이겠지만, 그 충신의사들도 막부에 충성을 한 뒤 어느 틈엔가 변신하여 새 정권에 충성을 하고 있으니 그들 역시 전조의 유신(遺臣)이라고 할 수는 없었다.

유신론(遺臣論)은 잠시 미뤄두고, 내 일신의 거취에 있어서는 앞에서도 말했듯이 유신 당시 막부의 문벌제도며 쇄국주의가 정말로 싫었기 때문에 좌막의 뜻은 없었다. 그렇다고 해서 근왕파의 움직임을 보면 막부보다 약간 덜한 정도의 쇄국양이였기에 애당초 그런 자들에게 가세할 생각도 없었으므로 그냥 잠자코 중립과 독립을 유지하기로 작정했다. 이번의 신정부는 개국으로 돌변하여 그럴싸한 정책을 내놓기는 했지만, 이름만 개국일 뿐 본질은 그대로 쇄국양이인지라, 뭐가 뭔지 도무지 믿을 수가 없었다. 동서남북 어느 쪽을 봐도 대화를 나눌 수 있는 상대가 하나도 없으니, 그냥 혼자서 능력에 맞는 일을 하면서 외곬으로 개국과 서양문명을 관철시키던 중 정부의 개국론이 점차 본격화되어 만사가 개진(改進)되고 문명이 빠르게 진보하는 세상이 된 것은 정말로 고맙고 다행스러운 일이다. 결국 나의 큰 소망은 이루어진 것이나 다름없으니, 이제는 아무런 불만도 없다.

문제가 또 생기다
그런데 나의 거취문제를 놓고 새로운 문제가 발생했다. 이제까지 신정부에 출사하지 않고 꺼린 것은 정부가 쇄국양이주의였기 때문이다. 설령 개국이라며 떠들어대도 그 내실은 쇄국양이의 근성에 바탕을 두고 있으니 믿을 게 못된다며 업신여겼던 것이다. 그런데 정부의 방침이 정말로 개국과 문명으로 굳어져 실제로 진척을 보이게 되자, 관계(官界)에 협력해서 정부 당국자들과 함께 문명의 국사(國事)를 경영하는 것이 옳지 않느냐는 말을 주위 사람들로부터 듣게 되었다. 그러다 보니 다소 그런 느낌이 들기는 하지만, 아직까지는 여전히 움직일 생각이 없다.

거드름 피우는 무리에 끼어들지 말라
이제까지 한 번도 남에게 말하지 않았고 또 말할 필요도 없어 잠자코 있었던 탓에 아내와 자식들조차 진실을 모르겠지만, 내 본심은 정말로 정부에 출사하기가 싫다. 그 속사정을 털어놓자면 이렇다. 첫째로, 정부가 개국문명의 방침을 정해놓고 대대적으로 국정을 개혁하는 건 좋지만, 관리들이 국민에게 함부로 거드름을 피우고 있다. 그 거드름도 행정상의 권위라면 나름대로 이유가 되겠지만, 사실은 그런 게 아니라 공연히 거드름을 피우며 즐거워하는 것이다. 예를 들면 위기(位記, 작위 등을 수여할 때의 임명장) 같은 것은 왕정유신 및 문명정치와 더불어 폐지할 만도 한데 폐지하지 않고, 사람 몸에 기묘한 금박 따위를 입히는 것이나 다름없는 짓을 하고 있다. 그렇게 일본 전국에 쓸데없는 상하귀천의 구별을 조장하여, 관리와 인민은 마치 인종이 다른 것처럼 꾸며대고 있다. 정부가 인민보다 높은 존재라면 정부에 소속된 사람도 당연히 높은 존재가 되고, 높아지면 자연히 거드름을 피우게 된다. 그 거드름은 공연한 짓이라 정말로 나쁘다는 것을 알면서도, 관리의 일원이 되면 막연히 주위의 환경에 따라 어느 틈엔가 함께 거드름을 피운다. 뿐만 아니라 자신보다 아랫사람에게 거드름을 피우면 윗사람에게는 당하는 입장이 된다. 마치 다람쥐 쳇바퀴 돌 듯하니, 정말로 어리석고 한심한 일이다. 정부에 들어가면 어리석은 자가 거드름피우는 것을 그저 바라보면서 웃고만 있게 되지만, 지금 일본의 풍조에서는 관리의 일원이 되면 설령 최고의 지위라 하더라도 어쨌든 공연히 거드름이나 피우는 추태를 범하지 않을 수 없다. 이것은 내 성격상 불가능하다.

다른 인종처럼 추태를 부리다

두 번째로는, 정말 말하기 난처하지만 관리들 전체의 분위기를 보니 품위가 없다. 평소에 호의호식하고, 커다란 저택에 살며 재산도 잘 관리하고, 모든 일에 결단력이 있으며, 처세나 정치에 있어서도 비열하게 행동하지 않으니, 지극히 바람직한 기풍이기는 하다. 그렇지만 무슨 일이건 중국식으로 호탕한 척하며 스스로를 자제할 줄 모른다. 툭하면 술을 마시고 여자를 희롱하며, 육욕을 최상의 쾌락으로 여기는 듯하다. 집 안팎으로 첩을 두어 다처(多妻)의 죄를 범하면서도 부끄러운 줄 모르며, 그 행위를 숨기려 하지도 않고 뻔뻔스런 얼굴을 하고 있다. 이것은 한편으로 서양문명의 새 정치를 펴면서, 다른 한편으로는 일본과 중국의 구태를 답습하는 꼴이라 하겠다. 그러니 다른 것은 제쳐놓고 이것 하나만 보더라도 어쩐지 한 단계 아래의 하등인종을 보는 듯하다. 이것도 세상의 풍조라며 멀리서 보고 있노라면 그다지 밉지도 않고, 또 책망할 생각도 들지 않는다. 이따금 오가면서 용건도 이야기하고 담소하는 정도라면 지장이 없겠지만, 정작 이 인종들과 같은 패거리가 되어 한솥밥을 먹으며 정말로 친하게 지낼 것을 생각하면, 어쩐지 더럽고 냄새가 나는 듯해서 그만 싫어진다. 이것은 나의 결벽증으로, 결국은 도량이 좁은 탓이겠지만, 타고난 성격이고 보니 어쩔 수가 없다.

충신의사들의 경박함이 싫다

셋째로, 막말에 근왕·좌막 두 파가 동서로 나뉘어 있었을 때, 나는 단지 과거의 문벌제도가 싫고 쇄국양이가 싫어서 애당초 막부에 동조하지 않았을 뿐 아니라 이런 정부는 타도하는 게 좋겠다며 늘 기염을 토했다. 하지만 한편으로 근왕파의 꼴을 보니 쇄국양이론에 있어서는 막부보다 오히려 한술 더 뜨는지라, 도저히 그런 자들에게 가담할 수 없었다. 그저 잠자코 방관하고 있던 중 유신 소동이 일어 도쿠가와 쇼군이 도망쳐 왔다. 그러자 막부 사람들은 물론 사방의 좌막파들이 잠자코 있지 않으니 갖가지 의견이 백출했다. 도쇼신쿤(東照神君)* 300년의 유업을 하루아침에 버리지 말 것이며, 신하의 몸으로서 300년의 군은(君恩)을 잊으면 안된다. 사쓰마와 조슈가 누구인가? 그들은 단지 세키가하라(關ヶ原)의 패잔병일 뿐이니, 당당한 미카와(三河) 무사 8만 기(騎)가 무슨 면목으로 그 패잔병들에게 무릎을 꿇겠는가? 하며 대단한 기세로 삿초 적군(賊軍)을 요격하려는 자가 있는가 하면, 군함을 타고 탈주하는 자도 있고, 뜻 있는 사람들은 쇼군을 알현하여 일전을 벌이자고 건의했다. 혼란은 극에 달했고, 소리 내어 통곡하는 모습이 무슨 자랑이라도 하는 듯해서, 마치 충신의사들의 공진회(共進會)를 보는 듯했다. 그 충의론도 결국 실행에 옮기지 못한 채 막부가 끝내

---

* 도쿠가와 막부의 창설자 도쿠가와 이에야스를 말한다.

해체되자, 충신의사 중에는 군함을 타고 하코다테 쪽으로 향하는 자도 있고, 육지의 병력을 지휘해 도호쿠(東北) 지방에서 싸우는 자도 있고, 또는 마구 화를 내며 시즈오카 쪽으로 가는 자도 있었다. 그 중에서도 충의심이 강한 자는 도쿄를 적지(賊地)라 부르며, 도쿄에서 만든 것이라면 과자도 먹지 않고 밤에 잘 때도 도쿄 쪽으로 머리를 두지 않았다. 도쿄 이야기를 하면 입이 더러워지고, 도쿄 이야기를 들으면 귀가 더러워진다며, 마치 현대판 백이숙제처럼 행동하여 시즈오카가 마치 수양산 같은 느낌이었으니 정말로 끔찍했다. 그런데 1년이 지나고 2년이 지나는 사이 그 백이숙제께서 수양산에 도라지가 부족하다고 느꼈는지, 슬그머니 산기슭으로 내려와 적지에 불쑥 머리를 내밀더니 더 나아가 몸을 통째로 드러내고 신정부에 출사하는 것이었다. 바다와 육지로 탈주했던 사람들도 시즈오카의 백이숙제도, 어중이떠중이 모두 정부 주변에 모여들어 예전의 도적이자 지금의 관원 무리를 찾아간다. 처음 뵙겠다며 인사하기도 쑥스러운데, 아시다시피 자신은 과거의 일본신민이라며, 군자는 과거를 묻지 않는 법이고 지나간 언행은 단지 장난이었을 뿐이라고 말한다. 그렇게 서로 흉금을 터놓고 아무 탈 없이 화해하는 모습은 정말로 축하할 일이자 굳이 탓할 것도 못되는 듯싶다. 하지만 나로서는 할 말이 있다. 만약에 애당초 왕정유신 싸움이 정치적 견해의 차이에서 비롯되어, 예를 들면 근왕파는 쇄국양이를 주장하고 좌막파는 개국혁신을 주장하다가 결국 막부의 패배로 끝난 뒤로 근왕파도 크게 각성하여 개국주의로 변신, 좌막파의 주장에 가세하게 되고 이로 인해 양측이 앞으로 행동을 함께할 것이라고 한다면 무척 바람직하게 들릴 것이다. 하지만 당시의 싸움에 개국이냐 쇄국이냐 하는 논쟁은 전혀 없었다. 좌막파의 진퇴는 어디까지나 군신의 명분에 근거하여 도쿠가와 300년의 천하 운운하며 싸우다가, 그 천하가 사라지자 싸울 명분도 사라져 아무 일도 없었다는 듯한 태도를 보이는 것이니 정말 우습다. 그것도 아무 생각 없이 행동하는 말단이라면 몰라도, 논쟁을 벌여 열렬히 충의론을 외치며 백이숙제인 양 행동하고 또 스스로 탈주하여 세상을 떠들썩하게 했던 자들이니 그 속마음을 알 수가 없다. 승부는 그때그때 운에 따르는 법이니, 패하더라도 부끄러울 것은 없다. 자신의 주장이 적중하지 않더라도 상관없지만, 과오를 범했다면 자신의 불운으로 생각하여 포기하고 산 속에 숨든가 절의 중이라도 되어 여생을 보내면 될 것을, 중은 고사하고 아무렇지도 않다는 표정으로 높은 관리가 되어 기뻐하니, 그 모습이 내 마음에 들지 않는다. 정말 충신의사도 믿을 게 못되고, 군신주종의 명분론도 절개가 없다. 이런 경박한 사람들과 행동을 함께하느니 혼자 지내는 편이 마음 편하리라 생각하고, 초지일관으로 정치는 완전히 남들에게 맡긴 채 나는 내 일에만 전념하기로 작정했다. 사실 내 일신과는 관련이 없는 일이니 불필요한 간섭처럼 보이겠지만, 전후의 사정을 잘 알고 있기에 충신의사들의 처세를 보면 그만 서운한 마음이 든다. 기개도 없는 졸장부라고 생각하지 않으려 해도 그런 생각이 들어 견딜 수가 없다. 완전히 나 혼자서 불끈하는 것이겠지만, 이것도 자연히 내 공명심을 담박하게 만든 원인이라 생각된다.

독립의 본보기를 보이다

근왕좌막 따위의 골치 아픈 논쟁은 접어놓고, 출사를 하지 않은 네 번째 사연은 이렇다. 유신 정부의 기초가 확립되자, 일본 전국의 사족은 물론 농사꾼이나 조닌의 자제들까지 조금이라도 글을 읽을 줄 알면 모두 관리가 되겠다고 한다. 설령 관리가 되지 못하더라도 아무튼 정부와 가까이 지내며 뭔가 돈벌이라도 해보겠다고 설쳐대니, 그 모습은 냄새나는 곳에 파리가 꾀는 듯했다. 전국의 인민들은 관직에 앉아야만 성공할 수 있다는 생각뿐, 일신독립(一身獨立)의 뜻은 전혀 없다. 어쩌다 외국에서 공부하고 돌아온 서생들 중에는 자신은 평생 독립을 각오하고 정부의 관리가 될 생각은 조금도 없다며 내게 와서 그럴싸한 소리를 떠벌리는 자들도 있었다. 나는 처음부터 신뢰하지 않고 흘려들었는데, 그 때문인지 이후로는 모습을 보이지 않았다. 그러나 훗날 듣자 하니 그 사내들은 어엿이 모 관청의 서기관이 되었고, 운이 좋은 자는 지방관이 되었다는 소문이었다. 나는 그것을 책망하는 게 아니다. 개개인의 거취는 그 사람의 자유다. 하지만 전국의 모든 사람들이 오로지 정부 하나만을 목표로 하고, 그 외에는 입신의 길이 없다고 믿고 있는 것은 필경 한학 교육의 부작용으로, 소위 선조로부터 유전된 일확천금의 꿈으로 인한 일종의 방황이다. 지금 이 방황에서 벗어나도록 문명독립의 본의(本義)를 보여주기 위해서는, 천하에 단 한 사람에게만이라도 그 진실의 본보기가 되고 싶다. 그러면 자연히 그 진실을 따르는 자가 나타날 것이다. 한 나라의 독립은 국민의 독립심에서 솟아나는 것이다. 온 나라가 케케묵은 노예근성에 젖어 있으면 도저히 나라가 유지되지 않는다. 할 수 있을지 없을지 주저하지 말고, 내 스스로 그 본보기가 되겠다는 일념으로 아무것에도 연연하지 말고 오로지 독립독보(獨立獨步)를 결심한 이상, 정부에 매달릴 생각도 없다, 관리들에게 의지할 생각도 없다. 돈이 없으면 쓰지 않고, 돈이 생기면 내 마음대로 쓴다. 남들과 교제할 때는 최대한의 성의를 보이되, 그래도 싫다면 상대하지 않아도 좋다. 손님을 초대하면 이쪽의 가풍대로 성의껏 접대하되, 그 접대가 싫다면 오지 않아도 상관없다. 이쪽의 능력이 닿는 데까지 최선을 다할 뿐, 그 다음은 별개의 영역이다. 칭찬을 하건 욕을 하건 기뻐하건 화를 내건 마음대로 해라. 칭찬받는다고 해서 그다지 기쁠 것도 없고, 욕을 먹는다고 해서 별로 화가 날 것도 없다. 도저히 마음이 맞지 않는다면 멀리 떨어져서 사귀지 않을 뿐이다. 무슨 일이건 돈이나 연줄에 연연하지 않고 필사적으로 세상을 살아가겠노라

결심하고 있으니, 도저히 정부에 출사하는 것은 불가능하다. 이런 태도가 과연 세상 사람들의 본보기가 되어도 좋을지 안 좋을지, 그것도 상관할 바가 아니다. 좋으면 다행이고, 안 좋으면 그뿐이다. 그런 것까지 책임을 짊어질 생각은 없다.

이상과 같이 첫째부터 넷째까지 조목조목 설명하다 보니, 내가 정부에 출사하지 않는 것이 처음부터 버젓이 변명을 만들어놓고 이러니저러니 하며 스스로를 속박하고 있는 것처럼도 보인다. 하지만 사실은 그 정도로 궁색하지도 않고, 그다지 힘든 일도 아니다. 단지 오늘 그것을 글로 써서 남들이 알아볼 수 있게 하려면 이야기의 앞뒤를 맞춰야 하므로 오래전부터 오늘에 이르기까지 이런저런 일로 남들과 담론(談論)했던 것들을 떠올리면서 그때는 그러했고 이때는 이러했다고, 기억 속에 산재하는 것들을 한군데 모아보니 이상과 같은 내용이 된 것이다. 결국 정치를 가볍게 보고 성의를 다하지 않는 것이 내가 정치를 가까이하지 않는 원인일 것이다. 말하자면 술을 못 마시는 사람도 있고 잘 마시는 사람도 있는데, 못 마시는 사람은 술집에 들어가지 않고 잘 마시는 사람은 떡집을 가까이하지 않는 것과 마찬가지다. 정부가 술집이라면 나는 정치라는 술을 마실 줄 모르는 셈이다.

정치 진찰의이면서 개업을 하지 않다

그렇다고 내가 정치를 전혀 모르는 것은 아니다. 입으로 논하기도 하고 종이에 기록하기도 한다. 단지 담론을 기록할 뿐 스스로 그것을 실행하려 하지 않는다. 이는 마치 진찰의가 병을 진단하고는 병을 치료하려 들지도 않고, 또 사실은 치료할 능력도 없는 것과 마찬가지일 것이다. 하지만 병석의 치료에 관해서는 완전한 아마추어라 하더라도 때로는 진찰의도 도움이 되는 수가 있다. 그러므로 세상사람들도 내 정치진단서를 보고는, 이 사람은 진정한 개업의로서 치료를 할 수 있을 것이다, 환자를 왕진할 것이다 하고 추측하는 것은 큰 잘못이다.

메이지 14년의 정변

메이지 14년(1881), 일본의 정치사회에 대소동*이 벌어져 내 일신상에도 정말로 웃기는 일이 있었다. 메이지 13년 겨울, 당시 정권을 잡고 있던 오쿠마·이토·이노우에 세 사람으로부터 연락이 와 모처에서 만나 보니, 무슨 공보용인지 관보인지 모르지만 신문을 발행할 테니 나에게 맡아달라는 것이었다. 전혀 그 취지를 알 수 없기에 일단 사양하고 자리를 떴지만, 그 후에 몇 차례 왕래를 하며 이야기가 무르익게 되었다. 결국 정부에서 국회를 개설할 작정으로 그 준비를 위해 신문도 발행하는 것이라며 비밀을 밝히기에, 이거 정말 흥미진진한 이야기다 싶어 그런 일이라면 생각을 바꿔 신문발행을 맡겠다고 약속을 했다. 언제부터라는 기일은 정하지 않은 채, 그대로 해가 바뀌어 메이지 14년이 되었다. 메이지 14년도 봄이 지나고 가을이 왔건만 전혀 결말이 나지 않는 낌새였으나, 이쪽도 그다지 서두를 필요는 없기에 그냥 내버려 두고 있었다. 그러던 중 정부 내에서 무슨 논쟁이 벌어졌는지, 예전에는 마음이 잘 맞았던 오쿠마·이토·이노우에 세 사람이 끝내 불화를 일으켜 결국 오쿠마가 사직하게 되었다. 대신(大臣)의 진퇴는 흔히 있는 일이므로 오쿠마의 사직에 그다지 놀랄 것은 없지만, 그의 사직으로 나에게까지 영향이 미친 것이 정말 우습다고 하겠다.

당시 정부에서 발생한 소동은 상당히 복잡했다. 정부에 움직임이 있으면 정계의 말단까지 모두 동요하게 되고, 따라서 또 갖가지 풍문을 만들어내는 자도 많기 마련이다. 그 풍문을 한두 개 소개하자면, 대체로 이런 식이었다. 오쿠마는 제멋대로 행동하는 사람이라서 갖가지 일

* 이것을 '메이지 14년의 정변'이라 한다.

을 꾸미고 있었는데, 그 배후에는 후쿠자와가 버티고 있으며, 더욱이 미쓰비시의 이와사키 야타로(岩崎彌太郎)*가 물주가 되어 이미 30만 엔의 거금을 제공했다는 둥, 말도 안되는 소리를 멋대로 꾸며서 떠들어댔다. 오쿠마의 사직과 함께 정부의 중요방침도 정해져, 국회 개설은 메이지 23년(1890)으로 예정하고 여러 개혁을 시행하게 되었다. 그 중에서도 종래의 교육법을 개정하여 소위 유교주의를 부활시키니, 문부성도 한때 기묘한 분위기로 바뀌었다. 그 분위기가 전국의 구석구석까지 파급되어, 10여 년이 지난 오늘날까지 정부 사람들도 여기에 대처하느라 애를 먹고 있을 것이다. 당시의 정변은 정치가들의 광기라고 할 수 있을 정도였다. 나는 그 후 이와쿠라(岩倉)로부터 연락이 와서, 뒤뜰의 차실 같은 곳에서 조용히 만났는데, 몹시 걱정하고 있는 모습이었다. 금번의 사건은 정권 내부의 정말로 심각한 동요이다, 세이난(西南) 전쟁 당시에도 정말 힘들었지만 이번 일의 처리는 그보다도 훨씬 어렵다 하는 이야기를 듣고 보니, 무척이나 소란스러웠음을 짐작할 수 있었다. 정말 한심스런 일이었다. 정부는 메이지 23년에 국회를 개설하겠다고 국민에게 약속하고, 10년 후에는 큰 잔치를 벌이겠다고 안내장까지 보낸 셈이다. 그런데 그 10년 동안 손님의 마음에 들지 않는 짓만 해대고, 사람을 붙잡아서 감옥에 넣거나 도쿄 밖으로 추방했다.†또 그것으로도 부족해서 관리들은 옛날 다이묘나 공경(公卿)을 흉내내며 화족(華族)#이 되어 보란 듯이 허세를 부리니, 세상사람들은 더더욱 분노하며 난동을 부린다. 그런데 잔치의 주인과 손님이 얼굴도 맞

---

* 1834~1885. 옛 도사(土佐) 번사. 유신 후 해운업을 시작하여, 점차 정부의 하청을 받아 사업을 확장, 미쓰비시 재벌을 만들었다.
† 정부는 메이지 20년(1887) 보안조례(保安條例)를 공포. 내란을 음모하거나 치안을 방해할 우려가 있다는 이유로 수많은 정치인들에게 궁성에서 3리(약 11km) 밖으로 퇴거하라는 명령을 내렸다.
# 작위를 받은 자 및 그 가족. 다이묘와 공경에게 작위를 수여한 것은 메이지 2년이었지만, 메이지 17년 화족령이 발포되면서 공후백자남의 5작위가 설치되어, 공경 화족, 무가(武家) 화족 외에도 수많은 신(新)화족이 만들어졌다.

대기 전에 싸움을 벌이고 있으니 더욱 꼴이 아니다. 메이지 14년의 정변에 관한 진실은 내가 상세히 기술하여* 집에 간직하고 있지만, 이제 와서 남이 꺼리는 것을 공개하기도 그렇고 해서 잠자코 있다. 당시 나는 절친한 사이였던 데라지마(寺島)에게 모든 내막을 들려주고는 "어때? 내가 지금 입바른 소리를 하며 돌아다니면 정치가 중에 입장이 몹시 난처해질 녀석이 있을 텐데" 했다. 그러자 데라지마도 처음에는 그 이야기를 듣고 깜짝 놀라서, "정말 그래. 정치라는 게 원래 더러운 것이라곤 하지만, 이건 너무 심하군. 혼을 좀 내줘도 좋지 않을까?" 하며 넌지시 권하는 느낌이었다. 하지만 나는 그 정도까지는 생각하지 않았으므로 "당신도 이제는 마흔을 넘었잖아. 이젠 그런 무익한 살생은 그만두는 게 좋겠지" 하고는 웃으며 헤어진 적이 있다.

보안조례(保安條例)

이런 연유로 나는 메이지 14년(1881) 정변 당시부터 실제로 전혀 간여하지 않고, 흔히들 말하는 정치적 야심 따위에는 관심도 없이 태연자약하게 그저 남들이 우왕좌왕하는 모습을 구경하고 있다. 하지만 정부의 입장에서는 신기하게도 내가 갖가지 모습으로 비친 듯하다. 메이지 몇 년인가 보안조례가 나왔을 때, 나도 그 조례를 위반한 자로서 도쿄에서 추방당할 거라는 소문이 있었다. 그 당시 주쿠에 있던 오노 도모지로(小野友次郎)†가 경시청에 친한 사람이 있어 극비리에 그 이야기를 전해 듣고는, 나와 고토 조지로(後藤象二郎)#가 추방당할 게 확실하다고 말해주었다. "뭐, 죽이지는 않을 테니까, 추방당하게 되면 가와사키(川

---

* 「메이지 신사 기사」(明治辛巳紀事)라는 제목으로 후쿠자와 전집에 수록되어 있다.
† 분고(豊後) 다케다(竹田) 출신으로, 후쿠자와의 도움을 받아 게이오기주쿠를 졸업했다. 지지신보, 증권거래소, 시바우라 제작소, 미쓰이 은행 등에 근무했다.
# 당시 경시청 총감 미시마 미치쓰네(三島通庸)로부터 내무대신 야마가타 아리토모(山縣有朋)에게 보낸 「퇴거명령서 첨부 인명부」(退去命令書下付人名簿)에 고토 조지로와 후쿠자와 유키치의 이름이 포함되어 있다.

崎) 부근으로 가면 되겠지" 하며 태연하게 있노라니, 그 이튿날인지 사흘 후인지 오노가 다시 와서, 그 건은 취소되었다고 알려주어 일단락이 지어졌다. 또 그 후 메이지 20년경이었던 것으로 생각된다. 이노우에 스미고로(井上角五郎)*가 조선에서 무슨 짓을 한 혐의로 체포되었는데, 얼마나 큰 소동이었는지 경찰 간부가 내 집에까지 와서 수색하기도 했다. 그리고 이노우에가 어떤 혐의로 체포되자 나더러 증인으로 출두하라고 해서 직접 재판소에 불려가 쓸데없는 질문을 잔뜩 받았는데, 어떻게든 나를 죄인의 패거리로 만들려는 눈치가 보였다. 하지만 이런 것은 모두 큰 오해로, 나 자신은 아무런 죄가 없었다. 오히려 세상의 인심이 움직이는 방향의 완급을 흥미롭게 지켜보고 있을 뿐이었다. 하지만 한 걸음 나아가 허심탄회하게 생각해보면, 내가 일단 정계의 인물들에게 의심을 받는 것도 전혀 무리는 아니었다. 첫째로, 나는 절대 관리가 될 생각이 없었다. 이것은 세상에 전례가 없는 일로, 관리가 되겠다는 열병이 유행처럼 번지던 세상에서 홀로 그걸 마다한다면, 언뜻 보아 의심을 품는 건 당연한 일이다. 더구나 정말로 관직에 관심이 없다면 시골에라도 처박혀 있으면 될 텐데, 도회지의 한가운데 있는데다 수많은 사람들과 교제하고 화술도 좋고 글솜씨도 능숙하니, 남들의 눈에 띄기 쉬웠다. 따라서 남들의 의심을 사기 쉬운 것은 자연스런 이치라 하겠다.

한 편의 논설이 세상의 인심을 움직이다

이것이 첫째 이유이고, 또 하나 진실을 말하자면 갖가지 발언과 글을 통해 정계에 다소의 영향력을 미친 적도 있을 것이다. 예컨대 이제까

---

* 1859~1938. 히로시마 출신. 메이지 15년(1882) 게이오기주쿠를 졸업, 조선에 건너가 조선 정부의 고문으로 있다가 갑신정변에 연루되어 귀국했다. 메이지 20년(1887) 이민을 이끌고 미국으로 건너갔다가 이듬해 1월 귀국했을 때 갑신정변 관련 혐의로 체포되었으나, 증거가 없어 단순히 관리모욕죄로 형을 받았다. 특사 후 정계에 입문하여 중의원 의원에 당선되기도 했고, 또 홋카이도 탄광철도회사 등의 중역을 지냈다.

지 남들이 전혀 모르고 있던 것 중에 재미있는 일화가 있다. 메이지 10년(1877) 세이난 전쟁이 마무리되고 세상이 조용해지자 사람들이 오히려 따분함에 못 견뎌 할 때, 내게 문득 떠오른 생각이 있었다. 내가 만약 국회에 관한 이야기를 꺼내면 이에 응하는 자가 전국에 상당수 있을 테니 무척 재미있겠다는 생각이었다. 그래서 당시는 아직 『지지신보』가 없던 때라 『호치 신문』(報知新聞)*의 주필인 후지타 모키치(藤田茂吉),† 미노우라 가쓴도(箕浦勝人)#에게 초고를 보이며 말했다. "이 논설을 신문 사설로 싣고 싶으면 실어도 좋다. 틀림없이 세상사람들이 좋아할 거다. 단, 이 초고대로 인쇄하면 문장의 개성이 드러나서 후쿠자와의 글이라는 걸 알 수 있으니까, 문장의 취지는 물론 자구까지 원고 그대로 놔두고, 단지 지장이 없는 한에서 불필요한 부분을 당신들 마음대로 고쳐서 한번 실어봐라. 세상에 어떻게 받아들여질지 흥미롭지 않은가?" 그러자 젊고 원기 왕성하던 후지타, 미노우라 두 사람은 크게 기뻐하며 초고를 갖고 돌아가, 즉시 『호치 신문』 사설란에 실었다. 당시는 세상에서 아직 국회에 관한 논쟁이 일반화되지 않았던 시절이었으므로, 이 사설이 과연 인기를 끌게 될지, 아니면 아무런 관심도 끌지 못할지 전혀 예상할 수 없었다. 약 1주일가량 매일처럼 사설란을 채우고, 또 후지타와 미노우라가 도쿄의 동업자들을 선동하는 내용의 글을 써서, 세상의 반응이 어떻게 나타날지 지켜보았다. 그런데 신기하게도 약 2~3개월이나 지나서야 도쿄 시내의 모든 신문은 물론, 시골에서도 점차 논쟁이 뜨거워져, 결국에는 지방의 유력자들이 국회

* 정식 명칭은 『우편 호치 신문』(郵便報知新聞).
† 1853~1892. 분고 사에키(佐伯) 출신 번사. 우편 호치 신문 주간, 부회(府會) 의원, 중의원 의원 등을 지냈고, 입헌개진당 결성에 참가했다. 『문명동점사』(文明東漸史) 『계사담』(繫思談) 『제민위업록』(濟民偉業論) 등의 저서가 있다.
# 1854~1929. 분고 우스키(臼杵) 출신 번사. 후지타와 함께 우편 호치 신문에 입사, 사장이 되었다. 한때 미야기 현 사범학교장을 지낸 적도 있으며, 입헌개진당 결성과 함께 정계에서 활약, 체신대신을 거쳐 헌정회 장로로서 영향력을 발휘했다.

개설을 청원한다며 도쿄로 진출하는 등의 소란이 벌어지니, 재미있었다. 한편으로는 아무리 문명개화를 위한 것이라고 해도 내게 직접 도움이 되는 것도 아닌데 단순한 호기심에서 정치론을 꺼내 뜻하지 않게 온 세상이 떠들썩해지고 이젠 막을 도리도 없어진 것이라, 마치 가을의 메마른 들판에 불을 붙이고는 스스로 당황해 하듯이, 다소 겁을 먹었다. 그러나 국회론의 씨앗은 유신 무렵부터 뿌려진 것으로, 메이지 초년에는 민선의원 운운하는 설도 있었고, 그 후에도 매번 똑같은 주의(主義)를 제창하는 사람이 많았다. 그런 점이 가장 큰 원인이었겠지만, 우연한 기회에 내가 붓을 들어 문제의 중요성을 누구나 알 수 있도록 소상하게 늘어놓자 얼마 후 온 세상의 여론이 일시에 들고일어났으니, 아무래도 『호치 신문』의 논설이 불씨가 된 듯하다. 그 사설의 게재 연월일은 잊었지만, 요전에 미노우라와 만나서 옛날이야기를 하던 중 그 신문에 관해 물어보니, 그 역시 잘 기억하고 있었다. 그 후 미노우라가 옛 『호치 신문』을 빌려줘서 보았더니 메이지 12년(1879) 7월 29일부터 8월 10일까지 길게 연재되었는데,* 나름대로 맥락이 통하는 느낌이었다. 이것이 지금의 제국의회를 개설하는 데 도움이 되었나 생각하니 나 스스로 생각해도 웃음이 나온다. 그러고 보면 메이지 14년의 소동 당시 후쿠자와가 정치에 관련되어 있지 않느냐는 소리를 들었던 것도, 그 후에 내 거동을 주시하는 자들이 많아서 갖가지 의구심을 불러일으켰던 것도, 직접적으로는 관련이 없었다고는 하나 간접적인 연관성이 없었던 것은 아니다. 국회개설이라는 개진과 진보가 나라를 위해 이익이 되었다면 다행이지만, 실제로는 불이익이라면 나는 현세의 죄는 면할 수 있어도 사후 염라국에서 혹독한 벌을 받게 될 것이다.

『호치 신문』의 경우만이 아니라 정치와 관련된 나의 언행은 모두 이

---

* 후쿠자와의 뜻을 받들어 후지타와 미노우라가 기안한 「국회론」은 『우편 호치 신문』에 연재된 뒤, 두 사람 공저로 단행본으로 출간되었고, 『후쿠자와 전집』에 수록되어 있다.

런 식이라서, 나 자신과는 직접적인 이해관계가 없었다. 소위 진찰의의 입장에서, 정부 내에 지위를 점하고 정권을 휘두르며 천하를 치료할 뜻은 없지만, 아무래도 국민 모두를 문명개화의 문으로 인도하여 일본을 병력이 강하고 상업이 번창한 대국으로 만들겠다는 생각이 있었다. 오로지 그것만 생각하며, 나 자신이 감당할 수 있는 범위 내에서 정계의 인사들과 교제했다. 하지만 누구를 만나건 별달리 부탁할 일도 없고 상의할 일도 없이, 빈부고락(貧富苦樂), 나 홀로 현재의 입장에 만족하며 욕심 없이 지내왔다. 그러니 나와 사고방식을 달리 하는 관리들이 평소의 내 모습을 보거나 듣고 이상하게 생각하는 것도 결코 무리는 아니다. 하지만 정말로 나는 정부에 원한이 없다. 관리들에 대해서도 나쁘게 생각하는 사람은 없다. 만약 봉건문벌 시대에 내가 이런 식으로 행동했다면 그야말로 어떤 봉변을 당했을지 모른다. 오늘날 안전하게 여생을 보내고 있는 것은 메이지 정부의 법률 덕분이라 생각하며 기뻐하고 있다.

『지지신보』

그리고 메이지 15년(1882)에 『지지신보』(時事新報)라는 신문을 발기했다. 마침 14년의 정계 변동 직후라, 게이오기주쿠 졸업생들이 나를 찾아와 신문 발간을 권했다. 나 또한 스스로 생각해보니, 세상의 형세는 점차 변화해 정치건 경제건 하루가 다르게 움직이는 가운데 피차간에 적과 동지가 생겨 논쟁은 한층 과열될 것이 뻔했다. 이미 그 전해의 정변도 어느 쪽이 옳고 그른지는 제쳐놓더라도, 서로간의 의견차이로 벌어진 싸움이다. 정치적으로 싸움이 벌어지면 경제적으로도 싸움이 벌어지기 마련이다. 앞으로 한층 심해질 것이다. 이런 상황에서 필요한 것은 소위 완전중립의 견해인데, 완전중립이라고 해도 말과는 달리 마음속으로는 자신의 이해 쪽으로 이끌린다면 도저히 공평한 견해를 내세울 수 없다. 그래서 지금 전국에서 조금이나마 독립적으로 생계를 유지하며 다소의 지식도 있고, 정치적·경제적으로도 아무런 야심 없이 모든 것에 초연한 듯한 입장을 취하는 사람은 주제넘은 소리를 하자면 나 외에는 별로 없으리라고 마음속으로 자문자답했다. 그렇게 해서 결국에는 결심을 하고 새롭게 착수한 사업이 바로 『지지신보』이다.

이미 결단을 한 이상, 친구들 중에 만류하는 자가 있어도 전혀 개의치 않았다. 신문 발행부수가 많건 적건 남의 신세를 질 생각도 없이, 이 사업이 흥하는 것도 망하는 것도 내 책임이라 여겼다. 설령 실패해서 폐간이 되더라도 내 일가족의 생계에 큰 변화가 생기는 것도 아닐 것이고, 또 자신의 불명예가 된다고도 생각하지 않았다. 창간과 더불어 폐간될 각오로, 세상풍조에 연연하지 않고 오늘날까지 잘 유지해왔으니, 일단은 모두 나의 결단 탓이라고 할 수 있겠다. 그러나 사실은 내 친구들 중에 정직하고 유능한 군자들이 많아, 무슨 일을 맡기건 그르칠 염려는 전혀 없었다. 발행 당시에는 몇 년간 나카미가와 히코지로(中上川彦次郎)가 맡았고, 그 후에는 이토 긴스케(伊藤欣亮),* 지금은 차남인 스테지로†가 맡고 있다. 회계는 모토야마 히코이치(本山彦一)#가, 이어서 사카타 미노루(坂田實),☆ 지금은 도바리 시치노스케(戶張志智之助) 등이 전담하고 있는데, 내 성격상 금전출납의 세부사항에 관해서는 물어본 적도 없고 눈으로 확인한 적도 없이 그 사람이 하는 대

---

* 야마구치 현 오기(荻) 출신. 지지신보사에서 니혼은행으로 옮겼다가, 훗날 니혼신문사 사장을 지냈다.
† 1865~1926. 게이오기주쿠 졸업 후, 보스턴 대학에서 토목공학을 공부하고, 산요(山陽) 철도 기사로 근무했다. 훗날 지지신보사에 입사하여 사장이 되었다.
# 1853~1932. 구마모토 출신. 효고 현 관리 및 학교장 등을 역임했다. 오사카 신보(大阪新報), 지지신보를 거쳐 후지타구미(藤田組)에 입사, 몇몇 회사의 중역을 겸직했다. 또한 오사카 마이니치신문 사장, 부민(富民)협회 이사장, 귀족원 의원으로 활동했다.
☆ 오카야마(岡山) 출신. 게이오기주쿠 졸업 후, 기주쿠 교원, 오카야마 중학 및 사범학교 교감, 가나가와 현 쓰쿠이(津久井) 군장 등을 거쳐 게이오기주쿠 유치사장(幼稚舍長)을 지냈다. 그 후 지지신보사에 입사했다가, 다시 니혼은행 지점장과 국장을 지낸 후, 분고(豊後) 은행 전무가 되었다.

로 맡겨뒀지만, 이제껏 단 한 번도 잘못된 경우가 없다. 정말로 마음이 든든하다. 이런 것들이 신문사의 영속적인 발전을 뒷받침해주고 있다. 또한 편집에 관해 말하자면, 집필자는 용기를 내서 자유자재로 써야 한다는 것이 내 지론이다. 단, 남의 일을 논하고 남의 입장을 평하려면, 그 사람과 만나 서로 마주 보며 이야기할 수 있는 내용이어야 한다. 그 외에 어떤 격론이나 호언장담도 상관없지만, 신문에 게재한 뒤에 정작 그 상대방과 만났을 때 자기 양심이 부끄러워 솔직한 대화를 나눌 수 없다거나 멀리서 보고 모르는 척 도망가는 따위의 짓을 한다면 졸장부에 불과하다고 하겠다. 그런 졸장부야말로 무책임한 공론이나 일삼고, 남을 헐뜯는 독설이나 내뱉는다. 그런 것은 군자로서 부끄러운 짓이라며 항상 조심하고 있다. 그러나 나도 차츰 나이를 먹으니 언제까지고 이런 일에 매달릴 수도 없어, 여생은 가능하면 조용히 보낼 작정이다. 그래서 신문에 관한 것은 젊은이들에게 맡기고 차츰 멀리하여, 지상 논설은 이시카와 간메이(石河幹明),* 기타가와 레이스케(北川禮弼),† 호리에 기이치(堀江歸一)# 등이 맡아서 쓰고, 나는 가끔 입안(立案)을 하거나 작성된 문장에 약간 가필하는 정도로 그치고 있다.

모든 일을 극단적으로 생각하다

이제까지 장황하게 내 일신상의 일들이며 나와 관련된 세상사를 이야기했는데, 내 생애에서 가장 고생스러웠던 것은 저술과 번역 사업이

---

* 1859~1943. 미토 출신. 미토 사범학교 졸업 후, 문필 능력이 뛰어나 후쿠자와의 지원을 받으며 게이오기주쿠에서 공부하고 지지신보 기자가 되었다가 훗날 주필을 맡았다. 만년에는 후쿠자와 전집의 편집을 담당, 후쿠자와 연구에도 많은 업적을 남겼다.
† 후쿠이 현 출신. 처음에는 학교 교원, 해군성 번역관 등을 지내다가 훗날 언론계로 들어가, 나고야 긴조 신보(名古屋金城新報) 주필, 미야코(都) 신문 객원, 조야신문 경영 등을 맡았고, 지지신보사에 입사하여 편집장이 되었다.
# 1876~1927. 도쿄 출신. 아버지는 옛 도쿠시마(德島) 번사. 초등교육부터 시작해서 모든 교육을 게이오기주쿠에서 받은 후 지지신보 논설기자로 활약했다. 훗날 게이오기주쿠 교원으로 전업하여 재정학을 강의했다. 법학박사.

다. 이에 관해서는 할 이야기도 많지만, 그 자세한 내용은 금년에 중판을 낸 후쿠자와 전집의 머리말에 적었으니 여기서는 생략하기로 하고, 평소의 신념과 처세에 관한 소신을 일괄해서 짤막하게 이야기하겠다. 나는 무슨 일이건 극단적인 경우를 상상하고 그에 대한 각오를 해서 유사시에는 당황하거나 후회하지 않도록 대비하고 있다. 사람은 언제 어떻게 죽을지 모르니, 그 죽음을 조용히 침착하게 맞이하겠다는 생각은 누구나 하고 있을 것이다. 그와 마찬가지로 예를 들면 내가 나 자신과 가족의 생계에 관해서는 무슨 일이 있어도 남들에게 폐를 끼치지 않겠다고 결심을 하고 있기 때문에 위험한 짓을 할 수가 없다. 이렇게 하면 이득이 있을 것이다, 저렇게 하면 돈이 생길 것이다 하는 경우에도, 위험을 무릅쓰다가 실패하게 되면 반드시 낭패를 당하고 후회하는 일이 있으리라는 생각에서 섣불리 손을 대지 못했다. 돈을 벌어서 그 돈을 쓰기보다는 돈이 없으면 쓰지 않고 지냈다. 안마를 하는 한이 있더라도 굶어죽을 리는 없다. 조의조식(粗衣粗食) 정도로 기가 죽을 사내는 아니라며 큰소리치며 지냈다. 내가 금전문제에 적극적이지 못했던 것은 극단적인 실패를 두려워하여 소극적으로 행동한 탓이지만, 그 밖의 일에는 자신의 명예를 더럽히지 않는 한 반드시 소극적이지만은 않았다. 실패를 하더라도 자신의 독립주의에 지장을 주지 않는 일이라면 적극적으로 임했다. 예를 들어 게이오기주쿠를 개설한 이후 수십 년간 갖가지 변화가 있었다. 때로는 생도가 줄어들기도 하고 늘어나기도 했다. 생도만이 아니라 재정문제로 교원이 부족한 일도 자주 있었지만, 그런 때도 나는 조금도 당황하지 않았다. 생도가 떠나면 떠나는 대로 놔둬라, 교원이 나간다면 붙잡지 말고 나가도록 놔둬라, 생도가 나가고 교원이 떠나서 주쿠가 텅 빈다면 남는 건 나 혼자다, 그렇다면 혼자의 근기(根氣)로 가르칠 수 있는 만큼의 생도를 상대로 내가 강의하겠다, 그나마도 생도가 없다면 굳이 강의를 하려고 하지는 않겠다,

후쿠자와 유키치는 반드시 대규모 주쿠를 개설해서 전국의 자제들을 가르치겠다고 남들과 약속한 적이 없다. 주쿠의 성쇠에 안절부절하는 어리석은 짓은 하지 않겠다 하면서 가슴속으로 극단적인 각오를 하고 있었다. 주쿠를 개설한 그때부터 언제라도 주쿠를 폐쇄할 수 있다고 늘 생각하고 있었기에 조금도 두려울 게 없었다. 평소에는 주쿠의 업무에 전념하며 열심히 공부도 하고 걱정도 하지만, 내 가슴속을 솔직히 털어놓자면 그런 공부 걱정은 단순한 속세의 유희이자 허상에 불과한 것이므로 업무에 임하면서도 항상 마음이 편했다. 최근에는 게이오기주쿠를 유지하기 위해서라며, 우리 주쿠 출신의 선배들이 열심히 재원을 모금하고 있다. 성공적으로 모금이 이루어지면 학교를 위해 큰 도움이 될 테니 나도 무척 기쁘겠지만, 과연 결과가 어떻게 나올지 그냥 조용히 지켜보고 있다. 『지지신보』의 경우도 마찬가지로, 처음부터 반드시 영구히 유지하겠다고 맹세한 것도 아니고, 경우에 따라서는 망할 수도 있겠지만 그래도 후회하지 않겠다고 각오하고 있으니, 이 역시 별로 염려가 되지 않는다. 또한 내 저역서에 타인의 서문을 부탁하지 않은 것도 마찬가지다. 즉 남의 서문이나 제목 등을 이용해서 출간서적의 신용을 높이는 것은 참으로 명예스러운 일이지만, 사실은 판매 부수를 늘려보려는 속셈이라 할 수 있다. 그러나 내 생각은 그렇지 않다. 자신의 저역서가 많은 인기를 끌면 좋겠다고 애당초 속으로 바라면서도, 또 한편으로는 이 책이 전혀 팔리지 않더라도 후회는 하지 않겠노라고 극단적인 각오를 하고 있기 때문에 실제로 도움도 되지 않는 형식적인 글을 남에게 부탁한 적이 없다. 또한 남들과 교제하는 법도 이런 방식을 따랐다. 나는 젊었을 때부터 나서기를 좋아하는 편이라서 교제 범위가 넓으면서도 남들과 다툰 적이 없다. 친한 벗도 아주 많지만, 이런 교제에 있어서도 역시 극단적인 각오는 잊지 않았다. 오늘날까지 이토록 사이좋게 지내고는 있지만, 상대방이 언제 변심할지는 예상할 수 없다. 만약 그런 일이 발생하면 교제를 그만둬야 한다. 교제를 그만둬도, 이쪽에 해를 가하지 않는 이상 상대를 미워할 필요는 없다. 다만 가까이하지 않을 뿐이다. 이런 식으로 친구가 하나둘 떠나서 아무도 남지 않고 나 혼자 고립되더라도 걱정 없다. 결코 후회하지 않을 것이다. 자신의 지조를 꺾어가며 마음에도 없는 교제는 하지 않겠다고, 소년시절부터 지금까지 각오하며 지냈지만 실제로 그런 일은 전혀 없었다. 태어나서 60여 년 동안 알며 지낸 사람은 수천수만 명이나 되는데, 그 누구와도 싸우거나 결별한 적이 없으니 신기하다. 모든 게 이런 식이니, 내 방식은 일을 하건 친구를 사귀건 처음부터 굳은 각오로 임하여 설령 실패하더라도 염려 없다고 세상사를 가볍게 봄과 동시에 자신의 독립을 중요시한다. 인간만사 사소한 일에 구애받지 않도록 마음가짐을 단단히 하고 있으니, 세상살이에 그다지 어려움도 없이 오늘날까지 편안하게 살아왔다.

건강관리

마음의 자세에 관해서는 이상과 같지만, 건강문제는 어떠한가. 나는 지극히 몸에 좋지 않은 부끄러운 버릇을 하나 갖고 있는데, 어려서부터 술을 좋아한 것이다. 그것도 엄청난 술고래다. 이 세상에는 술을 많이 마셔도 그다지 술맛을 모르거나, 마셔도 그만 안 마셔도 그만이라고 생각하는 사람도 있지만, 나는 그렇지 않다. 내 입에는 술이 맛있어서 많이 마시고 싶을 뿐 아니라, 고급 명주를 좋아해서 술의 품질도 잘 알고 있다. 지난해 술 한 말의 가격이 7~8엔이던 때, 가격이 50전만 달라도 가격을 묻지 않고 그 맛을 정확히 맞출 수 있을 정도의 꾼이었다. 게다가 고급술을 잔뜩 마시고 안주도 좋은 것을 잔뜩 먹어 뱃속이 가득하더라도 밥은 남기지 않고 다 먹었다. 정말로 먹고 마시는 것에 관해서는 절제를 하지 못하니 우음마식(牛飮馬食)이라 하겠다. 더욱이 술에 취해 추태를 부리기라도 한다면 그 후로 조심하는 일도 있겠지만, 술꾼 주제에 결코 술주정은 하지 않았다. 취하면 그냥 커다란 소리로 떠들어댈 뿐, 절대로 남들이 신경을 쓰거나 싫어할 못된 소리를 해서 싸움을 벌인 적도 없거니와 술꾼 특유의 정색을 하며 논쟁을 벌이는 일도 없으니, 남들에게 피해는 주지 않았다. 그런데 이것이 오히려 나쁘게 작용하여, 득의만만해져서 술이라면 맨 먼저 달려가 남들의 두세 배나 마시며 천하무적이라는 식으로 자랑을 했으니 참으로 부끄러운 일이다. 하지만 술을 제외하고는 소년시절부터 음식에 별로 신경을 쓰지 않는 편이었다. 물론 특별히 영양에 신경을 쓸 정도로 관심이 있을 리도 없고, 하루 세 차례 식사 외에는 좀처럼 다른 것을 먹지 않았다. 어쩌면 어머니가 먹지 못하도록 했는지도 모르지만, 어렸을 때부터 습관이 들어 간식이 필요없었다. 특히 저녁식사 후에 밤이 되면 아무리 좋아하는 음식이 있어도 입에 댈 수 없었다. 예컨대 친척의 장례식으로 철야를 한다든가 또는 근처에서 화재가 발생해서 밤을 샌다든가 할 때, 자연히 그곳에서 음식물이 나와도 먹고 싶다는 생각이 들지 않았다. 아마도 어머니로 인해 몸에 익은 습관이 평생 남아 있는 듯하다. 건강을 위해서는 아주 바람직한 습관이다.

 나는 또 그다지 느긋한 성격이 아니고, 무슨 일이건 즉시 해치우는 성격이라서 때로는 남의 웃음을 사는 일도 많았다. 그런데 세 끼 식사를 할 때는 마치 딴 사람처럼 돌변해서 도저히 빨리 먹을 수가 없다. 어릴 때 식사를 빨리 하는 것이 무사의 예절이라며 남들에게 책망을 들은 적도 있고, 나 자신도 빨리 먹으려고 노력했지만, 도저히 입안의 음식을 씹지 않고 그대로 삼킬 수가 없었다. 그 후 서양식 건강관리에 관한 책을 읽고 음식을 그대로 삼키는 게 좋지 않다는 사실을 알게 되자, 비로소 나의 나쁜 버릇이 좋은 결과를 초래했다며 크게 기뻐했다. 이후로는 남의 눈치를 볼 것도 없이 천천히 식사를 하니, 대체로 남의 두 배가량 시간이 걸린다. 이것도 건강을 위해서는 아주 좋은 일이다.

드디어 술을 자제하다

내가 원래 술을 좋아한다지만, 고향에 있을 때 소년의 신분으로 마음껏 마실 수 있을 리도 없었고, 나가사키에서는 1년간 금주를 지키다가 오사카로 간 이후에 그런대로 자유로이 마시기는 했지만, 아무래도 돈이 없어 제대로 마시지는 못했다. 스물다섯 나이에 에도로 온 이후, 호주머니도 조금은 여유가 생겨 술을 살 정도가 되자, 공부 외에는 음주를 가장 큰 낙으로 삼았다. 친구 집에 가면 마시고, 아는 사람이 오면 즉시 술을 시켜 손님에게 권하기보다는 주인 쪽이 기뻐하며 마시곤 했으니, 아침이건 낮이건 밤이건 시도 때도 없이 마셨다. 그러다 서른두세 살 무렵의 일이었던 것으로 생각된다. 혼자 크게 각성한 바가 있어, 이렇게 마셔대다가는 도저히 제 명에 죽지 못할 것이다. 그렇다고 완전 금주는 예전의 경험상 단지 일시적일 뿐 오랫동안 지속하지 못한다, 끈기를 갖고 이제부터 스스로 자제하는 것 외에는 방법이 없으리라고 다짐했다. 금주는 중국인이 아편을 그만두는 것과 같이 몹시 괴로웠지만, 우선 먼저 아침술을 금하고 얼마 후에는 낮술을 금했다. 손님이 있을 때면 접대를 핑계로 마시던 것조차 간신히 참고, 나중에는 그 손님에게만 권하고 나는 한잔도 마시지 않도록 하여, 낮술만큼은 그럭저럭 지킬 수가 있었다. 문제는 저녁식사 때의 반주인데, 그것을 완전히 금하는 것은 불가능하므로 차츰 양을 줄이도록 방침을 정했다. 입으로는 마시고 싶어도 마음으로는 허락할 수 없으니, 입과 마음이 서로 대립이라도 하듯이 다투면서 차츰 줄여 나간 결과, 다소나마 자제하게 될 때까지 3년이나 걸렸다. 내가 서른일곱 살 때 심한 열병에 걸려 구사일생으로 목숨을 건졌을 때, 의사인 친구가 예전처럼 술을 많이 마셨더라면 살아남지 못했을 텐데 다행히도 이번의 완쾌는 근년의 절주 덕분임에 틀림없다고 말한 것이 기억난다. 그러니 내 일생에서 폭음을 했던 기간은 10년이었던 것으로 생각된다. 그 후 주량을 줄이기는 했어도 늘린 적은 없다. 처음에는 스스로 자제하도록 했지만, 자연히 줄어서 마시고 싶어도 마실 수 없게 된 것은 도덕적 근신이라기보다도 나이가 든 탓일 것이다. 아무튼 마흔이 되고 쉰이 되어도 주량이 점점 늘어서 결국에는 청주로는 취하지 않아 브랜디나 위스키를 마시는 사람도 있지만, 그것은 좋지 않다. 괴롭겠지만 그만두는 게 상책이다. 나는 경험자다. 나처럼 마구 마셔대던 사람도 서른네다섯 살 때 드디어 욕망을 자제하고 목적을 달성했다. 요즈음에는 아무리 술꾼이라 하더라도 왕년의 나를 능가하는 자는 별로 없을 것이고, 주량도 빤할 테니 슬슬 시작하면 절주건 금주건 틀림없이 가능할 것이다.

운동

이제 평소의 운동에 관해 이야기하겠다. 가난한 집에서 태어난 까닭에 어렸을 때부터 싫어도 운동만큼은 하지 않을 수 없었다. 그것이 습관이 되어 평생 몸을 움직이고 있다. 소년시절에 막일을 한 탓으로 겨울이 되면 손이 터서 피가 났다. 그러면 면사로 상처를 꿰매고 뜨거운 기름을 붓는 민간요법을 썼던 기억이 있다. 에도에 와서는 자연히 그런 일이 없었기에, 어느 날 다음과 같은 시를 읊은 적이 있다.

    鄙事多能年少春
    立身自笑却壞身
    浴餘閑坐肌全淨
    曾是綿絲縫瘃人

    천한 일에 재주가 많았던 어린 시절의 봄

입신하여 스스로 웃는다, 오히려 몸을 망가뜨린 것을
목욕 후 한가로이 앉아 있으니 피부가 정말로 깨끗하다
예전에 튼 피부를 면사로 꿰맸던 사람이여

또 번(藩)에서는 무예를 하지 않으면 사람으로 여기지 않는 풍조가 있었기에 나카무라 쇼베에(中村庄兵衛)라는 선생에게 잠시 검술을 배웠다. 그 후 양학 공부를 위해 고향을 떠나게 되자 고향에 있을 때처럼 막일을 하지 않아도 되었으므로 항상 칼을 소지하고, 오사카의 구라야시키에 있을 때 혹은 오가타주쿠에서도 때때로 연습을 했다. 그리고 에도에 와서 온 세상이 양이론으로 떠들썩하자 검술을 포기하고 예전에 잠시 해봤던 쌀찧기를 틈만 나면 했는데, 메이지 3년에 큰 병을 앓고 나니 병후에는 아무래도 예전처럼 되지가 않는다. 그해인가 이듬해인가, 이와쿠라 대사가 유럽에 갈 때, 친구인 나가요 센사이(長與專齋)도 수행을 명받아 곧 출발할 것이라며 내게 작별인사를 하러 왔다. 그는 키니네 1온스 병을 품에서 꺼내더니 "자네의 큰 병이 완치되기는 했지만, 내년 이맘때가 되면 또 재발해서 약이 필요하게 될 거야. 이건 염산 키니네 최상품인데 약국에는 없어. 이걸 줄 테니 잘 간직해 둬. 내가 없는 동안 도움이 될지도 모르니까" 하고 말했다. 진정 친구로서의 친절한 마음에서 나온 말이었지만, 나는 오히려 반갑지 않았다. "바보 같은 소리 하지 마. 병이 다 나았는데 약이 왜 필요해? 말도 안돼. 난 받지 않겠어." 그러자 나가요는 웃으며 "모르는 소리 하지 마. 분명히 도움이 될 테니 받아둬" 하며 그 약을 나에게 건네주고 헤어졌다. 그런데 정말로 나가요의 외유 중 툭하면 열이 나서 그때마다 키니네를 복용했다. 결국 1온스나 되는 약을 전부 먹어치우고 말았는데, 그 후로 좀처럼 체력이 회복되지 않았다.

병에 굴하지 않다

요코하마에 있는 의사 친구 닥터 시몬스*가 무엇이든 피부에 걸치는 것은 플란넬로 하라기에, 셔츠도 팬티도 플란넬로 맞추고 양말 속에도 플란넬을 대는 등 온몸에 걸치고 있었지만 전혀 효과가 없었다. 툭하면 감기에 걸려 오한이 나고 열이 심했다. 2~3년간 그런 상태가 계속되어, 어느 날 나는 단단히 작심을 했다. 이건 의사의 지시에 따라서 지나치게 몸을 조심한 것이니 병에 굴하는 것이나 다름없다. 이쪽에서 굴하니까 병은 더욱더 기승을 부린다. 내 몸은 내가 가장 잘 안다. 병이 심할 때는 의사의 지시에 따르더라도, 지금은 병후의 요양 외에는 아무것도 필요 없으니 내 방식으로 요양을 시도해보자. 원래 나는 시골 사족인지라, 소년시절의 생활은 보리밥에 호박된장국을 먹고 옷은 손으로 짠 무명으로 껑충하게 기워 입었으니, 플란넬 따위는 구경해본 적도 없었다. 그런 촌놈이 개국 풍조에 편승해 도쿄에 거주하며 최신식 요양을 하다니 웃기는 일이다. 촌놈의 몸이 놀랄 일이다. 최근에 감기에 걸리거나 열이 나거나 하며 비실대는 것은 지나치게 고급스런 요양을 한 탓이다. 그러니 즉각 잘못된 것은 바로잡는다는 의미에서, 그날부터 플란넬 셔츠도 팬티도 벗어던지고 그냥 면제품 주반(襦袢)으로 갈아입었으며, 난로도 지나치게 피우지 않도록 했다. 또 양복은 말을 탈 때만 승마복을 입기로 하고 평소에는 순 일본식 옷을 입었으며, 찬바람이 불어도 개의치 않고 집 안팎을 드나들었다. 음식만큼은 서양식을 흉내 내어 좋은 재료를 사용했지만, 그 외에는 모두 시골 사족 방식으로 되돌아갔다. 그리고 운동으로는 쌀찧기와 장작패기에 열중하여, 소년시절의 가난했던 생활과 마찬가지로 매일 땀을 흘리며 몸을 움직이자 점차 몸이 튼튼해져 감기도 걸리지 않고 열도 나지 않게 되었다.

* Duane B. Simmons. 1834~1889.

내 키는 다섯 척 일곱 치 3~4부이고, 체중은 열일곱 관 아래로 내려간 적이 없었다.* 무척 건장했던 그 몸이 병후에는 열다섯 관까지 줄어 2~3년간 고민했지만 시골식 요양법 덕분에 원래대로 되돌아가, 그 후 예순다섯 살인 지금도 열일곱 관 500돈보다 적지는 않다. 그런데 내 생각에 과연 이상의 시골식 요양법으로 효험을 본 것인지, 아니면 병후의 회복기가 저절로 왔을 때 우연히 요양법을 바꾼 것인지는 도저히 단정지을 수가 없다. 아무튼 생리적으로 필요한 부분에 약간만 주의를 기울이면 시골식 생활도 나쁘지 않은 것만큼은 확실하다. 단, 맨몸에 찬바람을 맞는 게 좋은지, 아니면 다른 요양 덕분에 체력이 강해져서 실제로 해로운 찬바람에도 잘 저항하며 버틸 수 있는 것인지, 즉 찬바람 그 자체가 약이 되는 것이 아니라 찬바람에 전혀 개의치 않는 생활방식이 유익한 것인지 하는 문제는 아마도 의학에서 연구해야 할 것이라 생각한다.

검술과 쌀찧기

메이지 3년 서른일곱 살 때의 큰 병으로 생활방식이 바뀌면서 서생시절의 무절제한 생활, 특히 10년간 지속했던 폭음을 그만두게 되었다. 오늘에 이르기까지 객지생활이 대략 40년이 되는데, 그 40년 동안 처음에는 공부하고 남는 여가를 틈타 운동과 건강관리를 했지만, 점차 나이가 들면서 지금은 건강관리를 주로 하고 시간이 나면 책상 앞에 앉게 되었다. 지금도 저녁 일찍 자고 아침 일찍 일어나, 식사 전에 시바(芝)의 산코(三光)에서 아자부 후루카와(古川) 부근까지 4km가량 소년 생도들과 함께 산보하고, 오후가 되면 한 시간가량 검술을 하거나 쌀을 찧거나 한 뒤 저녁식사를 하도록 규칙을 정해, 비가 오건 눈이 오

---

* 메이지 14년(1881) 후쿠자와가 처음 생명보험에 가입했을 때 작성된 신체검사보고서에 의하면 체중 72.5kg 신장 173cm로 되어 있다.

건 1년 내내 단 하루도 거른 적이 없다. 작년 늦가을, 장난삼아 이런 시를 지었다.

　　　　一點寒鐘聲遠傳
　　　　半輪殘月影猶鮮
　　　　草鞋竹策侵秋曉
　　　　步自三光渡古川

　　　　한 점의 차가운 종소리가 멀리서 들려오고
　　　　기울어가는 반달의 그림자가 아직도 선명하네
　　　　짚신과 대나무지팡이 소리가 가을 새벽을 깨우며
　　　　도보로 산코에서 후루카와를 건넌다

이런 운동과 섭생을 언제까지 계속할지, 내 체질의 강약, 근기를 지켜봐야겠다.

인생행로의 많은 변화

'인생, 지난날을 생각하면 일순간의 꿈과 같다'는 말을 자주 듣지만, 돌이켜보면 60여 년간 내 꿈은 무척 변화가 많고 복잡한 꿈이었다. 작은 번의 말단 사족 출신으로 비좁고 불편한 상자 속에 갇혀, 번정의 이쑤시개로 도시락 상자를 휘저으면 그 끝에 걸렸던 소년. 그 소년이 문득 밖으로 뛰쳐나가 고향을 버리고 게다가 어려서부터 교육받은 한학의 가르침까지 저버리고 서양학에 입문하여, 예전과는 다른 서적을 읽고 예전과는 다른 사람들을 만나며 자유로이 움직였다. 두세 번이나 외국에 다녀오니 생각은 점점 넓어져, 옛 번은 물론이고 일본이 비좁아 보이게 된 것은 참으로 크고 엄청난 변화가 아닌가? 물론 그동안 겪은 간난신고를 늘어놓자면 한이 없겠지만, 목구멍을 지나면 뜨거운 것을 잊는다는 속담처럼 간난신고도 지나고 보면 별것 아니다. 가난은 견디기 힘들었지만, 그 가난이 지나간 뒤에는 옛날의 가난했던 시절을 떠올리며 뭐가 힘드냐고, 오히려 즐거워할 정도였다. 양학을 공부한 나는 그 후로도 그럭저럭 남에게 폐를 끼치지 않고 머리 숙이지 않으면서 먹고 입을 수만 있다면 더 이상 바랄 게 없다고 생각했는데, 뜻하지 않게 왕정유신, 드디어 문호를 개방하여 진정한 개국을 하게 되었으니 참으로 다행이다. 막부 시절에 쓴 『서양사정』의 경우, 출판 당시의 생각으로는 이 세상에 이런 책을 읽어줄 사람이 있을지 의심스러웠고, 설령 읽는다 하더라도 실제로 그 내용을 일본에서 시험하게 되리라고는 생각도 못했다. 한마디로 말해서 서양에 관한 소설이나 신기한 이야기 정도로 여겼는데, 큰 인기를 끌고 실제로 도움이 되었다. 게다가 신정부의 결단력은 『서양사정』 정도가 아니라 한두 단계나 앞질러 과감한 일을 단행하며, 오히려 그 책의 저자를 놀라게 만든 경우도 적지 않으니, 나도 이제는 과거의 소원성취에 안주하고 있을 수 없게 되었다. 이거 흥미진진하군, 이 기세를 등에 업고 한층 크게 서양문명의 공기를 불어넣어, 전국의 인심을 밑바닥에서부터 뒤집음으로써 머나먼 동양에 새로운 문명국가를 이룩한다면, 동쪽에서는 일본, 서쪽에서는 영국이 서로 경쟁을 벌이며 상대에게 뒤지지 않도록 노력할 날도 있으리라고 생각하며, 이것을 두 번째 소원으로 삼아보기로 한다. 그러나 내가 가진 것은 세 치 혀와 한 자루의 붓 외에 아무것도 없으니, 건강한 몸을 밑천으로 주쿠의 업무에 열중하고 또 붓을 놀려 가지가지의 일을 멋대로 적은 것이 『서양사정』 이후의 저서와 번역서이다. 한편으로는 수많은 학생들을 교육하고 연설 등을 통해 소견을 전달하며, 또 한편으로는 저술과 번역을 하는 등 무척이나 바빴지만, 이도 내 맡은 바 임무를 다하는 것이라 하겠다.

　이 세상을 둘러보면 참기 어려운 일도 많은 듯하지만, 나라 전체의 대세는 오로지 개진과 진보로 기울어 차츰 그 결실을 맺게 되고, 수년 후에는 그 성과가 청일전쟁에서 관민일치의 승리로 나타났으니, 유쾌하고 고맙기 그지없다. '살아 있다 보니 이렇게 좋은 구경도 하는구나. 먼저 죽은 친구들은 불행하다. 아, 보여주고 싶구나' 하며 나는 몇 번이고 눈물을 흘렸다. 사실 청일전쟁은 아무것도 아니다. 단지 그것은 일본외교의 시작에 불과할 뿐이니 그렇게 기뻐할 것도 못되지만, 그 당시의 상황을 떠올리면 흥분하지 않을 수 없다. 이런 일들의 원인이 어디에 있겠는가. 신일본의 문명부강은 모두 선인유전(先人遺傳)의 공덕에서 유래하며, 우리는 마침 좋은 시절에 태어나 조상님 덕분에 뜻을 이루게 된 것이니, 나에게는 두 번째 큰 소원성취라 할 수 있겠다.

인간의 욕심은 끝이 없다

내 자신의 과거를 되돌아보면 유감이 없는 정도가 아니라 유쾌한 일뿐이지만, 인간의 욕심이란 끝이 없는 법인지라 불평을 늘어놓자면 아직 얼마든지 있다. 외국과의 교류 또는 국내의 헌법정치 등과 관련된 잡다한 논쟁은 정치가들에게 맡기고, 내 생애에 있어 반드시 이루고 싶은 것은 전국 남녀의 기품을 차츰 고상하게 이끌어 진정 문명이라는 이름에 부끄럽지 않도록 하는 것과, 불교건 그리스도교건 상관없이 장려해 모든 사람들의 마음을 평온하게 하는 것과, 거액을 투자해 온갖 훌륭한 학문을 연구하게 하는 것, 대충 이 세 가지다. 사람은 늙더라도 병을 앓지 않는 이상 그냥 안일하게 지낼 수는 없으니, 나 역시 지금처럼 건강한 동안 할 수 있는 일에는 전력을 다할 작정이다.

옮긴이의 해설

 일본 메이지 시대의 계몽사상가인 후쿠자와 유키치는 명문 사립대학인 게이오기주쿠(慶應義塾) 대학(속칭 게이오 대학)의 설립자로 잘 알려져 있는 인물이다. 일본의 1만 엔권 지폐에 그 초상화가 실려 있을 정도니 그가 일본의 근대화와 교육에 얼마나 큰 공헌을 했는지, 또 얼마나 많은 사람들로부터 존경받고 있는지 짐작할 수 있을 것이다.
 1899년(메이지 32년)에 간행된 이 책 『후쿠자와 유키치 자서전』, 원제목으로 말하면 『복옹자전』(福翁自傳)은 그 2년 전 겨울, 후쿠자와가 자신의 어린 시절부터 만년까지의 인생역정을 구술하여 속기사에게 필기시킨 것이다. 이 책은 쇄국정책과 더불어 일본 전국에 양이론이 위력을 떨치던 19세기 중엽, 일본의 근대화와 문명개화에 가장 큰 걸림돌이었던 봉건제도 및 관습에 정면으로 도전하는 동시에 이미 사양길에 접어든 중국과의 인연(한학 및 유교)을 과감히 떨쳐버리고 서양의 새로운 학문과 문명을 적극적으로 수용함으로써 일본을 서양열강에 뒤지지 않는 강국으로 만드는 데 평생을 바친 후쿠자와의 노력과 그의 내면세계를 알 수 있는 가장 좋은 자료인 동시에, 일본의 수많은 전기류(傳記類) 중에서도 단연 백미(白眉)라고 할 수 있다.
 이 책의 텍스트로는 여러 종의 일본어본과 영어번역본이 있는데, 이 책을 번역하면서 중심적인 텍스트로 삼은 것은 비교적 상세한 주석이 달려 있는 오분샤(旺文社) 문고본『복옹자전』(1970)이다. 그리고 게이오 대학 출판부에서 간행한 1965년도판『복옹자전』(초판은 1957)과, 일본에서 가장 널리 읽히고 있는 이와나미(岩波) 문고본『복옹자전』(1978) 역시 큰 도움이 되었으며, 서양의 지명과 인명에 관해서는 *The Autobiography of Fukuzawa Yukichi*(The Hokuseido Press, 1981)를 참조했다. 원래『복옹자전』은 만년의 후쿠자와가 속기사에게 구술한 뒤, 다시 본인이 직접 수정가필한 것이지만, 당시는 구식 일본어표기를 사용했기 때문에 요즘의 일본인들이 이해하기 어려운 문장으로 되어 있었다. 훗날 이것을 각 출판사에서 다시 현대 일본어와 상용한자(약자)로 수정하여 재편집한 것이 오늘날 통용되는『복옹자전』이다. 하지만 출판사마다 편집방침이 다르고 교정자에 따라 약간씩 원문에 차이가 있으며 주석도 다르기 때문에, 우리말 번역에서는 이상과 같은 네 종류의 텍스트를 참조하여 가능한 한 객관성 있는 번역이 되도록 노력했다.

이 책은 후쿠자와 자신의 인생역정을 총괄한 것이라고 할 수 있겠지만, 서술의 대부분은 메이지 유신 전까지의 전반생에 관한 것이고 후반생에 관해서는 저서의 마지막 부분인 '노후의 생활'에서만 간략히 소개하고 있을 뿐이다. 아마도 일반인들에게 이미 널리 알려진 자신의 업적보다는, 자신의 인격 형성에 영향을 주었던 성장과정과 남들이 모르는 비화를 소개하고자 하는 의도가 있었던 듯하다. 특히 홀어머니 밑에서 생활하던 나카쓰의 소년시절, 나가사키 유학시절, 오가타주쿠에 입문했던 시절, 세 차례에 걸친 구미여행, 메이지 유신을 전후한 격동기 등, 그 당시의 경험을 과장 없는 문체로 담담하면서도 생생하게 기록한 점은 가히 자전문학의 백미라 할 수 있으며 일본근대사 연구에 있어서도 귀중한 사료적 가치를 지니고 있다. 즉 후쿠자와가 문벌제도와 구태의연한 폐습에 반감을 품고 일신독립을 위해 고군분투했던 전반생이 소박한 문체로 그려져 있는 점이 이 책의 가장 큰 매력이라 하겠다.

　후쿠자와 유키치는 덴포(天保) 5년(1834) 12월 12일에 태어난 것으로 알려져 있지만, 이는 당시에 사용하던 음력날짜이므로 다시 양력으로 환산하면 1835년 1월 10일생이 된다. 후쿠자와는 오사카(大阪)의 나카쓰(中津) 번 구라야시키(藏屋敷)에 근무하는 13석 2인 부지(扶持, 현미 5홉을 1인분의 하루 식량으로 계산한 것)의 하급 무사 후쿠자와 햐쿠스케(福澤百助)와 오준(於順) 사이에서 차남으로 태어났다. 나카쓰 번은 현재의 규슈(九州) 오이타(大分) 현이며, 나카쓰에서 생산되는 농산품 따위를 오사카에 내다팔기 위해 오사카 현지 출장소처럼 사용되던 곳이 오사카의 나카쓰 번 구라야시키였다. 이 구라야시키에서 회계담당으로 근무하던 아버지는 후쿠자와가 두 살 때 뇌출혈로 사망했다. 그러자 유족들은 자신들의 연고지인 나카쓰로 돌아가야만 했고, 후쿠자와는 어린 시절을 그곳 나카쓰에서 보내게 된다.

　에도 시대 말기라면 도쿠가와 막부정권이 국내외적으로 어려운 상황에 직면해 있던 시기로, 경제력을 손에 넣은 조닌(町人)들이 득세하는 한편 막부의 재정이 궁핍해지면서 무사계급은 차츰 궁지에 몰리던 시절이었기 때문에 하급 무사 집안이라면 거의 빈민이나 다름없는 상황이었다. 후쿠자와는 나카쓰의 비좁은 시골동네에서 하급 무사 출신이라고 무시당하며 평생을 썩는 것이 싫어 결국 나가사키로 가서 네덜란드어를 공부하게 된다. 도쿠가와 막부가 쇄국정책을 강화하던 시절에도 일본은 줄곧 네덜란드와의 교역만큼은 유지하고 있었기에, 네덜란드 상관(商館)이 있는 나가사키는 일본에서 대외교역의 창구와도 같은 역할을 하는 장소였다.

　나가사키로 유학한 이듬해에는 오사카의 오가타 고안(緒方洪庵)의 주쿠에 입문하지만, 장남인 형의 갑작스런 죽음으로 인해 일단 귀향하여 가독(家督)을 잇게 된다. 하지만 양학을 배우겠다는 일념으로 다시 에도(지금의 도쿄)로 향한 후쿠자와는 번의 명을 받아 에도의 나카쓰 번 저택에 난학 주쿠를 개설하게 되고, 우여곡절 끝에 그것이 오늘날의 게이오기주쿠 대학으로 발전하게 된 것이다.

이 책을 번역하면서 느낀 바는 두 가지다. 하나는 "하늘은 스스로 돕는 자를 돕는다"는 말 그대로, 후쿠자와가 뚜렷한 소신을 갖고 주위의 따가운 시선에도 아랑곳없이 스스로 옳다고 생각하는 바를 꾸준히 실천했기 때문에 큰 뜻을 이룰 수 있었다는 것이다. 양이론과 국수주의가 팽배하던 시절에 칼을 버리고 서양을 공부한다는 것은 무모할 정도의 모험이었다. 또 관직을 사양하고 재야에서 후진양성과 집필에만 전념한 그의 노력이 결국 후쿠자와를 일본 근대화의 일등공신으로 만든 것이다. 물론 운도 따랐다. 우선 과격한 양이론자 및 국수주의자들의 위협에서 무사할 수 있었다는 점이 그렇고, 게이오 대학 부지를 손에 넣은 과정 역시 행운의 연속이었다 하겠다. 그러나 그조차도 자세히 살펴보면 역시 후쿠자와의 굳은 의지와 집념이 가져온 행운이었다는 것을 알 수 있다.

또 하나는 아시아에서 최초로 근대화를 이룩한 국가이니만큼 일본에는 급격한 변화의 소용돌이 속에서 후쿠자와 같은 인재들이 마음껏 활약할 수 있는 바탕이 마련되고 있었다는 점이다. 그야말로 하면 된다는 의지 하나만으로 무에서 유를 만들어낸 후쿠자와의 인생역정은 극동의 작은 섬나라 일본이 어떻게 세계 제2의 경제대국으로 발돋움할 수 있었는가를 충분히 설명해준다.

이 책은 한학 중심의 유교적 전통주의를 배척하고 서양을 본받아 일본도 하루빨리 문명개화를 이루어야 한다는 주장을 골자로 하고 있는 만큼, 당시의 조선이나 중국과 관련된 언급은 극히 미미하며 그나마 유감스럽게도 조선인은 돈을 탐한다는 이야기만 짧게 나올 뿐이다. 그러나 이런 후쿠자와의 평을 나쁘게 해석할 필요는 없으리라고 본다. 당시 후쿠자와가 본 조선인은 아마도 가난한 유학생이나 고향에 처자를 두고 객지에 돈벌이를 하러 온 사람들이었을 테니, 그들이 돈에 대해 악착같았던 것은 당연한 일이다. 더구나 금전을 경시하던 일본 무사계급의 눈에 그런 조선인들의 모습이 안 좋게 비쳤으리라는 것도 충분히 상상할 수 있다. 하지만 그 후로 일본인이야말로 전세계로부터 '경제동물'이라는 냉소 섞인 별명을 얻게 되리라고는 후쿠자와도 상상하지 못했을 것이다.

김옥균이 갑신정변 이후 일본으로 망명하여 방황하던 시절 후쿠자와의 보호를 받았던 것으로 알려져 있는데, 이 책에는 유감스럽게도 그 부분에 관한 기술이 전혀 없다. 애당초 후쿠자와의 기본적인 입장은 아시아 제국을 희생시키는 일이 있더라도 일본이 구미열강과 어깨를 나란히 하도록 만들겠다는 것이었다. 따라서 후쿠자와에 대한 평가는 자유주의자, 민주주의자, 합리주의자, 여성해방론자 등의 찬사가 주류를 이루는 한편으로 서양 숭배, 권력과의 타협, 권위주의자, 기회주의자라는 비판도 항상 따라다니고 있다. 이 책에서도 그가 일반 농민을 희롱하는 장면이 등장하는데, 비록 하급 무사 출신일망정 후쿠자와는 서민층에 대해 늘 상당한 우월감을 갖고 있었던 듯하다.

후쿠자와는 이 책 외에도 수많은 명저와 베스트셀러를 남겼다. 대표작들을 간략히 소개하면 다음과 같다.

『서양사정』(西洋事情)

서양문명을 소개한 후쿠자와 유키치의 명저로서 '초편·외편·2편'의 3편으로 구성되어 있다. 초편은 게이오 2년(1866), 외편은 메이지 원년(1868), 2편은 메이지 3년(1870)에 간행되었다. 서양 각국의 역사,

제도, 국내정세, 서양 문명사회의 공통된 문물과 사회상, 인간의 모습 등을 소개한 책자로, 쇄국상태에서 벗어나기 시작한 당시의 일본인들에게 서양세계 입문서로서 큰 역할을 하며 베스트셀러가 되었다. 책의 상당부분이 외국서적들을 그대로 인용한 것이지만, 신문, 병원, 복지시설, 도서관 등을 소개하고, 미국 독립선언에 대한 소개나 자유주의와 인권을 중심으로 한 문명사회에 대한 해설은 후쿠자와의 날카로운 통찰력을 유감없이 보여준다.

『학문을 권함』

메이지 초기의 가장 유명한 계몽서이다. 초편은 메이지 5년(1872)에 간행되었는데 독자들의 엄청난 반응이 있자 연작물로서 메이지 9년(1876) 제17편까지 이어졌다. 발행부수는 총 340만 부로 알려져 있다. 초편 서두의 인간평등선언인 "하늘은 사람 위에 사람을 만들지 않고 사람 밑에 사람을 만들지 않았다"는 말은 너무나 유명하다. 후쿠자와는 이 책을 통해 봉건시대의 비굴한 인간정신을 비판하고 '일신독립하여 일국독립을 이룬다'는 교훈을 주고 있으며, 이를 위해서는 '인간생활에 필요한 실학'을 서양으로부터 배워야 한다고 주장했다. 일본에서 근대적·합리주의적 인간관·사회관·학문관의 출발점이 된 책이지만, 일부에서는 학문에 의한 차별을 초래했다는 비판도 받고 있다.

『문명론의 개략』

메이지 8년(1875)에 간행된 『문명론의 개략』은 일본 최초의 본격적인 문명론이자 후쿠자와 유키치의 최고 걸작이라 할 수 있다. 『학문을 권함』의 계몽가적 태도에 반성을 보이기 시작하던 무렵에 쓴 책이다. 일본문명을 역사적으로 반성하면서 그 정체성(停滯性)은 권력

편중에 있다고 비난하고, 그것을 극복해 자유로운 교류·경합을 꾀하는 속에서 문명이 발달한다고 지적한다. 문명을 야만·미개·문명의 발달단계론으로 파악한 역사관을 제시하고, 일단은 서양문명을 목표로 삼아야 한다고 주장하는 동시에 서양문명 역시 발달과정에 있다고 보았다. 즉 일본은 서양으로부터 문명을 배워야 하지만, 그것은 서양에 굴복하는 것이 아니라 서양 제국에 대항하여 일본의 완전한 독립을 성취하기 위한 것이라는 주장이다. 특히 서양문명을 타국에 대한 침략 위에 세워진 존재라고 한 지적에는 놀라지 않을 수 없지만, 반면에 국가독립을 위해서는 그것도 어쩔 수 없는 일이라며 국가 이기주의를 용인하는 태도도 보이고 있다.

『세계기행』(世界國盡)

1869년(메이지 2년)에 간행된 『세계기행』은 세계 각국의 지리와 역사를 알기 쉽게 설명한 명저이다. 5대주의 지리를 설명하면서 에도시대의 여행안내를 흉내 내어 7·5조로 엮어 나간 본문과, 각국의 사정을 설명한 해설문 및 삽화로 구성되어 있다. 쇄국에서 벗어난 일본 국민에게 세계의 형세를 이해시키려는 후쿠자와의 정열의 산물로서 어린이도 이해할 수 있도록 배려한 저서이다. 메이지 전기에 소학교 교과서로 채택되었을 만큼 대형 베스트셀러가 되었다.

2006년 1월
허호

후쿠자와 유키치 연보
(연월은 양력으로 환산한 것임)

연도	나이	이력
1835년(덴포 5년)		1월 10일, 오사카(大阪) 도지마(堂島) 다마에바시(玉江橋) 기타즈메(北詰)의 나카쓰 번(中津藩) 구라야시키(藏屋敷)에서 출생.
1836년(덴포 7년)	1세	6월 18일, 아버지 햐쿠스케(百助)가 뇌출혈로 사망. 7월 어머니 오준(於順)과 유키치의 다섯 형제는 오사카를 떠나 번지(藩地)인 나카쓰로 돌아감.
1847년(고카 4년)	12세	시라이시 쓰네토(白石常人)의 주쿠(塾)에 들어가 한학을 수업(修業).
1854년(안세이 원년)	19세	2월 형 산노스케(三之助)의 권유로 나가사키(長崎)에 가서 난학(蘭學)을 수업.
1855년(안세이 2년)	20세	3월 오사카의 의사이자 난학자(蘭學者)인 오가타 고안(緒方洪庵)의 데키 주쿠(適塾)에 입문, 난학을 수업.
1856년(안세이 3년)	21세	9월 3일, 형 산노스케가 나카쓰에서 사망. 유키치는 오사카에서 나카쓰로 돌아와, 죽은 형을 대신해 후쿠자와가(家)의 가독(家督)이 됨. 같은 해 11월 향학의 뜻을 품고 친족의 반대에도 불구하고 다시 오사카 데키주쿠에 입문.
1857년(안세이 4년)	22세	데키 주쿠 숙장.
1858년(안세이 5년)	23세	10월 오쿠다이라 번(奧平藩, 10만 석)의 난학 주쿠 (훗날에는 영학[英學] 주쿠)를 쓰키지 뎃포즈(築地

연도	나이	이력
		鐵砲州)의 나카야시키(中屋敷)에 개설. 이것이 오늘날 게이오(慶應) 대학의 기원.
1859년(안세이 6년)	24세	요코하마(橫浜) 방문을 계기로 영어의 필요성을 깨닫고 독학으로 영어공부를 시작.
1860년(만엔 원년)	25세	1월 간린마루(咸臨丸)를 타고 미국행. 귀국 후 막부의 외국방(外國方)에 고용됨. 8월에 최초의 저서 『증정화영통어』(增訂華英通語) 간행.
1861년(분큐 원년)	26세	에도에 거주하는 번사 도키 다로하치(土岐太郞八)의 딸 긴(錦)과 결혼. 12월, 유럽 파견 사절단에 참가하여 유럽 각지를 순회(프랑스·영국·네덜란드·프로이센·러시아·포르투갈). 이때 프랑스에서 제4회 만국박람회 견학.
1864년(겐지 원년)	29세	나카쓰로 돌아와, 오바타 도쿠지로(小幡篤次郞) 외 여섯 명의 나카쓰 번 자제들을 데리고 귀경. 막부 번역방(飜譯方)에 근무.
1866년(게이오 2년)	31세	유럽 제국을 견문한 내용을 종합해서 『서양사정』(西洋事情) 초편 3권을 간행.
1867년(게이오 3년)	32세	1월 막부의 군함인수위원 수행원으로 재차 도미(渡美). 인수한 배는 메이지 정부 소유가 됨.
1868년(메이지 원년)	33세	4월 3일 쓰키지의 영학(英學) 주쿠를 신센자(新錢座)로 이전, 당시의 연호를 따서 게이오기주쿠(慶應義塾)라고 명명함. 9월에 메이지(明治)로 연호가 바뀜.
1870년(메이지 3년)	35세	장티푸스에 감염되었으나 가까스로 회복됨. 습지대인 신센자는 병후의 건강에 좋지 않고 또 급증하는 학생들을 수용하기에는 너무 비좁다는 이유로 주쿠 이전을 계획함. 11월 미타(三田)의 시마바라 번저(島原藩邸)를 빌려서 사용하다가, 메이지 정부로부터 그 건물 및 토지를 불하받는 데 성공. 게이

연도	나이	이력
		오기주쿠가 미타로 옮긴 것은 1871년으로, 후쿠자와가 티푸스에 걸린 것이 발단이 됨. 나카쓰로 돌아가 어머니와 함께 귀경.
1871년(메이지 4년)	36세	11월 나카쓰 시의 학교 개설에 진력, 교장으로 고바타 도쿠지로를 파견.
1872년(메이지 5년)	37세	2월『학문을 권함』(學問のすすめ) 초판 간행.
1875년(메이지 8년)	40세	미타(三田) 연설관 개관.『문명론의 개략』(文明論之槪略) 전6권 간행.『학문을 권함』(學問のすすめ) 14편까지 완성.
1878년(메이지 11년)	43세	도쿄 시바 구(芝區)에서 구회(區會) 의원에 선출.
1879년(메이지 12년)	44세	도쿄학사회원(東京學士會院, 현재의 일본학사원) 초대 회장 취임.『민정일신』(民情一新)『국회론』(國會論) 간행.
1882년(메이지 15년)	47세	3월 1일『지지신보』(時事新報) 창간.
1884년(메이지 17년)	49세	이 무렵「전국징병론」(全國徵兵論)「통속외교론」(通俗外交論)「일본부인론(日本婦人論) 후편」「사인처세론」(士人處世論)「품행론」 등을 펴냄.
1890년(메이지 23년)	55세	4월 게이오기주쿠에 대학부를 설립, 문학·이재(理財)·법률의 세 학과를 개설. 일본 최초의 사립종합대학.
1892년(메이지 25년)	57세	4월 기타자토 시바사부로(北里柴三郎)를 도와 전염병 연구소(양생원〔養生園〕) 설립에 진력. 기타자토는 훗날(1916) 게이오기주쿠 의학부 창설과 더불어 학부장으로 취임함.
1894년(메이지 27년)	59세	야바케이(耶馬溪, 규수 오이타 현 북서부에 위치한 협곡)에 놀러 갔다가, 아오노도몬(靑洞門) 부근의 경관 좋은 토지가 매물로 나와 있다는 사실을 알고 이것을 매입한 것을 계기로 자연보호의 선구적 활동을 벌임.

연도	나이	이력
1897년(메이지 30년)	62세	『복옹백화』(福翁百話) 간행.
1898년(메이지 31년)	63세	5월 『복옹자전』(福翁自傳) 탈고. 『후쿠자와 전집』 전5권 간행. 처음으로 뇌출혈 증세를 보임.
1899년(메이지 32년)	64세	『복옹자전』 출간. 『여대학평론·신여대학』(女大學評論·新女大學) 간행.
1900년(메이지 33년)	65세	『수신요령』(修身要領) 29개조 발표. 5월에 저서 간행과 일본 교육계에 대한 공로가 인정되어 황실로부터 금 5만 엔을 하사받아 전액 게이오기주쿠에 기부.
1901년(메이지 34년)	66세	1월 25일 뇌출혈 재발. 2월 3일 오전 10시 50분 영면. 계명(戒名)은 '대관원독립자존거사'(大觀院獨立自尊居士, 오바타 도쿠지로가 명명). 장례식은 2월 8일에 거행.